Glocken

in Geschichte
und Gegenwart

– Beiträge zur Glockenkunde –

"Fest gemauert in der Erden
Steht die Form, aus Lehm gebrannt.
Heute muß die Glocke werden,
Frisch, Gesellen, seid zur Hand!

Von der Stirne heiß
Rinnen muß der Schweiß,
Soll das Werk den Meister loben,
Doch der Segen kommt von oben.

Zum Werke, das wir ernst bereiten,
Geziemt sich wohl ein ernstes Wort;
Wenn gute Reden sie begleiten,
Dann fließt die Arbeit munter fort.

So laßt uns jetzt mit Fleiß betrachten,
Was durch die schwache Kraft entspringt:
Den schlechten Mann muß man verachten,
Der nie bedacht, was er vollbringt.

Das ist's ja, was den Menschen zieret,
Und dazu ward ihm der Verstand,
Daß er im innern Herzen spüret,
Was er erschafft mit seiner Hand."

Friedrich Schiller

Beratungsausschuß für das Deutsche Glockenwesen

Glocken

in Geschichte
und Gegenwart

– Beiträge zur Glockenkunde –

Bearbeitet von

Kurt Kramer

Badenia Verlag Karlsruhe

Das Titelbild zeigt: Jan Matejko: „Aufhängung der Sigismundglocke", 1874.

Rückseite Umschlag: Freiburg i. Br., St. Josef, 1985, Entwurf Prof. Emil Wachter, Karlsruhe, Ausführung Dorothée Wachter-Bode.

Fotonachweis: Archiv Glockeninspektion, Erzbistum Freiburg, Seiten 10, 15, 34, 42, 48, 50 r. o., 52 r., 54 o., l. u., M. u., 56 l. o., r. o., r. u., 57 l. o., 58 M. u., r. u., 59 r. o., 63 u., 64 M. l., l. u., M. u., r. u., 65 l. o., M. o., l. o., l. u., M. u., r. u., 72, 136, 163, 164, 165, 166, 167, 168, 171, 175, 177, 180 l. o., 181. Archiv Köster, Frankfurt, Seiten 68, 69, 71. Atelier Hotz, Stockach, Seiten 56 l. u., 57 r. o., r. u. Badische Landesbibliothek, Karlsruhe, Seite 50 l. u., r. u. Christoph H. Freiherr von Neveu, Offenburg, Seite 64 M. r. De Tintinnabulis, Seite 125 u., Gebrüder Rincker, Sinn, Seiten 59 l., 147 M. l., M. r., l. u. Germanisches Nationalmuseum, Nürnberg, Seiten 55, 58 l. u. Glockenmuseum Apolda, Seiten 50 l. o., 51 l. u. Kurt Hübner, Apolda, Seiten 52 l., M., 53 l., r. Impartial Reporter, Ennishillen, Seite 15. Kath. Pfarramt Hagnau, Seite 64 l. o., M. o., r. o. Carl Metz GmbH, Karlsruher Glocken- und Kunstgießerei, Karlsruhe, Seiten 146, 147 l. o., r. o., r. u., 159 u. Museum Gottorf (Schleswig), Seite 51 l. o. Gerhard Nitsche, Eichstätt, Seiten 65 M., M. r. Petit & Edelbroch, Gescher, Seite 51 r. u. Stadtarchiv Frankfurt, Seiten 54 r. u., 58 l. o., r. o., 182. SWF, Baden-Baden, Seite 179. Vaticanisches Museum, Rom, Seite 51 r. o. Felix Wachter, Karlsruhe, Seiten 63 o., M.
Farbfotonachweis: Archiv Glockeninspektion, Erzbistum Freiburg, Farbtafeln 1 bis 8, 11, 12. Emil Bauer, Bamberg, Farbtafel 13. Harald Dannenmeyer, Vogelschutzwarte Karlsruhe, Farbtafeln 15, 16. Gebrüder Rincker, Sinn, Farbtafel 9. Foto-Heinz, Limburg, Farbtafel 14. Carl Metz GmbH, Karlsruher Glocken- und Kunstgießerei, Farbtafel 10.
Nachweise der Zeichnungen: Archiv Evangelische Landeskirche Pfalz, Seite 231. Archiv Münsterbauamt Freiburg, Seite 224 l. Bezirksstelle für Naturschutz und Landschaftspflege, Karlsruhe, Seiten 257, 258, 259. Erzbischöfliches Bauamt Karlsruhe, Seiten 239, 240, 241, 243, 245. Ingenieurgruppe Bauen Karlsruhe/Mannheim, Seiten 173, 174, 176, 178, 232, 233, 234, 235, 236, 237. Professor Dr. Fritz Müller, Universität Karlsruhe, Seiten 206, 207, 208, 209, 210, 211, 212, 225, 229. Heinz Wolff, Hannover, Seiten 109, 184, 185, 186, 189, 190, 191, 193, 194, 195, 197, 198, 200. Zeitschrift für Bauwesen, Preuss. Finanzministerium 1921, Seiten 179 o., 180, 224 r.

CIP-Kurztitelaufnahme der Deutschen Bibliothek

Glocken in Geschichte und Gegenwart: Beitr. zur Glockenkunde / Beratungsausschuß für d. Dt. Glockenwesen. Bearb. von: Kurt Kramer. – Karlsruhe: Badenia-Verlag, 1986.
ISBN 3-7617-0238-8
ISBN 3-7617-0237-X
NE: Kramer, Kurt [Bearb.]; Beratungsausschuß für das Deutsche Glockenwesen

Herstellung:
Badenia Verlag und Druckerei GmbH, Karlsruhe

Gestaltung: Werner Münkel, Karlsruhe

Printed in the Federal Republic of Germany

ISBN 3 7617 0237 X

Autorenverzeichnis

BRAUN Monika, Dipl.-Biologin, Landessammlungen für Naturkunde, Karlsruhe

CAMPENHAUSEN Axel Freiherr von, Prof. Dr., Präsident der Klosterkammer, Hannover

EHRLICH Klaus, Kirchlicher Baudirektor i. R., Stuttgart

FEHN Theo, Pfarrer, Glockensachverständiger, Tiefental

FOERSCH Hubert, Kirchenmusikdirektor, Glockensachverständiger Bistum Limburg, Dillenburg

KÖSTER Kurt, Prof. Dr., Kunsthistoriker, Direktor i. R. der Deutschen Bibliothek, Frankfurt/M.

KRAMER Kurt, Dipl.-Ing., Architekt, Glockensachverständiger Erzbistum Freiburg, Karlsruhe

LIEDKE Gerhard, Dr., Pfarrer, Umweltschutzbeauftragter Ev. Landeskirche in Baden, Karlsruhe

MÜLLER Fritz P., Prof. Dr.-Ing., Universität Karlsruhe

MÜLLER Volker, Lehrer, Glockensachverständiger Ev. Kirche der Pfalz

MÜSSIG Peter, Dr., Rechtsanwalt, Frankfurt/M.

MUMM Reinhard, Dr., Kirchenrat, München

NIEMANN Hartwig, Oberkirchenrat, Darmstadt

RIEDER Norbert, Prof. Dr., Naturschutzbeauftragter, Universität Karlsruhe

RINCKER Hans-Gerd, Glockengießer, Sinn/Hessen

ROLLI Hans, Baudirektor, Glockensachverständiger, Heidelberg

RUGE Klaus, Dr., Landesamt für Umweltschutz, Karlsruhe

SCHAD Carl-Rainer, Dr.-Ing., Karlsruhe

SCHAEBEN Jakob, Musikdirektor, Glockensachverständiger, Köln

SCHLICK Johannes, Prof., Domkapellmeister, Eichstätt

SCHLOSS Siegfried, Dr., Bezirksstelle für Naturschutz und Landschaftspflege, Karlsruhe

SCHMIDT Albert, Dr., Pater OSB, Beuron

SCHÖMIG Richard, Prof. Dr., Domkapitular, Würzburg

STEINER Josef, Dipl.-Ing., Karlsruhe, Ingenieurgruppe Bauen, Karlsruhe

WAGNER Gerhard D., Dozent, Glockensachverständiger, Heidelberg

WOLFF Heinz, Dr.-Ing., Konservator, Hannover

Unterstützende Mitarbeit

KREMPEL Heinrich, Architekt, Glockensachverständiger, Bistum Münster

MENSCHICK Wolfram, Domkapellmeister, Glockensachverständiger, Bistum Eichstätt

WAACK Karl Friedrich, Dr., Glockensachverständiger, Hannover

Inhalt

Vorwort

Von Hartwig Niemann

Der Beratungsausschuß für das Deutsche Glockenwesen legt dieses Buch als Herausgeber der Öffentlichkeit in der Absicht vor, einen breiten Kreis von Interessierten und Sachkennern über die Glocke in Vergangenheit und Gegenwart zu informieren. Er wendet sich an die interessierten Bürger, aber auch an Musiker, Architekten, bildende Künstler, an Gemeindevorstände und Kirchenleitungen und an Sachverständige in verschiedenen Funktionen, um sie mit aktuellen und historischen Fragen der Glocken und der Geläute bekanntzumachen.
Glocken und Glockengeläut erfreuen wie in der Vergangenheit, so auch die heutigen Menschen in den Städten und Dörfern mit ihrem Klang. Die christlichen Kirchen bedienen sich ihres Rufs, um ihre Glieder zu den Gottesdiensten einzuladen. Eine Fülle von Glockenbräuchen reicht aus vergangenen Zeiten bis in die Kultur der Gegenwart hinüber. Die Geschichte der Glocken berührt täglich viele Menschen, nur wenige kennen jedoch ihre Einzelheiten und die Bedeutung ihrer Symbole für das gegenwärtige Leben. Dieses Buch will hierfür Möglichkeiten der Unterrichtung bieten, indem es den geschichtlichen Ort der Glocken, die Symbole und ihre kirchliche Bedeutung beschreibt.
Wenn Glocken auch an schwer zugänglichen Orten zu finden sind, so haben sie immer die Gestaltungskraft künstlerischer Menschen für ihre äußere Gestalt angezogen. Das Buch will die kunsthistorische Bedeutung der Glocken für die Gegenwart in einigen wesentlichen Erscheinungsformen herausheben und damit dazu anregen, ihrer künstlerischen Formung besondere Aufmerksamkeit zuzuwenden.
Es läßt sich nicht vermeiden, daß gelegentlich Rechtsstreitigkeiten über die Nutzung von Glocken entstehen. Das Buch will hier im Sinne einer Vermeidung unnötiger prozessualer Auseinandersetzungen allen Beteiligten Informationen über die bestehende Rechtslage vermitteln.
Die musikalischen Fragen der Glocke als eines Musikinstrumentes sowie die damit verbundenen akustischen und bautechnischen Probleme stehen im Mittelpunkt der Berichte und werden Sachverständige und Sachkundige ansprechen. Aus der Arbeit des Beratungsausschusses in der Aus- und Fortbildung von Sachverständigen, die zu den zentralen Aufgaben des Ausschusses gehört, werden die wichtigsten Arbeitsergebnisse in diesem Buch vorgelegt. Sie sollen den Beteiligten neue Überlegungen zu technischen Fragen der Glockenherstellung, Rückbesinnung auf die Konstruktion von Holzglockenstühlen und Holzjochen als besonders geeignete Arten der Aufhängung von Glocken in Türmen, zu den häufiger auftretenden Fragen einer dynamischen Beanspruchung von Glockentürmen und ihrem Resonanzverhalten bis zur Beachtung des Erhaltens von Lebensräumen für gefährdete Vogelarten in den Glockentürmen vermitteln.
Die einzelnen Teile des Buches verdanken die Entstehung teilweise Vorträgen bei Glockentagen und den Tagungen des Beratungsausschusses, teilweise handelt es sich um Gutachten und Aufsätze, die für eine breitere Veröffentlichung geeignet

sind. Ohne ihre äußere Erscheinung zu vereinheitlichen, sind sie jeweils auf den aktuellen Stand gebracht worden, soweit sich dies als notwendig erwies.
Das Buch schließt an die frühere Veröffentlichung des Beratungsausschusses für das Deutsche Glockenwesen an, die im Jahre 1970 unter dem Titel „Beiträge zur Glockenkunde“ erschienen war. Umfaßte diese Veröffentlichung die Ergebnisse der Ausschußarbeit der Jahre 1950–1970, so berücksichtigt das vorliegende Buch die der Jahre 1971–1985.
Der damalige Vorsitzende des Beratungsausschusses, Baudirektor Hans Rolli, formulierte im Jahre 1970 im Vorwort zu den „Beiträgen für die Glockenkunde“:
„Die Beiträge zur Glockenkunde erscheinen in einem Zeitpunkt, in dem die Aufträge zum Guß von Kirchenglocken stark zurückgegangen sind. Dies liegt nicht nur an einer gewissen Sättigung des Absatzmarktes, sondern auch, was bedenklicher ist, an einer sich immer mehr auch in kirchlichen Kreisen ausbreitenden Abneigung gegen Glocken und Geläute. So ist die geradezu groteske Situation entstanden, daß in einer Zeit, da höchstes Leistungsniveau erreicht worden ist, Glocken nicht mehr gefragt sind. Damit ist aber die Weitergabe und Pflege dessen, was in zwei Jahrzehnten ernster und mühevoller Zusammenarbeit zwischen Glockengießern und Sachverständigen erreicht wurde, aufs äußerste gefährdet.“
Die hier benannte Sorge beschäftigt auch heute, wenn auch aus anderen Gründen, alle mit der Sache Befaßten. Zwar kann von einer verbreiteten Abneigung gegen Glocken nicht mehr gesprochen werden. In den Städten und Dörfern findet sich immer wieder eine erfreuliche Bereitschaft, für die Beschaffung oder Verschönerung von Geläuten erstaunliche persönliche Opfer zu bringen, für die Anlaß zur Dankbarkeit besteht. Aber dennoch hat der Umfang des Glockengusses in Deutschland seit dem Jahre 1968 erheblich abgenommen und verharrt in den letzten Jahren etwas schwankend auf der Höhe einer Jahresproduktion der Jahre seit 1970, die nunmehr 10–20% der vormaligen Produktion der Jahre 1950–1970 ausmacht. Acht Gießereien teilen sich in diese Produktionsmenge.
Im Interesse der Erhaltung des bisher gewonnenen und bis heute erhaltenen Leistungsniveaus der deutschen Glockengießer besteht der dringende Wunsch, daß die Gemeinden und Kirchengemeinden der Beschaffung von Glocken aus der Werkstatt deutscher Glockengießereien zur Ergänzung des Geläuts oder zum Austausch von Glocken aus Surrogatstoffen wieder vermehrt ihre Aufmerksamkeit zuwenden. Das Buch will durch reichhaltige Information aller Beteiligten auch hierzu Mut machen und beitragen.
Der Beratungsausschuß für das Deutsche Glockenwesen dankt allen Autoren für ihren Beitrag. Er dankt dem Carl Heymanns Verlag in Köln für die freundliche Abdruckgenehmigung der Artikel von A. v. Campenhausen und P. Müssig, die im Deutschen Verwaltungsblatt ursprünglich erschienen waren. Er dankt dem Verlag für Druck und Veröffentlichung dieses Buches.

Darmstadt, im November 1985

Der Vorsitzende
des Beratungsausschusses
für das Deutsche Glockenwesen

Hartwig Niemann

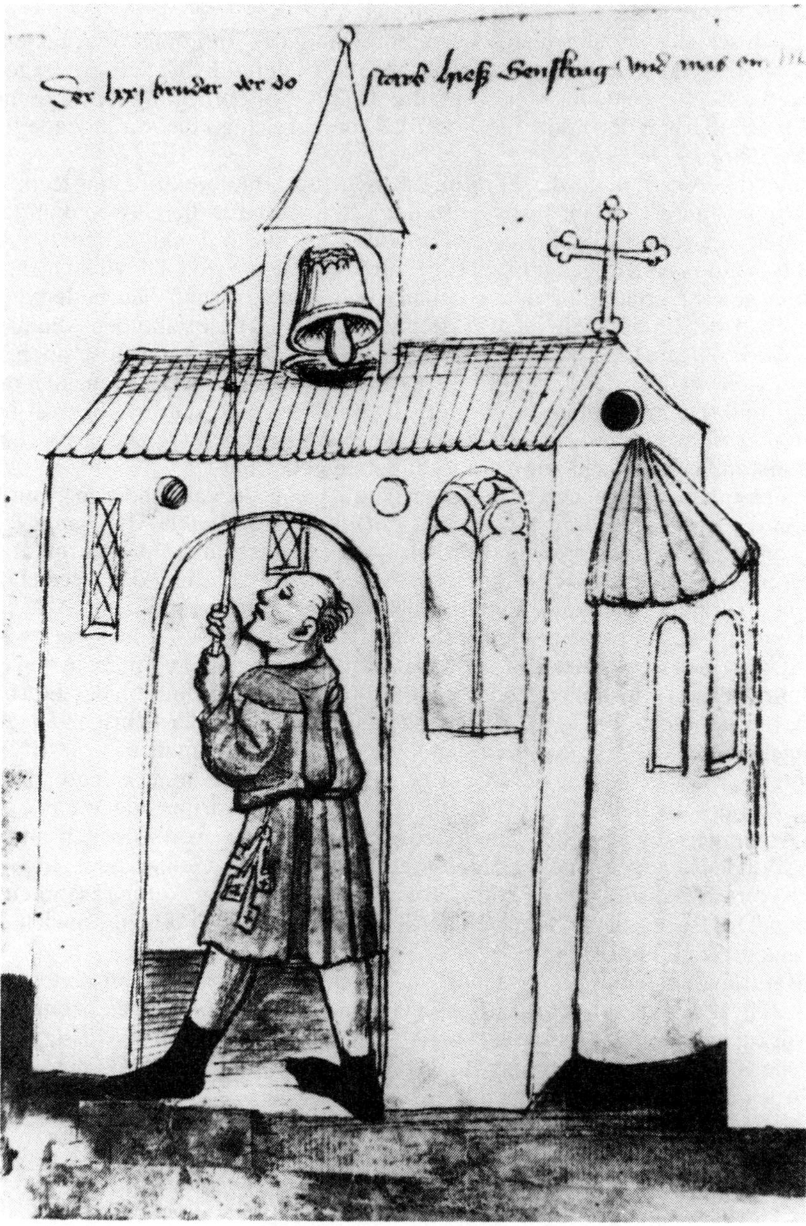

Mönch läutet zum Gebet. Aus dem „Handbuch der Mendelschen Zwölfbrüderstiftung Nürnberg", Nürnberg, Stadtbibliothek.

KAPITEL 1

Die Glocke – ihre Geschichte und heutige Bedeutung

Geschichte und Symbolik der Glocken

Von Albert Schmidt

Es gab lange vor dem Christentum Glocken; andererseits gab es lange das Christentum, ohne daß es sich der Glocken bedient hätte. Überall dort, wo der Mensch die Metallbearbeitung erlernt hat, finden sich Glocken und Glöckchen; zu ihrer raschen und weiten Verbreitung trug die unheilabwendende Kraft bei, die die Magie ihnen beigemessen hat. Die Ursprünge der Glocken sind in Asien zu suchen; China besaß eine vollendete Kunst der Gußtechnik wie auch der künstlerischen Formgebung.

Über die Wege der Völkerwanderungen und Kulturströmungen sind die Glocken nach Westen und in unseren Raum gelangt. Die typische Glocke der Alten Welt ist die kleine Bronzeglocke mit eisernem Klöppel; sie klingt, wenn sie angeschlagen oder vom Wind bewegt wird. Im 8. Jahrhundert vor Christus finden wir im Hochland von Armenien frühe Klöppelglocken, die dann von Ägypten aus den Mittelmeerraum „erobert" haben; schon um 700 vor Christus waren sie den Etruskern bekannt.

Zuerst wohl als Pferdeschmuck verwendet, dienten die Glocken als Behang von Mensch und Tier, als Schmuck oder Amulett, als Erkennungszeichen oder zur Abschreckung. Die Signalfunktion ist für die Zukunft besonders wichtig geworden; im griechisch-römischen Raum waren Glockenzeichen für öffentliche, militärische und häusliche Zwecke selbstverständlicher Brauch. Strabon († 23/26 nach Christus) erzählt eine köstliche Geschichte: Ein Zitherspieler wurde plötzlich von allen seinen Zuhörern verlassen, als ein Glockenzeichen die Ankunft frischer Fische auf dem Markt meldete; der einzige, der zurückblieb, war taub. Zufallsfunde der Archäologie beleuchten diesen Gebrauch. So hat sich die Glocke eines Bademeisters der römischen Diokletiansthermen erhalten; sie trägt die Inschrift „firmi balneatoris" („diese Glocke gehört dem Bademeister Firmus").

Auch die magische Verwendung der Glocken hat sich in Inschriften niedergeschlagen. Vor allem im Totenkult spielte der Glaube an die zauberbrechende, reinigende und glückbringende Kraft des Erzes eine Rolle; Aufschriften wie „Lebewohl!“ oder „Gute Fahrt!“ sprechen davon. Sehr häufig wurden Glocken als Weihegaben gestiftet. In den ekstatischen Kulten dienten sie als Instrument, das eine Stimmung des Taumels erwecken sollte, der dann in den religiösen Tanz überleitete; nach der Vorstellung der Alten war der Lärm ein Bestandteil des Chaos und das darauf folgende Schweigen ein Zeichen der Gottesnähe.
Das Alte Testament kennt und nennt etwa zwanzig Musikinstrumente, von denen die meisten sicher im Kult verwendet wurden. Die Glocken gehören nicht dazu; sie sind auch später bei den Juden nicht heimisch geworden. Ein kleiner Anknüpfungspunkt, der für den Gebrauch der Glocken im Christentum wichtig geworden ist, sind die Goldglöckchen am unteren Saum von Aarons Priestergewand (Exodus 28, 33 ff.; 39, 25 f.); wahrscheinlich sind Rollschellen gemeint, die als Exorzismusglöckchen dienten. Das hier verwendete hebräische Wort hat die Septuaginta mit dem griechischen Wort „kodón“ übersetzt, die lateinische Bibel sagt lautmalend „tintinnabulum“; für die christliche Weiterentwicklung ist wichtig geworden, daß der Sprachgebrauch der Antike nicht unterschieden hat zwischen Glocke und Schelle.
Das Christentum stand zunächst den Glocken sehr ablehnend gegenüber; wir haben keinerlei Zeugnisse aus urchristlicher Zeit für ihren gottesdienstlichen Gebrauch. Glocken wurden ebensowenig wie andere Musikinstrumente in der Liturgie geduldet, weil sie durch den kultischen Gebrauch im heidnischen Raum kompromittiert waren; nur die menschliche Stimme und der einstimmige Gemeindegesang erschienen den ersten Christen würdig und unbelastet, um für Gott zu erklingen. Diese Distanz spricht aus dem berühmten Wort des Apostels Paulus in seinem Hohen Lied der Liebe: „Wenn ich in den Sprachen der Menschen und Engel redete, hätte aber die Liebe nicht, wäre ich dröhnendes Erz oder eine lärmende Pauke“ (1 Korinther 13, 1).
Auch die Kirchenschriftsteller haben die Glocken abgelehnt wegen ihres ekstatischen Gebrauchs und ihrer magischen Verwendung. Clemens von Alexandrien († vor 215), bezeichnet die Glocken als Instrumente des Irrglaubens; noch Johannes Chrysostomus († 407) beklagt sich, daß man den getauften kleinen Kindern Glöckchen als Amulette an den Arm bindet. Freilich zwangen die bereits erwähnten Glöckchen am Saum des hohenpriesterlichen Gewandes die Kirchenväter dazu, sich bei ihrer Auslegung des Alten Testaments mit diesem Thema zu befassen; schon bei den Apologeten, den frühen Schriftstellern des zweiten Jahrhunderts, finden wir die allegorische Deutung, die später allgemeingültig wurde: Glocken sind ein Symbol der Verkündigung des Evangeliums durch die Apostel. Diese Deutung ist den Kirchenglocken geblieben; die Namen der Evangelisten sind eine der beliebtesten Glockeninschriften im Mittelalter.
Damit war ein Weg angebahnt, der diesem zunächst als heidnisch geltenden Kultgerät einen Zugang auch in die christliche Kirche eröffnen konnte. Die Kirche hat dabei an die Verwendung der Glocken als eines Rufzeichens angeknüpft. Wir wissen nicht, wann zum ersten Mal Glocken zum Gottesdienst gerufen haben. Ein solches weithin hörbares Signal setzt jedenfalls eine christliche Umwelt voraus oder zumindest eine Umwelt, die den Christen nicht feindlich gegenübersteht; dieser

Wandel setzt erst nach Kaiser Konstantin († 337) und verstärkt nach Theodosius († 395) ein. Es sind wohl die Mönche Ägyptens gewesen, die hier den Anfang gemacht haben; vielleicht haben die Signalzeichen der Militärlager dabei Pate gestanden.
Der gottesdienstliche Gebrauch der Glocken geht Hand in Hand mit ihrer profanen Weiterverwendung. Auch in ihrem Alltag haben sich die Christen der Glocken bedient, wobei gelegentlich auch abergläubische Bräuche übernommen und weitergeschleppt wurden. So finden wir die Glocke als Signalzeichen zum Beispiel in der Lebensbeschreibung des heiligen Benedikt; in seiner Anfangszeit als Einsiedler versorgte ihn ein Mönch aus der Nachbarschaft, indem er das Essen in einem Korb mit einem Glöckchen die Felswand zur Höhle des Heiligen hinabließ. Noch 1219 haben die Kreuzfahrer, um den Nil zu blockieren, zwischen Stöcke gespannte Schnüre mit Glocken behängt, die sie bei Tag und Nacht auf jede Bewegung aufmerksam machen sollten. Die antike Strafe der „pompē" mußten in Verfolgungszeiten auch Christen auf sich nehmen; es handelte sich um einen öffentlichen Umzug mit verschiedenen Erniedrigungen, darunter gelegentlich eine Glocke, die um den Hals gebunden wurde und ihren Träger der allgemeinen Lächerlichkeit preisgab. Eine andere alte profane Verwendung der Glocken finden wir beim Herdengeläut der Weidetiere; dieser Brauch scheint diesseits der Alpen beheimatet zu sein und führte im germanischen Volksrecht zu umfangreichen Regelungen (zum Beispiel Bestrafung von Schellendiebstahl).
Wie bereits angedeutet, hat das Mönchtum eine entscheidende Rolle bei der Übernahme der Glocken durch das Christentum gespielt. Die ersten literarischen Zeugnisse für den Gebrauch von Schallwerkzeugen als Signal für den Gottesdienst stammen aus den Mönchsgemeinden des 4. Jahrhunderts; zunächst ist freilich noch nicht von der Glocke die Rede. Wir hören von einem Asketen Adolios aus Tarsos, der in Jerusalem mit einem Weckhammer von Tür zu Tür seines Klosters ging und die einzelnen Mönche zum Gottesdienst rief. Sehr bald hat sich in ganz Syrien und Palästina das Schallholz oder Schlagbrett verbreitet; unter dem Namen „simandron" (Zeichen) wurde es das hauptsächliche Rufzeichen der orientalischen Kirche. Erst als im Jahr 865 der venezianische Doge Orso zwölf in Venedig gegossene Glocken dem Kaiser Basileios I. als Geschenk nach Konstantinopel sandte, begannen die Glocken langsam im Osten vorzudringen. Im islamischen Bereich stießen sie dabei vielfach auf harten Widerstand; auch kamen in den östlichen Kirchen und Klöstern die Schallbretter nie ganz außer Gebrauch. Im Westen verlief die Entwicklung umgekehrt: Die Glocken gewannen zunehmend die Oberhand; an die Schlagbretter und Holzinstrumente erinnern lediglich die Klappern, die in der Karwoche zum Teil heute noch in Gebrauch sind.
Das orientalische Mönchtum hat neben Holzinstrumenten auch die Tuba verwendet, wie die Regel des Pachomius († 346) bezeugt. Direkte Zeugnisse über die Verwendung von Glocken als Signal für die Gebetszeiten setzen spät ein; aus frühkoptischer Zeit sind jedoch zahlreiche Glocken erhalten. Die ideale Mönchsgestalt schlechthin, der heilige Antonius, erhielt allmählich als Attribut bei der bildlichen Darstellung neben dem Tau-Kreuz eine Glocke; im Verlauf des Mittelalters ist das Glöckchen dann auf das Schwein übergegangen, das Antonius auf den Darstellungen begleitet. Die Nachricht vom Leben der Mönche ist zum Beispiel durch Johannes Cassian († 430/435) auch im Westen verbreitet und fruchtbar gemacht wor-

den. Hieronymus († 419/420), der ein ausgeprägtes Interesse am klösterlichen Leben hatte, übersetzte die Regel des Pachomius, der als erster das monastische Leben organisiert hat; den Vorgang des Rufens zum Gottesdienst gab er mit „signum dare" wieder, das heißt „ein Zeichen geben". Dieses Wort hat eine große Wirkungsgeschichte gehabt und wurde in fast alle frühmonastischen Regeln aufgenommen, so bei Caesarius († 542) und Aurelian von Arles († um 551) sowie bei Benedikt von Nursia, dessen Regel die abendländische Ordens- und Liturgiegeschichte spürbar geprägt hat. Wir wissen nicht, ob die bei Benedikt mehrfach genannten „signa", „Zeichen", sich noch auf Schlagbretter beziehen. Doch noch im 6. Jahrhundert wandelt und festigt sich der Sprachgebrauch; die „signa ecclesiae", die „Zeichen der Kirche", sind die Glocken geworden, und die Redewendung „signum tangere", „das Zeichen anrühren, anschlagen", bezieht sich mit ziemlicher Sicherheit auf ein Glockenzeichen. Aus den Klöstern Nordafrikas hören wir schon im 6. Jahrhundert von der Verwendung von Glocken; der älteste Beleg für das Wort „campana" als Bezeichnung der Glocke findet sich in einem Brief, den im 6. Jahrhundert ein Diakon Ferrandus aus Karthago an einen Abt Eugippius geschrieben hat. Er bescheinigt ihm Eifer für den Gottesdienst in seinem Kloster, an dem auch viele Außenstehende teilnehmen: „Sehr viele andere rufst du zur Teilnahme an der guten Übung, wobei dir eine wohlklingende Glocke ihre Dienste leistet, wie es die heilige Gewohnheit der gottseligen Mönche bestimmt hat."

Seit Patrick von Irland († 461?) gehören Stab, Buch und Glocke zum irischen Wandermönch und Priester. In Irland überschreitet die Glocke zum ersten Mal deutlich den klösterlichen Raum und wird allgemeines Rufzeichen der Kirche. Von Irland und Schottland führt der Weg der Glocke nach England und nach Deutschland. Bonifatius († 754) bat in einem Brief darum, man möge ihm eine Glocke schicken; um 744 schrieb er an einen Abt in seiner Heimat: „Wenn du mir eine Glocke sendest, so läßt du mir in meinem Wanderleben einen großen Trost zukommen." Diese Briefstelle ist der erste Nachweis für das Wort „clocca". Willibald schreibt in der Lebensbeschreibung des heiligen Bonifatius, bei seinem Tod habe die Glocke ohne menschliches Zutun geschlagen. Der starke irische Akzent in der Geschichte der Glocken zeigt sich auch darin, daß der Ire Forckernus Schutzpatron der Glockengießer geworden ist. Er ist gegen Ende des 5. Jahrhunderts als Bischof von Trim gestorben und hat – soweit wir wissen – bei seinem Kloster eine Glockengießerei eingerichtet. Aus der gleichen Zeit wird von einem irischen Mönch Dagäus berichtet, der in seinem Leben dreihundert Glocken angefertigt haben soll.

Den zunehmenden gesamtkirchlichen Gebrauch der Glocken im 6. Jahrhundert läßt eine oftmals wiederkehrende Wendung bei Gregor von Tours († 594) in seiner Geschichte der Franken erkennen: „Am Sonntag, als gerade zur Frühmette geläutet wurde und das Volk aufstand und zur Kirche kam, da geschah . . ." Von ihm wissen wir auch, daß die Glocken der Martinskirche von Tours mit einem Seil geläutet wurden, das von der Straße aus bedient werden konnte. Dennoch waren die Glocken für viele noch etwas Ungewohntes: Als im Jahr 615 die burgundische Stadt Sens belagert wurde, ließ Bischof Lupus alle Glocken der Stefanskirche läuten, was die Feinde so in Schrecken versetzte, daß sie flohen.

Papst Sabinian († 606) soll bestimmt haben, daß die Gebetszeiten des Stundengebets durch Glockenzeichen angekündigt werden. Nach dem Liber pontificalis setzte Papst Stefan II. († 757) auf die Petersbasilika in Rom einen Turm mit drei Glok-

Mönch mit Krummstab und Glocke, den Insignien der iro-schottischen Wandermönche. Steinplastik auf White Island, 9. Jh.

Hl. Forckernus, Patron der Glockengießer, Ungarn, 18. Jh.

ken, die Volk und Klerus zum Gottesdienst rufen sollten. Die zunehmende Beheimatung der Glocken in der Kirche zeigt sich auch daran, daß sich allmählich Texte und Formulare für eine Segnung der Glocken finden, zunächst im spanischen Raum; in der zweiten Hälfte des 9. Jahrhunderts sind die Hauptelemente des Ritus ausgebildet. Freilich hat die Glockenweihe schon früh Anlaß zu Diskussionen und Mißverständnissen, ja Mißbrauch gegeben; Karl der Große hat 789 in seinen Kapitularien angeordnet, man solle die Glocken nicht „taufen". Offensichtlich hatten sich hinsichtlich der Schutzfunktion der Glocken Vorstellungen eingeschlichen, die die Grenze von Glauben zum Aberglauben überschritten.

Wann zum ersten Mal große Kirchenglocken aus Erz gegossen wurden, ist nicht bekannt; auf jeden Fall schon zu karolingischer Zeit. Walafried Strabo, seit 842 Abt auf der Reichenau, hat als erster zwischen gegossenen („vasa fusilia") und geschmiedeten Glocken („vasa productilia") unterschieden. Aus der Zeit vor dem kunstvollen Erzguß sind einige Glocken erhalten geblieben; die ältesten einigermaßen datierbaren gehen wohl auf das 7. Jahrhundert zurück. Bekannt ist der sogenannte „Saufang" aus St. Cäcilien in Köln (42 cm hoch). Die Gallusglocke in der Domsakristei in St. Gallen (33 cm hoch) und eine Glocke im nordfranzösischen Noyon (27 cm hoch) sind ebenfalls aus Eisenblech mit Kupfernägeln zusammengenietet und mit Kupfer überzogen. Auch die ältesten irischen Glocken waren aus Eisenblech geschmiedet.

Mit dem wachsenden Gebrauch der Glocken stellt sich auch die Frage ihrer Aufbewahrung. Die ersten Kirchenglocken im weströmischen Kulturbereich waren vermutlich einfach an Balken und Giebeln oder in Dachreitern befestigt. Im 8. Jahrhundert war das offensichtlich allgemeiner Brauch; der Abt von Fontanelle läßt 735 Glocken in einem Türmchen aufhängen, „wie es bei den Kirchen üblich ist". Allerdings scheinen Türme zunächst für andere Zwecke gebaut gewesen zu sein; als Glockentürme wurden sie erst später verwendet.

Etwa seit dem 12. Jahrhundert finden wir neben den großen Glocken auf den Türmen auch kleine Glöckchen innerhalb der Kirchen; seit dieser Zeit sind Altarschellen im allgemeinen Gebrauch. Als in der Meßliturgie die Wandlung und Erhebung der Gestalten im Bewußtsein des Volkes eine immer größere Bedeutung erlangte, wollte man diesen Augenblick besonders anzeigen und hob ihn durch ein Glockenzeichen hervor. Später wurde auch auf andere Stellen in der Messe (Gabenbereitung, Sanctus, Kommunion) durch ein Glockenzeichen hingewiesen. Hiervon hat sich das Glockenzeichen bei der Wandlung bis heute erhalten.

Das Mönchtum hat die Glocken weiterhin auch innerhalb des Klosters verwendet. Es entstand eine Vielfalt von Glocken und ein vielfältiger Glockengebrauch. So wird eine kleinere Glocke, die „scilla" (= „Schelle"), als Zeichen für die kleineren Gebetszeiten, die Kapitelssitzungen und Mahlzeiten verwendet. Daneben gab es aber auch in den westeuropäischen Klöstern des Mittelalters immer noch die „tabula", das mit einem Hammer geschlagene Brett, etwa als Zeichen für die wöchentliche Fußwaschung.

Daß die Glocken ein Signal nach innen und nach außen sind, wird deutlich, wenn Abt Sturmius von Fulda († 779) bei seinem Sterben alle Glocken der Kirche läuten läßt, damit sich nicht nur die Brüder zusammenfinden, sondern auch die Gläubigen in der Sterbestunde für ihn beten. In den Consuetudines, den mittelalterlichen Brauchtumsordnungen der Klöster, gibt es zahlreiche Vorschriften, die den Gebrauch der Glocken regeln. Wir erfahren von einem kleineren und einem größeren Glockenzeichen sowie vom „signum classicum", dem Geläut aller Glocken an Festtagen. Von Cluny wissen wir zum Beispiel, wie dort mit der genau geregelten Aufeinanderfolge von kleinen und großen Glocken die Weihnachtsmette eingeläutet wurde.

Da die Mönche die Glocken in ihrem Gottesdienst und innerhalb ihres Hauses gerne verwendet haben, ist es nicht verwunderlich, daß auch die Kunst des Glockengießens in den Klöstern gepflegt wurde; seit dem 8. Jahrhundert besitzen wir schriftliche Aufzeichnungen darüber. Besonders wichtig ist die „schedula diversarum artium" des Mönches Theophilus aus dem 11./12. Jahrhundert; das Werk bietet die inhaltsreichste und bedeutendste Technologie, die aus dem Mittelalter auf uns gekommen ist. Der Verfasser muß offensichtlich ein weitgereister Mönch gewesen sein, der viele Beobachtungen sammeln konnte, wenn er nicht selbst ausübender Kunsthandwerker gewesen ist. Er hat in seinem Buch, das auch von Glasmalerei und Goldschmiedekunst berichtet, ein sehr ausführliches Kapitel dem Glockenguß gewidmet, das durch die Gewissenhaftigkeit und Anschaulichkeit seiner Darstellung unübertroffen ist. Wie ernst es ihm mit seiner Arbeit war, sagt er selbst im Prolog seines Werkes: „Gott weiß, daß ich das, was hier niedergelegt ist, weder aus Sucht nach Menschenlob noch aus Begierde nach zeitlicher Belohnung geschrieben habe, noch daß ich aus Eifersucht und Mißgunst etwas Wertvolles und Seltenes unterschlagen oder als mir besonders vorbehalten verschwiegen habe, sondern daß ich zur Mehrung der Ehre und des Ruhmes seines Namens den Bedürfnissen vieler zu Hilfe gekommen und auf ihren Vorteil bedacht gewesen bin."

Für diese klösterliche Kunst des Glockengießens sind mehrere Abteien bedeutend geworden: Fulda, Erfurt, St. Gallen, Tegernsee und nicht zuletzt die Reichenau. Glocken aus der Zeit des 8. bis 12. Jahrhunderts werden gerne als Theophilus-Glocken bezeichnet. Die älteste dieser Art, die erhalten geblieben ist, eine Glocke aus Canino, stammt aus dem 8./9. Jahrhundert. Sie ist 37 cm hoch und hat einen Durchmesser von 39 cm; heute steht sie in den Vatikanischen Museen. In Deutschland sind etwa 15 Glocken aus dieser Zeit erhalten geblieben.

Orgel- und Glockenspiel. Mittelalterliche Miniatur.

Läutende Mönche. Mittelalterliche Buchmalerei.

Im 12. Jahrhundert werden innerhalb und außerhalb der Kirche neue Kräfte wirksam und neue Strömungen bemerkbar. Neben dem Mönchtum entstehen die Bettelorden, die ihre Klöster nicht mehr in der ländlichen Umgebung, sondern innerhalb der Städte gründen, und der Adel erhält einen Gegenpart im aufstrebenden Bürgertum. Damit verlieren auch die Abteien ihre bevorzugte Stellung in der Kunst des Glockengießens. Wir finden nun auch Glockengießer aus bürgerlichem Stand in den Städten. Zudem werden in dieser Zeit die Glocken, der allgemeinen Tendenz zu größeren Baßinstrumenten folgend, größer als bisher.
Das 13. Jahrhundert ist ein erster Höhepunkt in der Glockengießerkunst; aus dem Jahr 1258 stammt die Hosanna-Glocke des Freiburger Münsters, eine der ältesten datierten Glocken Deutschlands. Einen weiteren Höhepunkt erlebt diese Kunst sodann gegen Ende des 15. und zu Beginn des 16. Jahrhunderts. Besonders berühmt war in dieser Zeit die holländische Glockengießerfamilie van Wou, von deren Glocken viele bis heute erhalten geblieben sind, zum Beispiel die „Maria gloriosa" in Erfurt aus dem Jahr 1497.
Die soziale Stellung des Glockengießers erfuhr im 15. Jahrhundert eine tiefgreifende Umgestaltung durch die Einführung der Kanonen im Kriegswesen. Auch die Kanonen wurden wie die Glocken gegossen; so wurden die Glockengießer auch „Stückgießer", und bis in unsere Zeit hinein wurden Glocken oft zu Geschützen umgegossen. Noch im 15. Jahrhundert findet sich der Brauch, daß die Glocken einer gefallenen Stadt der Artillerie des Belagerers übergeben werden mußten. Doch auch die Umkehrung konnte geschehen: Im Jahr 1711 schenkte Kaiser Joseph I. dem Stephansdom in Wien eine Riesenglocke im Gewicht von rund 325 Zentnern, die aus 180 eroberten türkischen Kanonen gegossen worden war.
Die Vielzahl der Kirchen und Klöster in den Städten, die nun alle Glocken besaßen, warf auch praktische Fragen auf. Das Geläute einer abgelegenen Abtei auf dem Land konnte ungestört allein erklingen; in der Stadt jedoch konnte es des Läutens manchmal zuviel werden. So wurde den Bettelordenskirchen oft nur eine einzige Glocke gestattet. Auch gab es Streitigkeiten, wer etwa zuerst zum Morgenoffizium läuten durfte; eine zeitgenössische Entscheidung darüber lautete: „Qui primo surgeret, primo pulsare debet" – wer zuerst aufsteht, darf auch zuerst zum Morgenoffizium läuten. Auch zwischen den Abteien kam es zu Auseinandersetzungen wegen der Glocken. Die Zisterzienser, die ihre Kirchen und Klöster einfacher bauten und ausstatteten und sich statt eines Turmes mit einem Dachreiter begnügten, besaßen weniger Glocken als die Abteien der Cluniazenser und warfen diesen unverantwortlichen Aufwand vor.
Wie seit den ältesten Zeiten dienten auch im Mittelalter die Glocken nicht nur kultischen, sondern in reichem Maß zugleich profanen Zwecken. Rathäuser hatten oft Türme oder Dachreiter, von denen Glocken erklangen. So rief die Ratsglocke den Magistrat zu seinen Sitzungen, die Zinsglocke zeigte den Termin für die Steuerzahlung an und die Bierglocke den Beginn des Ausschanks. Die Armesünderglocke begleitete den Delinquenten zur Hinrichtung, und die Sturmglocke erklang, wenn ein Unwetter oder eine Feuersbrunst drohte oder wenn ein Feind heranrückte. Der Tod eines Menschen wurde den Mitbürgern durch die Sterbeglocke angezeigt. Gerade bei den letzten Beispielen wird deutlich, daß die Übergänge fließend waren und auch die Kirchenglocken zu profanen Zwecken verwendet wurden. Im innerkirchlichen Bereich finden wir unter anderem die Sonntagsglocke, die den Gottes-

dienst oder die vorausgehende Predigt ankündigte, sowie die Festglocke, die zu feierlichen Anlässen, zu Prozessionen und zum Empfang hoher Gäste erklang.
Eine besondere Bedeutung gewinnt in der Kirche die Betglocke, die das Zeichen zu den Gebetszeiten des Tages gibt. In der Alten Kirche hatten sich die Gemeinden zum Morgen- und Abendlob in den Gotteshäusern versammelt. Im Lauf seiner Entwicklung und Erweiterung wurde das Stundengebet zunehmend zu einer den Ordensleuten und Klerikern vorbehaltenen Aufgabe. Doch im christlichen Volk blieb das Bewußtsein lebendig, daß jeder Tag vom Gebet begleitet sein soll; daher suchten die Laien nach Wegen, sich dem kirchlichen Stundengebet in einer ihnen entsprechenden Weise anzuschließen.
Hier liegt der Ursprung des Angelusläutens. Etwa im 13. Jahrhundert haben wohl die Franziskaner damit begonnen, abends drei Läutezeichen zu geben, die von den Gläubigen mit drei Ave Maria beantwortet wurden. Dieses Läuten hat sich dann im 14. Jahrhundert auf den Mittag und den Abend erweitert. So sind die Wurzeln des Angelusläutens sicher in den Laudes als Morgenlob, in der Sext als Mittagsgebet und in der Vesper als Abendlob zu suchen. Dabei wurde das Abendläuten mit dem Gedächtnis an die Menschwerdung Jesu, an die Verkündigung, verbunden; beim Mittagsläuten gedachte man seiner Todesnot und beim Morgenläuten seiner Auferstehung. Aus zeitgeschichtlichen Bedingungen heraus kamen weitere Bedeutungen hinzu; so machte Papst Calixt III. 1455 das mittägliche Läuten zu einem Türkenläuten, das zum Gebet aller Christen gegen die drohende Türkengefahr aufrufen sollte. Beim heutigen dreimaligen Läuten morgens, mittags und abends wird mit dem „Engel des Herrn“ nur noch der Verkündigung und Menschwerdung des Herrn gedacht.
Diese Aufgabe der Glocken, die Gläubigen außerhalb der Kirche an das zu erinnern, was gerade im Gottesdienst geschah, hat sich ausgeweitet. Wir kennen das Läuten zum Evangelium des Hochamtes, das vor allem in Gemeinden mit ländlicher Tradition bis heute geübt wird. Es gibt weitverbreitet das Wandlungsläuten sowie das feierliche Geläute, wenn die Gemeinde das „Te Deum“ singt. In Zeiten der Bedrängnis gab es das Pro-pace-Läuten, wobei beim Friedensgebet der Messe ein Glockenzeichen gegeben wurde, damit auch diejenigen, die nicht am Gottesdienst teilnahmen, sich der Bitte um Frieden anschließen konnten. In diesem Zusammenhang gehört auch das Freitagsläuten zum Gedächtnis der Todesnot Jesu, das Läuten am Abend des Donnerstags zur Erinnerung an das Gebet Jesu in Gethsemani sowie das Einläuten des Sonntags und der Festtage. Auch dieses hat seine Wurzel im Stundengebet und war ursprünglich die Einladung zur ersten Sonntagsvesper, mit der das sonn- und festtägliche Gotteslob begann.
Bei dieser Vielfalt der Glockenzeichen wurde es immer selbstverständlicher, daß die Kirchen nicht nur eine Glocke, sondern ein Geläut aus mehreren Glocken besaßen. Bald wurde deren Anzahl auch durch Verordnungen festgelegt. So bestimmte Karl Borromäus († 1584) für sein Erzbistum Mailand, daß die Kathedrale 5 bis 7 Glocken, eine Kollegiatskirche 3 und eine Pfarrkirche 2 bis 3 Glocken haben solle. Auch die allgemeine kirchliche Gesetzgebung hat sich mit den Glocken befaßt. Der Codex Iuris Canonici von 1917 bestimmte, daß jede Kirche Glocken haben soll, die geweiht oder gesegnet werden müssen; die Verfügung über ihren Gebrauch steht allein der Kirche zu, und nur in Notfällen dürfen sie auch zu profanen Zwecken verwendet werden. Das 1983 promulgierte neue Kirchenrecht hat

dagegen Bestimmungen über die Kirchenglocken bewußt den Normen der liturgischen Bücher zur Entscheidung überlassen.
Im Verlauf des 16. Jahrhunderts, in den Jahrzehnten der Reformation und Gegenreformation, wurden die Glocken auch Gegenstand der Auseinandersetzung zwischen den Konfessionen. Ein Streitpunkt war die Übung der Glockenweihe, die für die reformatorischen Christen nicht annehmbar war; sie besaß in der Tat Elemente, die sich in einer Weise dem Taufritus näherten, daß daraus Mißverständnisse entstehen konnten. Bei Glocken für protestantische Kirchen wurde deshalb statt der Glockenweihe gerne eine Glockenpredigt gehalten. Auch manche Glockeninschriften auf evangelischen Glocken sind Zeugnis solcher gegensätzlicher Auffassungen, etwa wenn es heißt: „Fulgura non frango" – „ich breche keine Blitze". Daß geweihten Glocken eine solche Kraft zugeschrieben wurde, war eine Vorstellung, die auf Ablehnung stieß.
Die Unruhen aller Zeiten haben dem Glockenbestand viele Verluste gebracht. Der Dreißigjährige Krieg mit seinen Zerstörungen hat auch viele Glocken vernichtet; er hat überdies an vielen Orten die Tradition des Glockengießens abreißen lassen, so daß Glocken aus der Barockzeit sich mehr durch ihre Größe und Zier als durch ihren Klang auszeichnen. Aus der Folgezeit stammt auch die größte Glocke der Welt; 1732 wurde in Moskau der „Glockenkaiser" mit einem Gewicht von 200 Tonnen und einem Durchmesser von 6,10 Meter gegossen. Die Glocke erklang freilich nie, da sie beim Aufhängen abstürzte. Die Französische Revolution hat 1786 eigens ein Gesetz erlassen, das jede Art der Einladung zum Gottesdienst unterbinden wollte und deshalb den Gebrauch von Glocken verbot. In ganz Frankreich wurden damals mehr als 100 000 Glocken vernichtet. Man konstruierte besondere Maschinen, um die großen Glocken, die man nicht vom Turm schaffen konnte, zu zerschlagen; so haben an der zweitgrößten Glocke von Notre-Dame von Paris acht Mann sechs Wochen lang gearbeitet, um sie auf dem Turm zu zertrümmern. Nachdem im Ersten Weltkrieg fast die Hälfte der deutschen Glocken eingeschmolzen worden war, brachten der Zweite Weltkrieg und zum Teil die Zeit danach nochmals schmerzliche Verluste; von den beschlagnahmten zwei Dritteln des damaligen Bestandes konnte bei Kriegsende nur ein kleiner Teil, der noch nicht eingeschmolzen war, identifiziert und den Eigentümern zurückgegeben werden. Das Alte zu pflegen und Neues zu schaffen, ist eine bleibende Aufgabe; die Geschichte der Glocken ist noch nicht zu Ende.
Die technische Entwicklung hat zahlreiche Ruf- und Signalzeichen bereitgestellt und neue Wege für deren Übermittlung geschaffen. Die Glocken haben manche ihrer Aufgaben abgetreten; doch sie bleiben ein ursprüngliches und unaufgebbares Zeichen der Kirche, das den Menschen in den Gezeiten seines Lebens immer neu zur Gemeinschaft der Glaubenden einlädt und an das verheißene Heil Gottes erinnert. Das Gebet im Benediktionale, der Sammlung der kirchlichen Segensgebete, faßt die verschiedenen Aufgaben der Glocken zusammen:

Herr des Himmels und der Erde,
Dich preist Deine Schöpfung.
Im Himmel und auf der Erde erschallt Dein Lob.
Voll Vertrauen bitten wir Dich,
segne diese Glocken, die Dein Lob künden.

Sie sollen Deine Gemeinde zum Gottesdienst rufen,
die Säumigen mahnen, die Mutlosen aufrichten,
die Trauernden trösten, die Glücklichen erfreuen
und die Verstorbenen auf ihrem letzten Weg begleiten.
Segne alle, zu denen der Ruf dieser Glocke dringen wird,
und führe so Deine Kirche von überall her zusammen in Dein Reich.

Hat die Glocke noch einen Sitz im Leben des heutigen Menschen?

Von Richard Schömig

Im Hintergrund unserer Erwägungen soll die Frage stehen, ob die Glocke heute noch etwas im Dasein des Menschen zu bewirken vermag, ob der Mensch unserer Zeit von ihrem Ruf noch erreicht, von ihrer Botschaft in seiner Existenz noch betroffen wird, ob die Glocke also noch einen Sitz hat im Leben des Menschen von heute. Dabei müssen wir freilich auch fragen nach dem Sinn dieser Botschaft selbst, für welche die Glocke ein Zeichen ist. Denn die Glocke steht in der Ordnung heiliger Zeichen. Zeichen aber müssen sprechen, bedeuten, hinweisen in die unsichtbare Dimension für die sie stehen, sind Träger von Sinn und Bedeutungen. Zeichen erfordern aber auch, daß der Mensch willens und fähig ist zu lesen und sich ihnen zu öffnen. So verstehen wir die Frage nach dem Sinn der Glocke und ihrer Botschaft zunächst als eine an den Theologen gerichtete und wollen sie aus seiner Perspektive zu beleuchten versuchen. Solchen Versuchen freilich, über die technischen, akustischen und historisch-denkmalpflegerischen Probleme hinaus, die uns die Glocke stellt, auch Theologisches über sie zu sagen, wird man vielleicht heute mit Skepsis begegnen. Zunächst überall dort, wo vergessen wird, daß die Glocke als Werk des Menschen in einen Dienst genommen ist, der in unmittelbarem Zusammenhang mit dem Heiligen steht, wofür Altar, Taufstein und Orgel in der Kirche geschaffen sind. Aber dann auch dort, wo Werk, Arbeit und Kunst des Menschen, ja die ganze Ding-Welt des Geschaffenen überhaupt in radikaler Weltlichkeit und ohne jeden Bezug zum Transzendenten gesehen wird.

Unsere Überlegungen wollen, im Bild gesprochen, den inneren Schlagton der Glocke, der noch geheimnisvoller ist als ihr akustischer, durch eine mehr theologische Weise der Betrachtung an unser Ohr bringen. Wir alle machen die Erfahrung, daß in weiten Kreisen unseres Volkes heute der Sinn und die Freude an der Glocke geschwunden ist oder zu schwinden droht.

So wäre es das bescheidene Ziel dieser Betrachtung, aufzuzeigen, was in uns und im Menschen unserer Zeit wieder geweckt werden muß, um der Glocke wieder jene tiefen Resonanzen zurückzugeben, die sie einmal besaß. So hat die Frage: Hat die Glocke noch einen Sitz im Leben des heutigen Menschen? nicht bloß theoretischen Sinn. Sie will auf eine Aufgabe aufmerksam machen, die nicht nur jene angeht, die es mit dem technischen, künstlerischen und denkmalpflegerischen Wesen der Glocke zu tun haben, sondern auch jene, denen die Sache des Menschen und der christlichen Gemeinde am Herzen liegt. Es liegt zutiefst im Interesse des Menschen, wenn jener alte Dialog der Glocke mit der Seele des Menschen auch heute

nicht abbricht, sondern auf alle Weise von den dazu Berufenen in Gang gehalten und neu in Gang gebracht wird.
Der Kulturhistoriker Friedrich Heer hat die ehemals christliche und kulturelle Einheit der abendländischen Völker, die bis auf den heutigen Tag Europa heißt und gerade heute wieder von vielen ersehnt wird, „Glockeneuropa" genannt. Ein symbolischer Name, der wie kaum ein anderer das Wesen dieser Kulturlandschaft zeichenhaft ausdrückt. Glockeneuropa, das ist der Ordnungsraum, der Rechtsraum, der Friedensraum, der im Zeichen der Glocke geschaffen wurde, jener Raum der Arbeit, des Gebetes und der Muße, in dem das abendländische Menschentum herangereift und zu sich selber gekommen ist. Glockeneuropa, das ist der Raum, in dem die Eigenschwingung dessen vernehmbar ist, was Abendland heißt. Wo wir diesen Raum überschreiten, beginnen andere Zeichen zu tönen: die Buschtrommeln Afrikas, die Tempelgongs Asiens und die Koransuren Mohameds, andere Klänge, andere Kulturen. Europa war jahrhundertelang Glockeneuropa. Hier herrschte die Glocke, wie es J. Huizinga, der Historiker, in seinem Buch „Herbst des Mittelalters" beschreibt: „Einen Laut gab es, der das Getöse des geschäftigen Lebens immer wieder übertönte und der alles vorübergehend in die Sphäre des Geordneten emporhob: Die Glocken. Die Glocken waren im täglichen Leben wie warnende gute Geister, die mit vertrauter Stimme bald Trauer, bald Freude, bald Ruhe, bald Unruhe verkündeten, bald zusammenriefen, bald ermahnten. Man kannte sie mit ihren volkstümlichen Namen: die dicke Jacqueline, Glocke Rolant; man wußte, was das Anschlagen bedeutete und was das Läuten bedeutete. Man war trotz des übervielen Glockenläutens nie abgestumpft gegen ihren Klang."
Nicht bloß in jenen Jahrhunderten einer hierarchisch und theokratisch bestimmten Wertung der irdischen Wirklichkeiten, auch später in Renaissance, Reformation und Barock ist die Glocke das ökumenische Zeichen, das christliche Symbol des Abendlandes geblieben, das Universalinstrument (wie Friedrich Heer es nennt) von Macht und Herrlichkeit. Man könnte geneigt sein zu sagen, dies alles ist doch die Glocke geblieben bis zum heutigen Tage: christliches Symbol, ökumenisches Zeichen, Universalinstrument christlicher Botschaft. Noch fahren die christlichen Kirchen fort, Glocken zu schaffen und Glocken zu läuten. Die lange Tradition scheint ungebrochen und unversehrt. Dennoch, wenn wir keiner falschen Romantik unterliegen, und wenn es darum geht, offenen Sinnes die Zeichen der Zeit zu verstehen, müssen wir sagen: Glockeneuropa ist untergegangen. Die weite offene Heimat des Menschen, in der das ganze Leben in Stadt und Land, in Dorf und Kloster, in Muße, Gebet und Arbeit durch den Glockenschlag sein Richtmaß empfing, ist untergegangen.
Auf ihrem jahrtausendelangen Weg durch die Geschichte scheint die Glocke als religiöses Zeichen teilzuhaben am Schicksal aller religiösen Symbole, die einem Prozeß der Entleerung und des dauernden Sinnverlustes ausgesetzt sind. Religiöse Symbole sterben, wenn die in ihnen verdichtete Erfahrung ausgelebt und ihre Kraft aufgebraucht ist. Sie dauern zwar äußerlich noch fort, bleiben aber unfruchtbar wie Hülsen ohne Kern. Symbole verstummen und werden sprachlos in einer Welt, die völlig eindimensional geworden ist. Eine säkularisierte Welt kennt keine echten Symbole und schafft sich keine Symbole, höchstens Verständigungszeichen, leblose Attrappen, ohne aufrufende und erweckende Kraft.
Säkularisierung ist das Schicksal, dem die Glocke anheimzufallen droht. Sie, in der

ein archaisches Erbe und ein spezifisch christliches Element buchstäblich eingeschmolzen ist; sie, die einmal mit dem religiös durchdrungenen Leben verbunden war, ist ortlos geworden, wo menschliches Dasein sich loslöst aus den religiösen Mächten, in deren Dienst sie einmal im christlichen Abendland gestanden hat. Wo die Türme in Stadt und Land, diese vertikalen Zeichen für das Lebensganze eines christlich orientierten Landes, nicht mehr als solche erfahren und verstanden werden, ist auch der Klang der Glocke nur noch einer im Lärm der tausend Geräuschmaschinen, die unser Leben immer unerträglicher zu machen drohen. Freilich, zu allen Zeiten war die Glocke bedroht. Aber es waren äußere Gefahren, Brand und Krieg haben verheerend gewirkt. Sie haben ihren Bestand dezimiert, aber ihr Wesen haben sie nicht zerstören können. Nach Kriegen ist es erst im Herzen der Menschen leuchtender und schöner auferstanden. Viele von uns haben es in ergreifenden Beispielen erlebt: Wie verlorene und wiedergefundene geliebte Angehörige haben damals die Gemeinden mit Jubel und Freude ihre heimgekehrten geretteten Glocken empfangen. „Als wär's ein Stück von mir", war man versucht zu sagen. Nein, zerstört werden kann die Glocke nicht von äußerer Gewalt. Nur wenn ein Denken Platz ergreift, das völlig ertaubt und erblindet ist für die Werte des Heiligen; ein radikal säkularisiertes Denken, das nur noch in den Kategorien von Zweck und Nutzen befangen ist; ein rein pragmatisches Denken, das nur die Erfahrung der Ratio und des Intellektes gelten läßt und taub ist für alle Regungen des Herzens und der Seele; nur dann würde die Glocke sterben; und wenn sie auch läutete, ihr Ruf wäre für den Menschen nur tönendes Erz und klingende Schelle.
Man spricht von einer zunehmenden Kult- und Liturgieunfähigkeit, ja von einem erschreckenden Anwachsen der Gottunfähigkeit des heutigen Menschen. Kult und Fest, in denen das Leben der christlichen Gemeinde einst kulminierte und ausstrahlte auf alle Lebensbereiche, scheinen trotz aller Bemühungen liturgischer Erneuerung das Leben der Gemeinde und ihr religiöses Weltbild nicht mehr zu formen. Von all dem ist die Glocke betroffen. Ja, sie und ihr Schicksal kann geradezu wie ein Seismograph für das innere Leben des Christentums und seiner Stellung zur Welt angesehen werden.
„Vox clamantis in derserto", „eine Stimme, die in der Wüste ruft", steht auf alten Glocken. Jener Glockengießer, vielleicht war es ein Mönch oder wer immer es war, der zum erstenmal die Stimme der Glocke mit der Stimme des letzten Propheten identifizierte, muß davon gewußt haben, daß diese Stimme auch das Prophetenschicksal treffen kann, in eine Wüste hineinzurufen. In eine Wüste ohne Hall und Widerhall, eine Botschaft verkündend, die ohne Antwort bleibt. Indes, es liegt nicht an der Stimme die ruft, wenn sie nicht gehört wird oder wenn niemand sie hören will. Der Auftrag der Glocke bleibt wie der Auftrag des Propheten, Rufer zu sein. Ihr Kairos, ihre Stunde ist immer dort, wo sich dem Ruf die Herzen öffnen und wach bleiben für seine Botschaft.
Noch ist es nicht an dem, daß vollkommene Wüste wäre, in der und in die hinein die Glocke ruft. Glockeneuropa ist untergegangen, aber die Glocke ist uns geblieben, mit all der Mächtigkeit ihres Wesens, mit der Ausdrucksgewalt ihrer Musik, die auch heute noch den Menschen zu treffen und zu verzaubern vermag. Die Stunde der Glocke ist dort noch nicht vorbei, wo der Mensch bereit ist, sich ihrer Botschaft zu öffnen.
So kann und darf unsere Sorge nicht nur dem technischen Wesen der Glocke gel-

ten; das Technische muß sich sozusagen von selber verstehen. Die technisch-akustischen Voraussetzungen eines gelungenen Gusses, einer funktional gut eingerichteten Glockenstube, einer ausgewogenen Läuteanlage, schließlich auch einer sinnvollen Läuteordnung, kurz das Zusammenspiel von Glockengießer, Architekt, Läutemonteur, Glockensachverständigem, nicht zuletzt des läutenden Mesners, alles dies ist die Grundbedingung, um der Botschaft der Glocke in unserer Zeit wieder Gehör zu verschaffen. Die Aufgeschlossenheit des Menschen zu solchem Hören darf auch nicht durch einen Überdruß an schlechter Glockenmusik, ein Zuviel an Phonstärke und ein Unmaß von Läutezeiten verdorben werden. Andererseits ist gewiß auch der da und dort laut gewordene Widerspruch gegen die Glocke zum großen Teil nur eine Aversion gegen das, was hinter ihrer Botschaft steht. Zeugnis einer Auflehnung modernen Zeitgeistes gegen den Anspruch christlicher Weltgestaltung, den dieses am weitesten in den Weltbereich vordringende Signal der Glocke erhebt.

Damit gewinnt unsere Betrachtung nunmehr ihren eigentlichen theologischen Horizont, unter dem die Glocke im christlichen Bereich immer gesehen wurde und immer zu sehen ist. Die Symbolik der Glocke ist eine theologisch-religiöse. Sie wiederzugewinnen und zu erhalten ist der Dienst, den wir allesamt leisten müssen. Es ist nicht nur ein Dienst an der Glocke, es ist in der ganzen Breite ein Dienst an der christlichen Gesellschaft, die von der Glocke angerufen wird.

Die umfassende Aufgabe der Glocke ist die Verkündigung der Hora. Sonat hora, es ertönt die Stunde, wenn die Glocke läutet. Hora, die Stunde, meint nicht in erster Linie die von der Uhr gemessene Zeit, sondern die qualifizierte Stunde, die vom Ewigen getragene Zeitstunde; sie ist der Augenblick Kierkegaards, in dem das Bleibende und Überdauernde da ist. Aus der Einförmigkeit der ins Nichts zerrinnenden Zeit hebt sich die Hora, die die Glocke ansagt, heraus. Es ist die Stunde, in der das Heilige geschieht; denn das Heilige hat immer den Charakter des Ereignisses. Es tritt hervor, es erscheint, es ist da. Die Glocke ruft sein Kommen aus in die Öffentlichkeit, verkündet sein Walten in Raum und Zeit. Die Glocke artikuliert die sonst leer verrinnende Zeit, wenn sie zum Gottesdienst läutet, zur Vesper, zur Taufe, zum Angelus, zum Begräbnis, zu den Festen. Was meint das Geschehen des Gottesdienstes denn anders als die Gegenwart, die Epiphanie der Heilswirklichkeit? Wozu anders läuten die Glocken, als die Hora dieses Ereignisses mitzuteilen, das heißt, Teil an ihm zu geben; was denn anders als die gute Nachricht, das Evangelium auszurufen über Stadt und Land, wie es den Dienern des Wortes und Ausspendern der Mysterien auf ihre Weise auferlegt ist. Vox clamantis, die Glocke ist ein prophetischer Ruf. Rufen, Berufen, ist eines der Schlüsselworte des Alten und Neuen Testamentes, in dem Gottes Ruf durch Christus an die Menschheit ergeht; wo Kirche als die durch den Ruf versammelte Gemeinde, ecclesia, gestiftet ist, berufen, dem Heilsruf Gottes zu antworten in der Feier der Danksagung. Theologisch gesehen wurzeln Wesen und Sinn der Glocke in der „klesis", dem von Gott ausgehenden Ruf zum Heil, dessen Symbol die Glocke ist. Immer wieder wendet sie sich an die Berufenen, sie zu sammeln zur ecclesia Gottes, um den Auftrag der Weltheiligung und Weltgestaltung zu erfüllen.

Wenn der Kulturhistoriker sagen kann: „Ordnung und Macht des Westens beginnt mit dem abendländischen Kloster, das sich aus dem Chaos der in Völkerwanderungen und Freveln ertrinkenden Unzeit in wüsten, verwüsteten Räumen eine Zeit

und (durch sie) einen Raum ermißt und einhegt: durch den Schlag der Glocke", so ist es der Raum des benediktinischen „ora et labora", den der Schlag der Glocke ermißt und einhegt. Es ist ein Raum geistiger und heiliger Ordnungen in dieser unserer dem Chaos zuneigenden Welt; ein Raum, den auch heute noch die Glocke zu stiften vermag. In einem doppeldeutigen Sinn richtet der Glockenschlag der Hora das Leben des Menschen auch heute noch: Es findet an ihm seine Richtung und sein Gericht zugleich. Der negativen Verwandlung und Liquidation, die das Leben des heutigen Menschen bedrohen, durch die Entfremdung von den ewigen Wurzeln seiner Existenz, antwortet die Verkündigung der Hora mit der Verwandlung und der Heimholung des Menschen in das Eigentliche und Wesenhafte.
In meiner Jugend habe ich oft erlebt, wie die Mutter zu uns Kindern sagte, wenn wir auf dem Felde waren und vom Dorf her die Glocke zur Wandlung in der Morgenmesse läutete: „Kinder, es ist Heilige Wandlung." Und sie kniete, sah nach der Kirche hin und schlug das Kreuzzeichen über sich und über ihr Tun. Und über allem schwang der helle Klang der Verkündigung vom Turm der Dorfkirche. Mir ist dies immer wie eine liturgische Handlung erschienen. Es war die Hora, das Ereignis, das eintrat in diese schlichte Welt und sie verwandelte, und die Glocke war es, die es über Dorf und Flur hin verkündete. Das Dasein öffnete sich in eine Dimension, in der Gott sichtbar wurde. Man redet heute so viel von der notwendigen Einheit zwischen Religion und Leben, Gebet und Arbeit, man fürchtet das Auseinanderbrechen von Sakralem und Profanem in zwei beziehungslose Bereiche. Blicken wir auf dieses einfache Ereignis auf dem Morgenacker, das sich mit der Verkündigung der Hora ja tausendfältig im Leben des Menschen und seiner Tage wiederholt, so spüren wir, wie uns heute etwas Ursprüngliches und Wesenhaftes verlorengegangen ist: Jenes tiefe und umfassende Wissen um das Dasein, um die Welt und um Gott. Gerade dies aber hat die Glocke in ihrem Ruf immer wachgehalten. Ora et labora, um das große „et", das große „und", die Kopula, den Bindestrich zwischen Zeit und Ewigkeit, darum ging ihre Botschaft. Gott und Welt hat sie immer neu verbunden in der lebendigen Erfahrung des gläubigen Menschen. Diese Einheit von Sakral und Profan heißt hier nicht Vermengung und Identität zwischen Gebet und Arbeit, sondern heißt christlicher Lebensvollzug im Dienst an den irdischen Wirklichkeiten. Nicht in der Aufhebung des Sakralen, nicht in der Befreiung des Profanen vom Sakralen wird das Humanum frei, werden Kultur, Staat und Gesellschaft in ihre Eigengesetzlichkeit entlassen, sondern dort, wo in der vollen Breite christlichen Engagements die irdischen Wirklichkeiten dem freien Wirken des schöpferischen Geistes Gottes ausgesetzt werden. Diese Botschaft muß im christlichen Bereich immer durch Zeichen bezeugt werden. Die Glocke ist eines dieser mächtigen Zeichen. Der Mensch hat heute in seinem flachen Alltagsleben und -denken diesen Durchbruch zur Transzendenz bitter nötig, wenn er sich noch etwas von seinem wahren Wesen bewahren will. Jeder Glockenruf ist ein solcher Ruf zum Aufstieg in das Ganze und Umgreifende, das erst allem humanen Tun Sinn und Halt gibt.
So ist die Hora, die das benediktinische „ora et labora" verkündet, nicht bloß ein billiger Spruch. Sie ist Verkündigung, daß das Heilige eintritt in den Arbeitstag des Menschen, sie ist die dringende Mahnung, den Doppelrhythmus und den Urrhythmus alles Lebens nicht zu vergessen, das Einatmen und Ausatmen. Das ora et labora, zu dem die Glocke aufruft, ist dieser Doppelrhythmus des wahren humanen Le-

bens. Solange er nicht gestört ist, atmet geistiges, religiöses, humanes Leben. Wo er aussetzt, beginnt der Tod.
Ein alter Glockenspruch zählt in einem Hexameter die „virtutes campanae“ auf; gemeint sind die religiösen, gesellschaftlichen und politischen Aufgaben, denen sie zu dienen vermag.

> Laudo deum verum, plebem voco, concrego clerum,
> Defunctos ploro, pestem fugo, festa decoro.

Alle sind im Grunde nur die Ausfaltung und Differenzierung des einen Grunddienstes der Verkündung der Hora.
Laudo deum verum; das Lob Gottes soll die Glocke verkünden in der Welt, in der das Böse so viel Macht hat. Sie soll den Lobpreis Gottes ausrufen, der vom Corpus Christi der Kirche aufsteigt und um den Erdkreis geht.
„Nocte dieque vigi depromam carmina Christi“, „wachend bei Tag und Nacht weih' ich Christus das Preislied“, lautet die älteste bekannte Glockeninschrift aus dem 9. Jahrhundert. Die Glocke erhält darum mit Recht einen Namen. Sie ist sozusagen eine Persönlichkeit, nicht eine Maschine oder irgendein Klanggerät. Mit dem Gotteslob ist bezeichnenderweise ihr Dienst für den Frieden verbunden. Der uralte Gebetsruf: „O Rex gloriae veni cum pace“ steht auf zahllosen Glocken. Was ihr einst aufgetragen war, als noch der Gottesfriede, die treuga Dei, die Pax Christi, für Städte und Länder angesagt wurde, ist auch heute noch, wo allzuviel und nur verbal „Friede, Friede“ gerufen wird, aber nicht Friede gehalten wird, eine unablässige Mahnung zu der konkret christlichen Aufgabe, die Pax Dei zu verwirklichen in Kirche, Volk und Staat. Eine Friedensglocke nur zu läuten genügt freilich nicht, wenn das, was ihr Ruf bedeutet, nicht in den Herzen der Menschen an Tieferes rührt und Gestalt annimmt in Werken des Friedens. Congrego clerum, plebem voco, ich versammle den Klerus, ich rufe die Gemeinde. Sammlung in des Wortes doppelter Bedeutung ist es, wozu die Glocke ruft. Es ist ihr Anruf, die Ecclesia zu bilden und die durch Gottes Wort berufene Gemeinde Jesu Christi zu versammeln, im Gottesdienst im Geist und in der Wahrheit. Das in die Diaspora, in die geistige Zerstreuung geratene Leben des modernen Menschen bedarf der Gemeinschaft des Kultes als des Raumes der Sammlung, wo der isolierte Mensch der Zeit die Gemeinschaft der Brüder und durch sie Gemeinschaft und Versöhnung mit Gott erfährt. Die komplexe Problematik des Menschen und seiner Welt hat heute ihren tiefsten Grund in der fortschreitenden Isolierung von seinen wahren Ursprüngen und Zielen. Wenn die Glocke ihn zurückruft in die Feier, in das Gebet, in die Muße, in das Fest, erfüllt sie über das Religiöse hinaus eine umfassende heilende Funktion als ein mächtiges Regulativ und Instrument leib-geistiger Hygiene, wie sie Gebet, Kult und Fest seit eh und je bewirkt haben. Wenn einer schreiben konnte, das Elend der Gegenwart sei die „Festunfähigkeit des Menschen“, so liegt darin vor allem ein Auftrag für die Kirche, neben ihrem unerläßlichen sozialen Engagement dem Menschen wieder Zugang zu schaffen zu der wahren Festfeier, die über den Drang der Arbeitswelt hinausführt, wo er, der Hastende und Gehetzte, der Ruhelose und Enttäuschte, eine Ermutigung seines Glaubens und seiner Hoffnung auf jenen neuen Äon hin erfährt, dessen Bild das christliche Fest darstellt. Jedes Fest weist letztlich zurück auf die Dies dominica, den österlichen Herrentag der

Auferstehung und blickt voraus auf die vollendete Weltstunde, die anbricht mit der Wiederkehr des Herrn.

Festa decoro: Die Glocke ruft zu Fest und Feier. Das Festgeläute der Glocken in der Weihnacht, an Ostern, an allen großen Tagen des Jahres, von denen erfahrungsgemäß auch der religiös Gleichgültige noch betroffen wird, ist so im letzten der mächtige Ausdruck eines christlichen Ja und Amen zur endgültigen Heimholung der Welt, Ausdruck einer Danksagung und eines Jubels zugleich, daß die Welt, die im argen liegt, dennoch befreit und aufgehoben ist in das Heil durch Jesus Christus. Wie arm wäre der Alltag des in die Arbeitswelt gezwungenen Menschen, wenn es das Fest nicht mehr gäbe, auf das er sich freut. Wie arm wäre ein Mensch und wie leer, wenn er den Jubel eines Festgeläutes nicht mehr erfahren könnte.

Defunctos ploro: Ich beklage die Toten. Die Gemeinschaft der Lebenden und die Gemeinschaft der Toten, die das Zeitliche, wie es so tiefsinnig heißt, „gesegnet" haben, stehen unter dem gleichen Ruf der Glocke. Er heißt: warten auf die Hora, in der das Dasein des Menschen seine Erfüllung findet, seine Ruhe und seinen endgültigen Frieden. Taufe und Begräbnis stehen unter diesem Gesetz, daß in Christus das Vergängliche aufgenommen ist in das Unvergängliche, das Zeitliche in das Ewige. So verkündet auch die Totenglocke die Hoffnung des Christen auf jene Hora, mit der ein neuer Himmel und eine neue Erde beginnt in der Wiederkunft des Herrn. Zur gleichen Zeit, als die Moskauer Riesenglocke Zar Kolokol gegossen wurde, entstand in Leipzig eine kleine Musik für Streicher und Altsolo, Bachs Kantate Nr. 53: „Schlage doch, gewünschte Stunde." Über den einfachen Harmonien dieses Stückes liegt Trauer und Trost, und fast heiter schlagen darein zwei kleine Glöckchen, als markierten sie den Stundenschlag der Welt. Es sind Töne aus einem leisen Mund, aber aus ihnen tönt das Geheimnis alles Seins, die Zukunft der Welt.

Man klagt seit langem, der Mensch habe die Fähigkeit eingebüßt, Symbole seiner Existenz zu lesen und zu schaffen. Uns fehlten die einfachen und großen Zeichen, in denen das Umgreifende der Welt zu uns spricht. Aber es gibt noch solche Dinge, wenngleich sie freilich immer neu zu entdecken sind. Wo dies geschieht, tun sie sich herrlich und mächtig auf und wecken in uns Ahnung und Schau höherer Wirklichkeit. Die Glocke ist ein solches mächtiges Symbol. Sie ist auch heute noch jenes Schicksalssymbol des Menschen, wie es Schiller in seinem unsterblichen Gedicht besungen hat. Wie dort aus dem mühseligen Werk des Glockengusses die Glocke geboren wird und dichterisch gesehen wie ein lebendiges Wesen aufsteigt, so ist auch uns die Mühsal aufgegeben, der Glocke auch im Herzen des heutigen Menschen zu einer Wiedergeburt zu verhelfen. Es ist eine Aufgabe, die uns allen gestellt ist, vor allem aber auch den Lehrern, Erziehern und Seelsorgern, die entgegen der heutigen Technisierung, Rationalisierung und Pragmatisierung der Bildung sich noch einen Sinn bewahrt haben für die Werte des Herzens, wie sie uns auch durch die Musik der Glocke vermittelt werden.

Nicht umsonst hat die Dichtung der Vergangenheit immer wieder von den tiefen Ahnungen, Sehnsüchten und Erfüllungen des Menschenherzens beim Klang der Glocke gesungen. Tiefer als mancher glaubt, wird auch der Mensch unserer Zeit in bestimmten Situationen von solchen Ahnungen, Sehnsüchten und Erfüllungen bewegt, wo er sich losmacht vom Irdischen und für Augenblicke dem Ruf der Glocke nach oben, in die Weite des größeren Lebens folgt, wie Georg Trakl es in dem schönen Gedicht beschrieben hat:

Am Abend, wenn die Glocken Frieden läuten,
folg ich der Vögel wundervollen Zügen,
die lang geschart gleich frommen Pilgerzügen
entschwinden in die herbstlich klaren Weiten.

Gerade den Seelsorgern wäre es aufgegeben darum sich zu sorgen, daß der Sinn des christlichen Menschen für solche heilige Zeichen wachgehalten werde. Sie möchten darum doch nicht vorschnell Verdikte über den Wert der Glocken in ihren Gemeinden aussprechen, möchten doch ihren Gläubigen nicht die Freude an Glocken trüben und verleiden, sie möchten trotz allem notwendigen sozialen Engagement ihrer Gemeindeglieder deren Opferbereitschaft für die Schaffung eines neuen Geläutes nicht entwerten, sondern sie sehen als Ausdruck jener christlichen Gesinnung, die dem notleidenden Bruder aus voller christlicher Liebe hilft, die sich aber auch eine Freiheit bewahrt, auch heute noch in einem Geläute ein festliches christliches Zeichen zu stiften für ihren Alltag. Die Frage: hat die Glocke noch einen Sitz im Leben des heutigen Menschen? können wir gewiß nicht mehr so zuversichtlich bejahen wie einst im Glockeneuropa einer von hierarchischen Wertordnungen getragenen christlichen Kultur. Dennoch, so sind wir überzeugt, ist die Glocke auch heute noch zahllosen christlichen Menschen Anruf und Botschaft aus der Welt Gottes. Über alle Glockenpoesie und Glockenromantik hinaus vernimmt auch der Mensch unserer Zeit noch die Höhe und Tiefe, die sie zu verkünden hat. Auf der Grenze vom Irdischen zum Überirdischen, im Dahinrinnen seines Lebenstages, erfährt er auch heute noch die Verkündigung der Hora, der Stunde, die ihn den wahren Rhythmus seines Lebens finden läßt, weil in ihr Anruf und zugleich Verheißung Gottes geschieht.

Ist Glockengeläute auch heute noch sinnvoll oder gar nötig?

Von Reinhard Mumm

Die Frage, die mit dem Thema gestellt ist, lautet einfach und klar: „Ist Glockengeläute auch heute noch sinnvoll oder gar nötig?" Sie fordert eine ebenso einfache, klare Antwort heraus: „Ja, das Glockengeläut ist sinnvoll und auch nötig." Doch empfinden wir alle, daß wir uns mit einem allzu direkten „Ja" nicht den Hintergründen stellen, die zu dieser Frage geführt haben. Wir kennen die lange, reiche Geschichte der Glocken in unserem Kulturkreis und besonders in den christlichen Kirchen. Wir kennen aber auch die Problemlage, die sich zumal in den beiden letzten Jahrzehnten ergeben hat. Wir haben einen tiefen Einbruch in unser Geschichtsbewußtsein erlebt, der nahezu alle Bereiche unseres Lebens betrifft und einen speziellen Ausdruck in einer kritischen Einstellung gegenüber dem altüberlieferten Glockengeläut und seinem ehrwürdigen Gebrauch gefunden hat. Damit müssen wir uns befassen und eine Antwort suchen, die in erster Linie theologisch begründet ist.

Das Glockengeläut ist eng mit dem Gottesdienst und der zu diesem Dienst sich sammelnden Gemeinde verbunden. Wir haben darum auszugehen vom Wesen des christlichen Gottesdienstes. Die Grundlagen des Gottesdienstes finden wir in den

Schriften des Neuen Testaments. Nach den evangelischen Bekenntnissen bietet uns die Heilige Schrift die maßgebende Norm, an der wir uns immer wieder auszurichten haben. Wenn wir dementsprechend glauben, daß die Kirche durch den Geist Gottes geleitet wird, dann haben wir zugleich den geschichtlichen Weg der Kirche ernst zu nehmen. Wie bei allen überlieferten Ordnungen und Einrichtungen der christlichen Kirche müssen wir uns auch hinsichtlich des Glockengeläutes fragen, wieweit hier eine gute und annehmbare Ordnung waltet oder wieweit wir uns von den Grundlagen entfernt haben, so daß eine Reformation auch auf diesem Gebiet unerläßlich ist.
Unter diesen Voraussetzungen gliedere ich meine Überlegungen in folgende Abschnitte:

- Grundlagen des christlichen Gottesdienstes und das Glockengeläut.
- Der Dienst der Glocken in den evangelischen Kirchen, dargestellt an der Liturgie der Glockenweihe.
- Kritische Einwendungen gegen das Glockengeläut in der Gegenwart.
- Anregungen zu einem sinnvollen Gebrauch der Glocken in unserer Zeit.

Grundlagen des christlichen Gottesdienstes und das Glockengeläut

Die Forschungen am Neuen Testament haben ergeben, daß die Urchristenheit sehr verschiedene Formen von gottesdienstlichen Versammlungen kannte. Zwei Traditionsströme heben sich heraus, einmal die Elemente des jüdischen Gottesdienstes, die Gebetszeiten im Tempel und die Wortverkündigung in den Synagogen. Zum andern Elemente aus der griechisch-orientalischen Umwelt, die Neigung zu ekstatischen Besonderheiten wie dem „Zungenreden" und die Anklänge an die Mysterien, die uns aus den Kulten der Spätantike bekannt sind. Die ersten Gemeinden lehnten sich an die vorhandenen Versammlungsstätten an. In Jerusalem hielten sie sich zum Gebetsdienst im Tempel auf, und Paulus begann allerwärts seine Mission in den Synagogen des ausländischen Judentums. Aber die Christen wurden von diesen Stätten verdrängt und vertrieben. Sie wurden heimatlos und waren angewiesen auf Privathäuser, in denen sie sich zum Beten und Singen, zur Verkündigung, zum Hören des Wortes und zum eucharistischen Mahl versammeln konnten. Kurz gesagt: der Anfang der Kirche Christi war geprägt von Gemeinden ohne Kirchen, die aber umgeben waren von unzähligen kleinen oder auch prächtigen Tempeln mit verschiedenartigen kultischen Elementen oder von Synagogen, die den Christen verschlossen blieben.
Es kann nicht wundernehmen, daß die frühe Christenheit, umgeben von der ihr fremden oder gar feindlich gesonnenen religiösen Umwelt, die Ausdrucksformen anderer Religionen kritisch empfand. An einer berühmten Stelle im Neuen Testament kommt das zum Vorschein, im „Hohen Lied der Liebe" des Apostels Paulus: „Wenn ich mit Menschen- und mit Engelszungen redete und hätte der Liebe nicht, so wäre ich ein tönend Erz oder eine klingende Schelle" (1. Kor. 13, 1). Karl Ludwig Schmidt, der einst bekannte Gelehrte des NT in Basel, hat in dem umfangreichen Wörterbuch zum Neuen Testament sich zu dieser Stelle eingehend geäußert. Paulus hat den klirrenden, scheppernden Klang des Kymbalon, eines metallenen Beckens, wie es bei heidnischen Kulten verwendet wurde, wohl gekannt. Den Christen hält er vor, daß ein Christenleben ohne die Liebe Christi hohl, lärmend

und eitel wäre wie ein äußerlich vollzogener Kult. Wir haben zur Kenntnis zu nehmen, daß am Beginn der Entwicklung des christlichen Gottesdienstes uns vorgehalten wird, wie hohl kultische Instrumente sind, wenn ihnen nicht ein von Christus und von einer Liebe her erfülltes Leben der Christen und ihrer Gemeinden entspricht. Das gilt auch für die Glocken, die sich aus den metallenen Becken und Schlaginstrumenten entwickelt haben.
Ich glaube, daß dieses kritische Wort des Apostels bis heute gültig ist. Wagen wir es einmal, die Jahrhunderte zu überspringen und auf die Gegenwart zu schauen, dann bemerken wir leider unter uns auch einen hohlen und nicht wirklich vom Evangelium her gefüllten Gebrauch der Glocken, etwa da, wo man der Verführung erliegt, mit Hilfe elektrischer Läutemaschinen ziemlich gedankenlos alle vorhandenen Glocken undifferenziert und unangebracht lange Sonntag für Sonntag zu läuten, während das Leben der Gemeinde in keinerlei Weise dem mächtigen Klang entspricht, sondern nur kümmerlich dahinvegetiert. Angesichts eines solchen Mißverständnisses werden wir mit Recht davor gewarnt, das „tönende Erz" und die „klingenden Schellen" zu konservieren.
Der Klang der Glocken darf nicht zum Selbstzweck werden, und er soll keinesfalls dazu dienen, ein geistliches Leben vorzutäuschen, was gar nicht vorhanden ist. Soll der Dienst der Glocken sinnvoll sein, dann müssen das geistliche Leben und sein äußerer Ausdruck einander entsprechen. Darauf kommen wir noch einmal zurück.
Wenn wir den urchristlichen Gottesdienst und das Glockengeläut in Beziehung setzen, stellen wir fest, daß der Gottesdienst von seinem Ursprung her unabhängig ist von den Räumen und gottesdienstlichen Einrichtungen, die uns heute geläufig sind. Es gab christlichen Gottesdienst aus der Kraft des Heiligen Geistes, ehe es Kirchen mit Türmen, Orgeln und Glocken gab. Und es gibt christlichen Gottesdienst auch heute, der auf dies alles verzichtet und verzichten muß – denken wir an die christlichen Gruppen und Gemeinden in den Weiten Rußlands und in anderen Ländern, in denen der Ruf der Glocken mehr und mehr oder ganz und gar verstummt ist. Auch dort versammeln sich Christen im Namen des Herrn, verkünden sein Wort und feiern das heilige Mahl. Dieser Gottesdienst der Bedrängten und Verfolgten steht wohl manchmal der urchristlichen Zeit näher als die gottesdienstlichen Versammlungen, die wir in Mitteleuropa halten.
Von den biblischen Grundlagen her ist der Gottesdienst weder auf Glocken angewiesen, noch verwehrt er den Dienst der Glocken. Vielmehr ist uns von diesen Grundlagen her die Freiheit gegeben, Glocken und Musik, Gewänder und Schmuck in Anspruch zu nehmen oder darauf zu verzichten. In keinem Fall stehen wir unter einem Gesetz, das uns Vorschriften macht oder Verbote diktiert. Wohl aber sind wir berufen zu prüfen, was angemessen ist, oder deutlicher gesagt, was Gottes Geist entspricht.

Der Dienst der Glocken in den evangelischen Kirchen, dargestellt an der Liturgie der Glockenweihe

Ich übergehe die Geschichte der Glocken von ihrem außerchristlichen Ursprung her bis zu den Formen, die uns heute im Gebrauch der christlichen Kirchen geläufig sind. Es ist mit den Glocken so gegangen wie mit vielen Dingen, daß christlicher Glaube und christliche Sitte Gegenstände und Bräuche übernommen und in den

Dienst des Dreieinigen Gottes gestellt haben. Diese Entwicklung ist zum Mindesten von der lutherisch geprägten Reformation nicht verworfen worden. Wie Luther die Grundzüge der Messe beibehielt, so auch die geistlichen Gewänder, die Glocken und vieles andere mehr. Die Kirchen des Bekenntnisses von Augsburg haben sich lediglich verpflichtet gefühlt, alles daraufhin zu prüfen, ob es dem Evangelium Raum gibt und die Botschaft von Christus nicht verdeckt und verdunkelt. Was ihnen mit der Botschaft des Neuen Testamentes vereinbar schien, haben sie beibehalten.

Damit haben sie eine sehr wichtige Entscheidung getroffen. Sie haben Ja gesagt zur Geschichte, freilich unter dem Kriterium der evangelischen Botschaft. Dieses positive Bekenntnis zur Geschichte prägt sich bis heute aus. Das läßt sich zeigen an den liturgischen Ordnungen zur „Feier der Glockeneinholung“ und zur „Feier der Glockenweihe“, wie sie im 4. Band der Agende der Vereinigten Evangelisch-Lutherischen Kirche Deutschlands im Jahr 1951 festgelegt worden sind. Diese Ordnungen gelten bis heute und werden immer wieder gebraucht.

Bei der Einholung einer neuen Glocke in eine Kirchengemeinde kommt besonders deutlich zum Vorschein, in welcher Weise sich die evangelische Kirche, vor allem in ländlichen und kleinstädtischen Gemeinden, als Volkskirche versteht. Die neue Glocke ist mit Girlanden geschmückt. Sie wird in festlichem Zug mit Posaunen empfangen, mit Dankliedern begrüßt und zur Kirche gebracht. In dem für diese Feier vorgesehenen Gebet klingt das alte Laudo Deum an.

In der Feier der Glockenweihe wird zu Beginn das Wort aus dem 1. Timotheusbrief gesprochen (Kap. 4, 5): „Alles wird geheiligt durch das Wort Gottes und Gebet.“ Damit bekennt sich die evangelische Kirche, so zurückhaltend sie sonst in dieser Hinsicht ist, zur Weihe auch von Dingen. Der Pfarrer ist begleitet von zwei Assistenten, die als Epistel das vorhin bereits genannte 13. Kapitel des 1. Korintherbriefes und als Evangelium die Erzählung von Maria und Martha (nach Luk. 10) verlesen. Die Wahl dieser Schriftlesungen ist sehr bezeichnend. Einerseits wird die Gemeinde an die apostolische Kritik gegenüber einem nur äußerlichen Gebrauch der Glocken erinnert, zum andern wird durch das ausgewählte Evangelium an die alte katholische Weiheliturgie angeknüpft. Warum hatte man im Mittelalter dieses Evangelium gewählt? Wenn ich es richtig sehe, dann sollen wir auf „das gute Teil“ hingewiesen werden, das Maria erwählt hatte, auf das Hören des Wortes des Herrn. Zu diesem Hören lädt der Ruf der Glocken ein.

Das folgende Gebet erinnert daran, daß die Glocken „aus dem Erz der Erde“ gegossen, also aus den Gaben der Schöpfung genommen wurden. Weiter erinnert es daran, daß der Schöpfer „den Menschen die Kunst verliehen“ hat, Glocken herzustellen. Diese Glocken werden nun für den Dienst geweiht, Gottes Ehre zu verkünden und die Gemeinde Jesu Christi zum Gottesdienst zu versammeln. „Gib, daß die Glocken nicht vergeblich zum Gottesdienst rufen und zum Gebet mahnen“, fährt der Pfarrer fort. Hier verknüpfen sich im Gebet die Dinge mit den Menschen, für deren Heil sie bestimmt sind.

In feierlicher Form werden nun nacheinander die bereits vorhandenen und die neuen Glocken in Bewegung gesetzt. Bei jeder neuen Glocke heißt es: „So sei nun diese Glocke (hier wird ihr Name genannt) dem Dienste Gottes und seiner Kirche geweiht. Im Namen des Vaters, und des Sohnes und des Heiligen Geistes.“ Dabei schlägt der Pfarrer das Kreuzeszeichen. Ein Lob- und Danklied beschließt die Fei-

er, während das volle Geläute einsetzt.
Die so durchgeführte Liturgie macht deutlich, daß die evangelisch-lutherischen Kirchen und fast alle evangelischen Kirchen das Glockengeläut auch heute grundsätzlich für sinnvoll und nötig halten. Das gilt auch für unsere großstädtischen Gemeinden, selbst wenn in ihnen die Glocken nur in einer nach den jeweiligen Verhältnissen abgewandelten Form in Gebrauch genommen werden.

Kritische Einwendungen gegen das Glockengeläut in der Gegenwart

Diese Einwendungen gehen aus sehr verschiedenen Motiven hervor. Wir brauchen uns nicht lange aufzuhalten mit den Stimmen derer, die das Glockengeläut ablehnen, weil ihnen der Ruf zum Gottesdienst lästig ist. Ihnen gegenüber ist die Kirche berufen, von ihrem Auftrag nicht zu weichen: „Gehet hin in alle Welt und machet zu Jüngern alle Völker!" Dieser Auftrag des auferstandenen Herrn ist zwar nicht zwingend mit dem Geläut von Glocken verbunden. Er gilt auch dort, wo keine Glocken geläutet werden können. Aber so lange in unserem Land nach altem Herkommen und nach der gültigen Rechtsordnung Glocken im Dienst der Kirche gebraucht werden, besteht kein Anlaß, dieses Herkommen aufzugeben. Vielmehr sind die Kirchen berufen, daran ebenso festzuhalten wie an der öffentlichen Predigt des Evangeliums von den Kanzeln, im Rundfunk, im Fernsehen und in der Presse, wo sich nur eine Gelegenheit bietet.
Die Verkündigung der Kirche richtet sich an die Welt, an die ganze Menschheit. Das gilt auch für die vernehmbaren Stimmen der Glocken, die diese Verkündigung auf ihre Weise an das Ohr und an das Gemüt der Menschen herantragen.
Anders steht es mit Einwendungen, die sich im Sinne der Kritik des Apostels Paulus erheben. Wenn Christen, denen der rechte Dienst des Lobes Gottes und der Verkündigung des Heiles am Herzen liegt, die Frage aufwerfen, ob hier oder da nicht unser Glockengeläut entartet ist und seinen ursprünglichen Sinn zu verlieren droht, dann haben wir Anlaß, ihre Einwendungen ernstlich zu prüfen. Da kann es nötig sein, solche Entartungen zu korrigieren, ein übermäßiges Geläut einzuschränken und das Geläut so zu gestalten, daß der innere Sinn und der äußere Gebrauch im rechten Verhältnis zueinander stehen. Hier lassen sich kaum allgemeine Regeln aufstellen, weil die jeweiligen örtlichen und zeitlichen Gegebenheiten zu berücksichtigen sind. Wir sind keinen starren Gesetzen verpflichtet, sondern zur Freiheit der Kinder Gottes berufen. Es kann so sein, daß wir unter bestimmten Voraussetzungen auf die Anschaffung neuer Glocken oder auf bestimmte Formen des Geläutes verzichten sollen. Es kann auch so liegen, daß wir an gefaßten Plänen und überliefertem Herkommen festhalten. Wir müssen die jeweilige Lage prüfen und eine Entscheidung treffen, die von der Liebe und von dem Mut zum Bekenntnis in einem ausgewogenen Verhältnis bestimmt ist.
Schließlich haben wir es mit Einwendungen zu tun, die aus praktischen Ursachen hervorgehen. Wenn Krankenhäuser in der Nähe einer Kirche liegen, oder sonst Menschen sich aus einsichtigen Gründen zu bestimmten Zeiten durch das Geläut belastet fühlen, läßt sich einsehen, daß das Geläut der Glocken darauf Rücksicht nehmen sollte. Hier lassen sich unnötige Konflikte vermeiden, ohne daß deswegen die Kirche auf den Dienst der Glocken verzichten muß.

Anregungen zu einem sinnvollen Gebrauch der Glocken in unserer Zeit

Ich sehe davon ab, mich zu technischen Fragen zu äußern, über die Art, wie Glokken aufgehängt werden sollen, über Glockenstuben, Schallöffnungen u.a.m., wiewohl das alles wichtig ist. Von berufener Seite liegen hierzu Aufsätze und Hinweise vor, aus denen sich vieles lernen läßt. Es geht mir um einige andere Aspekte. Wo neue Glocken angeschafft werden sollen – das ist heute selten der Fall –, möge man doch bitte Rücksicht nehmen auf vorhandene Geläute. Auch auf dem Gebiet des Glockenwesens sollten wir partnerschaftlich und ökumenisch denken. Unsere Kirche ist nicht die einzige in der Stadt; deshalb sollte ihr Geläut, wenn irgend möglich, abgestimmt sein auf die Glocken der Nachbargemeinden.
Eine weitere Regelung ist innergemeindlich zu treffen. Wo zwei Glocken oder mehr hängen, ist eine Läuteordnung nötig. Diese Ordnung sollte wohl durchdacht und schriftlich festgelegt sein. Ein unterschiedloses Läuten mit allen Glocken, nur weil es so schön voll klingt, wird leicht zur hohlen Pathetik. Der Ruf der Glocken, ihr Anschlag oder Geläut, die jeweilige Kombination der Glocken, Zeitpunkt und Dauer des Geläutes, sie sind mit entsprechenden Bedeutungen zu verbinden. Die Läuteordnung sollte bekanntgemacht und erklärt werden, damit die Signale verstanden werden. Stehen mehrere Glocken zur Verfügung, so kann die Art des Geläutes aussagen, ob es sich um einen Früh- oder Hauptgottesdienst handelt, ob das heilige Mahl gefeiert wird oder nicht, ob eine Tauffeier beginnt, eine Trauung oder ein Begräbnis.
Unsere Läutemaschinen verführen leicht dazu, zu lange zu läuten. In der Regel genügt ein kurzes Geläut von wenigen Minuten. Die alte Sitte des Vaterunser-Läutens läßt sich beleben. Aufmerksame Pfarrer und Kirchenvorsteher werden bemerken, daß viele Menschen im Volk sich freuen über ein wohl durchdachtes, gepflegtes Geläut. Sie sind nicht selten bereit, dafür eine Spende zu geben. Wir sollten uns von nörgelnden Kritikern nicht allzusehr beeindrucken lassen, sondern uns statt dessen freuen über das breite, positive Echo, das die Glocken immer noch in unserm Volk finden. Gewiß, viele hören nur mit einem gewissen Wohlgefallen ihre Stimme; doch sie kommen nicht über eine allgemeine Gemütsregung hinaus. Einige falten noch die Hände zum Gebet, wenn die Glocke sie dazu ruft. Schon um dieser Minderheit willen ist das Gebetsläuten zu den Tageszeiten sinnvoll. Wenn die Glocken zum Gottesdienst rufen, sollten Anlaß und Ausführung einander entsprechen. Das Festgeläut darf voller klingen als der Ruf zu Andachten; aber auch dieser Ruf sollte nicht fehlen.
Die Glocken stärken durch ihr Geläut das ökumenische Bewußtsein im Volk. Wer sie hört, weiß, daß durch sie eine christliche Kirche zum Gottesdienst und zum Gebet ruft. Die Konfession der Kirche kann er mit Sicherheit erst erkennen, wenn er sie betritt. Da wir überzeugt sind, daß Gottes Wort und Gebet uns gleichermaßen angehen, welcher Kirche wir auch angehören, können wir dem Ruf der Glocken immer folgen und am Gottesdienst teilnehmen.
Es gibt freilich auch herkömmlich konfessionelle Unterschiede im Gebrauch der Glocken. Das nicht differenzierte Geläut finden wir meines Erachtens mehr auf der protestantischen Seite; doch ist dies eigentlich kein Konfessionszeichen, eher ein Ergebnis mangelnder Kenntnis. Ich möchte wohl wissen, an welcher theologischen Fakultät oder in welchem Prediger-Seminar junge Theologen über diese und

Läutender Engel. Ausschnitt Glasfenster, Gedächtniskirche Speyer.

Die Hochzeit des hl. Georg mit der Prinzessin Sabra. Aquarell von Dante Gabriel Rosetti, London Tate Gallery.

andere liturgische Ordnungen und Traditionen hinreichend unterrichtet werden! – Deutlich wird der Unterschied an den spezifischen Feiertagen, wenn an Fronleichnam die Glocken der einen, am Bußtag die der anderen Kirchen ihre Stimmen erheben. Besonders empfindlich zu spüren ist der Dissens in der Karwoche. Die Glocken katholischer Kirchen schweigen Karfreitag und am stillen Samstag, einem alten Brauch folgend, der nur hier und da auch von evangelischen Kirchen übernommen wird zusammen mit den übrigen liturgischen Gebräuchen, Blumenschmuck zu unterlassen und die Kerzen zu löschen im Gedenken an den Tod Jesu. Für die meisten evangelischen Kirchen zeigt der Karfreitag nach wie vor stark besuchte Gottesdienste mit Sakramentsfeiern, und entsprechend wird der Gottesdienst feierlich gestaltet mit Chorgesang und Glockengeläut. Hier erhebt sich die Frage, ob nicht die evangelischen Gemeinden in der Weise dem Gedenken an den Tod Jesu Rechnung tragen sollten, daß am Karfreitag nur eine Glocke, die Totenglocke oder die tiefste Glocke, geläutet wird und damit das Festgeläut unterbleibt. Das volle, festliche Geläut hätte dann sein Recht wieder zum Auferstehungstag. Es gibt bereits Gemeinden, die so verfahren. Die Kirchenbehörden und ihnen folgend die Dekane bzw. Superintendenten oder Pröpste könnten dahin wirken, daß ein in dieser Weise eingeschränktes Geläut allgemeiner Brauch wird. Dadurch würde man einerseits der evangelischen Tradition Rechnung tragen, andererseits den ökumenischen Gedanken wenigstens annäherungsweise stärken.
Wie tief die Glocken im Bewußtsein unseres Volkes ihren Platz haben, sehen wir daran, daß auch säkulare Stellen Glocken beschaffen, zum Beispiel für kommunale Friedhöfe, auf denen zumeist dann, selbst in der Großstadt, Pfarrer der christlichen Kirchen ihren Dienst versehen. Akustische Konserven mit einem von Tonbändern durch Lautsprecher übertragenen Fremdgeläute haben sich glücklicherweise nicht durchgesetzt. Die Kirchenbehörden lehnen dergleichen durchweg ab. Ein bescheidenes eigenes Geläut ist weit besser als solche geliehenen Töne.
Ich fasse zusammen: Das Glockengeläut ist auch heute sinnvoll und nötig, sofern wir in unseren Kirchengemeinden die Glocken ihrem Sinn entsprechend gebrauchen. Seit rund tausend Jahren rufen Glocken die Menschen zum Gebet und zur Versöhnung der Gemeinde im Gottesdienst. Dieser Gebrauch der Glocken hat sich dem Bewußtsein des Volkes tief eingeprägt, weit über den Kreis der regelmäßigen Kirchgänger hinaus. Darum tun wir gut daran, an dieser Verwendung der Glocken festzuhalten. Zugleich sind wir gehalten, darauf zu achten, daß die Glokken nicht mißbraucht werden, weder zu Demonstrationen für politische Gelegenheiten und Ziele noch zur Ehrung von Menschen oder um zu reinen Konzerten einzuladen. Je mehr wir den Ruf der Glocken rein erhalten im Sinn des Soli Deo gloria, um so tiefer wird ihr Ruf in Menschenherzen eindringen und an die Herrlichkeit Gottes mitten in dieser unruhigen und Gott vergessenen Welt erinnern. Laudo Deum, diese Stimme soll und wird weiter erklingen durch alle Wandlungen der Zeit.

Miniatur aus einer Handschrift des Ackermann von Böhmen.

KAPITEL 2

Die Glocke in der Liturgie

Liturgie und Läuteordnung nach dem Zweiten Vaticanum

Von Hans Rolli

Alsbald nach Beginn des Zweiten Weltkrieges hat man das Läuten der Kirchenglocken staatlicherseits weitgehend eingeschränkt. Bereits 1940 wurde die Beschlagnahmung der Glocken zu Rüstungszwecken angeordnet. Nachdem 1942 die meisten Glocken von den Türmen abgenommen worden waren – in der Regel verblieb nur den Pfarrkirchen höchstens eine kleine Läuteglocke –, verstummte der Ruf von unseren Kirchtürmen für einige Jahre fast ganz. Als dann nach 1948 die Wiederbeschaffung der Geläute allmählich anlief, waren die alten, größtenteils in langer Tradition gewachsenen Läuteordnungen und Läutesitten in Vergessenheit geraten. Bei der Aufstellung der Läutepläne für die neuen Geläute sah sich der Sachverständige damals also meist auf ungenaue mündliche Überlieferungen angewiesen, wobei außer musikalischen und liturgischen Gesichtspunkten in großem Maße auch Gebräuche rein profanen Ursprungs mit einbezogen wurden.
So ergab sich in den einzelnen Diözesen und Bundesländern ein sehr differenziertes Bild. Die in den sechziger Jahren besonders in den Städten sich mehr und mehr ausbreitende Allergie gegen Glockengeläute trug schließlich noch weiter zum Zerfall der alten Läuteordnungen bei.
Einen neuen Ansatz, und zwar vom Kern her, bot dann eigentlich erst die einschneidende Liturgie-Reform des Zweiten Vaticanums. Sie hat viele Veränderungen im Bereich des Gottesdienstes mit sich gebracht, die logischerweise auch ihre Auswirkung auf die Läuteordnung haben müssen, wenn man voraussetzt, daß das Geläute den Charakter des jeweiligen gottesdienstlichen Anlasses möglichst genau signalisieren soll. Es ist deshalb eine der wichtigsten – aber leider auch oft vernachlässigten – Aufgaben des Glockensachverständigen, der Gemeinde hierzu, besonders bei umfangreicheren Geläuten, die eine reiche Differenzierung ermöglichen, im Rahmen der Geläuteabnahme eine Handhabe in Form eines Vorschlages zur Läuteordnung zu geben. Welche Gesichtspunkte dabei von Bedeutung sind, seien im folgenden kurz dargelegt.
Wichtig ist für uns zunächst die Neuordnung des Festkalenders, die auf eine Ver-

einfachung und „Ausforstung" des bisher gültigen Kalenders hinausläuft. Die Sonntage und Herrenfeste werden darin hervorgehoben, die Heiligenfeste zurückgedrängt.
Allgemeinverbindlich ist der mit Schreiben Papst Pauls VI. vom 19. Februar 1969 veröffentlichte Generalkalender. Daneben gibt es noch den Regionalkalender (zum Beispiel für die deutschsprachigen Diözesen) und schließlich den Eigenkalender für die jeweilige Diözese. Man unterscheidet jetzt folgende „Stufen" statt der früheren „Klassen":

Solemnitates	(Hochfeste)
Festa	(Feste)
Dominicae	(Sonntage)
Memoriae	(Gedächtnisse, obligatorische und freigestellte)
Feriae	(gedächtnisfreie Wochentage).

Der neue Aufbau des Kirchenjahres sieht wie folgt aus:

Adventszeit:	1. Adventssonntag bis 1. Vesper von Weihnachten (1. bis 4. Adventssonntag)
Weihnachtszeit:	1. Vesper von Weihnachten (24. Dezember) bis Sonntag nach 6. Januar (also erheblich verkürzt gegenüber früher)
Fastenzeit:	von Aschermittwoch bis Gründonnerstag (Vorfastenzeit gibt es nicht mehr, ebenso keinen Passionssonntag)
Ostertriduum:	Gründonnerstag bis 2. Vesper am Ostersonntag
Osterzeit:	Ostersonntag bis Pfingstsonntag (Sonntage der Osterzeit, Hochfestzeit des Jahres).

Dazwischen liegt die Zeit „das Jahr hindurch". Diese (grünen) Sonntage werden durchgehend gezählt, sind also im Prinzip gleichgeordnet.

Hochfeste:	sind außer Weihnachten, Ostern, Pfingsten und Christi Himmelfahrt bei uns noch allgemein:
1. Januar:	Hochfest oder Gottesmutter Maria
19. März:	Heiliger Joseph
25. März:	Verkündigung des Herrn
24. Juni:	Johannes der Täufer
29. Juni:	St. Peter und Paul
15. August:	Mariä Aufnahme in den Himmel
1. November:	Allerheiligen
8. Dezember:	Mariä Empfängnis
beweglich:	Palmsonntag, Dreifaltigkeitsfest, Fronleichnam, Kirchweihe (regional) und Christkönigsfest.

Aber nicht alle davon werden praktisch als Hochfeste im Volk gefeiert, sondern allenfalls als Feste oder sie werden auf einen Sonntag verlegt. Das wird man in der Läuteordnung unbedingt berücksichtigen müssen, indem man nur die tatsächlich als solche gefeierten Hochfeste darin durch besonders feierliches Geläute hervorhebt.

Nur noch Weihnachten und Ostern haben eine Oktav, alle früher üblichen Oktaven fallen weg.
Für die Aufstellung der Läuteordnung ist noch folgendes zu beachten:

- Die Hochform des Gottesdienstes ist nach wie vor die heilige Messe (Eucharistiefeier). Grundsätzlich sind alle Messen – wenn mehrere am selben Tage gefeiert werden – im Rang einander gleich. Trotzdem kann man eine, nämlich das Hochamt, den Hauptgottesdienst oder das Konventamt besonders hervorheben, wenn 5 oder mehr Glocken im Turm hängen.
- Andachten, Wortgottesdienste (Stundengebet) stehen der Messe grundsätzlich an Bedeutung nach. Sie werden deshalb durch bescheideneres Geläute signalisiert. Das gleiche gilt für Kasualien, soweit sie nicht im Rahmen einer Eucharistiefeier stattfinden.
  Eine Ausnahme sollte allerdings die feierlich gesungene Vesper machen; sie kann am Hochfest oder am Sonntag genau wie das Hochamt angekündigt werden. Das Einläuten von Sonn- und Festtagen ist in seinem Ursprung nichts anderes als das Läuten zur ersten Vesper des betreffenden Sonn- oder Festtages; es sollte unbedingt auch in Zukunft beibehalten werden, um die Gläubigen innerlich auf den bevorstehenden Festtag einzustimmen. Das mancherorts übliche „Ausläuten des Sonntags" war das Läuten zur zweiten Vesper.
- Die Differenzierung zwischen Hochfesten einerseits und Festen und Sonntagen andererseits sollte man nach wie vor dort beibehalten, wo mindestens 5 Glocken vorhanden sind. In diesem Fall wird man die große Glocke (1) läuten, die gewöhnlich den Hochfesten vorbehalten ist. Weitere Unterschiede zwischen Sonn- und Festtagen oder gar zwischen Memorien und gedächtnisfreien Wochentagen wird man allenfalls bei vielstimmigen Geläuten bzw. bei Domkirchen machen.
- Hingegen wird empfohlen, die verschiedenen Kirchenjahreszeiten im Geläute eigens zu charakterisieren, also beispielsweise Advent- und Fastenzeit musikalisch deutlich vom Jahreslauf entweder durch reduziertes Geläute oder durch der Zeit entsprechende Motive abzusetzen und die Festzeit etwa durch reichere Zusammenstellungen auszuzeichnen. Ersteres kann ohne weiteres schon beim Vierergeläute praktiziert werden, es darf aber nicht dahin führen, daß die Läuteordnung schließlich undurchschaubar wird.
- Ernste Anlässe – Schiedgeläute, Requiem, Trauergeläute, Bußgottesdienste – sollten sich musikalisch deutlich absetzen von den sonstigen Läutezeichen; sie sollten eindeutige Signalwirkung innerhalb der Läuteordnung haben.
- Örtliche und regionale Läutesitten sollten soweit bei der Aufstellung der Läuteordnung berücksichtigt werden, als sie nicht deren Übersichtlichkeit beeinträchtigen oder gar dem Sinn der Liturgie-Neuordnung zuwiderlaufen.

Bereits lange vor der Liturgie-Reform habe ich auf den stetigen Zerfall der Läutesitten nach dem Zweiten Weltkrieg hingewiesen. Unter dem Vorwand, die Gottesdienste folgten zu dicht aufeinander, hat man in den Städten fast durchweg das Vorläuten und das Wandlungsläuten abgeschafft. Diese Begründung zieht heute, wo in den meisten Stadt- wie Dorfpfarreien am Sonntagmorgen nicht mehr als zwei Gottesdienste stattfinden – in meiner Jugend gab es deren vier bis fünf – in keiner Weise mehr. Ein Grund also, diese Frage neu zu überdenken. Ich meine, das Wandlungsläuten müßte mindestens beim Hauptgottesdienst am Sonntag noch

oder wieder praktiziert werden. Es erleichtert dem Gemeindemitglied, das aus irgendeinem Grunde nicht an der Eucharistiefeier teilnehmen kann, die geistige Teilnahme in zeitlicher Konkordanz. Dasselbe gilt natürlich auch vom Läuten zum Evangelium, das allerdings auch früher fast ausschließlich auf Landgemeinden beschränkt war. Und das Vorläuten mag gerade an kirchlichen Feiertagen, die nicht arbeitsfrei sind, das Gemeindemitglied noch rechtzeitig an den Charakter des Tages erinnern. Auch das Geläute am Freitag zur Todesstunde Jesu darf in den Landgemeinden niemals in Vergessenheit geraten; aber auch in der Hetze der Großstadt hat es seine volle Berechtigung. All das sind in Jahrhunderten gewachsene Ordnungen, die ihren tiefen pastoralen Sinn haben und deshalb nicht leichtfertig über Bord geworfen werden dürfen. Auch nicht aus Rücksicht auf eine Minderheit, die gegen alles Glockengeläute allergisch reagiert.
Bedeutsam mag in diesem Zusammenhang die Feststellung sein, daß die evangelischen Kirchen gerade nach dem Krieg darauf bedacht waren, ihre in der Tradition verhafteten Läuteordnungen neu auszubauen und nirgends auch nur daran dachten, etwa das Vorläuten oder gar das Vaterunsergeläute – das in etwa unserem Wandlungsläuten entspricht – aufzugeben.
Rücksicht kann und soll genommen werden bei Läutezeiten und Läutedauer. Ersteres ist in den meisten Diözesen durch Erlasse geregelt. Hinsichtlich der Läutedauer gilt, daß zu langes Läuten das Ohr ermüdet. Als bewährte Regel kann man etwa folgende Zeitdauer annehmen:

für 1 bis 2 Glocken	2 bis 3 Minuten
für 4 bis 5 Glocken	etwa 5 Minuten
für größere Geläute	7 bis 10 Minuten.

Längeres Läuten ermüdet, genauso wie zu große Lautstärke, auch den nicht übernervösen Hörer.
Man vermeide möglichst ein ungeordnetes An- und Ausläuten, sondern lasse das Geläute sich organisch und in Ruhe von der Höhe nach der Tiefe zu entwickeln. Auch beim Ausläuten muß jeweils die größte Glocke, auf der ja das Klanggebäude musikalisch aufbaut, das letzte Wort haben; alles andere klingt unbefriedigend.
Wie eine Läuteordnung etwa für ein fünfstimmiges Geläute aussehen könnte, mag beiliegendes Beispiel verdeutlichen. Bei umfangreicheren Geläuten mit sieben und mehr Glocken ist mitunter anzuraten, die Läuteordnung in mehrere Teile – etwa nach Kirchenjahreszeiten – aufzuteilen; beispielsweise wie folgt:

Advents- und Weihnachtszeit
das Jahr hindurch
Fastenzeit und Karwoche
Ostertriduum bis Pfingsten (Festzeit).

Jedenfalls sollte ein möglichst übersichtliches Schema entwickelt werden, damit auch einige Aussicht besteht, daß der Mesner den Plan leicht lesen kann und sich dann daran hält.
Mit den hier dargelegten Empfehlungen ist alles andere als eine Reglementierung beabsichtigt. Nach wie vor sollen örtliche Traditionen, die das Bild unserer Glokkenlandschaft farbig machen, mit berücksichtigt werden. Bestimmend sind aber in erster Linie Liturgie und seelsorgliche Anliegen.

Muster einer katholischen Läuteordnung

Anlaß	1	2	3	4	5
Hochfeste und besondere Anlässe	d'	f'	g'	a'	c''
Vesper	d'	f'	g'	–	–
Advent und Fastenzeit					
Sonntag einläuten und Sonntag Amt	d'	–	g'	a'	c''
Vorabendmesse, Frühmesse	–	f'	g'	–	c''
Werktag	–	–	g'	–	c''
Andacht	–	–	–	a'	c''
Weihnachtszeit					
Sonntag einläuten und Sonntag Amt	d'	f'	g'	–	c''
Vorabendmesse, Frühmesse	–	f'	g'	a'	–
Werktag	–	–	g'	a'	c''
Andacht	–	f'	–	a'	–
Osterzeit					
Sonntag einläuten und Sonntag Amt	d'	f'	g'	a'	–
Vorabendmesse, Frühmesse	–	f'	g'	a'	–
Werktag	–	–	g'	a'	c''
Andacht	–	f'	–	a'	–
Das Jahr hindurch					
Sonntag einläuten und Sonntag Amt	–	f'	g'	a'	c''
Vorabendmesse, Frühmesse	–	f'	–	a'	c''
Werktag	–	–	g'	a'	–
Andacht	–	–	–	a'	c''
Großes Trauergeläute	d'	f'	–	a'	c''
Seelenamt	–	f'	g'	–	c''
Hochzeiten	–	f'	g'	a'	c''
Maiandachten	–	f'	–	a'	c''

Für Angelus-, Wandlungs- und Freitagläuten sind die örtlichen Gegebenheiten zu berücksichtigen. Das Einläuten des Sonntags erfolgt mit dem Sonntagshauptgottesdienstgeläute.

Ratschläge zur Läuteordnung in evangelischen Kirchen

Von Volker Müller

Zur Frage von Bedeutung und Sinn des Glockenläutens in unserer Zeit geben in theologisch fundierter Weise die Beiträge der Herren Prof. Dr. R. Schömig und Dr. R. Mumm Antwort.

Das Glockenläuten ist integraler Bestandteil der liturgisch-geistlichen Musik im Rahmen der Wortverkündigung und Sakramentserteilung. Auch die bundesdeutschen Gesetze und daraus erfolgte Gerichtsurteile schützen das liturgische Läuten.

Der beratende Experte beginne nicht sofort damit, Motive und Läutezeiten aufzuschreiben, sondern stelle zuerst die Frage, ob in der Gemeinde schon ein mehrstimmiges Geläute vorhanden war und forsche in diesem Falle nach alten Läutesitten. Dazu können Pfarrakten oder frühere Glockenweihe-Denkschriften eingesehen werden oder es können ältere Gemeindemitglieder befragt werden.

Läutesitten, die heute noch liturgisch vertretbar sind und deren Sinn auch heute noch von der Gemeinde verstanden wird, sollen belassen oder wieder eingeführt werden.

Berücksichtigt werden müssen auch Traditionen des betreffenden Landes und der Landeskirche, die zum allgemeinen Brauchtum gehören.

Zu jedem neuen, erweiterten oder klanglich umgestalteten Geläute muß der Sachverständige im Benehmen mit Pfarrer und Presbyterium eine Läuteordnung entwerfen, die ihm liturgisch und musikalisch sinnvoll erscheint. Diese muß das Presbyterium nach Prüfung und Diskussion genehmigen.

Der Entwurf einer Läuteordnung gehört zum festen Arbeitsprogramm einer Turm- und Läuteprüfung und muß im Zusammenhang mit dem Abnahmegutachten erfolgen.

In die engere Wahl gezogene Teilmotive höre man bei der Turmprüfung sorgfältig auf ihre musikalische Brauchbarkeit ab. Dies ist besonders dann notwendig, wenn in einem Geläute historische Glocken, Durglocken, Glocken aus anderen Materialien o. ä. vorhanden sind, die klangcharakterlich stark von neueren Molloktavglokken abweichen.

Man verwende dann für die Läuteordnung nur die musikalisch besten Teilmotive, wenn nicht alle Möglichkeiten ausgenutzt werden können.

Es ist bei der Turmprüfung darauf zu achten, daß an der Schalttafel „Nr. 1“ stets die größte Glocke ist, was der allgemeinen Norm beim Anschluß der Läutemaschinen entspricht; auch überprüfe der Experte, ob die Glocken exakt in der Reihenfolge ihrer Tonhöhe angeschlossen sind, damit die in der Läuteordnung aufgeschriebenen Motive dann auch stimmen. Bei historischen Geläuten gab es schon Fehlanschlüsse, etwa nach Glockengewicht oder -durchmesser.

Gegebenenfalls müssen die Steuerleitungen dann umgeklemmt werden.

Bei allen späteren Turmprüfungen soll der Glockensachverständige auch nach der Läuteordnung fragen und kontrollieren, ob die schriftliche Fassung neben der Schalttafel angebracht ist – oder nur in den Pfarrakten „ruht“.

Oft fällt eine bereits eingeführte Läuteordnung bei Pfarrer- oder Kirchendienerwechsel weg, weil sie den Nachfolgern unbequem erscheint oder ihr Sinn nicht mehr verstanden wird.

Der Experte scheue die Arbeit nicht, die mit der Einführung einer Läuteordnung verbunden ist – nicht allein die Schreibarbeiten, sondern auch die oft viel Geduld erfordernden Beratungen –, um Presbyter in Sitzungen und mit Hilfe von Bandaufnahmen oder Vorläuten des Geläutes am Turm davon zu überzeugen, daß Glockengeläute mehr als nur ein akustisches Signal ist, sondern eine liturgisch und musikalisch gehaltvolle Botschaft sein muß, welche die Vielfalt des gottesdienstlichen Lebens klar und gut unterscheidbar verkündigen soll.
Im Gegensatz zu den Kosten für Intonation und Turmakustik erfordert die Einführung einer Läuteordnung nur die Einsicht und den guten Willen, mit dem Geläute sinnvoll umzugehen.
Der Experte bemühe sich darum, daß in größeren Abständen auch von seiten seiner Kirchenbehörde in Amtsblättern und kirchlichen Zeitschriften auf das liturgische Läuten hingewiesen wird.

Liturgische Ämter der einzelnen Glocken

- Schon bei der Planung und Disposition eines neuen Geläutes oder einer Geläute-Ergänzung muß der Sachverständige im Benehmen mit der Gemeinde und unter Berücksichtigung örtlicher Läutesitten die liturgischen Ämter der einzelnen Glocken festlegen und darauf bezugnehmende Inschriften vorschlagen.
  Von einem Verzicht auf Inschriften, aus finanziellen oder sonstigen Gründen, ist dringend abzuraten; auch einzelne Schlagworte wie „Glaube", „Liebe" usw. sind keine auf das Amt der Glocke oder das Evangelium bezugnehmende Inschriften und daher abzulehnen. Man bedenke, daß die Glocke auch ein formales Kunstwerk ist und einer dementsprechend würdigen Außengestaltung bedarf.
  Bei bereits vorhandenen Geläuten ergeben sich die liturgischen Ämter der einzelnen Glocken aus den Inschriften und der örtlichen Tradition.
- Werktägliche Betglocken:
  Dieses wichtige liturgische Amt soll auch in der heutigen, lärmerfüllten Zeit nicht verdrängt werden und – maßvoll – auch in Städten beibehalten oder wieder eingeführt werden.
  Das Betläuten hat auch heute noch seinen Sinn und seine Berechtigung, wenn die Kirche damit als Verkünderin einer guten und tröstlichen Botschaft an die Welt in Erscheinung tritt. Die Kirche soll sich mit ihrem Geläute nicht auf die Inseln der Sonn- und Festtage zurückziehen, sondern gerade am Werktag an den Trost des Evangeliums und die Allgegenwart Gottes erinnern.
  Das Betläuten erfolgt selbstverständlich *auch* an Sonn- und Festtagen, soweit es nicht mit gottesdienstlichem Läuten zeitlich zusammenfällt.
  Als „Betglocke" im strengen Sinn dieses Wortes mag das Werktagsläuten manchem kritischen Theologen zwar fraglich erscheinen; wenn aber die Morgen-, Mittags- und Abendglocke wenigstens die Menschen daran erinnert, daß es noch etwas anderes und Höheres gibt als unser gehetztes und vergängliches Erdenleben, dann hat die „Werktagsglocke", wie man sie vielleicht heute ehrlicher nennt, immer noch eine wichtige Aufgabe und einen liturgischen Sinn.
  Wie oft am Tage, zu welchen Zeiten und mit welchen Glocken das Betläuten geschehen soll, ist von Land zu Land sehr unterschiedlich und kann deshalb hier

nicht allgemeingültig erörtert werden. Wichtig muß uns Sachverständigen sein, daß *überhaupt* noch geläutet wird, jedoch – je nach Empfindlichkeit der Bevölkerung – nicht zu frühe am Morgen und nicht zu lange.
Bei mehrmaligem Läuten am Tage sollten möglichst verschiedene Glocken ertönen; die meisten Glockenautomaten lassen dies zu. Dies ist wegen der musikalischen Vielfalt zu empfehlen, mancherorts ergibt sich dies auch aus der Tradition (Betglocke, Kreuzglocke).

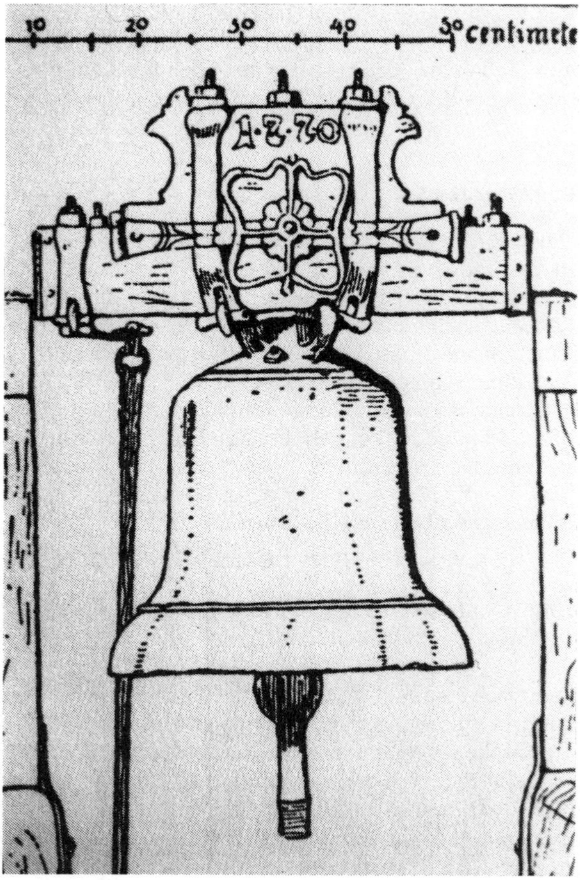

Betglocke, Freiburger Münster.

- Andere liturgische Ämter der Glocken:

Neben den Werktagsbetglocken muß auch den übrigen Glocken des Geläutes Gelegenheit zum Einzelläuten gegeben werden im Rahmen anderer, zahlreicher liturgischer Ämter wie zum Beispiel Taufglocke, Trauungsglocke (während der Einsegnung), Abendmahlsglocke, Schied- oder Totenglocke, Vaterunserglocke und Zeichenglocke zum Vorläuten; bei größeren Geläuten gibt es auch eine Do-

minika, Sonntagsglocke oder Gloriosa, Festtagsglocke – diese fundieren das Hauptgottesdienstgeläute und läuten auch vor.
Tauf-, Trauungs-, Vaterunser-, Totenglocke läuten zu liturgischen Höhepunkten des Gottesdienstes, um den Versammelten die besondere Bedeutung des Augenblicks deutlich zu machen und um Daheimgebliebene wenigstens in Gedanken an dem Gemeindegottesdienst teilhaben zu lassen.
Die Reservierung einer eigenen Festtagsglocke oder Gloriosa ist bei kleineren und mittleren Geläuten bedenklich, da ihr konsequentes Schweigen an allen Sonn- und Werktagen die Variabilität der Teilmotivmöglichkeiten empfindlich einschränkt. Eine Gloriosa sollte deshalb nur für sehr große, tontiefe und vielstimmige Geläute vorgesehen werden.
Viele Läutesitten gingen im Laufe der glockenlosen Kriegszeiten verloren, gerieten in Vergessenheit oder ihr Sinn wird heute nicht mehr verstanden, z. B. Evangelienglocke, Abendmahlsglocke, Segensglocke, Kriegergedächtnisglokke, Wetter- und Feuerglocke, Schulglocke usw.
Solche Läutesitten werden sich nur noch in Einzelfällen verwirklichen lassen, wo frühere Traditionen noch fortbestehen.

Klanglich differenziertes, mehrstimmiges Geläute

- Für Geläute ab drei Glocken soll die Läuteordnung *Teilmotive* für die verschiedenen gottesdienstlichen Anlässe vorsehen.
  In die Planung der Geläute-Disposition soll der Gedanke an die spätere motivische Ausnutzung mit einbezogen werden. Das Geläute soll hinsichtlich der Glockenzahl der Bedeutung der Kirche und dem Umfang ihres gottesdienstlichen Lebens entsprechen.
- Von Anfang an muß der Gemeinde klargemacht werden, daß beim Gebrauch des Vollgeläutes zu allen oder fast allen Anlässen ein vielstimmiges Geläute keinen rechten Sinn hat, was schon ab drei und vier Glocken gilt.
  Dr. Mahrenholz riet in seiner Glockenkunde: „. . . man möge lieber für gleiches Geld ein tonhöheres, mehrstimmiges Geläute anschaffen mit Rücksicht auf die größeren Variationsmöglichkeiten."
  Tatsächlich sind viele Geläute nach dem Zweiten Weltkrieg umfangreicher, größer und vielstimmiger geworden, was als Konsequenz eine musikalisch differenziertere Läuteordnung zur Folge haben muß.
- Als Leitgedanke zur Planung von Teilmotiven in einer musikalisch-liturgisch sinnvollen Weise kann die Empfehlung Pfarrer Fehns, die er 1946 in seiner Kleinen Glockenkunde gab, noch heute gelten: „Der Stimmungsgehalt des Anlasses muß eine Parallele in der musikalischen Ausdrucksform des Geläutes finden; der immer gleiche Klang des Vollgeläutes stumpft ab und läßt aus der Glockenbotschaft ein neutrales Signal werden, . . . es läutet mal wieder . . ."
  Das heißt, aus dem Geläuteklang ist nicht zu hören, zu welchem Anlaß geläutet wird.
- Das gedankenlose Läuten, das heißt zu häufiger Gebrauch des Plenums und abruptes An- und Abschalten aller Glocken, hat mit der Elektrifizierung fast aller Geläute noch zugenommen. Schalter für Glocken bzw. deren Läutemaschinen sind aber mehr als Licht- oder Heizungsschalter – eher den Registerschaltern

der Orgel vergleichbar, mit denen man Klänge zusammenstellt. Solange Läutegilden im Glockenläuten eine gottesdienstliche Handlung sahen – noch heute im Dom zu Xanten praktiziert –, wurden sehr wohl Festtage von Sonntagen, Festzeiten von Passionszeiten, Gemeindegottesdienste von Kasualien unterschieden, schon deshalb, weil nicht zu allen Anlässen die gesamte Läutegilde zur Verfügung stand.

So gibt auch hier die Tradition einen Hinweis auf sinnvolles Läuten, welches nicht durch das bequeme Bedienen von Schaltern in Vergessenheit geraten darf.

- Bedingt durch die Vielfalt der Dispositions-Möglichkeiten, läßt sich für die motivische Nutzung der Teilgeläute keine allgemein anwendbare oder schematisierte Regel aufstellen. Auch sind die gottesdienstlichen Anlässe von Gemeinde zu Gemeinde so unterschiedlich, daß auch hier bezüglich der Motive oder Glokkenzahl keine allgemeine Empfehlung gegeben werden kann.

  Die Arbeit, für jede Kirche eine individuelle Ordnung aufzustellen, läßt sich nicht vermeiden.
- Einige grundsätzliche Anregungen sollen aber bei der individuellen Aufstellung jeder Läuteordnung bezüglich der Teilmotive bedacht werden:
  - Zu Festtags-, Sonntags- und Werktagsgottesdiensten müssen klanglich gut unterscheidbare Teilmotive gewählt werden; bei nur drei Glocken ist dies freilich etwas problematisch.
  - Durch klangcharakterlich verschiedene Motive sollen folgende Gottesdienste im Geläute gut hörbar unterschieden werden: Hauptgottesdienst / Nebengottesdienste / Kasualien.
  - Dem sonntäglichen Hauptgottesdienst soll die größtmögliche Teilgruppe von Glocken vorbehalten sein; bei Drei- und kleineren Viergeläuten das Plenum.
  - Wo zum Sonntags-Hauptgottesdienst bereits das Plenum erklingt, kann man durch Einläuten in drei Pulsen am Vorabend auf einen Festtag akustisch hinweisen; auch beim Vorläuten können Unterschiede deutlich werden – zum Beispiel Vorläuten am Festtag mit der größten Glocke des Geläutes.
  - Ab 4 oder 5 Glocken soll aus dem Geläute-Motiv für Einläuten und Hauptgottesdienst auch die Kirchenjahreszeit hörbar sein; mindestens unterscheide man die Advents- und Passionszeit von den übrigen Sonntagen des Jahres und sehe ein ernstes Motiv vor.
  - Zu Kasualien sollte schon ab einem Dreigeläute kein Plenum erklingen und bei größeren Geläuten die Dominika, in jedem Falle aber die Gloriosa nicht mitläuten.
  - Wo es Sitte war, zum zweiten Vorläuten mehrere Glocken einzusetzen, kann dies beibehalten werden, jedoch möglichst nicht mehr als zwei Glocken.
  - Eine komplette Läuteordnung muß neben der schematischen, gut lesbaren Aufstellung der Teilgeläute auch die Aufgaben der Einzelglocken enthalten sowie Hinweise zur Läutedauer und zum stufenweisen Ein- und Ausschalten mehrstimmiger Motive. Insbesondere beim Ausschalten müssen die Glocken von oben her langsam bis zur tontiefsten verstummen, nicht aber gleichzeitig oder – wie es immer noch da und dort Unsitte ist – nach oben hin, das heißt die großen Glocken werden fälschlich zuerst ausgeschaltet.
- Hier folgen einige Einwände, die oft gegen das musikalisch differenzierte Läuten vorgebracht werden:

- Ausgesprochen unqualifiziert ist der Hinweis: „. . . das Plenum ist so schön laut, weit zu hören und man habe ja auch alle Glocken bezahlt, deshalb wolle man sie stets alle hören . . ." Diese Ansicht deutet auf die Vorliebe vieler Menschen für Lärm und ständiges Fortissimo hin, wie es bei schlechter Unterhaltungsmusik die Regel ist, was wir jedoch in der Kirchenmusik nicht einreißen lassen dürfen!
- Manche Theologen sind der Ansicht, alle Gottesdienste seien unterschiedslos „Gemeindegottesdienste" und leiten daraus ab, stets mit allen Glocken läuten zu müssen. Ich meine, daß der unterschiedliche, liturgische Gehalt und Inhalt der Gottesdienste auch in anderen Bereichen zum Ausdruck kommt – Texte, Lieder, Predigt, Orgelspiel, liturgische Farben – und die Glocken hier keine Ausnahme bilden dürfen.
- Fragwürdig erscheinen mir auch allzu strenge liturgische Forderungen, die bei der tonlichen Zusammensetzung von Teilgeläuten die liturgischen Ämter der Einzelglocken berücksichtigt wissen wollen, etwa das Mitläuten der „Abendmahlsglocke" im Motiv. Dies würde die musikalischen Aspekte, die für die Wahl der Teilmotive zu gelten haben, zu sehr einengen, und die liturgischen Ämter der *Einzel*glocken werden hier auf einen Bereich übertragen, in der die Glocke nur „Element eines Gesamtwerkes" sein darf, ähnlich der Orgelregister oder der Instrumente eines Orchesters.

Läutezeiten und Läutedauer

Zu welchen Zeiten des Tages geläutet werden kann oder darf, ob zu früher Stunde, am späten Abend oder – in einigen besonderen Fällen – des nachts, läßt sich nur aufgrund der örtlichen Gegebenheiten festlegen.
In Städten oder Stadtrandsiedlungen, wo oft Schichtarbeiter wohnen, wird man sehr viel empfindlicher sein als in dörflichen Verhältnissen, wo das Läuten der Glocken auch heute noch den Tagesablauf der Bewohner mitbestimmt und etwas Selbstverständliches ist. Wieder anders werden die Verhältnisse in Kurorten sein, wo vielleicht eine Mittagspause eingehalten werden muß und sogar Nachtabstellwerke für die Turmuhren verlangt werden.
Aufgrund von Beschwerden der letzten Jahre empfehlen manche Kirchenbehörden, werktags nicht vor 7 Uhr und sonntags nicht vor 8 Uhr zu läuten. Andererseits gab es schon Gemeinden, die das aufgrund von Beschwerden abgeschaffte Frühbetläuten wieder eingeführt wissen wollten und dafür Unterschriftensammlungen beim Pfarramt vorlegten.
Es ist daher nicht möglich, ein allgemein gültiges Rezept zu geben; der Sachverständige muß gemeinsam mit jeder Gemeinde individuell entscheiden und dabei die Anzahl der Läuteanlässe und den Lebensrhythmus der Gemeinde berücksichtigen.
Was die zeitliche Dauer des Läutens angeht, wird noch vielerorts gesündigt. Dr. Mahrenholz empfahl nicht ohne Grund schon in seiner Glockenkunde 1948: „Es soll unser Bestreben sein, die Glocken recht oft erklingen zu lassen, aber um so kürzer muß geläutet werden."
Kirchenrat Schildge – in den 50er Jahren Glockensachverständiger der Württembergischen Landeskirche und Vorsitzender des Beratungsausschusses – empfahl

„eine halbe Viertelstunde“ für gottesdienstliches Läuten, was noch heute als akzeptabler Durchschnittswert gelten kann.
Auf keinen Fall soll länger als 10 Minuten ohne Unterbrechung geläutet werden. 15minütiges und noch längeres Läuten – bis der Pfarrer vom Gottesdienst der Filialkirche kommend eintrifft! – wird auch bei besten Glocken und günstigster Turmakustik als Belästigung empfunden.
Aufgrund längerer Beobachtungen und Erfahrungen haben sich folgende Läutezeiten als angenehm und unaufdringlich bewährt (minimaler bis maximaler Wert, je nach Wohngebiet):

Einzelne Glocken (Bet- und Vorläuten):	2 – 5 Minuten
Nebengottesdienste/Kasualien:	5 – 7 Minuten
Sonntageinläuten und Hauptgottesdienst:	bis maximal 10 Minuten.

Neben der Empfindlichkeit der turmnahen Anwohner spielt auch die Anzahl der Läuteanlässe pro Woche eine Rolle für die Läutedauer. Wo in kleinen Landgemeinden oft nur ein Gottesdienst pro Woche und das Sonntageinläuten stattfinden, darf dazu zeitlich etwas ausgiebiger geläutet werden als in einer Stadtkirche, wo man zu zahlreichen Gottesdiensten und Kasualien in einer Woche läuten muß.
Der Unsitte des mancherorts immer noch üblichen, überlangen Neujahrsläutens bis zu einer vollen Stunde – dazu noch zu einem profanen Anlaß! – ist ganz energisch entgegenzutreten, ebenso einem Schiedzeichen- und Beerdigungsläuten, das – aus welchen praktischen oder eitlen Gründen auch immer – die maximalen Zeiten eines gottesdienstlichen Läutens überschreitet. Dies gilt auch dann, wenn die Glocken einmal von der politischen Gemeinde oder privaten Stiftern bezahlt worden sind und man deshalb aus falsch verstandenem Besitzerstolz glaubt, die Glokken in so unsachlicher Weise mißbrauchen zu müssen.
Im Gegensatz dazu steht das oft vorschnelle Zurückweichen mancher Pfarrer oder Presbyter, die bei noch so unsachlich oder polemisch vorgebrachten Beschwerden sofort und in liturgisch unvertretbarer Weise die Läuteordnung beschneiden. Hinter vielen Angriffen stehen antikirchliche Emotionen, die – sofern Intonation, Turmakustik und Läutezeiten in Ordnung sind – durchaus einmal mit dem Hinweis auf das grundgesetzlich garantierte Recht der freien Entfaltung auch kirchlichen Lebens und daraus abgeleiteter Gerichtsurteile zurückgewiesen werden können.
Ohne Zweifel ist Glockengeläute in unserer lärmerfüllten Zeit eine der kürzesten und – weil ein harmonisch geordneter Klang – angenehmsten akustischen Erscheinungen.

Bekanntmachen einer neuen Läuteordnung:

Eine neue oder revidierte Läuteordnung muß der Gemeinde in geeigneter Weise bekanntgemacht werden, nach Möglichkeit nicht nur in tabellarischer Form – wie hier abschließend in einem Beispiel vorgestellt –, sondern mit Hilfe kurzer, erklärender Texte. Auch mit dem Kirchendiener, der diese Ordnung zu praktizieren hat, führe der Sachverständige ein erläuterndes Gespräch und sorge dafür, daß die Ordnung neben der Schalttafel – nach Genehmigung durch das Presbyterium – aufgehängt wird.

Muster einer evangelischen Läuteordnung

Anlaß	1	2	3	4	5
An Festtagen: Einläuten und Hauptgottesdienst	c’	es’	f’	as’	c’’
andere Gottesdienste	c’	es’	f’	as’	–
An ernsten Feiertagen: Einläuten und Hauptgottesdienst	c’	es’	f’	–	–
andere Gottesdienste	c’	–	f’	–	c’’
An Sonntagen der Passions- und Adventszeit: Einläuten und Hauptgottesdienst	c’	–	f’	as’	c’’
andere Gottesdienste	–	es’	f’	as’	–
Übrige Sonntage: Einläuten	–	es’	f’	as’	c’’
Hauptgottesdienst	c’	es’	–	as’	c’’
andere Gottesdienste	–	–	f’	as’	c’’
Werktags und zu Amtshandlungen: Trauungen	–	es’	–	as’	c’’
Bestattungen	–	es’	f’	–	–
Gottesdienst/Andacht	–	–	–	as’	c’’
Passionsandacht	–	–	f’	–	c’’
festliche Anlässe	–	es’	f’	as’	c’’

Andere Gottesdienste sind zum Beispiel Früh-, Abend-, Kindergottesdienst, Kirchenmusiken und so weiter.
Für das tägliche Betläuten, Vorläuten, Läuten zu Taufhandlung, Vaterunser, Einsegnungen, Totengedächtnis, Schiedzeichen und so weiter sind die örtlichen Gegebenheiten zu berücksichtigen.

Erfurt, Dom, Strahlenkranzmadonna der Gloriosa, Gerdt van Wou.

KAPITEL 3

Die Glocke – kunst- und sakralhistorische Bedeutung

Geschichte der Glockenzier
Anregungen zur Gestaltung neuer Glocken

Von Kurt Kramer

Die Glocke zählt nach neueren Erkenntnissen zu den ältesten Musikinstrumenten der Menschheit. Ihre Kulturgeschichte reicht ins 4. Jahrtausend vor Christus zurück. Die Glocken sind Weiterentwicklungen von Fruchtschalen und Tonvasen, wie sie noch heute bei vielen Naturvölkern gebräuchlich sind.
Im 3. Jahrtausend vor Christus sind in Thailand, China, Indien, Indonesien, Vorderasien und Ägypten bereits Glöckchen nachzuweisen. Anfänglich dürften diese schmucklos gewesen sein. Später, als man sie mehr und mehr in die kultischen Riten einbezog, wurden die Glöckchen mit Ornamenten, Symbolen und mythischen Darstellungen geziert.
Von den koptischen Mönchsgemeinschaften Ägyptens haben irische Mönche die Glocke kennengelernt. Sie waren es dann, die mit der Christianisierung etwa Ende des 5. Jahrhunderts die Glocke als eines der Symbole der Christenheit in den Kulturraum des Christlichen Abendlandes brachten. In Irland selbst gab es bereits Anfang des 5. Jahrhunderts bedeutende Glockengießer. Der bekannteste unter ihnen, der heilige Forckernus, wird noch heute als Patron der Glockengießer verehrt.
Zwischen dem 6. und 10. Jahrhundert nach Christus verbreitete sich die gegossene Glocke über ganz Europa. Die Kunst des Glockengusses, die in jener Zeit noch in den Klöstern beheimatet war, erreichte vor allem durch die Mönche des Benediktinerordens eine erste Blüte. Einem Brief des Diakonus Fulgentius Ferrandus an den Presbyter Eugippius aus dem Jahre 535 ist zu entnehmen, daß Glockeninschriften und Glockenschmuck zumindest nicht unbekannt waren. Sicher hatte zu Beginn des Glockengießerhandwerks und der Glockengießkunst das Ringen um die Form und auch um den Klang der Glocken eindeutigen Vorrang vor der Oberflächengestaltung.

Bronzeglocke, Urartu, 8. Jh. vor Christus.

Assyrisches Tempelglöckchen, 7. Jh. vor Christus, Vorderasiatisches Museum Berlin.

Klöppellose Glocke aus China, etwa 6. Jh. vor Christus.

Klöppellose Glocke aus China, etwa 3. Jh. vor Christus.

Zunächst ist es eine dem Bienenkorb ähnliche Form, die das Äußere der Glocke bestimmt. Der Mönch Theophilus beschreibt bereits im 11./12. Jahrhundert in der „Schedula diversarum artium" die Form und den Guß einer Glocke im Wachsausschmelzverfahren, das noch heute im Kunstguß Anwendung findet. Der Übergang der Bienenkorbform in die Spitzhut- und Zuckerhutform vollzieht sich etwa Mitte

Bronzeglocke, Haithabu, 9./10. Jh., Museum in Gottorf/Holstein.

Glocke, gefunden bei Canino, ca. 8./9. Jh. nach Christus, Vatikanisches Museum Rom.

Bienenkorbglocke, Aschara/ Thüringen, 11. Jh., Glockenmuseum Apolda.

Zuckerhutglocke, Petzen bei Bückeburg, 13. Jh., Glockenmuseum Gescher.

des 12. Jahrhunderts. Diese Zuckerhutglocken entfalten einen deutlich reineren und fülligeren Klang als die Bienenkorbglocken, die meist dumpf, fast dämonisch klingen. Inschriften und Verzierungen sind nun häufiger auf der Glockenschulter und -flanke anzutreffen.

Mit Beginn des 13. Jahrhunderts entwickelt sich aus dem Zuckerhut kontinuierlich bis etwa Mitte des 15. Jahrhunderts die „gotische Rippe“. An diesen Glocken sind nun Gesetzmäßigkeiten abzulesen, die bewußt auf Klangschönheit der Glocken hinzielen. Nach und nach entstehen musikalisch wertvolle Klanginstrumente, aber auch der äußeren Gestaltung der Glockenzier wird zunehmend Aufmerksamkeit gewidmet. Die älteste, mit Gußdatum, Inschrift und angedeutetem Ornament versehene Glocke stammt aus dem Jahr 1144. Sie hängt in der Pfarrkirche zu Iggensbach, Landkreis Deggendorf. In Gottmadingen-Randegg am Bodensee läutet wohl die älteste bekannte, mit Gußort, Gußdatum, Gießernamen, Inschrift und Ornamenten versehene Glocke. Sie wurde im Jahre 1209 von einem Gießer namens Rüher zu Konstanz gegossen. Dies sind erste nachweisbare Ansätze von Glockengestaltungen, die in die Mitte des 12. Jahrhunderts zu datieren sind. In dieser Zeit herrscht als Schrifttype die Unziale vor, die allmählich von der gotischen Majuskel abgelöst wird. Inschrift und Ornamentik haben nun die Aufgabe, den Glockenkörper vor allem horizontal zu gliedern. Die einzelnen Buchstaben ergeben nicht nur Inschriften, sondern erhalten auch formale und ornamentale Bedeutung. Die Gestaltung der Glocken dieser Zeit wird durch äußerste Sparsamkeit der Darstellung, feinste Linienführung, ausgeprägtes Proportionsgefühl und von handwerklich bedingten Unregelmäßigkeiten geprägt. Bildliche Darstellungen sind in dieser Zeit noch selten, doch sind einige hervorragende Beispiele, vor allem in Fadenrelieftechnik, erhalten.

Rohrberg bei Magdeburg, 1337, Gießer Hermanus stellt sich auf der Glocke selbst dar.

Lübeck, Dom, 1390, Darstellung Johannes des Täufers, Meister Bertram.

Kloster Herluvsholm bei Naestved/Dänemark, um 1260, Petrus segnet den Glockengießer.

Im Laufe des 14. Jahrhunderts, als sich die Glockenrippe immer mehr der endgültigen Form nähert, wird auch ihr Schmuck reicher. Die Majuskeln werden von den ornamentalen Minuskeln abgelöst; die Schriften werden formenreicher, die Wörter durch Kreuze, Ornamente und Symbole getrennt. Ornamente reihen sich zu Ornamentbändern, die die gesamte Glocke umspannen. Sind zunächst noch symbolhaft abgekürzte Naturornamente vorherrschend, so gewinnt Mitte des 15. Jahrhunderts das abstrahierte Architekturmotiv an Bedeutung. Die Lebendigkeit der mittelalterlichen Darstellungen sei nachfolgend an einigen Bildern aufgezeigt.

Große Glocke, Dom Nordhausen, um 1480, Glockenritzung wird Tilman Riemenschneider zugeschrieben.

Leipzig, Thomaskirche, Gloriosa, 1477, Ritzung Nikolaus Eisenberg.

Diese Bilder vermitteln die Durchgeistigung der figuralen und ornamentalen Glockenzier des Mittelalters. Die Menschen dieser Zeit hatten eine starke Beziehung zum Symbolhaften. Ornamentik war Ausdruck ihres Lebensgefühls.

Die Minuskelinschrift hält sich auch noch im 16. Jahrhundert als Schrifttype der Spätgotik. Diese Epoche entwickelt dann mehr und mehr Freude am Schmuck; die Ornamente werden zunehmend von den Architekturformen abgeleitet, gewinnen aber durch Abstraktion ornamentale Eigenständigkeit. Die bildlichen Darstellungen auf den Glocken sind vielgestaltig, doch dominieren in erster Linie Kreuzigungsgruppen, Marienbilder und Heiligendarstellungen. Die herausragenden künstlerischen Darstellungen auf den Glocken der Spätgotik lassen auf die Mitarbeit von Goldschmieden, Malern und Bildhauern schließen. Eine bedeutende Rol-

le beim Glockenschmuck spielen in dieser Zeit die Pilgerzeichen. Sie sollen, auf den heimatlichen Glocken verewigt, den Segen und die Heilswirkungen des Wallfahrtsortes übermitteln.
Von Anfang des 16. bis Mitte des 17. Jahrhunderts sprechen wir von „Renaissance-Glocken", die mit einzelnen Nachkömmlingen bis Ende des 17. Jahrhunderts reichen. Die Schrifttype der Renaissance war die Antiqua Capitalis, die auch in der Barockzeit noch lange Verwendung findet. Nimmt bisher schon die Schrift einen breiten Raum in der Glockenzier ein, so beherrscht nun das Schriftbild, unterbrochen von Ornamenten, das Gesamtbild der Glocke. Als Ornamente dienen vielfach Schmuckteile von Bauwerken wie Palmettenfriese, Akanthusranken und ähnliche Ornamentik. Zunehmend an Bedeutung gewinnen die Wappen als ornamentale Bereicherung: Ausdruck wachsenden Selbstbewußtseins kleiner Fürstenhäuser und neugewonnenen Reichtums Adliger und bürgerlicher Familien. Die bildlichen Darstellungen erreichen nicht mehr die Ausdruckskraft mittelalterlicher Glockenzier. Zunehmend wird die Glocke Träger profaner und heraldischer Motive. Aber auch der Glockenklang erreicht meist nicht mehr die Qualität des 15. und

Oben: Konstanz, Münster, Hosanna, 1584, Hans Christoff Löffler und Sohn.
Unten: Erfurt, Dom, Gloriosa. Frankfurt/M. Paulskirche, 1685. ▽

Pfarrkirche Heubach, 1787, Christian Ludwig Neubert, Ludwigsburg.

beginnenden 16. Jahrhunderts. Diese Entwicklung wird vom Dreißigjährigen Krieg maßgeblich beeinflußt.
Von Mitte des 17. Jahrhunderts bis zum Ende des 18. Jahrhunderts kann man der äußeren Gestaltung nach von Barockglocken reden. Es sind sowohl religiöse Inschriften als auch Stifterinschriften gleichermaßen vorzufinden. Der Glockenmantel scheint nur noch als Untergrund für die Glockenzier zu dienen, die Ornamente, die Bilder, die Wappen werden plastischer gestaltet. Die Folge: Die Klangqualität der Glocken wird beeinträchtigt. Auf den Glocken werden weltliche Szenerien wie Jagd- und Trinkszenen dargestellt, die Glockenschulter trägt oft Puttenfriese und Girlandenornamente mit Engelsköpfen. Bedeutende Künstler entwerfen Glockenornamente und Glockenzier, so z. B. Balthasar Neumann, der in St. Peter in Bruchsal ein vollständig erhaltenes Geläute gestaltete. Im Bodenseeraum widmete sich der großartige Josef Anton Feuchtmayer der Glockenzier. Bewundernswert, wie das Genie des Barocks mit einer Fülle geistreicher und schöner Formen die Flächen füllte, ohne das Auge zu ermüden. Glocken, wie die in Herisau aus dem ehemaligen Kloster Salem, von Neufrach-Leutkirch oder Bad Säckingen und Bruchsal zählen zu den formalen Höchstleistungen des Glockengusses und der Glockengestaltung.

CANONICUS

Bruchsal, St. Peter, 1745, Entwurf Glockenschmuck Balthasar Neumann.

Rechts oben: Salem-Leutkirch, 1757, Entwurf Glockenschmuck J. A. Feuchtmayer.

Unten: Salem-Leutkirch, 1757, Entwurf Glockenschmuck Joseph Anton Feuchtmayer.

◁
Seite 56:
Links oben: Erfurt, Dom, 1721, J. Sorber.

Rechts oben: Bruchsal, St. Peter, 1745, Entwurf Glockenschmuck Balthasar Neumann.

Links unten und rechts Mitte: Neufrach-Leutkirch, 1757, Entwurf Glockenschmuck Joseph Anton Feuchtmayer.

Rechts unten: Neuhausen (Schaffhausen), 1720, Gießerkartusche Glocke und Kanone Tobias Schalch.

Nach dieser euphorischen Periode werden die Darstellungen wieder einfacher, teilweise wird auf Glockenschmuck ganz verzichtet. Erst gegen Ende des 19. Jahrhunderts finden wir nochmals reiches, flaches Relief, vor allem durch die Neogotik beeinflußt. Meist wiederholen sich Ornamentik und Bildwerk auf den verschiedensten Glocken. Trotz der deutlich sichtbaren Anlehnung an frühere Epochen zeigt diese Zeit durchaus eigenständige, gelungene Glockenzier.

Frankfurt/M., Dom, Gloriosa, 1877, Glockenschmuck Friedrich August von Nordheim.

Frankfurt/M., Dom, 1877, Salveglocke.

Der Jugendstil gibt nach der Jahrhundertwende zwar deutlich verspätet der Glockengestaltung nochmals Auftrieb. Die Charakteristika dieser Glockenzier sind blumige, formenreiche Ornamente und Bilder. Im Gegensatz hierzu wirken die Schrifttypen zu groß und unharmonisch.

Meißen, Dom, Glockenschmuck Prof. Börner, 1929.

Glocke, Elsaß, 1924.

Beuron, Klosterkirche, 1912/13, Gestaltung Beuroner Schule.

Der Zweite Weltkrieg bedeutet stärker als der Erste eine deutliche Zäsur sowohl beim Glockenguß, noch mehr bei der Gestaltung der Glocke. Eine Inschrift rund um die Glockenschulter oder auf der Flanke der Glocke ersetzt die Glockenzier. Überholte, alte Model christlicher Symbole offenbaren den mangelnden Gestaltungswillen dieser Zeit. Einige Ausnahmen dienen bestenfalls als Bestätigung dieser Regel.

Mannheim, Jesuitenkirche, 1949, Hans Rolli.

Pirmasens, Lutherkirche, 1957, Bildhauer Eichstädt.

Dieser historische Überblick will nicht vollständig sein. Er will zeigen, daß die Glockengestaltung auf eine sehr lange Tradition zurückblicken kann. Erst in neuerer Zeit glaubt man, auf jegliche Glockenzier verzichten zu können. Hält man sie nicht mehr für notwendig, fehlt der Mut zur Gestaltung, oder halten wir die Aussagen unserer Zeit für zu banal, um sie auf Glocken zu verewigen?
Ich halte Glockenzier für sinnvoll, ja wichtig. Glocken sind zwar in erster Linie Musikinstrumente, die abgeschieden, fast anonym im Turm hängen und läuten. Aber jede Glocke hat einen Namen und zu jedem Namen gehört auch eine unverwechselbare Gestalt. Diese Gestalt, diese Gestaltung muß in engem Zusammenhang mit der Glocke als tönende Stimme der Kirche gesehen werden. Sie muß eine geistige Beziehung sowohl zur Glocke selbst als auch zur Kirche und der Kirchengemeinde haben. Durch solche Gestaltung erheben wir die Glocke – wie bei vielen alten Geläuten geschehen – über ein rein musikalisches, zum kunst-, kultur- und sakralhistorischen Denkmal. Dieser Anspruch kann aber nicht durch Nachahmung, hundertfache Verwendung von Vorlagen oder sklavische Nachbildung erfüllt werden. Nur Originale, individuelle Aussagen und Gestaltungen unserer Zeit können bestehen. Die vielfache Verwendung von Modeln im Mittelalter und Barock sind keine Argumente gegen diese Forderung nach eigenschöpferischer Tätigkeit. Ehe-

mals wurden so viele Glocken gegossen, daß auch bei mehrfacher Verwendung von Vorlagen und Modeln noch genügend Spielraum für unterschiedliche Darstellungsformen war. Heute bedeutet das Vervielfältigen von Vorlagen Uniformierung. Die Inschriften, die Zier sollen aber Spiegel der Pfarrei sein, einem ganz bestimmten Gotteshaus, einer ganz bestimmten Gemeinde zugeordnet. Diese Einbeziehung der Glocke in die Geschichte der Pfarrei durch Inschrift, Form und Bild untermauert ihre sakralhistorische Bedeutung, wie sie bereits im Vortrag von Professor Grundmann auf dem Glockentag in Limburg beschrieben wurde. An dieser Bedeutung und Aufgabe muß sich jede Glockengestaltung messen lassen, sollten sich alle Inschriften orientieren.

Die heute noch gültige äußere Form der Glocke liegt aus musikalischen Gründen etwa seit dem 15. Jahrhundert mit geringfügigen Veränderungen fest. Gleichgeblieben aber sind seit Jahrhunderten einige glockenspezifische Gestaltungsgrundsätze, wie sie schon Hans Rolli beschrieben hat:

- Flaches, zartes, dem außerordentlich bildsam und feinen Material der Bronze entsprechendes Relief, das die Oberflächenschwingungen nicht beeinträchtigt.
- Möglichst ringförmig den Glockenkörper umziehende Schmuckelemente. Sie entsprechen dem Charakter der durch Drehen entstandenen Glockenform.
- Wenn möglich, Beschränkung auf den oberen Teil des Obersatzes am Schlagring, allenfalls nur bescheidene Zierstäbe, ein Schriftband oder ein umlaufendes Relief, alles sehr flach, da hier das Zentrum der Klangbildung liegt.
- Wenn figürliche Reliefdarstellungen gewünscht werden, ist das Abziehbildhafte, das ihnen so gern anhaftet, zu vermeiden. Wird gar der ganze Glockenkörper einmal mit Ornament oder figürlichen Darstellungen überkleidet, so ist ganz besonders auf Feinheit des Reliefs zu achten. Dieser Fall sollte in der Regel aber aus akustischen Gründen vermieden werden. Zudem liegt der Wert der Gestaltung nicht in dem Reichtum und der Überfülle der Formen, sondern vielmehr in der Schönheit und Ausgewogenheit von Linienführung und Modellierung.
- Jede geistlose Imitation historischer Formen ist im Regelfalle zu verwerfen. Es ist eine Unsitte, vom Gießer beim Umguß alter Glocken unbedingt eine formgetreue Kopie zu verlangen. Auch beim Zuguß zu historischen Geläuteresten soll man sich ruhig in der Formgebung zu unserer Zeit bekennen.
  Ohnehin ist das Wort „Umguß" irreführend. Umguß bedeutet immer Neuguß. Daran ändert auch die Verwendung der alten Glockenbronze nichts, zumal diese fast immer zusammen mit neuer Bronze gegossen wird.
- Der Text der Inschriften sei knapp und einprägsam. Langatmige Ergüsse und selbstgefällige Namenslisten passen schlecht zu dem Amt dieser heiligen Stimme der Kirche. Texte aus der Bibel, aus Lesungen, wichtige charakterisierende Aussagen von Heiligen sollten hier den Vorzug erhalten.

Unter den Techniken für Zier und Schrift unterscheiden wir zwei Arten. Das Einschneideverfahren als die ursprüngliche mittelalterliche Form und das heute meist angewandte Wachsausschmelzverfahren. Beim Wachsausschmelzverfahren – und hier bediene ich mich wieder der Terminologie von Hans Rolli – werden die aus Bienenwachs geformten Buchstaben oder Schmuckelemente im Positiv auf die mit Talg überzogene Oberfläche des Glockenmodells, also auf die „falsche Glokke", aufgeklebt. Diese Verzierungen drücken sich im Zierlehm des Mantels ab und schmelzen beim Ausbrennen der Form heraus. Nach dem Trocknen des Mantels

wird dieser abgehoben, die falsche Glocke vom Kern abgeschlagen und danach der mit den Negativabdrücken versehene Mantel wieder an seine alte Stelle gesetzt. Beim Einschneideverfahren bleibt die Oberfläche der falschen Glocke glatt, und die Verzierungen und Inschriften werden erst negativ in den angehobenen Glokkenmantel eingraviert oder geschnitten. Dabei müssen die Schriften freilich spiegelbildlich, also von rechts nach links laufend, angeordnet werden. Das Verfahren erlaubt zartes Relief und flächige Wirkung. Diese in der Frühzeit des christlichen Glockengusses weit verbreitete Technik wird erst in jüngster Zeit wieder angewandt. So bei den neuen Glocken des Straßburger Münsters, bei einer Glocke für den Dom zu Eichstätt und beim Geläute der katholischen Pfarrkirche Sankt Peter in Lörrach. Daß mit beiden Techniken gute Ergebnisse zu erzielen sind, zeigen einige in den letzten Jahren gegossene und gestaltete Geläute.
Wenn wir nun die Geschichte der Glocken und Glockenzier rückblickend betrachten, welche Gestaltungsmöglichkeiten bleiben uns für neue Glocken? Zunächst bietet sich die Anordnung von Schriftbändern an der Glockenschulter an, bisweilen eingesäumt von Stegen. Das Schriftbild sollte individuell, am besten vom Künstler, zu seinen Bildern und Ornamenten ausgesucht oder angefertigt werden. Die Schrifttypen dürfen im Verhältnis zur Glocke nicht zu groß und im Verhältnis zur Glockenzier nicht zu schematisch sein. Hier bieten sich Worttrennungen durch Ornamente, Wappen und Symbole an. Vor maschineller Serienfertigung muß auch hier nachdrücklich gewarnt werden. Sind uns nicht die mittelalterlichen Glockenzieren und -inschriften gerade wegen ihrer Unregelmäßigkeiten liebgeworden, ist es nicht gerade diese unaufdringliche Lebendigkeit, die unser Auge immer wieder zu neuem Entdecken fordert?
Mit Blick auf die Geschichte der ornamentalen Glockenzier sei gefragt, welche Folgerungen wir daraus für die Gegenwart ziehen können. Heinrich Lützeler schreibt in seinem Buch „Führer zur Kunst": „Dem Ornamentwahn ist heute die Ornamentlosigkeit gefolgt. Wir suchen die reine Form ohne Ornament und begnügen uns mit einigen ornamentähnlichen Wirkungen, die im Werkstoff liegen. – Ornamentlosigkeit ist Zeichen gestalterischer Schwäche und materialistischen Ungeistes, der sich mit den sinnlichen Reizen der Materie begnügt, ohnmächtig ihr den Atem des Menschen einzuhauchen." Von der Architektur sind heute kaum noch Ornamente abzuleiten, hier muß man weiterhin auf Anregungen warten. Müssen wir deshalb aber auch auf Ornamentzier verzichten? Ich meine nicht. Wenn wir nichts versuchen, keine Experimente wagen, werden wir auch nicht fündig werden. Vielleicht sollten wir wieder auf die Urform des Ornaments zurückgreifen, auf Linien, auf Stege, auf punktförmige Reihungen, Flechtwerk und ähnliches. Nicht vergessen werden dürfen Naturornamente, die in sinnvoller Abstraktion eine Bereicherung der Glocke darstellen können. Wichtig erscheinen in dieser Reihe auch die christlichen Symbole, die bis zum heutigen Tage nichts an Aussagekraft verloren haben, wie Kreuz, Alpha und Omega, Fisch, Ähre und ähnliche, sofern ihre Umsetzung in ornamentale Formen vom Künstler vollzogen werden kann. Das Gebiet der Heraldik, das man sicher erweitert auf Orts- und Kirchenwappen ansehen darf, wird auch heute noch manchen Glockenmantel bereichern.
Die meisten Probleme verursacht wohl die Darstellung und Ausschmückung der Glocke mit Figurenschmuck. Dr. Günther Grundmann stellt in seinem Artikel „Alte und neue Glockenzier" aus dem Jahre 1952 fest: „Daß der figürliche Glok-

kenschmuck nicht entbehrt werden kann, beruht nicht nur auf Wünschen der Auftraggeber, also der Kirchengemeinden, sondern hängt sehr eng mit dem Wesen der Glocke als tönende Stimme der Kirche zusammen. Insofern hat die figürliche Darstellung auf der Glocke auch heute noch ihre Berechtigung."
Für das Gesamtbild der Glocke ist es äußerst wichtig, auf die richtigen Größenverhältnisse der dargestellten Bilder zum Glockenkörper zu achten, die Figuren in die Ornamente und Flächen einzubinden und schließlich mit den Schriften in ein ausgewogenes Größenverhältnis zu setzen. Grundsätze sind hier nicht aufstellbar. Entscheidend ist, einen Künstler zu finden, der sein ganzes Gestaltungsvermögen dieser Aufgabe unterordnet. Er muß sich der Mühe unterziehen, die landschaftlichen, ortsbezogenen und für die Kirchengemeinden typischen Gesichtspunkte in seine gestalterischen Überlegungen mit einzubeziehen. Dazu Karl Walter in seiner „Glockenkunde" aus dem Jahre 1913: „Die Glocken begleiten und beleben aber nicht nur das kirchliche, sondern überhaupt das volkstümliche Leben zu allen Zeiten, wie mit ihrem Klang im Geläute so nicht minder mit den ihnen aufgegossenen Inschriften und Bildern. Von frühester Zeit an hat insbesondere das deutsche Gemüt der Glocke mit ihrem Klang tiefen Sinn und weihevolle Deutung beigemessen und dies in Formen, sinnigen Sprüchen und Bildern auf den Glocken selbst zum Ausdruck gebracht. Es ließe sich ein ganzes Buch schreiben über die Beziehungen des germanischen Geistes zu den Glocken und ihrem Geläute, vom Glockenguß Karls des Großen zu Aachen bis zum „Lied der Glocke", das Schiller sang. Obwohl die Glocke so hoch hängt und weit dem Auge der Gläubigen entrückt ist, so hat man doch nicht versäumt, auch der äußeren Ausstattung dieses großen Tonwerkzeuges die entsprechende Sorgfalt zu schenken, und namentlich in der Blütezeit der Glockengießerkunst ist gerade in diesem Punkt alles so sorgfältig, zart und maßvoll angelegt worden, daß dadurch die musikalische Klangwirkung nicht die geringste Störung erleiden konnte. Wenn der begeisterte Sinn und das Schönheitsgefühl der alten glaubensstarken Zeit schon kleinere unbedeutende Kirchengeräte aufs Lieblichste ausstattete, wie hätte da die Glocke, welche die Andächtigen weither zur Kirche ruft, mit ihnen feiert, frohlockt und klagt, einer kunstgerechteren Ausschmückung entbehren sollen."
Etwa ab Mitte der siebziger Jahre sind Pfarreien wieder bereit, für Glockenschmuck Bildhauer hinzuzuziehen. So werden Glocken von Prof. Emil Wachter, Karlsruhe, Frido Lehr, Karlsruhe, und Michael Huber, Oberkirch, Harry McLean, Heidelberg, Elen Kämper, Karlsruhe, Peter Valentin Feuerstein, Neckarsteinach, Wolfram Seidel, Neufrach und Klaus Ringwald, Schonach gestaltet. Wir bestaunen sicher zu Recht die verinnerlichte, sich auf das Wesentliche konzentrierende Glokkenzier des Mittelalters. Im Anblick der prachtvollen, üppig verzierten Glocken des Barock und des Rokoko geraten wir ins Schwärmen. Warum sollten wir nicht den Mut und die Kraft aufbringen, auch unserer Zeit, auch unserem Glauben durch Schmücken der Glocken Form und Gestalt zu geben. Ob diese Glockengestaltungen sich als richtungweisend für die Zukunft der Glockenzier erweisen oder nur ein kurzes Aufflackern bedeuten, ist nicht vorauszusagen. Wer aber die Geschichte der Glocke kennt, wird an der Feststellung nicht vorbeikommen: Die Geschichte der Glockenzier ist so alt wie die Glocke selbst. Und ohne Glockenzier ohne gestaltete Glocken geht auch die Geschichte der Glocke zu Ende.

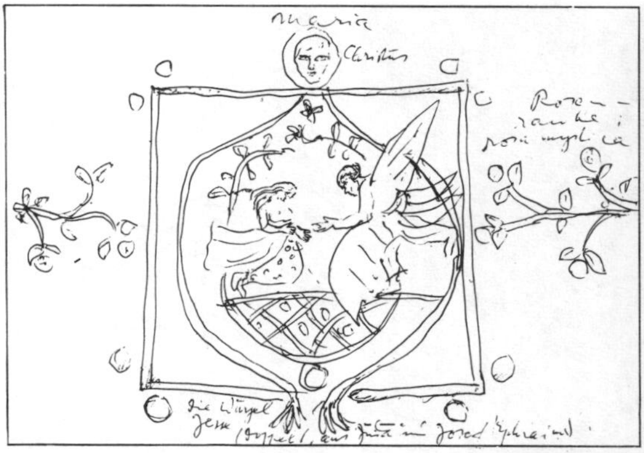

Freiburg i. Br., St. Josef, 1985, Entwurf Professor Emil Wachter, Karlsruhe, Ausführung Dorothée Wachter-Bode.

Karlsruhe-Waldstadt, St. Hedwig, Professor Emil Wachter, Karlsruhe, Ausführung Dorothée Wachter-Bode.

Oben: Hagnau/Bodensee, 1984, Peter Valentin Feuerstein, Neckarsteinach.

Links: Malsch-Sulzbach, Franziskusglocke. Glocke in Windschläg, 1967, Gudrun Schreiner, Baden-Baden.

Unten: Salem-Neufrach, 1980, Wolfram Seidel, Salem-Neufrach.

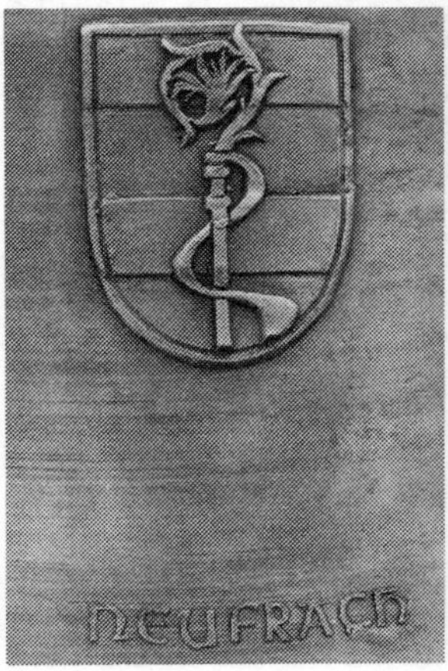

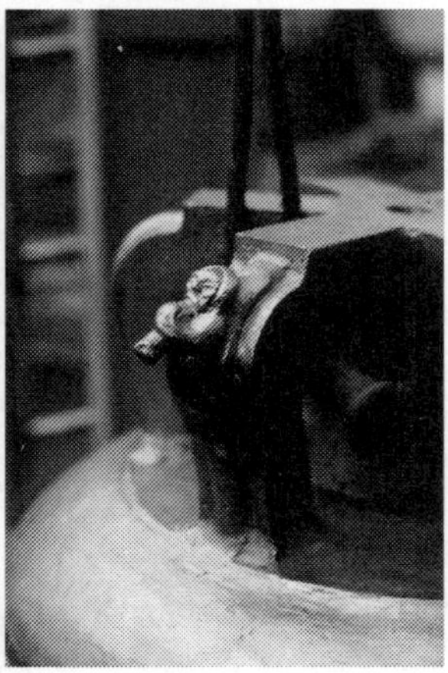

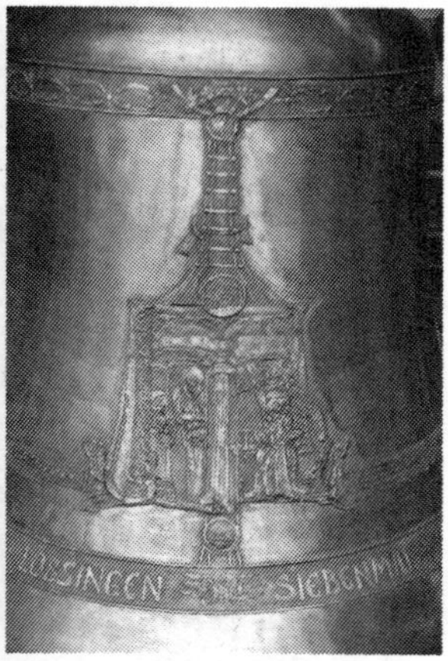

Oben: Schwarzach, Münster, 1985, Elen Kämper, Elchesheim.

Rechts: Eichstätt, Dom, Harry McLean, Heidelberg.

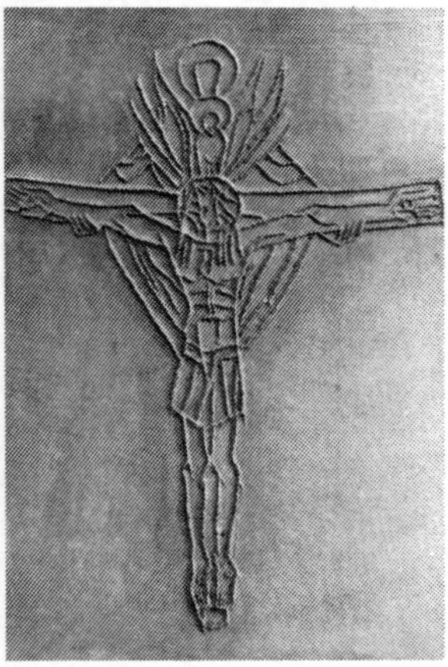

Unten: Villingen, Münster, 1985, Klaus Ringwald, Schonach.

Pilgerzeichen und figürlicher Schmuck auf mittelalterlichen Glocken

Von Kurt Köster

Die Glocke ist, ihrer praktischen Bestimmung nach, ein Musikinstrument. Aber mindestens die ältere Glocke ist zugleich Denkmal von sehr vielfältigem wissenschaftlichen Interesse. Nicht nur Akustik und Musikwissenschaft, auch Kunstgeschichte, Epigraphik, Liturgiewissenschaft, Patrozinienkunde und Kultgeographie, allgemeine und religiöse Volkskunde, historische Landeskunde, Lokalgeschichte und Genealogie (Glockengießer-Sippen) haben Anteil an der Glockenkunde und die Glockenkunde an ihnen.
Hier soll nur von einem – freilich bedeutsamen und in viele wissenschaftliche Nachbarbereiche ausstrahlenden – kunstgeschichtlichen Teilaspekt der Glockenforschung die Rede sein: von der mittelalterlichen Kleinplastik auf Glocken. Für diese benutzten die Glockengießer – zum Unterschied von Fadenreliefs und Ritzzeichnungen, die durchweg ihre eigenen Gestaltungen waren – fast ausschließlich bereits vorhandene, von anderen geschaffene Vorlagen. Hierfür boten sich an: Matrizen und Modelle für Goldschmiede- und Metallarbeiten (Kruzifixe, Heiligenfiguren), Formmodel unterschiedlichster Zweckbestimmung (zur Herstellung von Ton- und Papiermacher-Reliefs, von Tonfiguren, ja sogar von Gebäck). Die Thematik dieser Vorlagen war natürlich überwiegend religiös. Aber auch zu weltlichen Darstellungen griffen die Gießer, wenn diese nur eine dem mittelalterlichen Geist naheliegende religiöse Umdeutung zuließen. Als Beispiel sei genannt der Abguß eines sogenannten „Kuchelsteins“ (Gebäckmodels) mit einem nackten, vor einem Bett scherzenden Liebespaar auf einer Glocke Heinrichs von Overath d. J. für Mehren (Westerwald), hier gedeutet als die Vereinigung Christi, des „wahren Salomo“, mit seiner Braut, der Kirche.
Einen nicht unbeträchtlichen Teil des figürlichen Schmuckes auf Glocken des 14., 15. und frühen 16. Jahrhunderts machen Abgüsse von mittelalterlichen Pilgerzeichen aus. Sie bieten insofern ein einzigartiges Quellenmaterial dar, als originale Zeichen selbst bedeutender Wallfahrtsorte wegen ihrer Zerbrechlichkeit und ihres geringen materiellen Wertes sich nur selten erhalten haben. Pilgerzeichenforschung ist in umfassenderem Sinne ohne Glockenforschung nicht denkbar.
Pilgerzeichen sind spätestens seit dem 12. Jahrhundert bezeugt. Bis weit ins 15. Jahrhundert hinein sind es plakettenartige Flachgüsse, häufiger noch durchbrochene Reliefs (Gittergüsse) mit Darstellungen des oder der an einem bestimmten Gnadenorte verehrten Heiligen oder der dort bewahrten Heiligtümer. Vorzugsweise aus billigen Blei-Zinn-Legierungen in Modeln gegossen, waren die Massenartikel, von denen nach erhaltenen Rechnungen an den Höhepunkten der großen Wallfahrten (Aachen, Maria Einsiedeln, Rom, Wilsnack) oft Hunderttausende innerhalb weniger Wochen abgesetzt wurden. Charakterisch für diese Zeichen sind seitlich angebrachte Ösen, seltener rückwärtige Anstecknadeln, die der Befestigung an Hut oder Gewand der Pilger dienten. Neben schlichter Volkskunst und tüchtiger Handwerksarbeit finden sich unter diesen Massenartikeln künstlerisch hervorragende Gestaltungen; so hat Albrecht Altdorfer 1519 die Entwürfe zu den Pilgerzeichen der Wallfahrt zur Schönen Maria in Regensburg geliefert, Johannes

Gutenberg in seiner Straßburger Zeit – vor seiner großen Erfindung der Typographie – Spiegeldevotionalien für die Aachener Heiligtumsfahrt von 1440 gefertigt. Für den mittelalterlichen Glockengießer, der solche Zeichen seinen Arbeiten (außer Glocken auch bronzenen Taufbecken, Mörsern und ähnlichem) aufgoß, stand dabei der Wunsch nach Verzierung seiner Arbeiten mit religiösen Darstellungen keinesfalls an erster Stelle. Ausschlaggebend war der Glaube an die apotropäische Wirkung, der Wunsch nach Verstärkung der Unwetter und Dämonen bannenden Kräfte, die man von alters her dem Glockenklang zuschrieb. Das bezeugt nicht zuletzt die häufig zu findende, in die vier Himmelsrichtungen weisende (vierfache) Anbringung eines oder verschiedener Pilgerzeichen auf dem Glockenkörper.
Manche mittelalterliche Gießer schwelgten geradezu in der Aufbringung solcher Zeichen auf ihren Arbeiten; wir kennen Glocken mit 12, 14, ja 25 Pilgerzeichen-Abgüssen. Allerdings scheint es regionale Unterschiede hinsichtlich der Beliebtheit dieser Art von Glockenzier gegeben zu haben. Häufiger als in Süddeutschland begegnet man ihnen in den Rheinlanden, Hessen, Thüringen, Sachsen und Norddeutschland; ganz besonders hat man Pilgerzeichen als Glockenschmuck offensichtlich in den skandinavischen Ländern geschätzt.
Die Abbildungen bieten einige charakteristische Beispiele von Pilgerzeichen mittelalterlicher Wallfahrtsorte, wobei wir uns auf den deutschsprachigen Bereich beschränken. Diese Beispiele demonstrieren die vielfältige Bedeutung, welche diesen Abgüssen auf Glocken für die Forschung zukommt. Von später erloschenen und völlig in Vergessenheit geratenen mittelalterlichen Wallfahrtsstätten erfahren wir meist nur dadurch, daß sich ihre Devotionalien auf mittelalterlichen Glocken erhalten haben (Hadamar, Abbildung 1; Willershausen, Abbildung 2). Originale Pilgerzeichen werden bei Ausgrabungen vielfach verstümmelt oder nur in Bruchstücken gefunden. Diese können dann oft nur anhand vollständiger Abgüsse auf Glocken rekonstruiert und identifiziert werden (Maastricht, Abbildung 3). Die Zuweisung von Pilgerzeichen zu bestimmten Wallfahrtsorten ist manchmal nur dadurch möglich, daß gleiche Zeichen auf mehreren Glocken begegnen und erst die Kombination der auf den verschiedenen Abgüssen in jeweils anderen Partien lesbaren Inschrift den vollständigen Text liefert (Hadamar, Niedermünster, Abbildung 4). Vielfach dokumentieren erst die Glocken die Vielzahl an gleichzeitigen Formen, Typen und Größen der Wallfahrtsandenken bedeutender Gnadenorte (Aachen, Abbildung 5; Köln, Abbildung 6; Maria Einsiedeln, Abbildung 7). Schließlich spiegeln Glockenabgüsse die beträchtliche kultische Reichweite auch solcher Wallfahrtsorte, deren Bedeutung man aufgrund anderer Quellen eher unterschätzt hätte. So finden sich von der mittelalterlichen Neußer Quirinus-Wallfahrt (Abbildung 8) Pilgerzeichen auf nicht weniger als 90 Glocken in geographischer Streuung von Slowenien bis in den skandinavischen Norden. Auffallend zahlreich begegnen Pilgerzeichen des oberelsässischen Theobald-Kultortes Thann (Abbildung 9) in den Küstenbereichen Nord- und Nordwesteuropas mit seefahrender Bevölkerung, weil diese in St. Theobald (= Ubald von Gubbio) einen der großen Helfer in Seenot verehrte. Eine bedeutende Verbreitung hatten – nach Ausweis der Abgüsse auf über 100 mittelalterlichen Glocken – die charakteristischen Pilgerzeichen von der Heilig-Blut-Wallfahrt nach Wilsnack mit der Abbildung der drei dort verehrten „Bluthostien“ (Abbildung 10), die man auf den originalen „Zeichen“ ganz naturalistisch mit roten Farbtupfen zusätzlich markierte.

Bild 1: Hadamer

Bild 2: Willershausen

Bild 3: Maastrich

Bild 4: Niedermünster

Bild 5: Aachen

Bild 6: Köln

Bild 8: Neuß

Bild 9: Erbach/Rhg.

Bild 7: Einsiedeln

Bild 10: Wilsnack

Auch auf eine bisher ganz unbekannt beziehungsweise unbeachtet gebliebene Gruppe spätmittelalterlicher Wallfahrtssdevotionalien wurde ich zuerst durch Abgüsse auf mittelalterlichen Glocken aufmerksam, auf die „Spiegelzeichen“. Sie verdanken ihre Entstehung dem in der zweiten Hälfte des 14. Jahrhunderts einsetzenden, im 15. Jahrhundert immer stärker werdenden Zudrang von Pilgern zu den Wallfahrtsstätten. An vielen Orten erzwangen die Pilgermassen die Verlegung der Heiligtumsweisung aus dem Kircheninnern ins Freie. Da diese neue Praxis der Fernzeigung (von Türmen, Außengalerien oder besonderen Gerüsten aus) den Pilgern nicht mehr das unmittelbare „Anrühren“ der Heiligtümer erlaubte, sollten kleine, in die Zeichen eingefügte Spiegel – mit Vorliebe runde Konvexspiegelchen – die „Gnadenstrahlen“ der gezeigten Reliquien einfangen und bewahren: eine volksfromme Variante uralten Spiegelzaubers. Beispiele: Aachen (Abbildung 11), Köln (Abbildung 12), Saint-Nicolas-du Port, Larchant.
Gegen Ende des 15. Jahrhunderts beginnen Aussehen und formaler Aufbau der Pilgerzeichen sich zu wandeln. An Stelle der im 14. und 15. Jahrhundert meist von gotischem Stilempfinden geformten Gittergüssen treten kleinere plaketten-, münz- oder medaillenförmige Gestaltungen; teils Massivgüsse, teils brakteatenartig dünne Prägungen. Die anfänglich auch bei ihnen noch zu findenden seitlichen Ösen zur Befestigung an Hut oder Gewand werden nach und nach von nahe dem Rande eingeschlagenen kleinen Löchern abgelöst. Als Beispiele nennen wir die Plaketten und „Spiegelzeichen“ der 1501 ihren Anfang nehmenden Dürener St.-Anna-Wallfahrt (die bereits 1505 im Abguß auf einer Glocke des schwedischen Gießers Busse Jacobson für Västra-Gerum, Västergötland, auftauchen (Abbildung 13); ferner die Brakteaten von der Pilgerfahrt zu dem 1512 erstmals gezeigten Trierer „Heiligen Rock“ (Abbildung 14). (Schon im Mittelalter hatte es eine bedeutende Trierer Wallfahrt gegeben, die zum Grabe des heiligen Matthias (Abbildung 15), von der ebenfalls verschiedene Typen von Pilgerzeichen durch Glokkenabgüsse bekannt sind.)
Erst um die Mitte des 16. Jahrhunderts erlischt die alte Tradition der Aufbringung von Wallfahrtsdevotionalien auf Glocken. Ursache dafür ist zunächst der allgemeine Niedergang des Wallfahrtswesens infolge der Reformation, dann die – seit dem Konzil von Trient – gewandelte katholische Einstellung zur *peregrinatio*. Ein breiter Graben trennt nicht nur zeitlich, sondern auch dem Lebensgefühl und den Frömmigkeitsformen nach die mittelalterliche Pilgerreise von der nachreformatorischen, insbesondere der barocken Wallfahrt. Hand in Hand damit geht ein Gestaltwandel der Wallfahrts-Devotionalien. Die doppelseitig geprägten „Gnadenpfennige“, die vom Barock bis in unsere Tage das äußere Bild der Pilgerandenken bestimmen, eigneten sich schon wegen ihrer Kleinheit und Unscheinbarkeit nicht mehr zum Glockenschmuck. Dies um so weniger, als im Barock – ganz im Gegensatz zu der eher sparsamen Glockenzier des Mittelalters – großflächige figürliche und ornamentale Schmuckelemente von oft starkem Relief beliebt wurden, die häufig den gesamten Glockenkörper überwucherten.
Zur Wallfahrtsforschung, zu der die mittelalterlichen Glocken ein so einmaliges, noch längst nicht ausgeschöpftes Quellenmaterial darbieten, vermögen die Glokken späterer Jahrhunderte so kaum mehr etwas beizutragen.

Bild 11: Aachen

Bild 12: Köln

Bild 15: Trier

Bild 13: Västergötland

Bild 14: Trier

Mönch als Glockensachverständiger, der mit Hilfe einer Flöte die Glocken prüft. Nach einem Fresko in Mölln, um 1400.

KAPITEL 4

Die Glocke – als Musikinstrument

Glockenklang und Harmonie

Von Gerhard D. Wagner

Vom Glockenklang geht eine elementare und zugleich tiefpoetische Wirkung auf das menschliche Gemüt aus, die auf den klaren metallischen Ton beim Klöppelanschlag (Schlagton) und die vielen ihn begleitenden Klangkomponenten zurückzuführen ist. Der unbefangene Hörer analysiert den Klang nicht. Er nimmt ihn vielmehr in seiner Gesamtheit wahr. Für ihn überwiegt der Eindruck eines starken Tons, nicht der eines vielschichtigen Klangs. Fachleute wissen seit langem, daß die Glocke nicht nur einen Ton enthält, sondern daß ihr Klang aus mehreren Tönen, die in der Regel in bestimmten Intervallverhältnissen zueinander stehen, zusammengesetzt ist. Schon im 17. Jahrhundert verlangte der Glockengießer Hemony in Zutphen von einer guten Glocke, daß sie 3 Oktaven, 2 Quinten, eine große und eine kleine Terz enthalten müsse. Die Größen-, Form- und Tonverhältnisse sind im Glockenguß jahrhundertelang nur empirisch ermittelt worden. Die Erkenntnisse wurden von Generation zu Generation weitergegeben. Im 13. Jahrhundert hat die Glocke ihre endgültige Form und charakteristische Klanggestalt erhalten („gotische Rippe“), die sie von anderen in Erz gegossenen Anschlaginstrumenten unterscheidet. Eingeweihte sprechen seit langem von Aliquoten oder Teiltönen im Klangspektrum der Glocke. Dabei handelt es sich nicht um ganzzahlige Vielfache einer gemeinsamen Grundfrequenz, wie bei den Teiltönen einer schwingenden Saite oder Luftsäule, sondern um voneinander unabhängige Schwingungen in verschiedenen Bereichen des Glockenkörpers.

Der französische Komponist Camille Saint-Saëns (1835–1921) stellt in seinem 1885 veröffentlichten Aufsatz „Die Resonanz der Glocken“[1] eine Hypothese über das Wesen der Glockeninnenharmonie auf. Diese Hypothese ist längst widerlegt. Dennoch ist der Aufsatz noch heute interessant, weil Saint-Saëns schildert, was ihm schon als Kind am Glockenklang aufgefallen ist. Offensichtlich hat der Autor in späteren Jahren auch etwas von dem nicht sehr umfangreichen theoretischen Wissen der Glockenexperten seiner Zeit erfahren. Man wußte, daß die Glocke einen hervortretenden *Grundton* hat[2], daneben einen *Baßton*, der bei guten Glocken

eine Oktave tiefer ist als der Grundton, sowie *Terz, Quinte* und *Oberoktave.* Der *Schlagton* als eigenständiger Ton neben der Prime und sein Wesen als eine subjektive, physikalisch nicht meßbare Realität wurde erst in unserem Jahrhundert richtig erkannt und 1940 durch Schouten in seiner Residualtheorie gedeutet.
Der aufschlußreiche Glockenaufsatz von Camille Saint-Saëns sei zunächst im Wortlaut vorgestellt[3].

Die Resonanz der Glocken

Als Kind hatte ich ein sehr zuverlässiges Gehör; meine Umgebung vergnügte sich häufig damit, mich die Tonhöhe dieses oder jenes klingenden Gegenstandes, eines Leuchters, eines Glases oder eines Stahlmessers bestimmen zu lassen. Ich gab den Ton ohne Zaudern an. Wenn man mich aber nach dem Ton einer Glocke frug, antwortete ich immer: sie gibt nicht einen Ton, sie gibt einige. Worüber die meisten sehr erstaunt schienen.
Später hat mich diese mehrfache Resonanz der Glocken und der scheinbare Widerspruch mit den akustischen Gesetzen oft beschäftigt; ich suchte eine Erklärung dafür und glaube sie gefunden zu haben. Die Physik hat das Phänomen in ihrer Weise erklärt, durch eine Methode, die für gewisse Fälle richtig sein mag. Meine Methode will nur eine Hypothese sein; die Wissenschaft wird sie stützen oder widerlegen müssen.
Schon vor langer Zeit kam ich auf diese Idee, hatte ihr aber erst gar keine Bedeutung beigemessen, bis ich die Resultate der spektroskopischen Forschung kennenlernte. Da war ich verblüfft über gewisse Analogien zwischen diesen Resultaten und meiner Theorie und prüfte meine Idee noch einmal näher.
Man weiß, daß beim Spektroskop verschiedene Lichtquellen verschiedene Spektren geben; der Unterschied zeigt sich hauptsächlich in der hervorstechenden Helligkeit gewisser Farbenlinien im Gegensatz zu anderen, die sehr zurücktreten oder gar völlig verschwinden. Verschiedene Substanzen erzeugen im Gelb, im Grün, im Rot einen grellen Lichtstreifen, ganz von Dunkel umrahmt, wo beim Sonnenspektrum all die anderen Farben erscheinen. Die Experimente sind hinlänglich bekannt; ich brauche mich nicht dabei aufzuhalten.
Ich bin nun der Meinung, daß bei gewissen Klangerzeugungen eine analoge Beobachtung zu machen ist.
Jeder Ton hat, wie man weiß, eine Reihe harmonischer Obertöne. Meistenteils sind diese Obertöne mehr oder minder verdeckt durch den Grundton. Wäre nicht die Annahme zulässig, daß in gewissen Fällen ein oder mehrere Obertöne vorherrschen? Dies zugegeben, erklärt sich die scheinbar unregelmäßige Resonanz der Glocken von selbst.
Die Glockengießer sehen die Quart als eine schlechte Resonanz an, weil die Akustik ihrer Meinung nach die Resonanz der Quint verlangt. Ich habe aber mit meinen Musikerohren diese Quartresonanz stets sehr reizvoll gefunden und bemerkt, daß sie sehr häufig vorkommt, ohne auf etwas Anormales hinzudeuten.
Die ersten Obertöne eines Grundtones C sind:

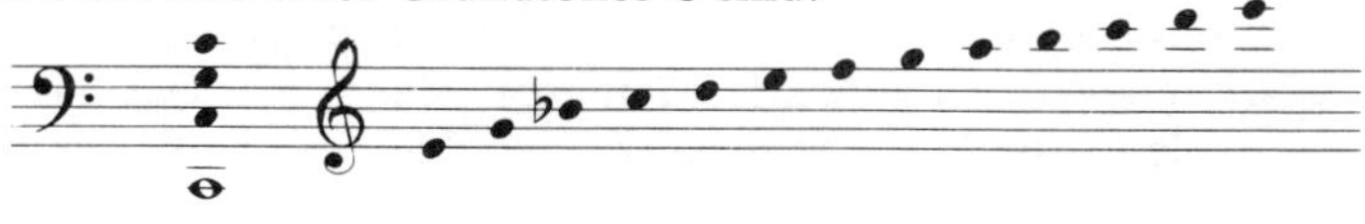

„Wenn eine Glocke, die scheinbar den Grundton G gibt,

oder dessen Oktave C

den Obersten C hören läßt

so beweist das, daß der wirkliche Grundton Kontra-C ist,

der nur über dem Vorherrschen der Obertöne nicht mehr wahrgenommen wird. Diese Theorie erscheint vielleicht weniger seltsam, wenn man bedenkt, daß die kurzen spitzen Blechinstrumente ihren Grundton nicht angeben können und nur ausschließliche Obertöne erzeugen.

Die Vesperglocken in den Hugenotten geben in der Pariser Oper ein gross-A, das sehr deutlich von der Septime begleitet ist; nur klingt die Septime, die ungefähr dieses G

sein sollte, eine Oktave tiefer.

Ich schloß daraus, daß der hörbare Hauptton der Glocke schon der Oktav-Oberton ist und seine Resonanz so anzugeben ist:

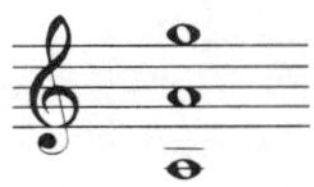

Ich kenne eine Glocke, die folgenden aus der Obertontheorie erklärlichen Accord gibt:

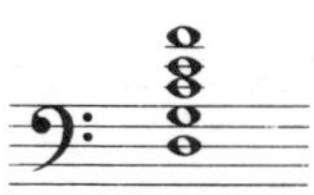

Alle Töne des Accords haben fast die gleiche Stärke. Der Accord kann nicht durch die Resonanz eines Grundtones D erklärt werden. Man erklärt ihn im Gegenteil durch einen infolge der abnormen Tiefe unmöglich wahrnehmbaren Grundton G

der die folgende Obertonreihe mit den oben erwähnten Accordnoten gibt:

Jetzt, wo ich diese Zeilen niederschreibe, höre ich eine Glocke, die die Sext angibt

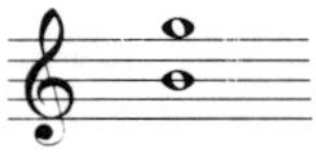

mit vorherrschendem H. Ich kann nur annehmen, daß es sich um eine Glocke in G

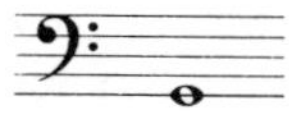

handelt, von deren Obertönen sich nur diese zwei bemerkbar machen.“

Saint-Saëns ist der einzige prominente Musiker des 19. Jahrhunderts, der, ohne Glockenspezialist zu sein und ohne sich irgendwelcher Hilfsmittel zu bedienen, bewußt bis zu 5 verschiedene Töne im Klang einer Glocke wahrgenommen hat und darüber berichtete. In seinem Aufsatz sind Untersext- und Unterseptglocken, die ihm als besondere Glockentypen nicht bekannt gewesen sein dürften, einschließlich Quartschlagton und überhöhter Quinte überraschend genau beschrieben. Nur hinsichtlich der Höhenlage seiner Tonangaben sind einige Vorbehalte berechtigt. Saint-Saëns ist dabei der unten beschriebenen Oktaventäuschung erlegen.
In seiner Instrumentationslehre behandelt Hector Berlioz (1803–1869) auch die Glocke. In der von Richard Strauß (1864–1949) ergänzten und revidierten Ausgabe (Leipzig 1904) ist an den Notenbeispielen (Seite 411 ff.) zu erkennen, daß sowohl Berlioz als auch Strauß *den Ton* der Glocke subjektiv in zu tiefer Lage hörten oder daß für sie die Unteroktave anstatt des Schlagtons oder der Prime *der Ton* der Glocke war. Richard Wagner verlangt in seiner Parsival-Partitur (vollendet 1882) 4 Glocken, die es in der notierten Lage

schlagtonmäßig überhaupt nicht gibt. Man wird wohl annehmen dürfen, daß Wagner der Klang von Kirchenglocken vorschwebte[4]. In Bayreuth behilft man sich zur Erzeugung der Glockentöne seit jeher mit abgestimmten Klangplatten.
Experten machen immer wieder die Erfahrung, daß musikalisch gebildete Hörer sich bei der Beurteilung von Glockentönen um mindestens 1 Oktave nach unten verschätzen, was auf die psychologische Wirkung der großen schwingenden Masse zurückzuführen sein dürfte. Saint-Saëns, R. Wagner, Berlioz und R. Strauß bilden also insofern keine Ausnahmen.
Saint-Saëns schreibt, daß er die *Quarte* (Quartschlagton, Nebenschlagton) bei

Glocken in ihrer musikalischen Wirkung nicht als unangenehm empfindet. – Man war im 19. Jahrhundert der Auffassung, daß große Glocken statt der Terz oder Quinte eine starke Quarte als *Oberton* hätten. Von manchen wurde sie für eine *schlechte Resonanz* gehalten.

Der Glockenklang war bis zu Anfang unseres Jahrhunderts auch für die Fachleute noch voller Geheimnisse. Wie andere Menschen beurteilten sie ihn weitgehend nach dem, was sie tatsächlich hörten (Irrtümer eingeschlossen!). Inzwischen ist die Glocke nach allen möglichen Kriterien erforscht und gewissermaßen entmythologisiert. Glockengießer, Wissenschaftler und Glockenexperten hören nur deshalb Einzelheiten aus dem Glockenklang heraus, weil sie theoretisch darüber Bescheid wissen. Für ein komplexes Hören sind sie verbildet. Oft hören sie sich erst die läutende Glocke an, nachdem sie bereits die Klanganalyse erstellt oder gelesen haben und dadurch vorfixiert sind. Nach 1900 setzte sich im Glockenwesen allmählich der Gebrauch von verstellbaren Glockenstimmgabeln allgemein durch. Früher beschränkte man sich bei der Glockenprüfung (Tonprüfung) meist auf die Untersuchung, ob der *Grundton* die geforderte Lage habe. Dazu stellte man sich mit einem Musikinstrument, zum Beispiel einer Violine, unter die Glocke und spielte laut den geforderten Ton. Wenn die Glocke diesen Ton (Prime) in leiser Resonanz rein zurückgab, beurteilte man die Glocke als gelungen. Nach Einführung der Glockenstimmgabeln prüfte man zusätzlich alle *Lauttöner* der Innenharmonie, später zunehmend auch Töne im *Mixturbereich*. Bei der Schlagtonangabe gab es anfänglich große Unsicherheiten. Die Abweichungen der Glockentöne von der Normaltonhöhe (gleichschwebend temperierte Normalstimmung), bezogen auf a'= 435 Hz, notierte man mehr oder weniger genau. Im Gutachten hieß es dann zum Beispiel *etwas über, unter* oder *nahe bei* einem bestimmten Ton. Die Abweichungen wurden mit der Zeit immer genauer angegeben, von $^1/_4$ und $^1/_8$ Ganzton oder Halbton bis hin zu *Halbtonsechzehnteln*. Wird bei der Tonprüfung ein elektronisches Meßgerät verwendet, gibt man die Tonhöhen in Hertz mit Bruchteilgenauigkeit an.

Nach dem Zweiten Weltkrieg wurden innerhalb weniger Jahre sehr viele Glocken zur Wieder- und Neubeschaffung von Kirchengeläuten gegossen. Bei der hohen Auftragslage der Gießereien waren Verfeinerung der technischen Methoden und wissenschaftliche Forschung in großem Umfang möglich. Das brachte die Glokkengießkunst nach vorherrschender Meinung auf ein bisher nie erreichtes hohes Niveau. Was die Güte des Materials, die genaue Lage des geforderten Schlagtons und die Reinheit der Teiltöne anbelangt, ist dieses Urteil sicher zutreffend. Aber es bleibt zu fragen, ob allein die genannten Kriterien, vor allem Reinheit in den Toleranzgrenzen der Limburger Richtlinien (*Richtlinien für die klangliche Beurteilung neuer Glocken,* 1951) gute und künstlerische wertvolle Glocken garantieren. Unser Wissen und unsere technischen Möglichkeiten führen zwangsläufig zu der Fehleinschätzung, künstlerische Qualität sei manipulierbar. Im Glockenwesen hat sich bereits eine Art Halbtonsechzehntel-Fetischismus eingeschlichen. Die Theorie ist vielfach zum Ballast für musikalisches Hören und Beurteilen geworden. Vor dieser Gefahr hat schon das Vorwort zu den Limburger Richtlinien gewarnt: „Die ästhetische Bewertung eines Kunstwerks nach irgendwelchen Regeln ist immer fragwürdig. Derartige Regeln laufen gewöhnlich auf eine Zerlegung hinaus, die nur das Vordergründige enthüllt und darüber den Zusammenhang und das eigentliche Leben des Werkes zerpflückt."

Wie die meisten modernen Glocken können auch viele historische Glocken vor den Limburger Richtlinien bestehen. Andererseits gibt es aber nur wenige neue Glocken, denen so tiefe Ausdruckskraft, beseelter Klang und unverwechselbare Individualität eigen ist, wie berühmten Glocken aus alter Zeit, zum Beispiel der „Gloriosa" des Erfurter Domes oder der „Osanna" des Freiburger Münsters.
Ein lohnendes Ziel für die Glockengießkunst der Zukunft könnte sein, nicht nur gute und reine, sondern darüber hinaus wieder ausdrucksstärkere Glocken zu schaffen, die mit ihrem Klang faszinieren und die das Innere des Menschen unmittelbar zu bewegen vermögen.

Anmerkungen

1 Enthalten in „Harmonie et mélodie".
2 Helmholtz schreibt über den Glockenklang 1863 u. a. „Der stärkste Ton ist nicht der tiefste".
3 Deutsche Übersetzung von W. Kleefeld, Berlin 1902.
4 Der Schlagton der tiefsten Kölner Domglocke ist ein c°!

Die gehörmäßige Beurteilung des Glockenklanges

Von Johannes Schlick

Zur Einleitung seien zwei Begebenheiten geschildert, die verdeutlichen, wie Glokken nicht bewertet werden sollten:

- Der Glockensachverständige einer größeren Diözese prüft in einer Gießerei eine Reihe von Glocken und benötigt für die Prüfung einer einzelnen Glocke fünf Minuten – für jede Glocke (nur) fünf Minuten. Er war in kürzester Zeit fertig. Der Glockengießer setzte die Gabeln auf und diktierte ihm dann die Werte. Der Glockensachverständige schrieb in sein Notizbuch, was ihm der Gießer sagte. Die Glocken waren auf den Kopf gestellt. Sie kamen weder durch Klöppelanschlag in Erregung noch irgendwie durch ein Läuten.
- Ein Glockensachverständiger, der schon sehr viele Glocken geprüft hatte, kam in einer besonderen Situation zur Prüfung von Glocken. Diese Glocken wurden geläutet (völlig normal im Turm). Sie hatten Fehler, Nebenschlagtöne; der Sachverständige hörte sie nicht. Auf diese Nebentöne aufmerksam gemacht, bestätigte er dann nach längerem Hinhören, „ja, ich höre sie jetzt", dann verlor er sie wieder aus dem Ohr, dann hörte er sie wieder. Das ging zwei Tage lang so. Dann war er glücklich und dankbar über das Neue, das er gelernt hatte. Es war merkwürdig, das zu erleben. Der Sachverständige war ein sehr guter Musiker, sehr begabt; aber anscheinend war er auf lang erfahrene Klangbilder von Glokken eingestellt, und diese neuen, noch ungehörten Fehler waren ihm fremd. Er hörte sie nicht. Mir war es unbegreiflich, wie man eklatante Fehler nicht hören konnte.

Will man die Architektur eines Gebäudes beurteilen, so schaut man zunächst nicht auf die Haustüre oder gar auf die Klinke der Haustüre oder auf den Schornstein, sondern auf das Ganze, auf das Gebäude als Einheit. Will man eine Geige in ihrem Wert erfassen, dann muß man sie erklingen lassen und auf ihren Klang hören.
Will der Glockensachverständige eine Glocke kennenlernen, dann muß er sie als

Klangkörper in ihrem Klang hören und begreifen. Er soll sich nicht gleich mit den Stimmgabeln auf die Glocke stürzen und sie analysieren, sondern sie erst in ihrem Klang auf sich wirken lassen, möglichst läutend, und wenn dies nicht möglich ist, dann durch Anschlag mit dem ihr zugehörigen Klöppel. Wir gehen als Musiker an die Glocken heran und nicht als bloße Techniker.

Die Gründe für die Prüfung der Glocken zunächst mit dem Ohr allein und ohne nähere Fixierung ihrer Tonhöhenwerte sind naheliegend: Es geht nicht darum zu sagen, das ist ein hohes Fis oder dies ist eine um $^{3}/_{16}$ gesenkte Prime, sondern es geht um das Klanglich-Musikalische überhaupt. Nur durch das Hören finden wir das Verhältnis zum Klang und Instrument überhaupt, hier die Glocke, nur durch das Hören erschließt sie sich uns, können wir sie ergreifen und begreifen. Nur durch das Hören erfahren wir die Glocke als Einheit ihres vielteiligen, lebendigen Klanges. Nur durch das Hören wird uns ihr individuelles, charakteristisches Klanggepräge bewußt. Dieses Gepräge können wir nur hören in der Geordnetheit oder auch Nichtgeordnetheit, in der Sonderheit ihres Gesamtklanges und ihrer Klangteile. Nur durch das Hören kann man die vielen Klangerscheinungen im einzelnen erfassen: gerade bei der Glocke sind die unwägbaren Eigenheiten, die Feinheiten des Klanges allein über das Messen der Einzeltöne nicht zu erkennen. Durch das Hören erfaßt man im Glockenklang zusätzlich eine Reihe von Faktoren. Man kann Schlüsse ziehen auf das Material, aus dem die Glocke gegossen ist (zumindest ungefähre Schlüsse), auf die Form, die Schwere ihrer Rippe, die Art auch ihres Vergusses, die Gußtemperatur, man kann Gasbildungen, Deformierungen usw. erahnen. Auf jeden Fall wird die Aufmerksamkeit geweckt: da ist etwas zu beachten! Durch das Hören wird das prüfende Ohr mehr und mehr geschult, es übt sich ein. Die Urteilskraft, das Unterscheidungsvermögen gewinnen an Sicherheit. Das Ohr muß unbedingt die Fähigkeit erringen, differenziert hören zu können. Erst das differenzierte Hören weist dem Glockenprüfer den Weg, bei der nachfolgenden Analyse die Stimmgabel richtig zu gebrauchen.

Hat der Sachverständige mit seinem Ohr die Glocke in ihrer Gesamtheit und in ihren Einzelheiten und damit in ihrem Wert, besonders auch in etwaigen Fehlern erfaßt, dann ist er vor Fehlurteilen gefeit, gefeit auch gegen den Gießer, der ihm nicht den Vorwurf machen kann, er habe nur mit seinen Gabeln Fehler in die Glocke hineininterpretiert.

Es besteht also die Grundforderung für die Arbeit des Glockensachverständigen: die Glocke zuerst hören, anhören, ihren Klang in einem ersten Eindruck bewerten, Auffälligkeiten konstatieren und erst dann das Gehörte mit den Gabeln überprüfen und ergründen, soweit überhaupt Gabeln dies leisten können und hierzu in Frage kommen; es ist ja nicht alles mit Gabeln nachzuweisen, das war im Vorausgehenden schon zu erkennen.

Aus diesen Gründen ist geboten, zunächst hörend an die Glocke heranzugehen. Nun aber die Frage nach dem WIE.

Einerlei, ob es sich um Molloktav-, Duroktav-, Sextglocken oder andere handelt, man geht mit Klang- und Idealvorstellungen an die Prüfung der Glocke heran und setzt so die Maßstäbe.

Es steht heute fest, daß der Schlagton der führende und beherrschende Ton im Glockenklang ist. Wie denken wir uns ihn, wie wollen wir ihn hören, wie soll sein Klang beschaffen sein?

- Der Schlagton soll das Merkmal der Klarheit besitzen, der Klarheit, wie sie im metallischen Glanz, in Frische und Geistigkeit, in gesunder männlicher Kraft zum Ausdruck kommt. (Das sind Ausdrücke und Umschreibungen, die zur Charakterisierung gewöhnlich benutzt werden.)
- Neben der metallischen, glanzvollen Klarheit muß der Schlagton das Merkmal der Gelöstheit aufweisen. Er muß gelöst, elastisch, locker klingen. Der Klangeindruck darf also nicht schwerfällig, dumpf sein, plump, unfrei, nicht starr und hart. Schlechte, verunreinigte, zinnarme Bronze, niedrige Gußtemperatur sind die Ursachen von mangelhafter Gelöstheit, mangelhafter Klangentfaltung und Resonanz.
- Die metallische Erregung des Schlagtones ist an sich kurzlebig; je nach Größe der Glocken ist er eine Sekunde bis wenige Sekunden hörbar. Bei dieser Kurzlebigkeit muß der Schlagton doch so klang-intensiv und dauerhaft sein, daß er von einem Klöppelschlag bis zum nächsten „durchzieht".

Diese drei Momente, die metallische Klarheit des Schlagtones, seine Gelöstheit und relative Dauer hängen kausal und unmittelbar ab von dem gesamten Komplex der Nebentöne, der Teil- oder Summtöne.
Stehen die Nebentöne zueinander in dem geordneten Bezug der betreffenden Rippe, dann wird der Glockenklang unter der Führung des Schlagtones in guter Qualität erscheinen.
Die Molloktavglocke wird als die alte, durch viele Jahrhunderte überkommene Normalglocke angesehen. Glocken mit anderer Innenharmonie, wie die Durterzglocke, die Untermollsextglocke sind in gewissen Dispositionen denkbar und zu vertreten. Bei der Oktavglocke spielen die drei „Lauttöner" – Unteroktave, Prime und Terz – die ausschlagende Rolle. Der Unteroktave kommt die Rolle des Klangfundaments zu. Sie setzt den Schlagton in die große Position, stützt ihn und den gesamten Glockenklang im Sinne des Unterbaues, sie trägt den ganzen Klangkörper. Bei der Unteroktave kommt die gute Klangentfaltung, die gute Resonanz der Glocke am deutlichsten zur Geltung. Nach der oben gezeigten Klangvorstellung vom Schlagton ist eine klanglich groß ausladende, blühende, voluminöse Unteroktave die zweite, wichtige Forderung für eine gute Glocke. Es ist beim Anhören der Glocke darauf zu achten, ob die Unteroktave infolge von kleiner Amplitude nur schwach und matt hörbar wird, ob sie dumpf, dunkel, ob sie unfrei wirkt, oder ob sie locker, gelöst kommt wie in einem Gewoge, daß sie also gute Klangentfaltung hat, in mächtigen Wogen und Rundungen an unser Ohr dringt.
Es ist merkwürdig und oft festzustellen, daß sich der ungeübte Hörer von dem plumpen Gepolter einer unzureichenden Glocke gefangennehmen läßt. Der unkritische Mensch läßt sich, wie in anderen Dingen auch, von außen her anrühren, von der Wucht, von der Macht, von der Derbheit geradezu, läßt sich beeindrucken, statt sich von dem musikalisch-singenden, gelösten Glockenton fesseln zu lassen. Gerade beim größten Lauttöner, der Unteroktave, kann man einer Pfarrgemeinde demonstrieren (und muß ihr das auch sagen!), ob der Ton ein plump äußerlicher oder ein gelöst-beseelter ist. Auch die Kirchengemeinde sollte zum Hören erzogen werden. Gute Glocken und eine gute Orgel können dem gottesdienstlichen, religiösen Leben einer Gemeinde den Stempel des Geistigen, des Edelsinnes, der Zucht, der Freude, der Beglücktheit aufprägen. Die Gläubigen empfinden die

Ausschnitt aus „Die Musizierenden 24 Alten des Otto von Passau“, Erfurt, 1448. Landesbibliothek Coburg.

Bildteppich, Brüssel, um 1720.

Qualität ihrer Klanginstrumente vielleicht nicht bewußt, aber sie geht in sie über als kostbar bildendes Fluidum.
Von der Tonhöhe her gesehen ist ein *Unterton* im Intervall der großen Septime zum Schlagton sehr ungünstig. Die große Unterseptime, wie sie bei Glocken in der Barockzeit und der letzten 150 Jahre vielfach anzutreffen ist, verschiebt und raubt dem Schlagton das Fundament, die Klarheit. Die kleine Septime und die Untermollsexte sind eher erträglich. Von Sonderfällen abgesehen ist die sauber sitzende Unteroktave als Normalforderung zu betrachten. Man kann sagen: Die Glocke ist, was ihre Unteroktave ist.
Die Prime, die als Summton mit dem Schlagton gleichstehen und ihn in die ihm naheste Klanghülle kleiden soll, ist als zweiter Lauttöner entsprechend bedeutungsvoll. Die Kunst der heutigen Gießer erreicht weithin gutsitzende Primen, auch Primen mit hinreichendem Klangvolumen. Bei Glocken aus vergangenen Zeiten kann man vielfach Primen hören mit recht bescheidener, schwach klingender Amplitude. Sehr viele Primen sitzen unpräzise: hier kann man hören, weil solche Primen den Schlagton im Stich lassen, wie der Schlagton klanglich mager wird, wie ihm das Klangfleisch der Prime fehlt, wie er schlecht aufkommt gegen eine widerstreitende Prime, dazu oft bei unsauberer Unteroktave. Bekannt ist, daß eine über dem Schlagton liegende Prime, schon von $+{}^{3}/_{16}$ oder ${}^{4}/_{16}$ ab, den Schlagton irritieren, die Glocke in eine Unruhe bringen und insbesondere ihren Klang verhärten kann. Die hohen Primen geraten in eine Spannung zur naheliegenden Terz, in eine Spannung, die bis zum dauernden, wirren Zittern und Heulen ausartet.
Liegt eine starke Prime etwa einen halben Ton unter dem Schlagton, können sich ebenfalls klangliche Reibungen und Unruhe bemerkbar machen. Bei Zugüssen von neuen Glocken zu einer vorhandenen Glocke mit tiefliegender, starker Prime, ist diese Prime bei der Melodie-Disposition zu berücksichtigen.
Die Mollterz als der dritte Lauttöner ist in der Regel der unkomplizierteste Teilton. Sie klingt in der relativen mittleren Lage deutlich und gut. Mit ihrem meist flötigen Klang wirkt sie aufhellend und leuchtend. Eine tief geratene Mollterz wirkt drükkend im Glockenklang. Eine Anregung von Pfarrer Fehn, bei neuen Glocken die Mollterz um etwa ${}^{2}/_{16}$ nach oben hin erweitert zu disponieren, hat zu guten, hellen Klangergebnissen geführt.
Die Quinte über dem Schlagton ist meist ein recht lebendig-leuchtender Teilton, wohl schwächer im Klang, aber doch von großer Bedeutung. Bei größeren Glocken und bei einigermaßen guter Resonanz ist sie gut hörbar. Sie leuchtet auf und bringt – als herrliches Intervall an sich – Fülle, Licht und Glanz in den Glockenklang. Eine gesenkte Quinte, gar eine verminderte Quinte wirkt hingegen drückend und verdüsternd, verweichlichend. Bei Unterseptimglocken ist die Quinte häufig zur Sexte, bei Untersextglocken zur Septime erhöht.
Schließlich verbleibt uns noch die Beachtung des Mixturbereiches über der Oberoktave der Glocke: die Teilhöhe der Dezime, die eine Durdezime sein soll, der Undezime und der Duodezime. Sie sind für den Obertonreichtum der Glocke genauso wichtig wie die Mixturen und Aliquoten für den Klang der Orgel.
Ist die Dezime mehr Moll- als Durdezime, so entbehrt der Glockenklang doch einer Art 2'-Register. Bei Glocken von mittlerer bis tiefer Tonhöhe ist die Duodezime (also die hohe Quintstimme) oft gut hörbar. Sie steht bei fast allen Glocken in einem recht präzisen Verhältnis zum Schlagton. – Die Undezime, die hohe Quart-

stimme, nimmt eine Sonderstellung ein, insofern, als sie bei der Molloktavglocke fast immer als Nebenschlagton, als Schlagtonquarte zu hören ist. Ausnahmen finden sich bei kleinen Glocken, bei denen die Undezime nicht mehr hörbar ist. Bei manchen Glockenrippen, besonders bei schweren Rippen, kann die Undezime mehr oder weniger verborgen bleiben; bei leichten Rippen in tieferen Tonlagen tritt die Undezime oft so penetrant in Erscheinung, daß der eigentliche Schlagton übertönt wird. Gar manche solcher aufdringlichen Schlagtonquarten gellen von unseren Türmen – auch bei bedeutenden Geläuten! Während man noch in der jüngsten Vergangenheit – etwa bei Griesbacher – die Schlagtonquarte teils verwarf, teils als Mangel ertrug, muß man sie meines Erachtens heute als den durch lange Jahrhunderte hindurch entwickelten, normalen, der Molloktavglocke zugehörenden Nebenschlagton gelten lassen. Hie und da kann sie – wie schon gesagt – weniger auffällig sein, doch ist sie fast immer deutlich im Klang, besonders bei voller Erregung der Glocke. Es ist möglich, daß sie beim Handanschlag mit dem Klöppel nicht so deutlich hörbar wird wie bei voller Erregung der läutenden Glocke. Hier heißt es achtgeben und hören!
Bei zwei und mehr Glocken sind diese Nebenschlagtöne als Quartenparallelen zu hören. Fehlerhaft wird die Schlagtonquarte erst dann, wenn sie sich in den Gesamtklang der Glocke nicht organisch einfügt, wenn sie zu stark klingt, grell, pfeifend, oft geradezu peitschend, wenn sie unrein klingt (das heißt, wenn sie nicht exakt zum Schlagton steht), ferner besonders aber, wenn sie kurzlebig erklingt, also das dynamische Decrescendo zu stark ist. Die Schlagtonhöhe wirkt dann unruhig und fällt so sehr aus dem gesamten Glockenklang heraus, daß sie zum Störenfried wird, den man nicht ertragen kann.
Wenn sie als übermäßige Quarte einen permanenten Tritonus in den ganzen Glokkenklang bringt (siehe Plankstetten und fast alle alten Gußstahl-Sextglocken), ist sie völlig abzulehnen. Die reine Schlagtonquarte ist eine helle, klanglich strahlende Bereicherung und eine kraftvolle Stütze für den Schlagton wie auch für den gesamten Glockenklang. Ohne sie würde der Glocke ein Glanz aus der Höhe fehlen.
Mitunter sind in alten und neuen Glocken auch andere Nebenschlagtöne zu hören, zum Beispiel Schlagtonsekunden: sie sind auch bei relativ verhaltenem Klang schlecht, sie bleiben Störenfriede und Verunreiniger des Hauptschlagtones und des Gesamtklanges. Schlagtonterzen kommen vor, können, wenn sie sich gut einfügen, durchaus tragbar und gültig sein. Dann sind meist Schlagtonquarten nicht mehr zu hören.
Mit diesen Überlegungen dürfte es in der Praxis möglich sein, der Beurteilung einer Glocke durch unser Ohr gerecht zu werden.
Die letzte Aussage der Glocke und unsere endgültige Beurteilung ihres Klanges ist nur bei ihrem Läuten in voller Erregung im Turm möglich, in dem ihr eigenen Schwingungsrhythmus (sie muß also richtig läuten und schwingen), bei einem einwandfrei dimensionierten Klöppel und bei einer einwandfreien Gestaltung der Glockenstube.
Wenn es erstes und oberstes Gebot für die Beurteilung und Prüfung der Glocke ist, sie zuerst anzuhören, zu hören und immer wieder zu hören, dann soll dieses Hören auch für die Arbeit mit den Gabeln gefordert sein. Mit einem kleinen metallischen oder Hartgummihämmerchen kann man dem Glockenmantel in leichtem Anschlag alle Töne entlocken, die in der Glocke liegen und die zu bestimmen sind.

Auch hier heißt es: Immer zuerst hören und dann auf diesen mit dem Ohr gefundenen Ton die Stimmgabeln einstellen und nicht sich irgendwie auf bloßes Probieren verlassen.
Durch dieses Hören bewältigt man die Analyse sicher, umfassend und schnell!

Die Schlagton-Errechnung nach Schouten

Von Gerhard D. Wagner

Der Schlagton, der kräftigste Ton der Glocke, ist im Gegensatz zu den Tönen der Innenharmonie der Glocke kein durch Resonanz nachweisbarer Ton. Viele Akustiker sind heute der Ansicht, der Schlagton sei keine physikalische Realität, sondern – da nur subjektiv wahrnehmbar – eine musikalische Realität.
Damit wäre der Schlagton seinem Wesen nach den Kombinationstönen gleichgestellt. Aus dem Bereich der Kombinationstöne sind speziell die Differenztöne für den Orgelbau von Belang. Auch im Glockenklang können unter bestimmten Voraussetzungen Differenztöne gehört werden.

- Differenztöne sind folgendermaßen zu erklären: Bei gleichzeitigem Klingen von zwei Tönen aus einer Teiltonreihe bietet sich dem Ohr neben dem Intervall dieser beiden Töne noch ein dritter Ton dar, dessen Frequenz der Differenz der Frequenzen der beiden erzeugten Töne entspricht. Das also ist ein Ton, der mit den beiden Tönen zusammen einer gemeinsamen Teiltonreihe angehört. Man hat herausgefunden, daß das menschliche Ohr für bestimmte Frequenzbereiche und unter ganz bestimmten Voraussetzungen kombinationsfreudig ist. Es kommt vor, daß der Kombinationston (Sekundärton) stärker erscheint als die beiden Primärtöne.

Ein Kombinationston ist zu hören, solange die Primärtöne klingen. Der Glockenschlagton dagegen ist kurz, aber so kräftig, daß er objektiv vorhandene Teiltöne überdecken kann. Er leuchtet nur für einen Augenblick auf, gefühlsmäßig möchte ich urteilen: bei mittelgroßen Glocken durchschnittlich eine Sekunde. Was die Stärke und Dauer des Schlagtons anbelangt, so haben wir es mit einem besonderen, ungewöhnlichen Differenzton zu tun.
Nach verschiedenen Spekulationen kamen Akustiker vor rund 40 Jahren zu der Auffassung, daß der Schlagton der Klangeindruck mehrerer hoher Teiltöne sei. Schouten prägte in einem Aufsatz im Jahre 1940 einen neuen Begriff: das Residuum. Er bezeichnet damit den subjektiven Eindruck eines scharfen Tones, der durch die gemeinsame Wahrnehmung von mehreren ganzzahligen Harmonischen im Ohr in der Höhe der Grundschwingung dieser Harmonischen entsteht. Nach Schoutens Theorie ist der Schlagton durchaus ein Differenzton, der allerdings durch die Differenzen mehrerer, meist hoher Teiltöne zu erklären ist. Bei Vorhandensein verschiedener Gruppen von ganzzahligen Vielfachen von Grundschwingungen nimmt das Ohr mehrere „Residualtöne" wahr. Diese Residualtöne bezeichnet man mit Ausnahme des Hauptschlagtons als Nebenschlagtöne.
Schlagtonquarten – auch Schlagton-Sekunden, -Terzen etc. – werden gehört, wenn zu deren Tonhöhe ganzzahlige Vielfache in reiner beziehungsweise ziemlich reiner Ausprägung vorhanden sind.

Für die Praxis der Schlagtonberechnung gibt es theoretisch zwei Wege:

- Zunächst wird eine Tonanalyse der Glocke mit Hilfe der Glockenstimmgabeln vorgenommen, wobei auch die Höhe des Schlagtons und eventuell vorhandener Nebenschlagtöne schon einmal gehörmäßig ermittelt wird. Anschließend kann man rechnerisch die Bestätigung dafür suchen, ob man die Schlagtöne bereits richtig gehört hat.
- Oder man beschreitet den umgekehrten Weg: Man ermittelt zunächst nur die Töne der Innenharmonie durch Stimmgabelresonanz und beginnt dann zu rechnen, wo der Schlagton liegen müßte, um erst zuletzt gehörmäßig durch Stimmgabelvergleich die Richtigkeit der Berechnung zu überprüfen.

Aber der zweite der beiden beschriebenen Wege muß vorläufig noch ausscheiden. Die Forschung muß noch viele offene Fragen beantworten. Vieles, was bisher nur vermutet werden kann, muß geklärt werden. Dann müssen Formeln für die Berechnung entwickelt werden. Dies sei festgestellt, damit man sich nicht in Sicherheit wähnt, bereits ein hieb- und stichfestes Rezept für die Schlagtonermittlung beziehungsweise -berechnung zu besitzen.

Wenn man den Schlagton gehörmäßig schon in seiner Lage genau festgestellt hat, kann man anschließend durch eine „Schlagtonberechnung nach Schouten" ein Residuum dafür finden und so den „Beweis" für die Richtigkeit der Schlagtonmessung und der Schoutenschen Theorie liefern. Umgekehrt ist es bisher nicht möglich, den Schlagton aus den Summtönen (Masse-Tönen) der Innenharmonie einer Glocke genau zu errechnen.

Zu den Einschränkungen zur Schlagtonberechnung nach Schouten, die ich hier treffen muß, möchte ich die wesentlichsten Gründe kurz anführen:

- Unsere Methode der Klanganalyse ist zu ungenau. Um die Teiltöne der Glocke in ihrer Höhenlage genau zu ermitteln, sind die Glockenstimmgabeln nicht ausreichend. Man benötigt ein elektronisches Meßgerät. Nur mit seiner Hilfe kann man die Frequenzen genau messen.
- Die Klanganalyse muß bis in die höchste Lage hinein vorgenommen werden, bis zu Frequenzen, die außerhalb unseres Stimmgabelbereiches liegen.
- Länge und Stärke der einzelnen Klangkomponenten müssen ermittelt werden.
- Über die Kombinatorik und viele andere physiologische Dinge ist bisher viel zuwenig bekannt. Bei der Schlagtonberechnung blieben bislang wichtige physiologische Gegebenheiten außer acht.

Aus Stärke, Länge und gehörmäßig ermittelter Tonhöhe des Schlagtons könnte zum Beispiel erforscht werden, welche Frequenzbereiche (Teiltöne) sich stärker oder schwächer für die Schlagtonbildung auswirken. Wichtige Erkenntnisse hierzu hat man bereits, aber sie sind meines Erachtens noch nicht ausreichend.

Auch *welche* Meßdaten *wie* in die Schlagtonberechnung einzubeziehen sind, muß erst noch schlüssig beantwortet werden.

Die bisherige Berechnungsmethode bringt nur annähernd richtige Ergebnisse. Sie ist nicht mehr als ein großzügiges „Kochrezept". Bei Auswahl bestimmter Teiltöne und bei bestimmter Lage derselben (das heißt Abweichung von der Reinheit) sowie überhaupt bei neuen Glocken kommt man zu guten Ergebnissen. Deshalb kann man jedoch nicht verallgemeinernd sagen, die Methode sei genau oder für alle Glocken anwendbar.

Man kann, weil der Schlagton kräftig ist, vermuten, daß das Ohr verschiedene der sich durch den Glockenschlag ergebenden Differenztöne, die nicht weit auseinanderliegen, als Eindruck eines Tones registriert. Für die kurze Dauer des Schlagtons kann man verschiedene Erklärungen finden, solange dafür wissenschaftlich genaue Erkenntnisse noch fehlen. Es könnte sein, daß das rasche Verklingen der hohen Glocken-Teiltöne der Grund für die Kürze des Schlagtons ist. Es könnte aber auch sein, daß die Interferenzen im Residualbereich zum raschen Verlöschen des Schlagtons führen.

Ich gebe nun einige Beispiele für die Schlagtonberechnung nach Schouten, so, wie sie bis jetzt vorgenommen wird und wofür uns Muster von Leib, Rolli und Schaeben vorliegen. Bei der Berechnung der einzelnen Differenztöne ist zu berücksichtigen, daß bei Abweichung einzelner Klangkomponenten von der reinen Stimmung um mehr als 4 HT/16 = 25 Cent kein Differenzton mehr gehört wird. Das heißt nicht, daß alle Töne des Residuums untereinander in reinem oder relativ reinem Verhältnis stehen müssen. Aber man wird stets Gruppen von mindestens je zwei Teiltönen finden müssen, die sozusagen auf einer Linie liegen.

1. Beispiel

Glocke aus dem 12. Jahrhundert (Tonanalyse von J. Schaeben). In diesem und allen folgenden Beispielen sind die Hertz-Zahlen der Frequenztabelle des Bochumer Vereins entnommen.

Schlagton	f'−1 HT/16	344 Hz	
Oberoktave	f''−3	683,1	2. Teilton
Duodezime	c'''−5	1016,1	3. Teilton
Doppeloktave	f'''+2	1391,1	4. Teilton
Summe aus 2.–4. Teilton		3090,3 :	9 = 343,36 Hz
			(zwischen f'−1 und f'−2)

Die eingesetzten Frequenzen laut Tabelle konnten mit Stimmgabeln nicht so genau ermittelt werden. Die wirklichen und die angenommenen Werte weichen also gering voneinander ab.

2. Beispiel

as°-Glocke der Christuskirche in Mannheim, gegossen von der Karlsruher Glokkengießerei 1956.

Tonanalyse von Dr. W. Leib.

Schlagton as°	+ 1	206 Hz	
Oberoktav as'	+ 2	413,6	Residuum 2879,2 : 14 = 205,6 Hz = as° + 1
Duodezime es''	± 0	615,2	(n. Frequenztabelle as° + 1 = 206 Hz)
Doppeloktav as''	+ 8	845,2	
Terz d.'' c'''	− 8	1005,2	

Würde man entsprechend dem 1. Beispiel nur Oberoktave, Duodezime und Doppeloktave zur Schlagtonberechnung heranziehen, so bekäme man ein anderes Ergebnis:

413,6	2. Teilton
615,2	3. Teilton
845,2	4. Teilton
1874,0 :	9 = 208,22 Hz = as° + 4 (Tabelle: 208,3)

3. Beispiel
e'-Glocke der Katholischen Stadtpfarrkirche in Lohr am Main, gegossen von Martin Moller, Frankfurt am Main 1485
(siehe Referat von Dr. W. Leib beim Deutschen Glockentag in Nürnberg 1956)
Anmerkung: Offensichtliche Schreibfehler wurden verbessert.

Ton		Frequenz	Teiltonreihe des Hauptschlagtons (Vielfache)	Teiltonreihe der Schlagtonquarte
Hauptschlagton				
e' – 4	=	321,2		
Schlagtonquarte				
a' – 6	=	425,7		
e'' – 4	=	642,4	2	
h'' – 2	=	969,5	3	
e''' – 8	=	1266,4	4	3
gis''' – 8	=	1595,6	5	
a''' – 6	=	1702,7		4
h''' – 8	=	1897,5	6	
cis'''' – 1	=	2184,3		5
d'''' – 6	=	2272,8	7	
e'''' – 7	=	2542	8	6
fis'''' – 2	=	2905,3	9	
gis'''' – 7	=	3202,7	10	
a'''' – 8	=	3381		8
ais'''' + 2	=	3713,7	11	
h'''' – 8	=	3963	12	

Berechnung des Hauptschlagtons
Residuum aus 2.–12. Teilton
24970,9 : 77 = 324,28 = e' – 1 (Tabelle: 324,7 Hz)
Residuum aus 2., 3. und 4. Teilton
2878,3 : 9 = 319,81 = e' – 5 (Tabelle: 320,1 Hz)
Residuum aus 2.–8. Teilton
11186,2 : 35 = 319,6 Hz = noch e' – 5

Errechnung des Quartschlagtons in herkömmlicher Weise nach Schouten (die Schlagtonquarte wurde als a' – 6 gehört)

Duodezime	e''' – 8	1266,4 Hz		3
Doppelokt.	a''' – 6	1702,7		4
Terz d.D.o.	cis''' – 1	2184,3		5
Quint d.D.o.	e'''' – 7	2542,0		6
		7695,4	:	18 = 427,52 Hz = a'– 5 (Tab.: 427,2)

Die Beispiele zeigen, wie problematisch bisher die Versuche sind, für die Schoutensche These den rechnerischen Beweis zu erbringen. Es müssen noch viel mehr physikalische und physiologische Gesetzmäßigkeiten berücksichtigt werden.
Ich bin überzeugt, daß Schoutens Theorie stimmt. Man sollte sie aber noch deutlicher formulieren. In keiner Glocke kommen alle Töne einer Teiltonreihe absolut rein vor. Benachbarte Teiltöne in einer Teiltonreihe, die nicht über 25 Cent von der Reinheit abweichen, bilden im Ohr je einen Differenzton. Es werden auch durch andere Teiltonkonstellationen Differenztöne gebildet, die jedoch in diesem Zusammenhang nicht relevant sind. Der Schlagton wird gebildet durch mehrere Differenztöne (s. Beispiel 3), die jeweils bis zu wenigen HT/16 auseinanderliegen.
Schoutens These würde ich wie folgt präzisieren: „Der Schlagton ist der subjektive Eindruck eines scharfen Tons, der durch gemeinsame Wahrnehmung von Gruppen mehrerer ganzzahliger Harmonischer (einschließlich Toleranz bis ± 25 Cent Abweichung von der Reinheit) im Ohr innerhalb des Bereichs der verschiedenen Grundschwingungen dieser Harmonischen entsteht."

Das Klangwunder des neuen Münstergeläutes zu Straßburg

Von Jakob Schaeben

In ihren Gutachten vom Juli 1978 über das neue Geläute des Straßburger Münsters hatten die Glockensachverständigen Abbé Ringue und Baudirektor Rolli auf einen besonders glückhaften und nur selten anzutreffenden akustischen Effekt aufmerksam gemacht: Daß nämlich der Grundton des Vollgeläutes, das tiefe as°, bereits beim Zusammenspiel nur der neuen Glocken, deren größte auf b° klingt, sehr deutlich als Klangfundament hörbar wird, noch bevor die große alte as°-Glokke vom Jahre 1427 ihre Stimme der Symphonie hinzugesellt. Sie erklären diesen Klangeindruck als Differenzton aus dem Zusammenklingen der Oberoktaven
es" + 6 = 629 Hz (Glocke IV)
und
as" + 6 = 839 Hz (Glocke VI)
mit as° + 6 = 210 Hz,
der zusätzlich durch die sehr voluminöse Unteroktave as° + 8 der Glocke VI noch verstärkt wird.
Die Erkenntnis aber, daß ein aus nur zwei beziehungsweise drei Einzeltönen hervorgerufener Differenzton niemals mit so großartiger Fülle hörbar werden kann, wie es beim Anhören des Straßburger Geläutes festzustellen ist, zwingt zu einer näheren Untersuchung des Phänomens. Eine Aufrechnung nach Schoutens Theorie wird zeigen, daß aus dem Klangspektrum der neuen Glocken zahlreiche weitere Teiltöne als annähernd harmonische Vielfache der Frequenzen eines tiefen as-Klanges an dessen Zustandekommen beteiligt sind, mit anderen Worten, daß es sich hier nicht nur um einen Differenzton, sondern viel mehr um eine Residualtonbildung beträchtlichen Ausmaßes handelt.
Der Aufrechnung liegen folgende, von Abbé Ringue ermittelte und zusätzlich auf Schwingungszahlen nach Hertz umgesetzte Tonwerte zugrunde:

Glocke	I Bourdon		
Gießer	Hans Gremp		
Gußjahr	1427		
U-oktave	As-8	=	99,7
Schlagton	as° + 6	=	209,7
Prime	as° + 13	=	215,17
Terz	ces’ + 6	=	245,97
Quinte	es’ + 9	=	317,85
O-oktave	as’ + 6	=	419,45
Dezime	c” + 8	=	532,6
Undezime	des”+ 5	=	558,2
Duodezieme	es“+ 5	=	626,65
D-oktave	as” +13	=	860,7

Glocke	II		
Gießer	Glockengießerei Heidelberg		
Gußjahr	1977		
U-oktave	B + 4	=	116,9
Schlagton	b° + 4	=	233,8
Prime	b° + 4	=	233,8
Terz	des’ + 6	=	280,1
Quinte	f’ + 5	=	351,7
O-oktave	b’ + 4	=	467,6
Dezime	d” + 10	=	602,3
Undezime	es” – 2	=	610,9
Duodezime	f” + 2	=	695,6
D-oktave	b” + 10	=	955,9

Glocke	III		
Gießer	Glockengießerei Heidelberg		
Gußjahr	1975		
U-oktave	des° + 5	=	139,6
Schlagton	des’ + 6	=	280,1
Prime	des’ + 6	=	280,1
Terz	fes’ + 8	=	335,6
Quinte	as’ + 6	=	419,4
O-oktave	des” + 6	=	560,2
Dezime	f” + 10	=	716,2
Undezime	ges” + 9	=	756,1
Duodezime	as” + 4	=	832,6
D-oktave	des”’+13	=	1132,5

Glocke	IV		
Gießer	Glockengießerei Heidelberg		
Gußjahr	1977		
U-oktave	es° + 6	=	157,4
Schlagton	es' + 6	=	314,5
Prime	es' + 6	=	314,5
Terz	ges' + 8	=	376,7
Quinte	b' + 6	=	471,0
O-oktave	es'' + 6	=	628,9
Dezime	g'' + 10	=	803,2
Undezime	as'' – 3	=	812,1
Duodezime	b'' + 4	=	935,2
D-oktave	es''' + 9	=	1271,4

Glocke	V		
Gießer	Glockengießerei Heidelberg		
Gußjahr	1977		
U-oktave	f° + 6	=	176,5
Schlagton	f' + 6	=	353
Prime	f' + 6	=	353
Terz	as' + 8	=	422,6
Quinte	c'' + 5	=	526,7
O-oktave	f'' + 6	=	705,9
Dezime	a'' + 5	=	886,1
Undezime	b'' – 7	=	899,0
Duodezime	c''' + 4	=	1049,6
D-oktave	f''' + 11	=	1437,6

Glocke	VI		
Gießer	Glockengießerei Heidelberg		
Gußjahr	1977		
U-oktave	as° + 8	=	211,3
Schlagton	as' + 8	=	422,6
Prime	as' + 8	=	422,6
Terz	ces'' + 10	=	506,4
Quinte	es'' + 8	=	633,4
O-oktave	as'' + 8	=	845,2
Dezime	c''' + 3	=	1045,8
Undezime	des''' – 3	=	1084,3
Duodezime	es''' + 5	=	1253,3
D-oktave	as''' + 9	=	1696,6

Glocke	VII		
Gießer	Glockengießerei Heidelberg		
Gußjahr	1977		
U-oktave	b= + 6	=	235,5
Schlagton	b' + 7	=	472,8
Prime	b' + 7	=	472,8
Terz	des" + 9	=	566,2
Quinte	f" + 6	=	705,9
O-oktave	b" + 7	=	946,2
Dezime	d"' 0	=	1161,2
Undezime	es"' – 5	=	1208,9
Duodezime	f"' + 5	=	1406,7
D-oktave	b"' + 8	=	1898,0

Glocke	VIII		
Gießer	Glockengießerei Heidelberg		
Gußjahr	1977		
U-oktave	c' + 6	=	264,4
Schlagton	c" + 6	=	528,7
Prime	c" + 6	=	528,7
Terz	es" + 8	=	633,4
Quinte	g" + 6	=	791,9
O-oktave	c"' + 6	=	1057,4
Dezime	e"' 0	=	1303,6
Undezime	f"' – 5	=	1356,8
Duodezime	g"' + 4	=	1572,4
D-oktave	c"" + 9	=	2138,0

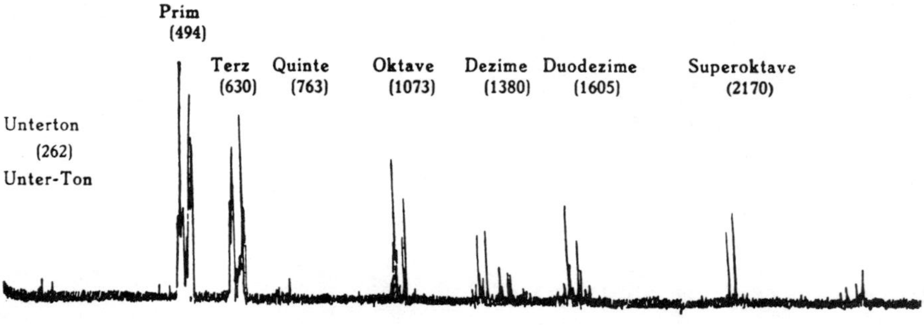

Klangdiagramm einer Glocke.

Demnach tragen aus den neuen Glocken II bis VIII bei zur Bildung
1. eines Residualtones as° + 7 = 210,62 Hz

III	Quinte	as' + 6	=	419,4 Hz	(2 x)
	Duodezime	as" + 4	=	832,6	(4 x)
IV	O-oktave	es" + 6	=	628,9	(3 x)
	D-oktave	es"' + 9	=	1271,4	(6 x)
V	Terz	as' + 8	=	422,6	(2 x)
	Duodezime	c"' + 4	=	1049,6	(5 x)
VI	Schlagton	as' + 8	=	422,6	(2 x)
	Prime	as" + 8	=	422,6	(2 x)
	Quinte	es" + 8	=	633,4	(3 x)
	O-oktave	as" + 8	=	845,2	(4 x)
	Dezime	c"' + 3	=	1045,8	(5 x)
	Duodezime	es"'' + 5	=	1253,3	(6 x)
	D-oktave	as"' + 9	=	1696,6	(8 x)
VII	D-oktave	b"' + 8	=	1898,0	(9 x)
VIII	Terz	es"' + 8	=	633,4	(3 x)
	O-oktave	c"' + 6	=	1057,4	(5 x)
				14532,8 :	69
			=	210,62 Hz =	as° + 7

2. eines Residualtones As + 7 = 105,26 Hz

III	Quinte	as' + 6	=	419,4 Hz	(4 x)
	Duodezime	as"' + 4	=	832,6	(8 x)
IV	Prime	es' + 6	=	314,5	(3 x)
	O-oktave	es" + 6	=	628,9	(6 x)
	D-oktave	es"' + 9	=	1271,4	(12 x)
V	Terz	as' + 8	=	422,6	(4 x)
	Quinte	c" + 5	=	526,7	(5 x)
	Duodezime	c"' + 4	=	1049,6	(10 x)
VI	Prime	as' + 8	=	422,6	(4 x)
	Quinte	es" + 8	=	633,4	(6 x)
	O-oktave	as" + 8	=	845,2	(8 x)
	Dezime	c"' + 3	=	1045,8	(10 x)
	Duodezime	es"' + 5	=	1253,3	(12 x)
	D-oktave	as"' + 9	=	1696,6	(16 x)
	U-oktave	as° + 8	=	211,3	(2 x)
VII	O-oktave	b" + 7	=	946,2	(9 x)
	D-oktave	b"' + 8	=	1898,0	(18 x)
VIII	Prime	c" + 6	=	528,7	(5 x)
	Terz	es" + 8	=	633,4	(6 x)
	O-oktave	c"' + 6	=	1057,4	(10 x)
	Duodezime	g"' + 4	=	1572,4	(15 x)
				18210,0 :	173
				= 105,26 Hz = As + 7	

3. des vollständigen Klanges einer as° + 7 = Glocke

U-oktave	As + 7	=	Residuum 2.
Schlagton	as° + 7	=	Residuum 1.
Prime	as° + 7	=	Residuum 1.
und	as° + 8	=	U-oktave VI
Durterz	c' + 6	=	U-oktave VIII
Quinte	es' + 6	=	Prime IV
O-oktave	as' + 8	=	Prime VI und Terz V
Dezime	c" + 6	=	Prime VIII
und	c" + 5	=	Quinte V
Undezime	des" + 6	=	O-oktave III
und	des" + 9	=	Terz VII
Duodezime	es" + 6	=	O-oktave IV
und	es + 8	=	Quinte VI und Terz VIII
Tredezime	f" + 6	=	O-oktave V und Quinte VII
Quatt-dezime	g" + 6	=	Quinte VIII
D-oktave	as" + 8	=	O-oktave VI
und	as" + 4	=	Duodezime III
2'-Sekunde	b" + 7	=	O-oktave VII
Terz	c"' + 6	=	O-oktave VIII
und	c"' + 4	=	Duodezime V
Quarte	des"' + 13	=	D-oktave III

Als Ergebnis dieser Aufrechnung ist festzuhalten: Nur, weil so viele Komponenten, darunter zahlreiche laut und lang singende Prinzipaltöne aus dem Gesamtspektrum der neuen Glocken zu seiner Bildung beitragen, kann der eingangs erwähnte akustische Effekt mit so außergewöhnlicher Deutlichkeit zustande kommen. Als physikalische und damit auch musikalische Realität entfaltet sich nicht nur ein Differenzton as° + 7, sondern darüber hinaus der vollständige und erstaunlich reine Klang einer as° + 7 = Glocke, bevor noch die faktisch vorhandene große alte as° + 6 = Glocke ihre Stimme erhebt. Da zudem das errechnete Residuum dank eines selten glücklichen Zufalles fast genau mit der Schlagtonhöhe der alten as°-Glocke zusammenfällt, verdichtet der Grundklang des Vollgeläutes sich in beiden zu einem unerhörten Volumen: Die Pracht der Gesamtsymphonie fundiert also praktisch auf zwei vollständigen as°-Klängen, obwohl nur eine große as°-Glocke vorhanden ist. Ein solches Ergebnis konnte sich nur dank der überaus exakten Konstruktion der neuen Glocken einstellen.

Geläute-Disposition und Geläute-Ergänzung

Von Volker Müller

Geläute-Disposition bedeutet mehr als nur das Festlegen von Schlagtönen, Rippen und Gewichten für ein neues Geläute oder für eine Geläute-Ergänzung. Als Disposition im weiteren Sinne sind alle technischen, finanziellen, musikalischen und liturgischen Fragen einer Geläuteplanung zu sehen. Hinzu kommt als praktische Arbeit, neben der gedanklichen, die schriftliche, persönliche und lokalterminliche Beratung der Pfarrer und Gemeindevorstände.

Neubeschaffung eines Geläutes

Vorplanungen:

Der beratende Experte beachte folgende Dinge:
Die Größe eines neuen Geläutes bezüglich Glockenzahl und Tontiefe richtet sich nach

- den finanziellen Möglichkeiten der Gemeinde,
- der Größe des Turmes und der Glockenstube,
- der Größe und räumlichen Ausdehnung der Gemeinde,
- den statischen und dynamischen Gegebenheiten des Turmes, was im Zweifelsfalle stets vor aller Planung und Bestellung vom Dynamiker und Architekten zu ermitteln ist.

Die Eigenfrequenz des Turmes kann nur ein in Glockenfragen erfahrener Schwingungsdynamiker mittels Spezialinstrumenten feststellen.
Bevor diese Voraussetzungen nicht geklärt sind, lege man sich mit keiner Lieferfirma fest und fordere allenfalls unverbindliche Angebote zur Orientierung ein.
Turmneubau-Pläne soll der Experte einsehen und zur Frage der Akustik und Klangabstrahlung Stellung nehmen.
Zu hohe, schlanke Türme bringen oft dynamische Probleme, zu niedrige dagegen akustische sowohl für die dann unzureichende Fernwirkung als auch die zu starke Nahwirkung der Glocken.
Der Experte lasse sich zu einer Sitzung des Kirchenvorstandes einladen, nehme Unterlagen und Tabellen mit, um Fragen zu klären und eventuell auch mittels Bandaufnahmen die akustischen Möglichkeiten der in Aussicht genommenen Geläutemotive vorzuführen, denn der Laie hat im allgemeinen vom Klang eines geplanten Motives keine Vorstellung.
Der Experte fahre nicht mit Mitarbeitern von Firmen in Gemeinden, bevor der Auftrag vergeben ist und lasse sich von Firmen auch keine Details der Disposition vorschreiben, sondern lege diese selbst im Gespräch mit der Gemeinde fest.
In technisch oder schwingungsdynamisch schwierigen Fällen, auch bei Reparaturen oder Ergänzungen, ziehe der Sachverständige einen in diesen Fragen erfahrenen Fachkollegen als Zweitgutachter zu Rate.
Zur Klärung juristischer Probleme, sei es zur Frage der Beschaffung oder des Läuterechts, wende sich der Sachverständige an die Rechtsberater seiner Kirchenbehörde oder den Beratungsausschuß für das Deutsche Glockenwesen.

Disposition des Motivs:

Zuerst sollte der Sachverständige längere Zeit gründlich nachdenken, zahlreiche Möglichkeiten durchspielen, ehe er sich entscheidet und Dispositionsvorschläge macht.

Es gibt für Geläute von zwei bis sieben Glocken etwa 120 Geläutemotive! Daher vermeide man unter allen Umständen die schon fast alltäglich gewordenen Motive und vermehre sie nicht noch weiter. So erklingen schon ca. 50 % aller Dreigeläute nach dem Te-Deum-Motiv oder bei vier Glocken nach dem ausgefüllten Molldreiklang (c' – es' – f' – g'), der als Einzelfall sicher sehr schön sein kann, aber weit über ein Drittel aller Viergeläute ausmacht; ähnliches gilt vom Salve-Regina-Motiv c' – e' – g' – a' oder dem sogenannten Idealquartett c' – es' – f' – as'.

Man scheue sich nicht vor ausgefallenen Tonfolgen, um die motivische Eintönigkeit der „Glockenlandschaft" etwas aufzulockern. So denke man bei Zweigeläuten nicht nur an die große Sekunde, die große oder kleine Terz, sondern disponiere auch den Halbton, die kleine Sexte (c' – as') oder sogar einmal die Oktave.

Es gibt schließlich viele Denkmalgeläute, die ebenfalls in ungewöhnlichen Intervallfolgen erklingen und uns musikalisch doch reizvoll und interessant erscheinen. Dissonante Motive, sogenannte „moderne" Dispositionen, müssen zu einem Bauwerk, in die Landschaft oder auch zur Gemeinde passen und erwünscht sein. Man zwinge einer Gemeinde nicht gegen ihren Willen und Geschmack ein atonales Geläute auf.

Es gibt Motiv-Grundstrukturen wie rein-harmonische, rein-melodische, harmonisch-melodisch-kombinierte Motive sowie die Kombination aus Glocken der Normaltonlage + Cymbelglocken.

Welchen Motiv-Typ man wählt, ist, wie immer in der Musik, eine Frage des persönlichen und zeitlichen Geschmacks, über den sich nicht streiten oder endlos diskutieren läßt.

Früher einmal vorhandene Geläutemotive können bei einer Wiederbeschaffung berücksichtigt werden, wenn die Gemeinde sehr an diesem alten Klangbild hängt und dieses auch jetzt musikalisch und liturgisch vertretbar erscheint. Hatte die Gemeinde zum Beispiel vor dem Weltkrieg ein tontiefes, harmonisches Geläute, würde heute weder ein Cymbelgeläute noch ein atonales Motiv „ankommen", allenfalls eine der früheren Disposition ähnliche Klangstruktur.

Der Umfang der Disposition richte sich auch nach den liturgischen Erfordernissen der Gemeinde; so disponiere man beispielsweise nicht stereotyp Dreigeläute in allen Dorfkirchen. Mit der Glockenzahl steigert sich die Vielfalt der klanglichen Ausdrucksmöglichkeiten in Form von Teilgeläuten unterschiedlichsten Charakters. Wo ein reichhaltiges, gottesdienstliches Leben sich entfaltet, ist auch eine größere Zahl von Glocken durchaus angebracht und liturgisch sinnvoll.

Man verwende je nach musikalischer Auffassung und den Möglichkeiten des vorgesehenen Motives gelegentlich auch andere Glockentypen als die Molloktavglokke, zum Beispiel Duroktavglocken, Untermollsextglocken, Dursextglocken, Septimenglocken und so weiter. Man begründe und überlege dies aber besonders gut und sei vorsichtig mit Experimenten.

Man bevorzuge schwere Rippen, die gegenüber leichten Rippen eine größere Klangfülle und Reichweite bei meist weniger Schärfe und Obertönigkeit haben.

Zumindest ab vier Glocken disponiere man nach der Rippenprogression, damit sich die in relativ stärkeren Rippen gegossenen kleineren Glocken gut im Plenum behaupten und von den tontieferen nicht erdrückt werden. Allerdings gibt es auch hier eine Obergrenze, wenn durch die Progression nicht das Gegenteil, also das dynamische Überwiegen der tonhellen Glocken, eintreten soll.
Die Einhaltung der disponierten Glockentypen und Glockenrippen muß mit dem Gießer vertraglich exakt vereinbart werden. Erfüllbare und im Rahmen der Limburger Richtlinien liegende Wünsche zur Innenharmonie und Schlagtonlinie wie zum Beispiel naturreine Stimmung, Dehnung von Oktavintervallen und so weiter, sollen klar in der Bestellung formuliert sein. Man bleibe hier aber stets maßvoll!
Grundsätzlich plane man nie von vornherein eine Jochkröpfung ein, weil sie stets – auch wenn sie technisch noch so gut ausgeführt ist! – schwere Einbußen der Resonanz und Klangentfaltung mit sich bringt. Ein tonhöheres und leichteres Geläute ist in einem solchen Fall immer die musikalisch wie technisch bessere Lösung.
Immer klanglich problematisch ist die Verteilung der Glocken eines Gesamtgeläutes auf mehrere Türme oder Turm und Dachreiter. Wenn es trotzdem technisch unumgänglich ist, verteile man nach Teilmotiven, so daß jeder Turm ein komplett wirkendes und somit für sich allein zu läutendes Motiv erhält.
Für Turmlaternen bietet sich die Dispositionsweise mit Cymbelgeläuten an.
Aufgrund negativer Erfahrungen vermeide man bei einem Großgeläute eine Disposition, die im Plenum nicht oder nicht gut zusammen läutbar ist und keine musikalisch-harmonisch geschlossene Gesamtwirkung ergibt. Es gibt inzwischen mehrere Beispiele, wo man solche „Registriergeläute" entgegen den Empfehlungen und der Läuteordnung des Sachverständigen doch zusammenläutet und diese nicht beabsichtigten Geläuteplena dann eine atonale bis chaotische Wirkung haben.
Man plane grundsätzlich mit Rücksicht auf im Hörbereich liegende Nachbargeläute und disponiere – wenn nicht atonale Altbestände vorhanden sind – so, daß ein gutes Gesamtplenum entsteht.
Ermittelt der Schwingungsdynamiker eine Eigenfrequenz des Turmes, die in Resonanz mit einer oder mehrerer Glocken des geplanten Geläutes liegt, so ist von vornherein die beste Lösung eine Umdisposition, welche den Gefahrenbereich ausspart. Durch die Konstruktion überschwerer Holzjoche oder „Einlassen" der Glocke in das Joch kann die Pendelfrequenz ohne Beeinträchtigung der Klangqualität in vielen Fällen so verändert werden, daß der kritische Bereich nicht mehr tangiert wird.
Die Jochkröpfung ist auch für diesen Fall keine Lösung und kompromißlos abzulehnen. Gegenpendelanlagen sind zu aufwendig und auf die Dauer störanfällig.

Dispositionen mit Cymbel-Glocken:

Gemeint sind die seit 1959 verwirklichten „gemischten Dispositionen" aus Glokken der Normal- oder Prinzipaltonlage und sehr kleinen Glocken in extrem hoher Tonlage, daher in Anlehnung an den Orgelbau Cymbelglocken genannt. Dabei wird nicht eine ganze Tonreihe durchgehend disponiert, wie etwa im Freiburger Münster von g° bis d'' ', sondern es bleibt zwischen beiden Glockengruppen ein größerer Intervallabstand. Es muß jedoch ein dynamischer Ausgleich zwischen beiden Gruppen angestrebt werden.

Die wesentlichen Gründe zu dieser neuen Dispositionsweise liegen unter anderem

- im musikalischen Reiz der Mischung tiefer Tonbereiche mit extrem hohen,
- in der Frage des Raumbedarfs und der statischen Tragfähigkeit von kleinen Türmen, Dachreitern oder Glockenträgern,
- im Problem der Schwingungsdynamik, das heißt der Resonanzerscheinung zwischen Glocken-Pendelfrequenz und Turm-Eigenfrequenz.

Die ersten Experimente mit gemischten Dispositionen machte der vom Orgelbau inspirierte Sachverständige KMD Hoppe aus Verden mit dem Geläute von St. Cosmae in Stade 1959: Zum Hauptgeläute h° – cis' – dis' – e' – fis' disponierte er das Cymbelgeläute gis"– ais" – h" – dis"' – fis"'.
1961 kam eine ähnliche Disposition mit kleineren Glocken nach Groß-Fredenbeck: a' – h' + cis"' – d"' – fis"' und 1964 entstand das Geläute für die evangelische Kirche Bendestorf: a' – h' + cis"' – e"' – fis"' – gis"'.
Solche Geläute haben eine durchaus „moderne" Klanggestalt, indem dunkle und tonhellere Bereiche sinnvoll vermischt werden – eine musikalische Auffassung, die als Folge der Orgelbewegung längst im Orgelbau selbstverständlich geworden ist.
Bei den ersten drei Geläuten zeigte sich übrigens, daß die angewandte Rippenprogression nicht voll genügte, um den kleinen Glocken genügend Durchsetzungsvermögen zu geben; bei späteren Dispositionen wurde die Progression daher erheblich verstärkt.
Wo nur kleine Dachreiter vorhanden sind oder Geläute in wenig tragfähigen Dach- oder Speicherräumen untergebracht werden sollen, bietet sich die gemischte Dispositionsweise an, um vielleicht eine Glocke in Normaltonlage zu erhalten und dazu zwei bis vier Cymbelglocken zu disponieren.
Wenn neben dem großen Turm ein Dachreiter oder eine Turmlaterne vorhanden ist, so kann man auch dorthinein ein Cymbelgeläute disponieren, so geschehen 1964 in St. Pankratius in Schwetzingen: Hauptgeläute h° – cis' – e' – fis' – gis' + Cymbelgeläute in der auf dem Hauptturm sitzenden offenen Turmlaterne fis" – gis" – h" – cis"'.
In letzter Zeit wurde häufig festgestellt, daß Glockentürme beim Läuten einzelner oder aller Glocken eines Geläutes mehr oder weniger stark schwanken. Nach den bisherigen Erfahrungen sind besonders häufig betroffen: sehr leicht und schlank gebaute neugotische Türme, Bauten aus Beton oder in Verbundbauweise sowie Dachreiterkonstruktionen. Hat eine a'-Glocke – um ein Zahlenbeispiel zu nennen – 60 Anschläge pro Minute, also eine Pendelfrequenz von 30 und ihr Turm eine Eigenfrequenz von 90 Schwingungen pro Minute, so erfolgt eine „Aufschaukelung", das heißt die betreffende Glocke muß schneller oder langsamer läuten und – wenn dies nicht möglich ist – entfernt werden.
Wird die Aufschaukelung eines Turmes erst nach der endgültigen Installation eines Geläutes festgestellt, so kann in vielen Fällen durch Änderung der Läutehöhe oder der Jochgewichte die Pendelbewegung der Glocke beschleunigt oder verlangsamt werden, bis sie aus dem kritischen Resonanzbereich heraus ist. Wo jedoch Korrekturen nicht möglich sind, muß das Geläute umdisponiert werden.
Wird die Turmeigenfrequenz jedoch vor Planung des Geläutes bereits festgestellt, was bei Neubauten die Regel sein sollte, so kann ein Geläute unter Aussparung der Glocken disponiert werden, welche eine Aufschaukelung verursachen würden. Aufgrund solcher Voruntersuchungen wurde beim neuen Geläute der katholi-

St. Lorenz, Nürnberg, läutender Engel aus dem Englischen Gruß von Veith Stoss.

Jan Matejko, 1874, „Aufhängung der Sigismund-Glocke im Jahre 1521“.

schen Pfarrkirche Maria Königin in Gersthofen bei Augsburg der Tonbereich zwischen g' und cis" ausgespart und d' – e' – fis' + d" – fis" – a" – h" disponiert. Ähnlich lagen die Verhältnisse bei dem im Zweiten Weltkrieg schwer beschädigten, 1969–1971 restaurierten neugotischen Lutherkirchturm in Ludwigshafen. Bedingt durch die Bodendurchlässe, durfte die größte Glocke höchstens ein es' mit Ø 1270 mm werden, der Tonbereich zwischen g' und d" mußte wegen der Gefahr der Aufschaukelung ausgespart und zusätzlich auf Nachbargeläute Rücksicht genommen werden. Das frühere Motiv es' – g' – b' – c" durfte somit nicht wiederhergestellt werden. Pfarrer Fehn und ich disponierten daher es' – ges' + as" (156 kg) – b" – c"' – es"' (52 kg) – ges' und as" wurden in Durrippe gegossen; wie die Gewichte für as" und es"' zeigen, ist die Rippenprogression erheblich. Nach der endgültigen Intonation war der Klangeindruck erstaunlich; die sechs Glocken ergaben ein völlig einheitliches, strahlend-festliches Geläute, bei dem der Hörer fast vergißt, daß es zwei Glockengruppen aus unterschiedlichen Tonlagen sind, die hier kombiniert wurden.

Speziell für diese kombinierte Dispositionsweise beachte der beratende Experte:
- Er strebe möglichst die naturreine Stimmung aller Schlag- und Harmonietöne an und achte darauf, daß Überlagerungen und Querverbindungen innerhalb der Gesamtdisposition möglichst keine Reibungen und Dissonanzen erzeugen – soweit diese freilich nicht absichtlich aufgrund einer modernen Disposition geplant und erwünscht sind.
- Eine starke Rippenprogression ist unerläßlich, damit die Cymbelglocken nicht zu dünn, zu obertönig und in der Gewichtsrelation zu den großen Glocken zu leicht werden, sonst verbinden sie sich nicht organisch mit den tontieferen Prinzipalglocken.
- Man verwende für die Cymbelglocken möglichst überschwere Holzjoche, um einen ruhigeren Läuterhythmus zu erreichen. Besondere Sorgfalt bei der Intonation ist an der „Übergangsstelle" zwischen Prinzipal- und Cymbelgruppe nötig.
- Alle Glockengruppen sollen um der musikalischen und akustischen Einheit willen möglichst in einer Stube untergebracht sein. Als Ausnahme bieten sich allenfalls Turmlaternen an wie im Falle Schwetzingen.
- Zur Obertondämpfung der Cymbelglocken sind Klöppel mit starken, ellipsoiden Kugeln und sehr kurzen Schwungzapfen dringend zu empfehlen.
- Die Möglichkeiten an Tonfolgen sind hier genauso vielfältig wie bei normalen, zusammenhängenden Motiven und bezüglich der Melodik, Harmonik und des musikalischen Ausdrucks und Gepräges ebenso Geschmackssache, über die sich nicht streiten läßt. Konkrete Ratschläge für Tonfolgen können und sollen hier nicht gegeben werden, weil diese stets subjektiv bleiben würden.
- Die Kostenfrage kann weitgehend unberücksichtigt bleiben, da aufgrund der bei dieser Glockengröße höheren Gießerlöhnen, dem vermehrten Aufwand für Armaturen und Läutemaschinen, diese Dispositionsweise in kaum einem Falle billiger werden dürfte als weniger glockenreiche Normaldispositionen, eher umgekehrt.
- Da gerade bei dieser Dispositionsweise nicht alle theoretisch möglichen Teilgeläute musikalisch befriedigen, muß der Experte eine besonders gut durchdachte Läuteordnung ausarbeiten und darauf achten, daß diese auch praktiziert wird.

Angebotsprüfung und finanzielle Beratung:

Man studiere sorgfältig die diesbezüglichen Richtlinien und Erlasse der Kirchenbehörde zu den Beschaffungs- und Genehmigungsverfahren und berate die Gemeinden auch bei der Frage der Finanzierung.
Nach Abschluß der Vorplanungen fordere man von 2 bis 3 Glockengießereien schriftliche Angebote an, ohne daß zunächst ein Besuch vor Ort stattfindet oder aufwendige Konstruktionszeichnungen verlangt werden.
Der Gießer braucht alle Daten über Tonverhältnisse, Rippen, Gewichte, Durchmesser, gewünschte Inschriften und Bildzier, Wünsche für Armaturen und Läutemaschinen, Schaltuhren sowie Größe der Glockenstube und Tragfähigkeit des Turmes, um ein exaktes und vergleichbares Angebot abgeben zu können.
Der Sachverständige prüfe und vergleiche sorgfältig alle Angebote und gebe eine objektive Stellungnahme ab. Beim Preisvergleich achte er darauf, ob die angegebenen Glockengewichte auch gleich angenommen sind, das Angebot die Mehrwertsteuer enthält oder nicht und wie die Montagebedingungen lauten (zum Beispiel Gestellung von Hilfskräften).
Aber nicht er, sondern die Gemeinde soll dann aufgrund der Angebote und der Stellungnahme des Experten entscheiden, wem der Auftrag erteilt wird. Der Sachverständige verhalte sich so, daß ihm nicht Befangenheit oder Einseitigkeit unterstellt werden kann.
Mit der Bearbeitung von Angeboten über elektrische Läutewerke, Schaltuhren und gegebenenfalls Turmuhren verfahre man in gleicher Weise.
Erst nach der Auftragserteilung treffe sich der Experte mit den Fachfirmen und beraume einen Lokaltermin an, um technische Details zu besprechen. Erst dann sollen auch Konstruktionspläne und -zeichnungen verlangt und angefertigt werden.
Man berücksichtige bei der Finanzplanung darüber hinaus Nebenarbeiten der örtlichen Firmen für Bausicherung, Stromanlagen, Treppen, Geländer, Mauer- und Bodendurchlässe und so weiter. Auch hierfür müssen die Angebote erst vorliegen, ehe man das kirchenaufsichtliche Genehmigungsverfahren einleitet.
Muß aus finanziellen Gründen ein Geläute in zwei oder drei Etappen beschafft werden, disponiere man zu Anfang stets einen Torso, der auch vom Laien klanglich als solcher empfunden wird, sonst kommen noch weitere, geplante Glocken nur in seltenen Fällen. Die erste Teilbeschaffung darf also nie „volltönend und fertig" klingen.
Bei Angeboten auf lange Sicht denke man, daß die Metallpreise auf dem Weltmarkt stark schwanken können, ebenso unterliegen die Lohnkosten einer ständigen Bewegung – meist nach oben! Daher ist eine Garantie für „Festpreise" auf lange Sicht unseriös und abzulehen.

Ergänzung eines Altbestandes

Aufnahme des vorhandenen Bestandes:

Man mache zuerst – selbstverständlich noch ohne Firmen heranzuziehen – eine sorgfältige Klanganalyse der vorhandenen Glocken und bedenke dabei, daß man es oft mit ungewöhnlichen Klangstrukturen zu tun haben wird – nicht einmal

Schlagton und Oberoktave können auf derselben Stimmungsebene erwartet werden, von sonstigem irregulären Sitz der Teiltöne ganz zu schweigen.
Weiterhin nehme man alle möglichen Daten an den Glocken und in der Glockenstube auf, notiere alles sofort an Ort und Stelle oder spreche die Ergebnisse auf einen kleinen Recorder, damit später nichts vergessen ist.
Alte Glocken untersuche man auch sorgfältig auf Beschädigungen und messe die Schlagringstärken an verschiedenen Stellen nach. Ebenso stelle man fest, ob die Glocke schon ein- oder mehrmals gedreht worden ist.
Sodann höre man sich die vorhandenen Glocken sehr sorgfältig, gegebenenfalls sogar mehrmals und an verschiedenen Tagen und aus verschiedenen Entfernungen läutend an. Dabei kann man mit Hilfe von Stimmgabeln Ergänzungstöne dazugeben und hören, ob und wie dies zusammen harmoniert.
Was über die Beschaffung kompletter, neuer Geläute ausgeführt worden ist, gilt sinngemäß in den meisten Punkten auch hier.

Ergänzen – ja oder nein?

Zur Beantwortung prüfe der Experte folgende Fragen:
Ist eine einzelne Altglocke mit neuen, klanglich völlig anders strukturierten überhaupt zusammenläutbar oder soll sie nur solistisch gebraucht werden?
Kommt ein Nachstimmen oder Umgießen in Frage? – Bei Denkmalglocken oder auch klanglich guten neueren Glocken ist beides mit Entschiedenheit abzulehnen.
Soll man zu einem größeren Altbestand ein komplettes neues Geläute disponieren und beide Glockengruppen später nur getrennt ertönen lassen?
Ist der Altbestand so charakteristisch und auch für die Verhältnisse der Kirche und Gemeinde groß genug, daß man ihn besser nicht ergänzt, sondern aus historischen Rücksichten lieber das altgewohnte Klangbild unangetastet beibehält – allenfalls das Geläute technisch und klanglich saniert? Schon in manchem Falle wäre dies sicher die bessere Lösung gewesen.
Vor der Ergänzung von Altgeläuten überlege man noch länger und sorgfältiger als bei einer kompletten Neubeschaffung, ehe man eine Entscheidung trifft und dem Gemeinderat vorschlägt. Bei bedeutenden Kirchen oder kompliziert gelagerten Fällen hole der Experte sich einen Zweitgutachter, der Erfahrung mit Denkmalglocken hat.
Ehe man eine Ergänzung vornimmt und dafür Gelder ausgibt, saniere man zuerst den Altbestand, intoniere sorgfältig und bereite den Glockenstuhl für Ergänzungsglocken vor.
Dabei ersetze man nach Möglichkeit eiserne Joche und Stühle durch gute Holzkonstruktionen, die immer auch eine erhebliche klangliche Verbesserung mit sich bringen.

Neue, ergänzte Disposition:

Grundsätzlich muß man sich bei der Ergänzung von Altglocken nicht nur nach deren Schlagtönen, sondern auch nach ihrer oft eigenwilligen, von unserer Norm stark abweichenden Innenharmonie richten, will man nicht fühlbare Reibungen und Dissonanzen in Kauf nehmen.

Bei vielen Ergänzungen in früheren Jahren wurden die Schlagtöne der vorhandenen Glocken mit ihren Primen verwechselt oder für die Schlagtöne einfach der Sitz der Oberoktave angenommen. Daher grundsätzlich neu analysieren und alte Angaben nicht ungeprüft übernehmen!
Ein falsches Ergebnis der Ergänzung ist oft – aus finanziellen Gründen – nicht mehr gutzumachen.
In manchen Fällen erweist es sich als sinnvoll, nicht in die Schlagtonlinie des Altbestandes neue, anders klingende Glocken hineinzudisponieren, sondern nach oben oder in die Tiefe mit den Ergänzungsglocken zu gehen.
Will man Altbestände mit verbogenen oder gar atonalen Schlagtonlinien ergänzen, scheue man sich nicht vor einer einmaligen und ungewöhnlichen Disposition, wenn sie nach gründlicher Vorprüfung verspricht, den Altbestand wirkungsvoll zu bereichern. Man strebe in einem solchen Fall kein konventionelles Motiv an, das die klanglichen Besonderheiten der vorhandenen Glocken nicht berücksichtigt. Man prüfe auch, ob alte Glocken geschweißt oder zur Sicherung ihres Bestandes mindestens runderneuert werden müssen.
Mögen sich alle Sachverständigen darum bemühen, charakteristische, unverwechselbare Geläute zu disponieren, um der motivischen Eintönigkeit und Uniformierung entgegenzuwirken – für ein klangschönes „Te-Deum-laudamus" –, aber nicht überall mit gleichen Geläutemotiven!

Einführung in die Technik der Glockenprüfung

Von Jakob Schaeben

Die Fähigkeit des absoluten Hörens ist zum Prüfen von Glocken zwar nützlich, jedoch keineswegs erforderlich. Viel wichtiger ist ein intensives Gehörtraining mit dem Ziel, in einem Klangkomplex den Intervallbezug der einzelnen Töne zueinander und insbesondere zum Schlagton zu erkennen, vor allem auch illegale Störtöne zu erfassen. Das erfordert zwar viel Übung, läßt sich aber erlernen.
Ist man aufgerufen, einen Glockenklang zu beurteilen, dann sollte man ihn zunächst aus einiger Entfernung anhören, den allgemeinen Eindruck auf sich wirken lassen und das Charakteristische zu ergründen versuchen.
Danach erst wird man zur Vornahme der Klanganalyse an die Glocke herantreten und zuerst den Hauptschlagton suchen. Diese den Gesamtklang beherrschende Erscheinung wird aus dem Zusammenwirken mehrerer miteinander harmonierender Obertöne geboren. Wir unterscheiden den Hauptschlagton, nach dem die Tonhöhe der Glocke benannt wird, und Nebenschlagtöne, die als konsonante Quarten oder seltener Terzen durchaus legal, als Sekunden, Tritoni und andere aber schlimme Klangverderber sind. – Wenn wir durch kräftigen Klöppelanschlag den ganzen Glockenkörper erregen, werden die Schlagtöne von den lauten Summtönen so überdeckt, daß sie sich aus dem Gesamtklang nicht sehr deutlich herausschälen. Berühren wir dagegen die Glocke in der Nähe des Schlagringes nur ganz leicht mit einem Eisenstift, dann hören wir sie isoliert. Der tiefere ist normalerweise der Hauptschlagton. – Der Anfänger wird vielleicht unsicher sein, ob er diesen der kleinen, ein- oder zweigestrichenen Oktave zuordnen soll. Ein Blick in die Tabelle

der Glockengrößen wird diese Frage beantworten und die Ortung an der Stimmgabel erleichtern. Von dem so angenommenen Hauptschlagton suchen wir dann zunächst die Oberoktave, die nach Griesbacher immer, tatsächlich aber in den meisten Fällen eine reine Oktave über dem Schlagton liegt. Wenn wir danach auch noch die für die Bildung des Hauptschlagtones besonders wichtige Duodezime und die Mollterz auf einer annähernd gleichen Linie finden, dann muß der Hauptschlagton normalerweise richtig eingekreist sein. Die zusätzliche Kontrolle nach Griesbachers Methode (Ansetzen der Gabel am unteren Glockenrand) wird das Ergebnis bestätigen. Freilich muß auch mit Ausnahmen gerechnet werden. Danach messen wir die beiden tiefsten Summtöne, die bei Molloktavklängen zum Hauptschlagton als Unteroktave beziehungsweise Prime klingen, oft aber mehr oder weniger abweichen: Der tiefste kann in den Bereich der Unterseptime, der Untersexte, aber auch der Unternone und sogar, wie bei romanischen Glocken, der Unterdurdezime gerückt sein. Der zweite („Prime“) kann bis zur Unterterz, aber auch bis zur Obersekunde vom Schlagton abweichen; das letztere, wenn nämlich dieser zweite Summton in der Region der Obersekunde klingt, ist einer der schlimmsten Fehler, den der Glockenklang haben kann, denn dann ist fast immer die Dominanz des Hauptschlagtones in Frage gestellt: Unser Ohr kann dadurch so irregeführt werden, daß wir zum Beispiel den Schlagton einer ges'-Glocke in Verbindung mit einer as' zwar als ges', in Verbindung mit einer es' aber als g' auffassen. – Schließlich bleiben dann die Quinte (beziehungsweise deren Vertreter) und die Mixturtöne zu messen, zu denen auch alle einzeln nicht auffallenden und außerhalb der natürlichen Obertonreihe klingenden Komponenten, also die Dezime, Undezime, Tredezime und so weiter gehören. Sehr wichtig ist der sogenannte Nebenschlagton, der bei vielen Glocken sehr deutlich klingt. Er ist für den Klangcharakter und für die Disposition eines Geläutes unter Umständen entscheidender als die Summterz. Um ihn zu eruieren, gehen wir ähnlich vor wie bei der Suche nach dem Hauptschlagton, nur daß wir hier statt der Oberoktave die Quarte beziehungsweise Terz über der Doppeloktave als entscheidenden Urheber anzusprechen haben. Nur selten ist der Fall anzutreffen, daß ein Quartschlagton von der Undezime mitgezogen wird, er ist vielmehr fast immer im Gefolge der Quarte über der Doppeloktave zu finden, die denn auch auf den Gabelaufsatz mit starker Resonanz antwortet. Unsere besondere Aufmerksamkeit erheischt eine etwa auftretende Obernone, weil diese – selbst bei kleinen Glocken – einen verheerenden Sekundschlagton erzeugen kann.

Bei der Messung der einzelnen Töne ist deren Stärkegrad dann zu notieren, wenn sie den Mixturbereich des Klanges durch häßliches Jaulen entstellen. Da gerade die hohen Mixturtöne an der Bildung der Schlagtöne wesentlich beteiligt sind und uns die Schlagtonortung nach Schouten ermöglichen, sollen wir ihrer möglichst viele zu ermitteln versuchen, gegebenenfalls noch durch Oktavierung. Die frühere Praxis, daß man sich mit der Feststellung der Solltöne von Unter- bis Oberoktave (Prinzipaltöne) begnügte und dann, wenn diese einigermaßen gut lagen, den Klang als gut bezeichnete, ist ungenügend, weil schlimme Störtöne damit nicht erfaßt werden. Das ist der Grund dafür, daß zum Beispiel die sogenannten Sekundschlagtonglokken des Bochumer Vereins AG von namhaften Experten ohne Beanstandung abgenommen wurden, weil der Sachverständige den Störton nicht zu eruieren verstand. – Die Untersuchung darf sich also nicht auf die Feststellung beschränken,

daß die Solltöne richtig sind, sondern ob nicht illegale, klangverderbende Komponenten vorhanden sind.
Wenn vorhin angeregt wurde, eine Glocke zunächst aus einiger Entfernung anzuhören, dann auch aus folgendem Grunde: Gelingt es dabei, einen schweren Klangfehler sofort richtig zu erkennen und dem Gießer als solchen zu deklarieren, dann wird dieser die Beanstandung anerkennen. Macht der Prüfer aber vor der Hörprobe die Klanganalyse und stößt dabei auf den Störton, dann mag der Gießer ihm vorhalten: „Ja, weil Sie diesen zufällig bei der Analyse gefunden haben, glauben Sie jetzt auch, ihn im geläuteten Klang zu hören."
Nachdem die Klanganalyse abgeschlossen ist, bleibt die Klangentfaltung, das heißt die Vibrationsfreudigkeit der Glocke durch Messung der Nachklingdauer von Terz, Prime und Unteroktave (in dieser Reihenfolge!) als wichtigsten Lauttönern sowie der allgemeine Klangverlauf, ob ruhig-schwebend oder stoßend, ob mit vollem oder dünnem Volumen und so weiter zu beurteilen. Entsprechen die gemessenen Nachklingwerte den Limburger Forderungen, oder übertreffen sie diese sogar, dann dürfen wir annehmen, daß gutes Metall einwandfrei vergossen wurde. Bei alten Glocken werden wir oft auf Materialermüdung zurückführende Minderwerte feststellen. Bleiben solche bei neuen Glocken aber um mehr als 10 % unter den geforderten Werten, dann müssen wir unsere Bedenken anmelden und unter Umständen die Abnahme einer Metallprobe fordern; denn dann fehlt das, was Hugo Löbmann seinerzeit als das wichtigste Kriterium, viel wichtiger als die reine Innenharmonie, nämlich die gute Resonanz (lies: Klangentfaltung) ansprach.
Die Abnahme einer Metallprobe von der fertigen Glocke ist immer problematisch. Ob man diese irgendwo an der Oberfläche abfeilt oder ausbohrt, sie wird kaum sicheren Aufschluß geben. Insbesondere sind etwa tiefer sitzende Lunker damit kaum aufzudecken. Die beste Kontrolle wird eine beim Guß abgenommene Schöpfprobe erbringen. Wenn aber bei entsprechender Mindervibration Zweifel an der Metallqualität berechtigt ist, und ein Einspruch vom Gießer nicht anerkannt werden sollte, dann sind wir zur Vornahme einer Metallanalyse gezwungen. Dann sollten wir aber nicht irgendwo eine Probe abfeilen, sondern eine ca. 1 cm^3 große an der Innenwand aus dem Schlagring bohren. Dadurch werden der Klang und das äußere Bild des Gußstückes nicht beeinträchtigt, die Probe aber kann mit gewissen Vorbehalten Aufschluß über die Metallqualität geben. – Selbst dem besten Gießer kann ein Guß mißlingen, sei es, daß bei zu hoher Temperatur Zinn verbrennt, daß Gas einschießt oder anderes. Der verantwortungsbewußte Meister wird dann aber rechtzeitig vor dem Prüftermin mitteilen, daß er die Glocke nicht ausliefern, sondern neugießen will.
Nach der Prüfung der einzelnen Glocken ist deren korrekte Abstimmung innerhalb des Geläutes zu kontrollieren. Es kann durchaus sein, daß die eine oder andere Glocke im Zusammenklang mit ihren Nachbarn Klangstörungen hervorruft. Dann müssen wir mit Beanstandungen vorsichtig sein, weil bei der Vielzahl der Töne Überschneidungen unvermeidbar sind, Überschneidungen, die zum Teil in der Eigenart des Glockenklanges begründet sind. Denken wir an das sogenannte „Glockenspiel", bei dem diese Schwierigkeiten besonders deutlich in Erscheinung treten: Die Instrumente, die wir für „redende" Musik verwenden, ob Saiten- oder Blasinstrumente, erzeugen ja ihre harmonischen Obertöne in den Frequenzverhältnissen 1 : 2 : 3 : 4 : 5 und so weiter aus sich heraus, indem die Saite beziehungs-

weise Luftsäule zugleich in ganzer, halber, drittel, viertel, fünftel und so weiter Länge schwingt. Bei der Glocke dagegen sieht die Sache anders aus: So wie bei der Orgelmixtur besondere Pfeifen die natürlichen Obertöne des Grundtones künstlich verstärken, haben wir uns die Glocke als aus mehreren Instrumenten bestehend zu denken, deren jedes seinen eigenen Ton erzeugt. Bei einer exakt gestimmten Molloktavglocke klingen dann die Prinzipaltöne in den Frequenzverhältnissen

> $^1/_2$ (Unteroktave) : 1 (Schlagton-Prime) : 1,2 (Mollterz) : 1,33 (Quartschlagton) : 1,5 (Quinte) : 2 (Oberoktave) – oder übersichtlicher transponiert 1 : 2 : 2,4 : 2,66 : 3 : 4

und so weiter, das heißt von den notierten Tönen ist lediglich die Oberoktave als natürlicher, also harmonischer Oberton zum Hauptschlagton anzusprechen, die übrigen, insbesondere 2,4 (Mollterz) und 2,66 : (Quartschlagton), die ja beide auch Lauttöner sind, liegen ganz deutlich außerhalb der harmonischen Reihe und verursachen daher bei Wiedergabe redender Musik auf dem Glockenspiel unüberhörbare Störungen, die erst dann erträglich werden, wenn wir soweit von der Schallquelle entfernt sind, daß wir nur noch die Hauptschlagtöne hören. In der Nähe hören wir den gespielten Satz gleich in drei Tonarten, zum Beispiel c', es' und f'. Daran ändert auch die perfekte Nachstimmung nichts, es sei denn, wir könnten Glocken ohne Terzen und Nebenschlagtöne konstruieren. Das aber ist bis heute niemandem gelungen.
Dieser Sachverhalt ist denn auch in Rechnung zu stellen, wenn wir bei gut konstruierten Einzelklängen Störungen im Geläute hören; wir müssen diese in Kauf nehmen! Grundsätzlich ist zu raten, sich bei der Beurteilung des Glocken- und Geläuteklanges letztlich mehr vom Ohr als von einer pedantischen Auswertung der Meßergebnisse leiten zu lassen. Der Zweck des Glockenklanges ist ja schließlich unser Ohr zu erfreuen und weniger, den Nachweis einer technischen Perfektion zu erbringen. Wenn unser aufmerksames Ohr uns nicht sagt, hier ist eine Störung, die wir nicht hinnehmen können, sollten wir auch nicht sagen: „Weil die Expertise einige rechnerische, das heißt physikalische Ungenauigkeiten aufzeigt, kann die Glocke auch musikalisch nicht in Ordnung sein.“ Unser Ohr ist tolerant, nach Helmholtz „glaubt es ja das zu hören, was es hören will!“ Es ist kaum vorstellbar, daß ein Sachverständiger, der schwere Fehler, zum Beispiel dissonante Nebenschlagtöne nicht gehörmäßig erkennt, die Verbiegung der Schlagtonstimmungslinie eines Geläutes um $^2/_{16}$ Halbton nur nach dem Anhören zu registrieren in der Lage ist. Sind von zwei Instrumenten das eine auf d+$^1/_{16}$ (zirka 148 Hz) und das andere auf d+$^2/_{16}$ Hz (zirka 149 Hz) gestimmt, dann erfolgt beim Zusammenspiel im Verlaufe einer Sekunde eine Schwebung. Kaum jemand ist in der Lage, diese zu hören. Aber abgesehen davon: Gewisse Schwebungen beleben ja erst den Klang. Soviel zur Prüfung und Beurteilung des Klanges.
Danach bleibt zu notieren, ob das allgemeine Gußbild, Inschriften und Dekor wohlgeraten sind, ob die Klangwerte im Guß oder mit nachträglicher Korrektur erzielt wurden. Ferner sind die technischen Daten, nämlich Durchmesser, Schlagringstärke und ungefähres Gewicht aufzunehmen. Bei alten Glocken sehen wir nach, ob bereits Drehungen vorgenommen worden sind, und messen an den jetzigen und früheren Klöppelanschlagstellen den Umfang des Schlagringschwundes.

Beträgt dieser mehr als etwa 10 % der ursprünglichen Stärke, ist die Gefahr eines Zerspringens akut, und die Glocke bedarf besonders schonender Behandlung. – Aus dem Verhältnis der Schlagringstärke zum Glockendurchmesser läßt sich errechnen, mit welcher Rippe wir es zu tun haben. Hier gilt im allgemeinen:

Verhältnis	1:13	=	schwere Rippe
	1:13,5	=	mittelschwere Rippe
	1:14	=	leichte Rippe

Was nahe bei 14 oder darüber liegt, gehört zur leichten, was bei 13 und darunter errechnet wird, zur schweren Rippe.
Aus diesen Verhältnissen kann dann unter Berücksichtigung der Schlagtonhöhe mit einem Spielraum von plus oder minus bis zu rund 15 % annähernd das Glokkengewicht geschätzt werden. Daß wir hier keine genauen Werte angeben können, liegt unter anderem daran, daß die Glockenformen verschieden sind (einmal gestreckt, ein andermal gedrungen), daß die eine Glocke eine ungewöhnlich schwere, die andere eine leichte Krone hat und so weiter.
Nachdem die Glocken im Turme betriebsfertig installiert sind, ist eine abschließende Überprüfung am Bestimmungsort vorzunehmen. Auch bei dieser hören wir uns das Geläute zunächst draußen vor dem Turme an unter Beobachtung der allgemeinen Klangwirkung, der Einheitlichkeit der Klangdynamik der Glocken untereinander und der Schallabstrahlung vom Turme. Wir zählen die Anschlagfrequenzen, die gewisse Werte nicht unterschreiten dürfen und messen den Schallpegel, um festzustellen, ob nicht unzumutbarer Lärm entsteht. Beim Anhören der einzelnen Glocke beobachten wir, wie sich deren Klöppel nach dem Abschalten der Läutemaschine verhält: Kommt er bei nach und nach sinkendem Glockenschwung noch auffallend lange zu beiderseits gleichmäßigem, dann aber weicherem und schönerem Anschlag, dann zeigt das an, daß entweder die Glocke beim Durchläuten von der Maschine mit zu hohem Ausschwung gezogen wird, oder der Klöppel bei falscher Schwerpunktlage zuviel Vorlauf hat und dadurch die Glocke ungebührlich hart schlägt. Das aber ist neben der zu weit geöffneten Turmstube die Hauptursache dafür, daß heute so oft über lärmendes Glockenläuten geklagt wird: zu harte Klangauslösung, hervorgerufen durch zu hohen Glockenausschwung oder falsch schwingenden Klöppel.
Sofern das Geläute nicht in einem frei stehenden Campanile hängt, hören wir das Probeläuten auch im Kirchenraum an, um zu kontrollieren, ob nicht eine Körperschallstörung festzustellen ist. Liegt eine solche vor, wird sie sich kaum ganz beheben lassen; sie läßt sich aber weitgehend dämpfen, indem die Glockenachsen und der Glockenstuhl mit Isoliermaterial (Hartgummi, Kork oder ähnlichem) unterlegt werden.
Anschließend steigen wir hinauf in die Glockenstube zur Überprüfung des gesamten technischen Aggregates. Wir kontrollieren festen Sitz der Bänder, Bolzen, Schrauben, Achsenlager und so weiter, ob Uhrschlaghämmer und Klöppel am Schlagring anschlagen, ob der Klöppel zentrisch hängt, parallel mit der Glocke schwingt und guten Vorlauf hat. Dafür wippen wir die Glocke an und sehen zu, ob der Klöppel etwas schneller als die Glocke einschwingt: Schwingt er isorhythmisch mit der Glocke oder langsamer als diese, so wird sie sehr hoch gezogen werden

müssen, damit der Klöppel überhaupt ankommt. Schwingt er aber viel schneller ein, wird er unter starker Hebelwirkung zu hartem Anschlag (Prellschläge!) kommen, hat also eine falsche Schwerpunktlage beziehungsweise zu schweren Vorhang.

Unsere besondere Aufmerksamkeit haben wir auf die Klöppel denkmalwerter Glocken zu richten: Alte, an Lederriemen schwingende Keulenklöppel sind oft platt geschlagen, schlingern und gefährden die alten Glocken dadurch, daß sie diese unterhalb des Schlagringes treffen. Sind die alten Klöppel bereits durch neuere ersetzt, messen wir die Durchmesser des Schaftes (oben und unten), des Ballens, der Flucht (unter dem Ballen und am Ende) und die Vorhanglänge (von Ballenmitte bis Ende). Daraus sowie aus der Beobachtung, ob der Klöppel guten Vorlauf hat, können wir feststellen, ob er der Glocke angemessen ist oder sie eines Tages zerschlagen wird. Zahlreiche historische Glocken sind nach dem letzten Kriege zersprungen, weil sie mit zu schweren Klöppeln und zu hohem Ausschwung geläutet wurden. Während die Klöppeldimension bei neuen Glocken normalerweise vom Glockendurchmesser bestimmt wird, muß sie bei geschwächten alten unter Berücksichtigung des stärksten Schlagringschwundes errechnet werden. Mit entsprechend leicht gehaltenem Klöppel können wir die Gefahr eines Zerspringens selbst sehr geschwächter alter Glocken zumindest weitgehend verringern. Schaden zu verhüten ist besser und billiger als Schaden zu beheben! – Eine zersprungene Denkmalglocke kann durch autogenes Schweißen (Spezialwerkstätte Firma Hans Lachenmeyer, Nördlingen) so repariert werden, daß der Originalklang voll wiedererweckt wird.

Eine Runderneuerung des verschlissenen Schlagringes aber sollte man erst dann vornehmen lassen, wenn zur Schließung eines Risses ohnehin eine Schweißung vorgenommen werden muß!

Auch im Turme schalten wir das Läutewerk ein, um zu beobachten, ob die Glocken mit angemessenen Schwungamplituden und gutem Klöppelschlag geläutet werden, ob darunter der Glockenstuhl und der Turm ruhig stehen: Ist ein auffallendes Schwanken des Turmes – insbesondere beim Betrieb der mittleren oder kleineren Glocken! – festzustellen, kann ein sogenannter Resonanzfall vorliegen, das heißt die Pendelfrequenz der den Turm am stärksten bewegenden Glocke liegt in harmonischer Abstimmung mit der Eigenschwingfrequenz des Turmes, schaukelt diesen bedrohlich auf und führt schließlich zum Bruch des Turmmauerwerkes. – Gelingt uns nicht eine Beruhigung der Turmbewegung durch Verstimmung der Frequenzen (Veränderung der Glockenpendellänge!) oder durch rigorose Senkung der Glockenschwunghöhe, dann muß die von der Glocke auf den Turm abgegebene Erregerkraft mittels anderer Maßnahmen absorbiert werden.

Schließlich haben wir noch zu notieren, wie die Armaturen gearbeitet sind, ob als Holz-, Eisen-, verzinkte, gerade oder gekröpfte Joche, ob die Seilräder zweckmäßig dimensioniert sind, aus welchem Material der Glockenstuhl besteht, ob dieser genügende Stabilität hat, ob die Eisenteile ausreichend gegen Rostanfall geschützt sind, wie die Turmfenster gestaltet sind (Schallenkung und Schutz gegen Witterungseinschlag durch Jalousien, Öffnungsumfang, Schutzgitter gegen Verschmutzung durch Vögel. – Die Glocken sollen möglichst nicht unmittelbar gegen die Öffnungen schwingen!), ob Laufböden und Zugang zum Turm sowie Glockenstuhl unfallsicher angelegt sind und so weiter. – Gerade der Zugang befindet sich ja oft in

einem katastrophalen Zustand. Man beachte deshalb das Arbeitsblatt der „Verwaltungs-Berufsgenossenschaft zur Unfallverhütung“, in dem die „Grundsätze für die unfallsichere Gestaltung von Kirchtürmen“ niedergelegt sind. Bei Nichtbeachtung derselben lehnen die Versicherungsanstalten im Schadensfalle eine Regulierung ab.
Bei der Arbeit im Turm dienen zur eigenen Sicherheit unter anderem rutschfeste Schuhsohlen, langbrennende Taschenlampen, Schutzanzug, Gerätetaschen mit Trageriemen, damit man besonders in alten Türmen keinen Schritt zu tun braucht, ohne sich mit den Händen festzuhalten!
Wegen einer Abnahmeprüfung sollte der Betrieb in der Gießerei nicht unnötig aufgehalten werden! Zu den schon vorher notierten Sollwerten der zu prüfenden Glocken notiere man die vom Gießer analysierten Werte. Man lasse sich zur Prüfung möglichst alle Glocken nebeneinander hängen; dadurch ist eine bessere vergleichende klare Beurteilung möglich.
Die einzelnen Gießer haben ihre eigenen Konstruktionsformeln und damit Charakteristika im Klangaufbau. Zum Beispiel: Bei den Glocken des einen Gießers sitzen die Unteroktaven gut, die Quinten und Quartschlagtöne hoch, bei denen des anderen die Unteroktaven und Quinten zu tief, dafür aber der Quartschlagton exakt.
Bei der Abfassung des Gutachtens hat man sich größter Objektivität zu befleißigen. Das höchste Gut des Sachverständigen muß seine Unbestechlichkeit und Vertrauenswürdigkeit sein. Darüber hinaus aber sollte er weder pedantisch sein, noch aus dem Gutachten einen überschwenglich dichterischen Erguß machen. – Wichtig ist die Angabe, mit welchem Aufnahmegerät und bei welcher Normalstimmung die Klanganalyse gemacht wurde: Während im Ausland heute allgemein mit der neuen Normalstimmung a' = 440 Hz gearbeitet wird, benutzt man im Bundesgebiet noch die alte Stimmung a' = 435 Hz. Diese wird beibehalten, weil sonst unser umfangreiches, in vielen Jahrzehnten zusammengetragenes Material transponiert werden müßte oder eine heillose Verwirrung entstehen würde.

Systematik der Geläuteprüfung

Von Hubert Foersch und Gerhard D. Wagner

Die Prüfung von Glocken gliedert sich in zwei Teile:
die *Werkprüfung,* die nach dem Guß in der Gießerei durchgeführt wird, und die *Läuteprüfung* nach erfolgter Montage im Turm.
Die Prüfung in der Gießerei allein genügt unter gar keinen Umständen. Alle Untersuchungen, besonders die Beurteilung der Klangaussage, der Klangentfaltung, der Abstrahlung der einzelnen Teiltöne und anderes mehr können dabei ja nur an der ruhig hängenden Glocke erfolgen, die hierfür – besonders wenn es sich um größere Glocken handelt – nicht mit dem für sie bestimmten, sondern mit irgendeinem Klöppel erregt wird. Ein endgültiges Bild aber über das, was eine Glocke letzten Endes klanglich auszusagen vermag, ist nur im Schwung, also beim Läuten möglich, wobei exakt dimensionierte Klöppel, die Intonation der Läutemaschinen, die akustischen Verhältnisse in der Glockenstube, die Materialien und Werkstoffe von

Stuhl und Armaturen, die Art und Dimension der Turmöffnungen in Verbindung mit der Gestaltung der schallenkenden Jalousien und anderes mehr, entscheidend das Klangbild beeinflussen. So kommt es nicht selten vor, daß Glocken, die bei der Werkprüfung kein gutes Klangbild zeigten, nach Aufhängung im Turm eine überraschende Leuchtkraft und Fülle entwickeln und umgekehrt, Glocken mit tadellos ausgerichtetem Teiltonaufbau beim Läuten ausdruckslos, matt oder aber bei offener Glockenstube hart, bellend oder lärmend klingen. Daher sollte man nach der Werkprüfung mit vorschnellen Urteilen sehr vorsichtig sein; eine glatte und geradlinige Innenharmonie macht noch lange keine gute Glocke.
In jedem Fall kann nach der Glockenprüfung in der Gießerei die Abnahme nur unter dem Vorbehalt empfohlen werden, daß sich auch beim Läuten auf dem Turm keine schwerwiegenden Fehler an den Glocken herausstellen werden.
So ergänzen sich Werk- und Turmprüfung zu einer organischen Einheit, deren Einzelheiten im folgenden der Reihe nach, teilweise stichwortartig, genannt werden.

Die Werkprüfung in der Gießerei

Abhören
Bevor wir an der Glocke mit Stimmgabeln arbeiten, sollten wir uns ein Gesamtbild von ihrer Klangaussage machen und sie aus einiger Entfernung anhören. So erleben wir durch konzentriertes Sich-Hineinhören völlig vorurteilsfrei und unbeeinflußt von technischen Mitteln mit unserem Ohr ihre Charaktereigenschaften, ihre Vorzüge und Nachteile.
Jede Glocke wird zunächst mehrmals angeschlagen, und wir beobachten und notieren hierbei:

- den allgemeinen Klangeindruck
  ist er warm, voll, lebendig, temperamentvoll, singend oder starr, klotzig, dünn quälend?
- den Schlagton
  besitzt er Klarheit, Gelöstheit, metallischen Glanz, Elastizität, oder wirkt er plump, kalt, verschwommen, kurzlebig?
- den Nebenschlagton
  als Quart-, seltener als Terzschlagton durchaus legal – jedoch unbedingt abzulehnen als klangverderbender Sekund- oder Tritonusschlagton von aufdringlicher Penetranz; ordnet er sich dem Hauptschlagton unter, oder übertönt er ihn? (Klangbeispiel Innsbruck Schutzengelglocke e^{0})
- die hörbaren Summtöne (Unteroktave, Prime, Terz)
  stehen sie zum Schlagton in geordnetem Bezug, wirken sie in sich rein, wie entwickeln sie sich, sind sie dynamisch untereinander ausgewogen, bildet die Unteroktave das genügende klangliche Fundament oder wirkt sie matt und dünn?
- die Mixturtöne (Dezime – Undezime – Duodezime bis Doppeloktave)
  bringen sie Glanz und Farbe in den Klang oder stechen einzelne Töne als Pfeiftöne unangenehm heraus?

Nach der Hörprobe jeder einzelnen Glocke vergleichen wir die Glocken im Nach- und Miteinander:

- sind sie im Klangcharakter gleich? (Abweichungen müssen durchaus keine Fehler sein!)
- mischen sie sich untereinander?
- stimmt die Schlagtonlinie?
- sind beim Zusammenklang zweier oder mehrerer Glocken irgendwelche Klangstörungen registrierbar? (Auch dies muß kein Fehler sein und ist meistens bedingt durch Tonüberschneidungen physikalisch-akustischer Art).

Klanganalyse

Haben wir nach dem Abhören alle Einzelheiten notiert, so gehen wir nun an die Glocke heran, um den Teiltonaufbau zu ermitteln. Hierzu benötigt man entweder Präzisionsstimmgabeln oder einen elektronischen Schwebungssummer. Ich persönlich ziehe Stimmgabeln einer elektronischen Messung vor, denn letzten Endes gibt das Ohr den Ausschlag und nicht die pedantische Auswertung perfekter Meßergebnisse. Wenn man ein gut entwickeltes Ohr hat, muß man nicht um Cent-Abweichungen feilschen.
Wir beginnen mit der

- Ortung des Schlagtones durch vorsichtiges Antippen mit einem spitzen Metallstift (Schlüssel et cetera). Hierbei tut man sich leichter, wenn man die Gabel auf die Oberoktave einstellt, da dann die Prime – besonders wenn sie nicht kongruent mit dem Schlagton ist – weniger stört. In 95 % der Fälle sitzt nämlich der Schlagton genau eine Oktave tiefer als die Oberoktave. Bei der Bildung des „Residuums“ spielt er deshalb eine so große Rolle, weil er unter den Glockentönen wohl nicht die größte Nachhalldauer, aber die größte Intensität besitzt.
- Stimmt der Schlagton mit der bei Auftragsvergabe vereinbarten Tonhöhe überein?
- Der Nebenschlagton, den man bei der Hörprobe schon registriert hat, geht in der Regel parallel mit der Quarte (Terz) über der Doppeloktave.

Die Teiltöne findet man an folgenden Stellen der Glocke, wobei allerdings verschiedene Rippenkonstruktionen unterschiedlich reagieren:
1 = über der Schärfe: Oberoktave, Duodezime Doppeloktave
2 = auf dem Schlagring: Unteroktave, Prime, Terz, eventuell Quart
3 = dicht über dem Schlagring: Terz, auch Unteroktave
4 = in der Mitte (Flanke): Quinte
5 = unterhalb der Haube: Prime, Dezime, Undezime, Tredezime und weitere unharmonische Teiltöne.
Bei der Analyse nicht sechzehntelweise mit der Stimmgabel sich an die Töne herantasten, sondern nach Antippen und gehörmäßiger Erfassung des betreffenden Tones die Stimmgabel möglichst genau einstellen und diese erst dann auf die Glokke aufsetzen. Hierdurch spart man nicht nur viel Zeit, sondern bildet und schult sein Ohr immer mehr zum selektiven, analytischen Hören.

Hierzu ein Beispiel:
Zu analysieren sind fünf Glocken mit den Schlagtönen c’ – e’ – g’ – a’ – c’’.

Technische Daten und Klanganalyse:

Glocke	1	2	3	4	5
Gießer	HD	HD	HD	HD	HD
Rippe	KAL$_1$	KAL$_2$	Ms	Ms	Ms
Gußjahr	1980	1980	1980	1980	1980
∅ mm	1492	1224	1018	899	780
Gewicht kg	1775	1061	708	494	332
Schlagton	c’ – 4	e’ – 4	g’ – 2	a’ – 4	c’’ – 3
Prime	c’ – 4	e’ – 4	g’ – 3	a’ – 5	c’’ – 3
Terz	es’ + 1	g’ – 2	b’ + 2	c’’ – 3	e’’ – 1
Quint	g’ – 4	h’ – 4	d’’ – 3	e’’ – 3	g’’ – 2
Oberoktave	c’’ – 4	e’ – 4	g’’ – 2	a’’ – 4	c’’ – 3
Unteroktave	c^o – 4	e^o – 5	g^o – 2	a^o – 4	c’ – 2
Dezime	e’’ + 4	gis’’ – 3	h’’ + 1	cis’’’ + 3	e’’’ + 1
Undezime	f’’ – 1	a’’ – 4	c’’’ – 5	d’’’ – 5	f’’’ – 14
Duodezime	g’’ – 5	h’’ – 6	d’’’ – 4	e’’’ – 5	g’’’ – 4
Doppeloktave	c’’’ + 4	e’’’ + 4	g’’ + 3	a’’’ + 6	c’’’’ + 4

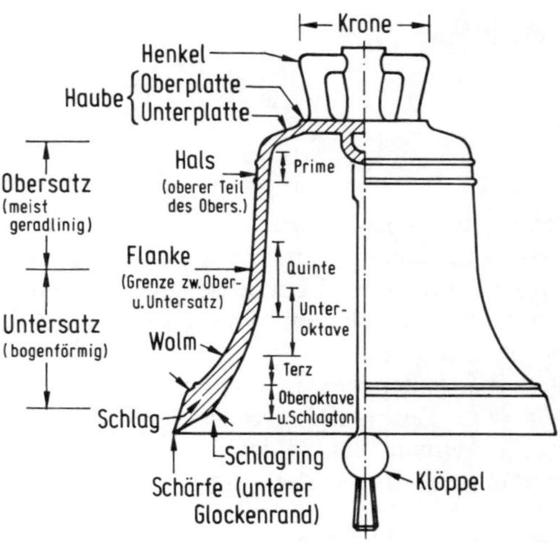

Zeichnung der Glocke teilweise im Schnitt zur Begriffsbestimmung.

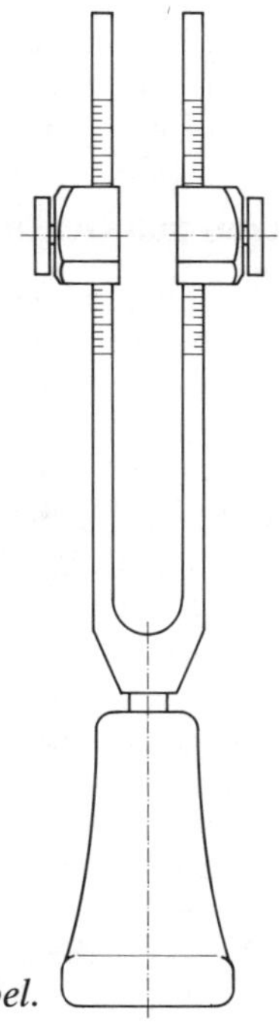

Stimmgabel.

Klangentfaltung und Abklingdauer

Hat man die Klanganalyse beendet, folgt die Prüfung der Klangentfaltung und Abklingdauer.

- Nach Klöppelanschlag (ein- oder dreimal, was man im Gutachten angeben muß) mit der Stoppuhr den Nachhall von Prime, Terz und Unteroktave in Sekunden messen
- dabei den Nachhallverlauf beobachten (ruhig, glatt, schwebend, stoßend, vibrierend, wellig, et cetera)
- Nachhallwerte mit den Limburger Richtlinien vergleichen.

Technische Daten

Hierzu gehören:
Durchmesser, Gewicht (amtlicher Wiegeschein), Schlagringstärke (mit Greifzirkel messen)
- äußeres Gußbild – Inschriften, Dekor untersuchen
- wurden Klangkorrekturen vorgenommen? (zu erkennen an der Innenwand der Glocke)
- Rippenkonstruktion (leicht – mittel – schwer – sehr schwer). Aus dem Verhältnis Schlagringstärke zum unteren Durchmesser läßt sich die Rippenstärke errechnen:

  1 : 12–13 = sehr schwere bis schwere Rippe
  1 : 13–14 = mittelschwere Rippe
  1 : 14 und darüber = leichte Rippe.

Turm- und Geläuteprüfung

Bei der Turm- und Läuteprüfung sind sowohl musikalische als auch läutetechnische Dinge zu prüfen. Außerdem müssen bauliche Gegebenheiten (zum Beispiel Aufgang zur Stube auf Sicherheit, Turmverhalten beim Läuten, Schalläden) beobachtet und im Bericht erwähnt werden. Falls nötig, müssen sodann das zuständige Bauamt, Architekt und Statiker informiert werden.
Meistens schließt die Turm- und Läuteprüfung auch die Abnahme von bestimmten Lieferungen und Montagearbeiten ein (zum Beispiel Glockenstuhl – wenn neu oder verändert –, Armaturen, elektrische Läuteanlage, Schalläden).
Die Turm- und Läuteprüfung bedarf umfangreicher Vorbereitung:

- Terminvereinbarung mit allen Personen, die bei der Prüfung anwesend sein sollen (Beauftragte der Glockengießerei, Läutemaschinen-Herstellerfirma und Kirchengemeinde, eventuell Architekt, Statiker, örtliche Handwerker – wenn Zimmermanns- und Schlosserarbeiten et cetera an örtliche Firmen vergeben waren)
- Bekanntgabe an Kirchengemeinde und politische Gemeinde, daß zur bestimmten Zeit die Glocken wegen der amtlichen Abnahmeprüfung geläutet werden

- Bereitstellung der Ausrüstungsgegenstände für die Prüfung. Dazu zählen schriftliche Unterlagen (beziehungsweise Notizen daraus), Arbeitsmantel (besser Monteuranzug) mit möglichst vielen Taschen, rutschfeste Schuhe, Schutzhelm, Notizbuch mit Schreibstift oder Diktiergerät, Uhr (Stoppuhr), Glockenstimmgabeln, Greifzirkel, Bandmaß oder Meterstab, Handlampe, Schallpegelmesser, Fotoausrüstung (im Auto für den Bedarfsfall).

Alle Beobachtungen bei der Prüfung sind schriftlich oder als Tonbanddiktat festzuhalten. Manche Daten werden eventuell für Archivzwecke benötigt und sind nur deshalb aufzunehmen.

Vorgehen bei der Prüfung

- Jede Glocke unten einzeln anhören. Genaue Schlagtonhöhe feststellen. Tableau kontrollieren. Läutetempo feststellen (Anschläge pro Minute). Intonation beurteilen. Besondere Beobachtungen notieren, wofür später auf dem Turm die Ursachen gesucht werden müssen.
- Überprüfung von Aufgang und Beleuchtung
- Stube, Fußboden, Schalläden (und Gitter)
- Stuhl, Stuhllagerung, Glockenarmaturen (besonders Joche, Lager, Klöppel, Klöppelgelenke, Mittelschrauben, Beurteilung der Klöppeldimensionen)
- Läutemaschinen und deren Anbringung, Seilräder
- Feuerverzinkung beziehungsweise Farbanstrich von Eisenteilen, Rostansatz
- Probeläuten (jede Glocke einzeln), optische Beobachtung, Stuhl- und Turmverhalten, auch bei eingeschaltetem Vollgeläute. Intonation, Ausschwung, Klöppellauf
- Heruntersteigen. Abhören außen, von verschiedenen Stellen Schallpegelmessung (bei nächstgelegenen Wohnungen)
- Abhören von Teilgeläuten (musikalische Wirkung), auch im Hinblick auf Ausarbeitung einer Läuteordnung

Abschließend muß der Kirchengemeinde

die Abnahme oder
die Abnahmeverweigerung (mit Begründung) beziehungsweise
die Abnahme unter Vorbehalt

empfohlen werden. In der Regel kann die Empfehlung vorab mündlich gegeben werden. Maßgeblich ist der in jedem Fall zu erstellende amtliche Prüfbericht.

Mittelalterliches Stadttor von Bordeaux. Symbol des Rechts. Aus: „Le Moyen-Age Monumental et Archéologique.“

KAPITEL 5

Die Glocke – im Recht

Einführung

Von Hartwig Niemann

Die Stellung von Glocken und Geläuten in der Rechtsordnung der Bundesrepublik Deutschland kann hier nur unter einem Teilaspekt behandelt werden; eine Gesamtbetrachtung müßte unter anderem das Vertragsrecht über Beschaffung und Wartung von Glocken, ihren öffentlich-rechtlichen Charakter als res sacrae und deren Bedeutung innerhalb der historischen und geltenden Rechtsordnung sowie die vielfältigen rechtshistorischen Aspekte der Glockennutzung einbeziehen. Eine derartige Untersuchung würde den in diesem Buch möglichen Raum sprengen.
Behandelt werden können lediglich Probleme des kirchlichen Glockengeläuts, die sich aus seiner nachbarrechtlichen Stellung ergeben: Immer wieder kommt es vor, daß Nachbarn von Kirchen- und Kapellengebäuden Glockenläuten als Störung empfinden und gegen sie die Zivil- oder die Verwaltungsgerichte anrufen.
Hier ergeben sich materiell-rechtliche und prozessuale Rechtsfragen, die in den beiden folgenden Aufsätzen von Axel Freiherr v. Campenhausen und Peter Müssig behandelt werden. Der Artikel von Campenhausen's entstammt dem Jahre 1972 und ist inzwischen hinsichtlich seiner Auffassung von der Zulässigkeit des ordentlichen Rechtswegs für nachbarrechtliche Unterlassungsklagen gegen kirchliches Geläut durch das Urteil des Bundesverwaltungsgerichts vom 7. Oktober 1983 – Az. BVerwG 7 C 44/81 – (NJW 1984 S. 989 ff.; JZ 1984 S. 218 ff.; DVBl. 1984 S. 227) inhaltlich betroffen. Da dem Urteil des Bundesverwaltungsgerichts als des für den Verwaltungsrechtsweg zuständigen Oberen Bundesgerichts auch ein Obergericht der ordentlichen Gerichtsbarkeit, das Oberlandesgericht Frankfurt/M. durch Urteil vom 24. Januar 1985 – Az. 1 U 175/81 (DVBl. 985 S. 861) beigetreten ist, hat sich hier inzwischen eine von der Rechtsauffassung der älteren Literatur abgesetzte Rechtsprechung zu festigen begonnen, die wohl zur herrschenden Rechtsprechung führen wird und für die Zukunft lediglich den Verwaltungsrechtsweg für Klagen gegen kirchliches Glockengeläut eröffnen wird. Der Aufsatz von Müssig stellt die heute, nach den Urteilen des Bundesverwaltungsgerichts und des Oberlandesgerichts Frankfurt/M. bestehende Rechtslage umfassend dar. Darauf hinge-

wiesen sei, daß in dem Verfahren vor dem Oberlandesgericht Frankfurt/M. der Beratungsausschuß ein umfassendes Gutachten zu der Frage erstattet hatte, ob das dem Verfahren zugrundeliegende morgendliche Läuten ein liturgisches Läuten oder ein reines Zeitläuten sei. Das Gutachten wird demnächst an anderer Stelle veröffentlicht werden.

Das Oberlandesgericht Frankfurt/M. ist der gutachterlichen Feststellung über den liturgischen Charakter des Läutens in vollem Umfange gefolgt.

Das Bundesverwaltungsgericht hatte einen in erster Instanz vor dem Verwaltungsgericht Karlsruhe (Urteil vom 17. September 1981 – Az. 7 K 35/80 –) und in zweiter Instanz vor dem Verwaltungsgerichtshof Mannheim (Urteil vom 10. März 1981 – Az. 10 S 2339/80, veröffentlicht in: Die Justiz 1981, S. 255 f.) entschiedenen Fall zu beurteilen, in dem ein 200 m vom Kirchturm der beklagten katholischen Kirchengemeinde entfernt in einer Hanglage wohnender Arzt gegen das in der Sommerzeit an Werktagen um 6.00 Uhr für eine Minute mit der kleinsten Glocke stattfindende Angelusläuten klagte. Das Verwaltungsgericht Karlsruhe hatte die Klage abgewiesen, der Verwaltungsgerichtshof Mannheim hielt in seinem Berufungsurteil die Klage für unzulässig, weil der Verwaltungsrechtsweg nicht gegeben sei. Die beklagte Kirchengemeinde hatte Revision eingelegt, mit der sie die Aufhebung des Berufungsurteils begehrte. Sie rügte eine Verletzung des § 40 Abs. 1 Verwaltungsgerichtsordnung und des Artikels 137 Abs. 5 Weimarer Reichsverfassung in Verbindung mit Artikel 140 Grundgesetz. Im Revisionsurteil hat das Bundesverwaltungsgericht das erstinstanzliche Urteil wiederhergestellt und ausgesprochen, daß

1. für die Klage eines Nachbarn gegen das liturgische Glockengeläut einer als Körperschaft des öffentlichen Rechts anerkannten Kirche der Verwaltungsrechtsweg gegeben sei,
2. § 22 Abs. 1 Satz 1 Nr. 1 Bundesimmissionsschutzgesetz auf Schallimmissionen durch kirchliches Glockengeläut anwendbar sei, und
3. daß Geräuschimmissionen durch liturgisches Glockenläuten im herkömmlichen Rahmen regelmäßig keine erhebliche Belästigung im Sinne des § 3 Abs. 1 Bundesimmissionsschutzgesetzes darstellt, sondern eine zumutbare, sozialadäquate Einwirkung sei.

Durch das Urteil wird das liturgische Glockengeläut als Bestandteil der Kultus- und Religionsausübung anerkannt. Das Glockengeläut als Teil der gottesdienstlichen Ordnung der Kirchen nimmt somit an dem Schutze des Artikels 4 Abs. 2 Grundgesetz und an ihrem Selbstbestimmungsrecht nach Artikel 140 Grundgesetz in Verbindung mit Artikel 137 Abs. 2 Weimarer Reichsverfassung teil. Da das Selbstbestimmungsrecht der Kirchen jedoch nicht schrankenlos gilt, sondern neben den sonstigen, immanenten verfassungsrechtlichen Schranken auch dem Schrankenvorbehalt des für alle geltenden Gesetzes unterliegt, können dem Glokkenläuten von daher unter dem Gesichtspunkt des Immissionsschutzes Grenzen gesetzt werden. Diese Grenzen werden überschritten, wenn Geräuschimmissionen ein Ausmaß aufweisen, das zu einer erheblichen Belästigung für die Allgemeinheit führt. Für die Beurteilung dessen, ob eine derartige Beeinträchtigung gegeben ist, kommt es aber nicht auf die Wertung eines besonders sensiblen und empfindlichen Nachbarn, sondern allein auf das Empfinden eines verständigen Durchschnittsmenschen an.

Bei Zugrundelegung dieser Beurteilungsmaßstäbe kommt das Bundesverwal-

tungsgericht zu dem Ergebnis, daß mit dem Glockenläuten, auch wenn es werktäglich für eine Minute um 6.00 Uhr morgens erklingt, in der Regel die Grenze des Zumutbaren und des sozial-adäquaten Verhaltens nicht überschritten wird:
„Das kultische Glockengeläut ist eine jahrhundertealte kirchliche Lebensäußerung, die, wenn sie sich nach Zeit, Dauer und Intensität im Rahmen des Herkömmlichen hält, auch in einer säkularisierten Gesellschaft bei Würdigung der widerstreitenden Interessen hinzunehmen ist . . .
Eine solche sich im Rahmen des Herkömmlichen haltende kirchliche Lebensäußerung . . . überschreitet nicht die Grenze des Angemessenen und muß daher von sich gestört fühlenden Einzelpersonen oder Personengruppen – auch unter dem Gebot gegenseitiger Toleranz – als sozial-adäquat ertragen werden . . .“
Die im Urteil des Bundesverwaltungsgerichts zur Frage der Eröffnung des Verwaltungsrechtswegs enthaltenen Ausführungen werden in dem Aufsatz von Müssig behandelt, auf den hier deshalb verwiesen werden kann und soll.

Rechtsprobleme des kirchlichen Glockengeläuts*

Von Axel Freiherr von Campenhausen

I.

Das Bundesverfassungsgericht hat in Übereinstimmung mit der herkömmlichen Lehre und Rechtsprechung in seinem Beschluß vom 16. Oktober 1968[1] das kirchliche Glockengeläut zu den spezifischen kultischen Handlungen gerechnet, die zur Religionsausübung (Artikel 4 II GG) gehören[2]. Die jüngste einschlägige Gerichtsentscheidung[3] hat einen Unterlassungsanspruch gegen das kirchliche Glockengeläut aus öffentlichem oder privatem Recht rechtskräftig abgelehnt. Ungeachtet einiger kritischer Stimmen in der Presse[4] stimmen Rechtsprechung[5] und juristisches Schrifttum[6] in diesem Punkte im Ergebnis überein. Allerdings halten die Begründungen einer Überprüfung nicht in jedem Falle stand, so wenn zum Beispiel die Polizeipflichtigkeit mit dem Hinweis abgelehnt wird, das Glockengeläut sei kein Geräusch im Sinne der Lärmbekämpfungsvorschriften[7] oder der Gebrauch der Glocken sei überhaupt keinen Rechtsnormen unterworfen, weil es sich um „res sacrae“ handele[8]. Die praktikablen Ergebnisse bedürfen einer differenzierteren Begründung.

II.

Vorab ist zwischen dem liturgischen Glockengeläut und dem Schlagwerk einer Turmuhr zu unterscheiden. Nur das erstere gehört zu der durch Artikel 4 II GG geschützten Religionsausübung[9]. Die Zeitansage ist keine zum Kultus gehörende Funktion der Glocke. Es empfiehlt sich daher, die Rechtsfragen, die aus dem Betrieb des Schlagwerks an einer Turmuhr entstehen, von den Rechtsfragen des Glockengeläuts als Bestandteil der Religionausübung zu trennen. Es handelt sich

* Abgedruckt mit freundlicher Genehmigung des Autors sowie des Carl Heymanns Verlages, Köln, zuerst erschienen im Deutschen Verwaltungsblatt 1972, Seite 316.

hierbei um eine nichtsakrale Nebenaufgabe der Kirche im öffentlichen Interesse. Einschlägig ist dafür nicht Artikel 4 GG, sondern die allgemeinen Grundsätze des Polizeirechts, des Bauordnungs- und des Nachbarrechts[10]. Gegen eine Ordnungsverfügung, die den Betrieb eines Schlagwerks an der Turmuhr zwischen 22 und 7 Uhr untersagt, bestehen deshalb keine grundsätzlichen Bedenken unter dem Gesichtspunkt des Rechts auf ungestörte Religionsausübung.

III.

Ausgangspunkt der Erörterung der Rechtsprobleme des kirchlichen Geläuts ist richtigerweise nicht die Schranke des in Frage stehenden Rechts, sondern zunächst sein Inhalt. Die rechtliche Situation des kirchlichen Glockengeläuts ist mit einer Verlautbarung der Evangelischen Kirche in Berlin-Brandenburg zutreffend umschrieben worden[11]: „Das Geläut der Kirchenglocken ist dazu bestimmt, die Gemeindemitglieder auf kirchliche Veranstaltungen, insbesondere Gottesdienste und Amtshandlungen . . . hinzuweisen und zur Teilnahme daran einzuladen. Es dient also mittelbar der Verkündigung der christlichen Botschaft als der zentralen Aufgabe der Kirche. Als solches ist es von jeher als ein unveräußerliches Recht der Kirche anerkannt und behandelt worden . . .[12]".

In letzter Zeit hat sich die tatsächliche Lage des Kirchenglockengeläuts allerdings geändert, und es ist deshalb zu erwägen, ob diese tatsächliche Änderung nicht auch rechtliche Konsequenzen haben muß. Die Änderung besteht darin, daß die Zeitgenossen, von Lärm zunehmend bedrängt, gegen das Glockengeläut nervöser reagieren. Zudem trifft der Glockenklang aus technisch unvollkommenen Glockenstuben oder von offen aufgehängten Glocken die Nachbarn, die womöglich eine Wohnung in der Höhe der Glocke bewohnen, anders, als der friedliche Glockenton in Großväters Tagen, der zudem noch mit dem Lebensrhythmus der Bevölkerung in Einklang stand[13]. Die Kirchen haben die technischen und sozialen Veränderungen, die zu einer graduell, wenn auch nicht prinzipiell anderen Bewertung des Glockenläutens führen können, erkannt, und sie haben ihre Praxis weitgehend danach ausgerichtet. Seit 1952 besteht ein interkonfessioneller „Beratungsausschuß für das deutsche Glockenwesen", der auf eine zweckmäßige akustische Gestaltung der Glockentürme hinwirkt. Beide Kirchen haben ferner in ihren Läuteordnungen auf die „veränderten Lebens- und Arbeitsverhältnisse unserer Zeit" Rücksicht genommen, indem sie in meist übereinstimmenden Regelungen das Läuten auf die Zeit von 7 Uhr früh bis 20 Uhr abends (mit Ausnahmen für bestimmte Festtage) beschränkt und die Läutedauer auf zwei bis fünf Minuten angesetzt haben[14]. Diese kirchliche Selbstbeschränkung bedeutet keine Veränderung der Rechtslage. Es handelt sich um freiwillige Einschränkungen der Kirchen, unbeschadet ihrer Rechte aus der Kultusfreiheit.

IV.

Die Praxis zeigt, daß die meisten Konflikte friedlich beigelegt werden können, da die Kirchen den berechtigten Interessen gestörter Anlieger nach Möglichkeit Rechnung tragen. Welche Schranken ergeben sich aber für die Fälle, in denen eine einvernehmliche Lösung nicht möglich ist?

Selbstverständlich bedeutet das Fehlen jedes Schrankenvorbehalts in Artikel 4 nicht, daß die Religionsfreiheit schrankenlose Geltung genießt. Auch solche Grundrechte, die nach dem Wortlaut des Grundgesetzes uneingeschränkt gewährt werden, sind durch sogenannte Schranken begrenzt.

Zunächst könnte sich eine Schranke für Artikel 4 II GG aus der Inanspruchnahme des gleichen Grundrechts durch andere Personen ergeben. Tatsächlich behaupten vom Glockenläuten gestörte Personen unter anderem auch, sie seien in ihrer eigenen Glaubensfreiheit dadurch verletzt, daß sie gezwungen seien, Glockenläuten anzuhören. Diese Argumentation trifft nicht zu; denn Glaubensfreiheit kann nicht bedeuten, durch den Arm des Staates die Religionsausübung anderer von sich abzuwehren. Dies hieße ganz im Gegenteil, staatliche Hilfe bei der Durchsetzung des eigenen Standpunktes anzurufen. Die Begegnung mit der Religionsausübung anderer kann in einem pluralistischen Staat niemandem abgenommen werden[15]. Auch diese Einflüsse der Umwelt wie das Hören des Glockengeläuts sind Ausfluß der Religionsfreiheit. Es gibt kein Recht im privaten oder öffentlichen Raum, von den tatsächlichen religiösen und weltanschaulichen Einflüssen der Umwelt abgeschirmt zu werden. Es ist auch in der Tat[16] nicht einzusehen, inwiefern in einem weltanschaulich pluralistischen Gemeinwesen die Konfrontierung mit anderen Meinungen eine Verletzung der Glaubens- und Gewissensfreiheit sein kann[17]. Der gegenteilige Standpunkt würde eine Überspannung der negativen Bekenntnisfreiheit zu Lasten der positiven bedeuten.

Die von den Gegnern des Glockengeläuts gelegentlich gezogene Parallele zu dem Hessischen Schulgebetsurteil geht fehl[18]. Abgesehen davon, daß auch dieses Urteil an einer fehlerhaften Überspannung der negativen Seite der Glaubens- und Gewissensfreiheit leidet, besteht ein erheblicher Unterschied zu unserer Frage darin, daß nach dem Schulgebetsstreit bei dem Sprechen eines Schulgebets ein nach der hessischen Verfassung unzulässiger Zwang zur Entscheidung über die Teilnahme oder Nichtteilnahme an einer religiösen Übung gesehen wurde. Von einem solchen Zwang kann beim Glockenläuten nicht die Rede sein. Der Zwang zu hören, der sich aus der räumlichen Nähe zu einer Glocke ergibt, ist kein auf das Freiheitsrecht eines Gegners des Glockenläutens zielender Eingriff[19].

Zu den „Rechten anderer“ zählt das Grundrecht auf körperliche Unversehrtheit (Artikel 2 II S. 1 GG). Der Fall der Gesundheitsbeschädigung durch das Glockenläuten kann nur als ein extremer Ausnahmefall gedacht werden. In der Regel bleibt die Phonzahl des Glockenläutens weit unterhalb der gesundheitsschädigenden Werte. Zudem pflegen die Kirchen aufgrund ihrer pragmatischen Einstellung zu der gesamten Frage gravierende Fälle zu vermeiden oder zu mildern. Dennoch ist gerade der Extremfall juristisch hilfreich. Die Frage nach der Möglichkeit, einen Rechtsweg zu den staatlichen Gerichten zu beschreiten, hängt entscheidend davon ab. In diesen mehr theoretischen Fällen, in denen das Glockenläuten zu Gesundheitsschädigungen eines Nachbarn führt, treffen zwei Grundrechte aufeinander – ein Konflikt, der nur durch Abwägung der beiden Freiheitsrechte zu lösen ist. Da das Grundrecht der Religionsausübung, ohne daß seine Substanz berührt wird, auf einen Bereich beschränkt werden kann, innerhalb dessen Gesundheitsbeschädigungen unmöglich sind, erscheint es zumutbar, insoweit eine immanente Grenze der Religionsausübung anzunehmen. Diese Grenze ist den Kirchen ohnehin selbstverständlich und durch die christliche Ethik geboten[20].

Außer durch die „Rechte anderer" ist die Religionsausübung (hier: Glockenläuten) immanent durch den Gesichtspunkt der „öffentlichen Sicherheit und Ordnung" beschränkt[21]. Zwar wird das Glockenläuten allgemein ausdrücklich nicht als Lärm qualifiziert[22]. Auch das Bayerische Landesstraf- und Verordnungsgesetz, das in Artikel 18 f. die Lärmbelästigung behandelt, nimmt Glockenzeichen zu kirchlichen Zwecken ausdrücklich und generell aus. Das schließt allerdings nicht aus, daß unter dem Gesichtspunkt der Körperverletzung durch akustische Einwirkung Lärm, Geräusche und Glockenklang in Parallele gesehen werden. Unter diesem Gesichtspunkt führen Drews-Wacke[23] aus: „Zu den Erfordernissen der öffentlichen Ordnung gehört auch angemessene Rücksichtnahme auf die Mitmenschen durch Unterlassen von Störungen durch Geräusche . . . Auch ein solches Maß von Geräuschen, das zwar noch keine eigentliche Gesundheitsgefahr darstellt, jedoch die Arbeitsfähigkeit der Mitmenschen herabsetzt, ist eine Störung der öffentlichen Ordnung." Diesen allgemeinen Feststellungen zufolge würde auch Glockenläuten, das die Arbeitsfähigkeit herabsetzt, eine Störung der öffentlichen Ordnung bedeuten.

Diese Konsequenz wird von der in der Literatur herrschenden Meinung jedoch nicht gezogen. Vielmehr heißt es umgekehrt: „Kirchliches Glockenläuten ist keine Störung der öffentlichen Ordnung, mögen es auch einige Umwohner als Belästigung empfinden[24]". Diese auf den ersten Blick paradox erscheinende Feststellung wird durch verschiedene Begründungen gestützt. Am wenigsten überzeugend ist hierbei das Argument, Glocken seien Musikinstrumente, Glockenläuten daher kein Lärm, sondern Musik, und Musik könne keinesfalls stören; im Gegensatz zu den störenden Geräuschen der technischen Umwelt wirke Glockenläuten ordnend und beruhigend[25].

So richtig dies unter künstlerischen und psychologischen Gesichtspunkten sein mag, so wenig durchschlagend ist es unter polizeirechtlicher Betrachtung. Die Unterscheidung zwischen Musik und Geräusch ist juristisch irrelevant. Auszugehen ist von dem (allerdings fiktiven) Empfinden des Durchschnittsmenschen, der unter gewissen, wenn auch selten anzutreffenden Bedingungen Glockenläuten durchaus als Störung empfinden kann. Die Vertreter der Meinung, Glockenläuten sei als Musik generell nicht geeignet zu stören, räumen daher auch ein, unter gewissen Bedingungen (schlechte Akustik der Glockentürme, offene Aufhängung der Glocken etc.) könne das Glockenläuten zu „Lärm" entarten[26]. Meist bleibt dabei unklar, ob sie nicht doch in diesen wenigen Fällen eine Störung der öffentlichen Ordnung sehen wollen. Deshalb erscheint es richtiger, ungeachtet der Unterscheidung zwischen Geräusch und Glockenton beides unter polizeirechtlichem Gesichtspunkt gleich zu behandeln.

Wichtig ist der bei Wiethaup anklingende Hinweis auf die Zugehörigkeit der Kirchen selbst zur „öffentlichen Ordnung" und somit auf den öffentlichen Charakter kirchlichen Handelns[27]. Allerdings hat die Verwendung der Begriffe „öffentlich" und „öffentliche Körperschaft" im Zusammenhang des Artikels 137 V WRV eine teilweise andere Bedeutung als im staatsrechtlichen Bereich[28]. Sie präsentieren keineswegs die Ausgrenzung polizeirechtlicher Gesichtspunkte, auch nicht aus dem innerkirchlichen Bereich; denn Abwehr von Störungen der öffentlichen Ordnung muß prinzipiell überall möglich sein. Das Argument, das Glockenläuten sei wegen des Öffentlichkeitsstatus der Kirchen ein hoheitlicher oder „quasi-hoheitli-

cher“ Akt in dem Sinne, in dem man im allgemeinen Verwaltungsrecht von schlicht hoheitlichem Handeln spricht, erweist sich damit ebenfalls als ungeeignet, um polizeirechtliche Gesichtspunkte auszuschalten.
Es ist daher festzuhalten, daß Glockenläuten in gewissen, besonders ungünstig gelagerten Fällen eine Störung der öffentlichen Ordnung darstellen kann. Die Religionsausübung (hier: Glockenläuten) ist immanent also nicht nur durch die „Rechte anderer“, sondern auch durch die „verfassungsmäßige Ordnung“, konkret: durch die polizeirechtliche Pflicht und Befugnis des Staates zur Aufrechterhaltung der öffentlichen Ordnung, begrenzt.

V.

Im Zusammenhang mit dem genannten Argument, die Kirchen seien Körperschaften des öffentlichen Rechts und daher als Hoheitsträger nicht polizeipflichtig, ist bereits deutlich geworden, daß die Auslegung des Artikel 4 GG nicht isoliert vom staatskirchenrechtlichen Gesamtverständnis vorgenommen werden kann. Es ist eine Selbstverständlichkeit, daß die Artikel 4 und 140 GG nicht voneinander isoliert, sondern im Zusammenhang zu betrachten sind[29].
Allerdings garantiert Artikel 137 III WRV, die „Kernbestimmung des heutigen Staatskirchenrechts“[30], den Religionsgesellschaften die selbständige Ordnung und Verwaltung ihrer Angelegenheiten, „innerhalb der Schranken des für alle geltenden Gesetzes“. Fragen der Liturgie wie die Bestimmung von Häufigkeit und Dauer des Glockenläutens gehören zu den sogenannten inneren Angelegenheiten der Kirchen[31]. Der Staat kann also nicht Läuteordnungen erlassen oder das Läuten durch einseitig-hoheitliche Regelungen gebieten oder verbieten[32].
Auch die Sonderstellung der Glocken als „res sacrae“ im System des öffentlichen Sachenrechts muß zu diesem Ergebnis führen: Durch Übernahme in den kirchlichen Gebrauch werden die Glocken zu Gegenständen des Kultus, das heißt „öffentliche Sachen, welche ausschließlich in den Grenzen der Widmung verwendet werden dürfen“[33]. Wichtigste Folge dieser Widmung zu Zwecken des Kultus ist die Exemtion der Glocken aus der „allgemeinen Ordnung des Rechtsverkehrs“ zum Schutz vor Profanierung[34]. Nur diesen Schutz vor Profanierung hatte auch das OVG Koblenz im Auge, als es unter Berufung auf Forsthoff den Charakter der Glocken als „res sacrae“ betonte, um damit die alleinige Kompetenz der Kirchengemeinde zur Festlegung der Läuteordnung zu begründen. Die Entscheidung des OVG ist voll zu billigen. Sie wird allerdings falsch verstanden, wenn man die in ihr enthaltene Feststellung, ausschließlich den Kirchen stehe das Läuterecht zu, aus dem Zusammenhang nimmt und so interpretiert, als seien die Kirchen, wenn sie ihre Glocken benützen, überhaupt keinen Rechtsnormen mehr unterworfen. In diesem Sinne ist die Entscheidung des OVG in die neuere Rechtsprechung und Literatur irrtümlich eingegangen[35]. Die Heraushebung der Glocken aus der „allgemeinen Ordnung des Rechtsverkehrs“ kann aber nur insoweit sinnvoll sein, als es der erstrebte Schutz vor Profanierung gebietet. Das bürgerlich-rechtliche Eigentum bleibt ungeschmälert erhalten; ebenso müssen öffentlich-rechtliche Normen in gewissem Umfang weiter anwendbar bleiben. Niemand würde die Befugnis der Polizei zum Einschreiten bezweifeln, wenn – wie 1970 in Lübeck geschehen – die „Verschraubungen der Glocken von fremder Hand“ gelöst werden, so daß ohne

das Eingreifen der Polizei unabsehbarer Schaden entstanden wäre[36]. Gleiches gilt für sonstige sicherheitspolizeiliche, insbesondere feuerpolizeiliche Maßnahmen an Kirchengut. Eine Abwehr dieser Maßnahmen unter Berufung auf die Freiheit der Religionsausübung, auf die Eigenschaft der betroffenen Sachen als „res sacrae" und auf Artikel 137 III WRV würde mit Recht als widersinnig abgelehnt werden.
Es ist daher festzuhalten, daß die Eigenständigkeit der Kirchen in „ihren" Angelegenheiten gestaltende Eingriffe des Staates unmöglich macht, nicht jedoch die polizeiliche Gefahrenabwehr. Die Anerkennung der staatlichen Sorgepflicht für die „öffentliche Sicherheit und Ordnung" bedeutet keineswegs eine Einschränkung der Kirchen in ihrer Selbstbestimmung über Kultusfragen. Lediglich dort, wo die Kirchen durch ihre Betätigung in den sozialen Raum hineinwirken und eine Störung der öffentlichen Sicherheit und Ordnung möglich ist, gilt die Bindung an die „allgemeinen Gesetze", das heißt hier der polizeirechtlichen Normen, soweit sie sich nicht speziell gegen die Religionsgemeinschaft als solche richten, sondern sie indifferent wie jeden Bürger ansprechen.
Auch die Heranziehung von Artikel 140 GG/137 III WRV bestätigt also das bereits an Hand von Artikel 4 GG gewonnene Ergebnis, daß das Glockenläuten – unbeschadet der Kultusfreiheit und der Selbständigkeit der Religionsgesellschaften in eigenen Angelegenheiten – in den seltenen Fällen, in denen eine Gesundheitsbeschädigung oder eine empfindliche, die Arbeitsfähigkeit mindernde Belästigung der Anwohner eintritt, der allgemeinen Polizeipflicht unterliegt[37].
Sollten Maßnahmen durch die Behörden in der Tat notwendig werden, dann wären diese verpflichtet, nach dem Grundsatz der „Verhältnismäßigkeit der Mittel" die Form des Eingriffs zu wählen, die am wenigsten beschwerend wirkt, denn nach der ständigen Rechtsprechung des Bundesverfassungsgerichts muß auch ein einschränkendes Gesetz im Lichte der Bedeutung des eingeschränkten Rechts gesehen werden.[38]. Bevor also eine Beschränkung des Läutens nach Häufigkeit und Dauer angeordnet würde, wäre zu prüfen, ob nicht eine einfache technische Maßnahme (Jalousiebretter, Einstellung der Läutemaschine u. a.) ausreicht. Auch die Beschränkung auf Häufigkeit und Dauer dürfte nicht willkürlich sein. Sie müßte die von den Kirchen selbständig (von der staatlichen Behörde nicht überprüfbar) festgesetzten liturgischen Anforderungen respektieren. Erst recht würde ein Verbot zu läuten gegen Artikel 4 II GG und Artikel 137 III WRV verstoßen.
Der damit dem Eingreifen der staatlichen Behörde gesetzte sehr enge Spielraum und die entsprechend weitgehende Autonomie der Kirchen zwingt beide Partner zu einvernehmlicher Lösung, das heißt zu dem besonderen Auftrag der Kirche gerecht werdender Kooperation. Soweit ersichtlich, treten hier auch in der Praxis keinerlei Komplikationen auf.

VI.

Als mögliche Rechtswege in der Streitigkeit über das Glockengeläut bieten sich der Rechtsweg zu ordentlichen Gerichten und der zu Verwaltungsgerichten an[39]. Nicht so eindeutig wird die Frage beantwortet, ob der durch das Glockenläuten gestörte Nachbar den Rechtsweg zu den Zivil- oder zu den Verwaltungsgerichten zu beschreiten hat.
Für diejenigen Religionsgesellschaften, die nicht nach Artikel 140 GG/137 V

WRV Körperschaften des öffentlichen Rechts sind, zu deren Kultus das Glockenläuten aber gleichwohl traditionell gehört, fällt die Entscheidung von vornherein zugunsten des zivilrechtlichen Rechtsweges.

Hinsichtlich der Kirchen, die die Rechte einer Körperschaft des öffentlichen Rechts genießen, gehen die Meinungen schon über die Möglichkeit des Rechtsweges überhaupt, aber auch über die Frage Zivil- oder Verwaltungsrechtsweg, auseinander. Eine sogenannte herrschende Meinung hat sich in dieser Frage noch nicht ausbilden können[40]. Auch die wenigen bekannt gewordenen Fälle der Rechtsprechung widersprechen sich in dieser Frage. Die Berufung auf das Urteil des Reichsgerichts vom 19. November 1903, das vor der Ausbildung einer der „ordentlichen" gleichwertigen Verwaltungsgerichtsbarkeit erging, ergibt für die Frage des Rechtsweges nichts[41].

Auch das häufig zitierte Urteil des OVG Koblenz[42] läßt sich zur Frage des Rechtsweges gegen störendes Glockenläuten nicht heranziehen. Es beschränkt sich auf das staatskirchenrechtliche Problem der Zulässigkeit einer weltlichen Läuteordnung, wenn zwei Kirchengemeinden sich über die simultane Benutzung der Glokken nicht einigen können. Das Verwaltungsgericht Berlin[43] hat die Zulässigkeit des Verwaltungsrechtsweges ohne weitere Erörterungen angenommen. Das Verwaltungsgericht Arnsberg hat sie umgekehrt verneint[44] mit der interessanten Begründung, „eigentlich" sei der Verwaltungsrechtsweg gegeben, aber Artikel 137 III WRV stelle die Kirche im innerkirchlichen Bereich von der Ausrichtung auf das für alle geltende Gesetz frei, was auch dann gelte, wenn das Glockenläuten nach außen und belästigend wirke. Ebenso hat das Verwaltungsgericht Würzburg[45] den Verwaltungsrechtsweg kurzerhand abgelehnt, wobei es fast wortgetreu die Ausführungen von Wiethaup und dessen Hinweis auf das Reichsgerichtsurteil von 1903 übernahm.

Entscheidend für die Frage nach dem Rechtsweg ist, ob es sich beim Glockenläuten um eine Immission in Ausübung öffentlich-rechtlicher Gewalt handelt (§§ 13 GVG, 40 VwGO), denn der bürgerlich-rechtliche Abwehranspruch aus § 906 BGB ist, wenn die Immission einen öffentlich-rechtlichen Akt darstellt, ausgeschlossen oder wenigstens beschränkt. Man könnte daher das Glockenläuten mit der Kategorie Jellineks „schlicht-hoheitliches Handeln" zu erfassen versuchen. Damit ist gemeint das Handeln eines Hoheitsträgers aufgrund öffentlichen Rechts, aber nicht in der Form hoheitlicher Tätigkeit.

Dabei wird jedoch gerade das, was geklärt werden soll, vorausgesetzt, nämlich die Feststellung, daß es sich um „öffentliches Recht" handle. Der Anwendung des Schemas öffentliches – privates Recht auf innerkirchliche Vorgänge stehen aber Bedenken entgegen, zumal das Wort „öffentlich" auf staatlichem und kirchlichem Feld verschiedene Bedeutungen hat.

Das Glockenläuten ist kein Vorgang, der sich unter das Schema „hoheitlich-obrigkeitlich" oder „schlicht-hoheitlich" bringen ließe. Diese Kategorien sind am staatlichen Recht entwickelt und haben bei der Qualifizierung staatlicher Tätigkeit ihren Sinn[46].

Die Qualifizierung des Glockenläutens als öffentlicher Tätigkeit mit Rücksicht auf den Charakter der Kirchen als Körperschaften des öffentlichen Rechts ist also unergiebig. Im übrigen sind selbst die typischen Körperschaften des öffentlichen Rechts, die mittelbar Staatsaufgaben wahrnehmen und der Staatsaufsicht unterworfen sind, bei ihren Tätigkeiten, die Immissionen akustischer Art für die Nachbarn zur Folge haben, auf dem ordentlichen Rechtsweg und auf der Grundlage des § 906 BGB prozessual anzugreifen. Auch staatliche, schlicht-hoheitlich tätig werdende Einrichtungen müssen sich insoweit als Nachbarn behandeln lassen. Für die Kirchen, die keine hoheitliche Tätigkeit ausüben, gilt dies erst recht[47].

Die Rechtsgrundlage bietet § 906 BGB. Danach kann der Eigentümer eines Grundstücks die Zuführung von Geräuschen und ähnlichen von einem anderen Grundstück ausgehenden Einwirkungen insoweit nicht verbieten, als die Einwirkung das Grundstück nicht oder nur unwesentlich beeinträchtigt. Selbst wesentliche Beeinträchtigungen muß er jedoch hinnehmen, wenn die Benutzung des Nachbargrundstückes „ortsüblich" ist und nicht durch Maßnahmen verhindert werden kann, die wirtschaftlich zumutbar sind (§ 906 II S. 1 BGB). Solche Maßnahmen sind im Falle von Glockengeläuten, wie oben gezeigt, jedoch immer möglich. Auch sind die Kirchen nicht nur in der Theorie bereit, solche Maßnahmen zu treffen, sondern sie führen sie auch durch.

In allen Gemeinden der Bundesrepublik Deutschland – es möge sich um alte Orte handeln oder neue Satellitenstädte – ist das Glockenläuten als eine ortsübliche Einwirkung hinzunehmen. Seit Jahrhunderten gibt es keine nennenswerte menschliche Siedlung in Deutschland, die keine Glocken hätte. Selbst wenn also in einem konkreten Fall eine Satellitenstadt zunächst ohne Kirche errichtet wird und diese erst später ihre Glocken ertönen läßt, ist von Anfang an davon auszugehen, daß der Glockenklang ortsüblich ist. Die Kirchen sind in der Bundesrepublik Deutschland ein Teil der öffentlichen Ordnung und als solcher in der Verfassung ausdrücklich geschützt[48].

Hatte schon die Erörterung von Artikel 4 und 140 GG i. V. m. Artikel 137 III WRV gezeigt, daß die Bindung der Kirchen an die öffentliche Sicherheit und Ordnung in keinem Falle bedeuten kann, daß das Glockenläuten völlig inhibiert werden kann, so führt § 906 BGB zum gleichen Ergebnis. Der hier dem gestörten Nachbarn eingeräumte Abwehranspruch hat lediglich den Inhalt, von dem Inhaber des „störenden" Grundstücks solche Maßnahmen zu verlangen, die die Beeinträchtigung auf ein erträgliches Maß herabschrauben und wirtschaftlich zumutbar sind. Da die Kirchen, insbesondere soweit sie Körperschaften des öffentlichen Rechts sind, als öffentliche Institutionen zur öffentlichen guten Ordnung in der Bundesrepublik gehören, sind auf sie hierbei die Grundsätze anzuwenden, die bei anderen Institutionen von öffentlicher Bedeutung in der Rechtsprechung ständig zugrunde gelegt werden. Danach ist ihre Stellung als „Nachbar" nicht ohne weiteres gleichzusetzen mit der des privaten Nachbarn, von dem § 906 BGB ausgeht. Vielmehr ist der Abwehranspruch aus § 906 gegenüber den Kirchen in der Weise eingeschränkt wie gegenüber Immissionen durch gemeinwichtige, dem öffentlichen Interesse dienende Betriebe[49]. In diesen Fällen kann die Abwehr der Immissionen nicht durch Einstellung oder Teileinstellung des Betriebes, sondern nur durch Erstellung von Einrichtungen erreicht werden, durch die die Immissionen gemildert werden.

Überträgt man diesen Gedanken auf das Verhältnis zwischen den Kirchen und ihren Anliegern, was insbesondere im Hinblick auf das große Alter des Gewohnheitsrechtes, das in der neuesten Zeit besonderen verfassungsrechtlichen Schutz gefunden hat, naheliegt, so ergibt sich, daß der Abwehranspruch der Nachbarn, in

Beziehung gesetzt zum Grundrecht der ungestörten Religionsausübung (Artikel 4 II GG) und zur garantierten Selbständigkeit der Kirchen (Artikel 140 GG/137 III WRV), nur ein beschränkter sein kann. Er geht darauf, die Immission des Glokkenläutens durch geeignete Maßnahmen soweit abzumildern, daß sie sowohl unterhalb der Schwelle der Gesundheitsbeschädigung als auch der erheblichen Belästigung bleiben. Derartige Maßnahmen sind, wie die Tätigkeit des Beratungsausschusses für das deutsche Glockenwesen zeigt, möglich. Auch eine zeitliche Beschränkung des Läutens, immer vorausgesetzt, daß wesentliche Funktionen des Kultus nicht betroffen sind, kann hilfreich sein.

Anmerkungen

1 BVerfGE 24, 236 (246).

2 *Baldus,* Gottesdienstliche Handlungen als Störungen der Sonntagsruhe, DÖV 1971, 339.

3 VG Würzburg, Beschl. v. 1. 6. 1971 (rechtskräftig), ZevKR 16 (1971), S. 431.

4 Vgl. Der Spiegel Nr. 41/1970, S. 129; Süddeutsche Zeitung v. 10. 1. 1970 („klerikaler Lärmterror oder beruhigendes Bimbam?"); Frankfurter Allgemeine Zeitung vom Januar 1970 („Heiliges Bimbam").

5 BayVGH, Urteil v. 1. 6. 1965 – 280 I 64 – (unveröff.); AG Bad Orb, Urteil v. 6. 9. 1967 – C 54/67 – (unveröff.); VG Arnsberg, Beschl. v. 19. 5. 1967 – 2 L 17/67 – (unveröff.); VG Berlin, Beschl. v. 13. 2. 1967 – EA VG I A 10.67 – (unveröff.).

6 *Mikat,* Kirchen u. Religionsgemeinschaften, in: Bettermann-Nipperdey-Scheuner, Die Grundrechte IV/1 (1960), S. 132; *Hamel,* Glaubens- u. Gewissensfreiheit, ebd. S. 84; *Evers,* Kirche und staatliche Gerichtsbarkeit, Festschr. für E. Ruppel (1968), S. 329 ff. (S. 342); aus der älteren Lit. statt aller vgl. *Hinschius,* Das Kirchenrecht der Katholiken u. Protestanten in Deutschland, Bd. IV (1888), S. 413 ff.; *Reicke,* Art. „Glocken, kirchenrechtlich", RGG, 3. Aufl., Bd. 2 (1958), Sp. 1626; vgl. ferner *Wiethaup* in: „Die Polizeipraxis" (1958), S. 2, 13 f.; ebenso *ders.,* Ruhestörender Lärm durch Kirchenglocken? in: Blätter für Grundstücks-, Bau- u. Wohnungsrecht (1958), S. 53 f.; ebenso *ders.,* Lärmbekämpfung in der Bundesrepublik Deutschland, 2. Aufl. (1967), S. 422 f.; sowie *ders.,* Die rechtlichen Möglichkeiten zur Lärmbekämpfung, NJW 1961, 492; ferner demnächst *Stolleis,* Kirchliches Glockenläuten u. staatliche Gerichte, ZevKR 17 (1972), Heft 1/2.

7 *Wiethaup,* Lärmbekämpfung, S. 423.

8 VG Arnsberg, Beschl. v. 19. 5. 1967 – 2 L 17/67 – (unveröff.); VG Würzburg, Beschl. v. 1. 6. 1971, ZevKR 16 (1971), S. 431.

9 Urteil des AG Bad Orb v. 6. 9. 1967 (unveröff.).

10 Beschl. des VG Berlin v. 13. 2. 1967 – EA VG I A 10.67 – (unveröff.).

11 ABl. EKD 1953, S. 3.

12 Die beiden großen Kirchen stimmen hier überein, vgl. Verlautbarung der Ev. Kirche in Berlin-Brandenburg, ABl. EKD 1953, S. 3 u. Kirchl. Anzeiger für die Erzdiözese Köln v. 1. 5. 1958, S. 131.

13 Nach G. *Wunder,* Die Schenken von Stauffenberg (1972). Schriften zur südwestdeutschen Landeskunde Bd. 11, beschwerte sich allerdings schon vor Jahrhunderten Schenk Jacob darüber, daß durch das frühe Läuten der arbeitende Mann aus der Ruhe aufgeschreckt werde.

14 Abgedruckt in den Kirchlichen Amtsblättern.

15 BVerwGE 30, 29. Dazu *Häberle,* JuS 1969, 265 ff.

16 Mit dem OLG Nürnberg, Beschl. v. 14. 6. 1966, JZ 1966, 798 ff.; (800); BayVerfGH 20, 87 = DVBl. 1967, 453.

17 A. *v. Campenhausen,* BayVBl. 1970, 153 ff.

[18] Schulgebetsurteil des Hess. StGH v. 27. 10. 1965, DÖV 1966, 51 ff.; dazu *Böckenförde,* Religionsfreiheit u. öffentliches Schulgebet, DÖV 1966, 30 ff.; *Scheuner,* Auseinandersetzungen u. Tendenzen im deutschen Staatskirchenrecht, DÖV 1966, 148; A. *v. Campenhausen,* Erziehungsauftrag u. staatliche Schulträgerschaft (1967), S. 303 ff.

[19] Ebenso *Baldus,* a. a. O.

[20] Vgl. H.-P. *Schneider,* Anm. zu BVerfGE 24, 236 ff. in: NJW 1969, 1342 f.

[21] *Maunz-Dürig-Herzog,* Grundgesetz, Art. 2 Abs. 1 Rdnr. 75 ff.

[22] *Evers,* Festschr. für E. Ruppel (1968), S. 342; *Wiethaup,* Lärmbekämpfung, S. 423; *Dreher,* Strafgesetzbuch, 32. Aufl., 1970, § 360 Nr. 11 A e, S. 1326.

[23] *Drews-Wacke,* Allgemeines Polizeirecht, 7. Aufl., 1961, S. 84 f.

[24] *Hamel,* Glaubens- u. Gewissensfreiheit, in: Bettermann-Nipperdey-Scheuner, Die Grundrechte IV/1, S. 84. Siehe auch die oben angeführten Stimmen.

[25] *Wiethaup,* Lärmbekämpfung, S. 423. Auch der Gesetzgeber unterscheidet in der Definition zwischen Lärm u. kirchlichem Glockenläuten, wenn er in dem o. a. Art. 18 f. III Nr. 1 Bayer. Landesstraf- u. Verordnungsgesetz i. d. F. v. 3. 1. 1967, die „Glockenzeichen zu kirchlichen ... Zwecken“ als grundsätzlich nicht zur Belästigung der Allgemeinheit geeignet vom polizeilichen Verbot ausschließt.

[26] *Wiethaup, a. a. O.*

[27] Dazu *Scholz,* Zur Polizeipflicht von Hoheitsträgern, DVBl. 1968, 732, u. *Blumenwitz,* Typische Konflikte zwischen Verwaltungsträgern u. ihre Regelung im deutschen Verwaltungsrecht, AöR 96 (1971), S. 161 ff.

[28] K. *Hesse,* Der Rechtschutz durch staatliche Gerichte im kirchlichen Bereich (1956), S. 85; H. *Weber,* Die Kirchen als Körperschaften des öffentlichen Rechts im System des Grundgesetzes (1966), S. 46 ff.; A. *v. Campenhausen,* Grenzprobleme staatlicher u. kirchlicher Organisationsgewalt, ZevKR 14 (1960/69), S. 270 ff.; *Hollerbach,* Die Kirchen als Körperschaften des öffentlichen Rechts, Essener Gespräche 1 (1969), S. 45 ff.

[29] Art. 4 u. 140 GG sind wie eine Einheit zu lesen: *Hollerbach,* VVDStRL 26 (1968), S. 60; *Hekkel,* ebda. S. 40 f.

[30] *Hesse,* Rechtschutz, S. 67.

[31] Vgl. die unverändert zutreffende Übersicht bei *Ebers,* Staat u. Kirche im neuen Deutschland (1930), S. 261 ff.; *Hesse,* Rechtsschutz, S. 69.

[32] *Reicke,* a. a. O.; Es ist daher völlig richtig, wenn es in einem Urteil des OVG Koblenz, DVBl. 1956, S. 626, in dem über die Rechtmäßigkeit einer Läuteordnung der politischen Gemeinde zu befinden war, heißt: „Das Läuterecht gehört ... zu den ureigensten Angelegenheiten der Kirchen.“

[33] *Forsthoff,* Res Sacrae, AöR 31 (1940), S. 253.

[34] *Forsthoff,* Lehrbuch des Verwaltungsrechts, 9. Aufl., 1966, S. 358; ebenso H. P. *Muus,* Kirchengut u. öffentliche Sachen, ZevKR 11 1965), S. 132.

[35] VG Arnsberg, Beschl. v. 19. 5. 1967 – 2 L 17/67 – (unveröff.); VG Würzburg, Beschl. v. 1. 6. 1971, ZevKR 16 (1971), S. 431; *Wiethaup,* Lärmbekämpfung, S. 422.

[36] Der Spiegel Nr. 41/1970, S. 129.

[37] Ein unmittelbares Einschreiten der Polizei i. e. S. auf Grund einer eigenen Befugnis dürfte kaum jemals in Frage kommen, da die Notwendigkeit „unaufschiebbarer Maßnahmen“ gegen das Glockenläuten schwer vorstellbar ist.

[38] So die ständige Rechtsprechung seit dem Lüth-Urteil, BVerfGE 7, 198.

[39] Die Tatbestände des Strafrechts scheiden aus. Weder § 230 noch § 360 Ziff. 11 StGB sind einschlägig; denn „Fahrlässigkeit“ i. S. des § 230 StGB ist ebensowenig anzunehmen wie die Voraussetzung, das Glockenläuten sei „ungebührlicherweise erregter Lärm“ i. S. des § 360 StGB. Unbestritten. *Dreher,* a. a. O.; *Wiethaup,* Lärmbekämpfung, S. 423.

[40] Eine Gruppe von Autoren verneint die Möglichkeit zur Beschreitung eines Rechtsweges gene-

rell: *Wiethaup,* a. a. O., S. 424; *Lasally,* Deutsches Lärmbekämpfungsrecht, 2. Aufl., 1961, S. 196; *Dreher,* a. a. O. Im Gegensatz hierzu hält *Boerner,* Die ruhestörenden Glocken, KdL 1964, S. 61–64; *ders.,* Kirchenglockengeläut u. Lärmbekämpfung, in: Lärmbekämpfung, 1963, S. 53 ff., den Weg zu den Zivilgerichten für gegeben. Wiederum anderer Meinung sind *Glaser-Dröschel,* Das Nachbarrecht in der Praxis, 2. Aufl., 1963, S. 119 f., 139, 144. Sie halten unter Hinweis auf Art. 19 IV GG den Verwaltungsrechtsweg für richtig. Damit sind alle in Frage kommenden Möglichkeiten erschöpft.

41 RGZ 56, 25. Diese Entscheidung wird von *Wiethaup* u. der diesem folgenden Literatur mehrfach zur Begründung seiner These herangezogen, daß der Weg zu den staatlichen Gerichten generell verschlossen sei – indes zu Unrecht. Das Urteil verwies nämlich das Recht der Kirchen, Glocken zu läuten, unter Heranziehung von ALR II, 11, § 25 u. der Feststellung, die Glocken würden zum Wohl der Kirchenangehörigen u. zum Wohl des Gesamtstaates geläutet, in das *öffentliche* Recht u. lehnte daher den ordentlichen Rechtsweg ab. Es betonte aber, was *Wiethaup* nicht anführt, die Glocken seien „keineswegs dem privatrechtlichen Verkehre gänzlich entzogen, vielmehr im allgemeinen dem öffentlichen u. bürgerlichen Rechte des Staates unterworfen . . .“ u. zur „örtlichen oder zeitlichen Beschränkung oder Aufhebung der hervorragend öffentlich-rechtlichen Befugnis zum Läuten mit Kirchenglocken“ seien die „zur Überwachung u. Handhabung des öffentlichen Rechts bestellten Behörden berufen . . .“

42 DVBl. 1956, 626.

43 Beschl. v. 13. 2. 1967.

44 Beschl. v. 19. 5. 1967.

45 Beschl. v. 1. 6. 1971.

46 Vgl. auch *Mikat,* Kirchliche Streitsachen vor Verwaltungsgerichten, in: Staatsbürger u. Staatsgewalt, Jubiläumsschrift zum 100jährigen Bestehen der deutschen Verwaltungsgerichtsbarkeit u. zum 10jährigen Bestehen des Bundesverwaltungsgerichts, Bd. II (1963), S. 315 ff.; *Hollerbach,* a. a. O. (oben Anm. 28).

47 Diese Meinung ist in jüngster Zeit allerdings von *Martens,* Öffentlich-rechtliche Probleme des negatorischen Rechtsschutzes gegen Immissionen, Festschr. Schack (1966), S. 85 ff., mit beachtlichen Gründen bestritten worden. Er vertritt die Zuständigkeit der Verwaltungsgerichte, sofern durch die Tätigkeit öffentlich-rechtlicher Institutionen unerfreuliche Nebenwirkungen auf Nachbargrundstücke ausgehen, wenn die Grundsätze der Notwendigkeit u. der Verhältnismäßigkeit verletzt sind. In diesen Fällen gibt es einen Anspruch auf Beseitigung oder Unterlassung im Verwaltungswege.

48 *Smend,* ZevKR 2 (1952/53), S. 374 ff., 376 f.

49 LG Essen, MDR 1969, 924 (Bundesbahn); BGHZ 48, 98 (Autobahn); weitere Nachweise bei *Palandt-Degenhart,* § 906 Anm. 5.

Kirchliches Glockengeläute und öffentlicher Rechtsweg*

Von Peter Müssig

Nachdem das BVerwG mit seinem Urteil vom 7. Oktober 1983[1] entschieden hatte, daß für die Klage eines Nachbarn gegen das liturgische Glockengeläute einer als Körperschaft des öffentlichen Rechts anerkannten Kirche der Verwaltungsgerichtsweg gegeben ist, liegt nunmehr das darauffolgend erste Urteil eines zivilen Obergerichtes vor:
Das Oberlandesgericht Frankfurt a. M. hat in einem Urteil vom 24. Januar 1985, Az.: 1 U 175/81, den vom BVerwG eingeschlagenen Weg fortgesetzt – auch das OLG Frankfurt a. M. ist der Auffassung, daß Unterlassungsbegehren gegen vermeintlich störendes kirchliches liturgisches[2] Glockengeläute vor die Verwaltungsgerichte gehören als nicht bürgerlich-rechtliche, sondern nach § 40 I VwGO den Verwaltungsgerichten zugewiesene öffentlich-rechtliche Streitigkeiten.

I. Entscheidungsgrundlagen

Der dem Urteil des OLG Frankfurt a. M. zugrundeliegende Sachverhalt[3] ähnelte dabei stark demjenigen, den das BVerwG[4] zu entscheiden hatte: Der Kläger, ein Lehramtsreferendar, fühlte sich durch das morgendliche 7-Uhr-Läuten der Glokken des ca. 40 m von seiner Mietwohnung entfernten Turmes der Stadtkirche des beklagten Evangelischen[5] Kirchengemeindeverbandes (Eigentümers) gestört; er war der Meinung, das drei- bis vierminütige Geläute in seiner Lautstärke sei von ihm nicht zu dulden.
Das erstinstanzliche Gericht[6] hatte hinsichtlich des einzuschlagenden Rechtsweges keine vertieften Überlegungen angestellt, sondern sogleich sachlich entschieden. Zum Zeitpunkt seiner Entscheidung im Jahre 1981 war ja auch der Meinungsstand durchaus offen und tendenziell eher dahin gehend, daß derartige Streitigkeiten bürgerlich-rechtliche i. S. des § 13 GVG seien und somit vor die Zivilgerichte gehören[7].
Demzufolge hatte das Landgericht den vom Kläger geltend gemachten Anspruch auf Unterlassung des Glockengeläuts i. S. der §§ 858, 862 (1004)[8], 906 BGB, 22 BImSchG, § 3 LärmVO[9], geprüft[10] und mangels beeinträchtigender Ruhestörung verneint[11].
Auch das OLG Frankfurt a. M., das der Kläger als Berufungsgericht angerufen hatte, ging zunächst lange Zeit – von Einlegung der Berufung im Jahre 1981 bis zum Bekanntwerden der Entscheidung des BVerwG vom 7. Oktober 1983 – ersichtlich davon aus, daß der eingeschlagene Zivilrechtsweg der zutreffende war. Das Bekanntwerden[12] des Urteils des BVerwG nahm der 1. Zivilsenat des OLG Frankfurt a. M. zum Anlaß, die Richtigkeit des zu ihm eingeschlagenen Rechtsweges vertieft zu prüfen. Wäre das Urteil des BVerwG nicht während des Verlaufs dieses Rechtsstreites ergangen, so ist durchaus anzunehmen, daß das OLG Frankfurt a. M. seine Zuständigkeit bejaht und sachlich entschieden hätte.

---

* Abgedruckt mit freundlicher Genehmigung des Autors sowie des Carl Heymanns Verlages, Köln, zuerst erschienen im Deutschen Verwaltungsblatt 1985, Seite 837.

Das BVerwG hat mit seinem Urteil das OLG Frankfurt a. M. also, im Gegensatz zu ernsthafter Literaturkritik[13], überzeugt[14].
Die von den Befürwortern des Privatrechtsweges vorgebrachten Argumente – Trennung von Staat und Kirche, bloß verbale Bedeutung des Status der Kirchen als Körperschaften des öffentlichen Rechts, Öffentlichrechtlichkeit nur der beliehenen Staatsfunktionen, Gleichstellung der Kirchen mit Privaten, Eigenart kirchlicher, staatlich-weltlichem Recht entzogener Ordnung[15] – kommen letztendlich nicht zum Zuge.

II. Tragende Gesichtspunkte

Auch das OLG Frankfurt a. M. nimmt, ebenso wie das BVerwG, das Vorliegen einer öffentlich-rechtlichen Streitigkeit an – Kirchenglocken bzw. liturgisches Geläute werden als res sacrae[16] verknüpft mit dem Körperschaftsstatus der Religionsgesellschaft. Der rechtlichen Prüfung gerichtlicher Zuständigkeiten zugrunde liegt dabei die Feststellung des kirchlich-liturgischen Charakters des beanstandeten Glockengeläutes als Kulthandlung zum Zwecke des Gebetsaufrufs[17]. Dies wird angeknüpft an den Status der Religionsgesellschaft als Körperschaft des öffentlichen Rechts mit dem besonderen Schutz durch Art. 140 GG, 137 V WRV. Handelt es sich um liturgisches Läuten, werden die Kirchenglocken zu kultischen Zwecken gewidmet bzw. in den kirchlichen Gebrauch übernommen[18] – was einzig dem Selbstbestimmungsrecht der Kirchen unterfällt[19] –, so ist die entstehende Geräuschimmission geschützte Form der Religionsausübung[20], sie ist unmittelbare Konsequenz des Gebrauchs von res sacrae, von Kirchenglocken als öffentliche Sachen[21]; kirchliches Läuterecht ist ureigenste Angelegenheit der Kirchen[22]. Nur durch die Qualifikation typischer kirchlicher Lebensäußerungen, zu denen BVerwG und OLG Frankfurt a. M. die Widmung von Kirchenglocken zu Kultzwecken und ihren widmungsgemäßen Gebrauch in Form des liturgischen Glockengeläutes rechnen, als öffentlich-rechtliches Handeln[23] komme die verfassungsrechtlich gebotene Rechtsformgarantie der Kirchen als öffentlich-rechtliche Körperschaften zu eigenständiger Bedeutung.

III. Charakterisierung liturgischen Geläutes

Mit seiner vertieften und abgewogenen Entscheidung setzt das OLG Frankfurt a. M. die vom BVerwG[24] statuierte, vom VG Würzburg[25] aufgezeigte Linie fort; mit letztlich überzeugender Argumentation.

1. Rechtsweg zu staatlichen Gerichten

Es ist wohl nach nunmehr nahezu[26] allen Meinungen davon auszugehen, daß gegen kirchliches Glockengeläute, gerade auch gegen liturgisches, der Rechtsweg zu den staatlichen Gerichten eröffnet ist. Glockengeläute ist nicht etwa der Beurteilung staatlicher Gerichte entzogen, wie beispielsweise das Reichsgericht entschieden hatte[27], auch nicht unter dem Schutz der inneren kirchlichen Angelegenheiten i. S. des Art. 140 GG, 137 III WRV[28]. Denn nicht nur der Schutz kirchlicher Belange, sondern auch des Ruhebedürfnisses der von den Immissionen betroffenen Nachbarn obliegt dem Staat und seiner dem Rechtsstaatsprinzip entspringenden Justizgewährleistungspflicht[29]; auch Religionsausübung durch Glockenläuten ist durch die Rechte anderer und die verfassungsmäßige Ordnung, Art. 2 GG, beschränkt[30]. Prüfungsmaßstäbe sind § 906 BGB bzw. § 22 BImSchG[31]. Dabei ist kultisches Glockengeläut, soweit es sich im Rahmen des Angemessenen hält, als sozialadäquat hinzunehmen. Die Grenzen des Angemessenen stecken die Immissionsrichtwerte der VDI 2058 Bl. 1 bzw. TA Lärm, Nr.: 2.321[32]. Auch morgendliches Angelus-Läuten ist somit grundsätzlich zu dulden[33].

2. Verfassungsrechtliche Grundpositionen

Soweit allerdings die Frage des einzuschlagenden Rechtsweges zu beurteilen ist, ist auf die rechtlichen, insbesondere verfassungsrechtlichen, Gegebenheiten abzustellen. Mit dem Läuten der Glocken machen die Kirchen von ihrem Grundrecht der Religionsfreiheit Gebrauch, Art. 4 II, 19 III GG. Das Morgenläuten als Gebetsaufruf dient der zentralen Aufgabe der Kirchen, der Verkündung der christlichen Botschaft, und ist somit zugleich Zeichen der Präsenz der Kirchen in der Gesellschaft[34]. Der Staat hat in Art. 140 GG, 137 WRV die Rechtsstellung der Religionsgesellschaften fixiert und ihnen in Art. 137 III WRV das Selbstbestimmungsrecht sowie die Freiheit vor staatlicher Eingriffnahme zuerkannt. In Art. 137 V WRV hat der Verfassungsgeber darüber hinaus die Kirchen[35] besonders hervorgehoben und diese als öffentlich-rechtliche Körperschaften[36] gewährleistet.

Somit ist in den rechtlich maßgebenden Vorschriften der Art. 140 GG, 137 WRV die öffentlich-rechtliche Sonderstellung der Kirchen, hervorgehoben aus dem Kreis der Religionsgesellschaften des privaten Rechtes, angelegt. Es ist demzufolge letztlich konsequent, nicht nur die Rechtsstellung der Kirchen, sondern auch deren Wirken nach außen in sakralen bzw. kultischen Lebensäußerungen als dem öffentlichen Recht zugehörig zu qualifizieren.

3. Sonderstellung der Kirchen

Zwar mag nicht leicht einzusehen sein, daß Kirchen hinsichtlich der von ihnen ausgehenden, liturgisch veranlaßten Geräuschimmissionen durch Glockengeläute ihren Nachbarn gegenüber „anders dastehen“ sollen als übrige private „Lärmerzeuger“[37]. Allerdings sind Kirchen „etwas anderes“, sie haben eine besondere, auch und gerade verfassungsrechtlich anerkannte, Rechtsstellung. Die Kirchen gehören, ebenso wie die ungestörte Religionsausübung, selbst zur öffentlichen Ordnung und handeln öffentlich[38]. Eine derartige Einordnung besagt auch nichts Negatives über die Frage des Umfangs und der Qualität des zu gewährenden Rechtsschutzes; insoweit sind auch die kirchlichen Kulthandlungen rechtlich faßbar im Hinblick auf ihre möglicherweise störenden Auswirkungen gegenüber Dritten. Allerdings ist die Heraushebung der Kirchen aus dem privaten Immissionserzeugerkreis gem. Art. 140 GG, 137 WRV, hinzunehmen, wenn und soweit es sich um über den Privatkreis hinausgehende kirchliche Lebensäußerungen handelt, die in unmittelbarer Verknüpfung mit dem inneren Selbstverständnis und der liturgischen Geräuschverursachung stehen.

4. Widmung und widmungsgemäßer Gebrauch

Die Widmung der Glocken als res sacrae, ein dinglicher öffentlich-rechtlicher Akt kirchlichen Handelns, der die Glocken an ihre öffentlich-rechtliche Zweckbestim-

mung bindet[39], machen diese zur öffentlichen Sache. Im Umfang ihrer Widmung ist die res sacra öffentlich-rechtlich[40]. Durch die Widmung und den widmungsgemäßen Gebrauch entsteht somit ein öffentlich-rechtliches Nachbarschaftsverhältnis[41]. Öffentlich-rechtlicher Status und Gebrauch gewidmeter res sacrae fließen ineinander, Kirchenglocken als öffentliche Sachen „läuten ins öffentliche Recht".
In seinem Urteil greift das OLG Frankfurt a. M., wie zuvor das BVerwG[42], den von Isensee[43] herausgearbeiteten Gedanken auf, daß die verfassungsrechtliche Rechtsformgarantie[44] nur dann eine eigenständige Bedeutung haben könne, wenn Widmung der Glocken zu Kultzwecken und widmungsgemäßer Gebrauch in Form liturgischen Geläutes als öffentlich-rechtliches Handeln qualifiziert werden. Die Rechtsformgarantie der Verfassung für die Kirchen als öffentlich-rechtliche Körperschaften soll nicht dadurch leerlaufen, daß nur solche Akte, die auf vom Staat verliehene Befugnisse zurückgehen, als öffentlich-rechtliche beurteilt werden – denn dann wären die Kirchen lediglich staatlich beliehenen Unternehmern gleichgestellt[45].
Mögen auch Ähnlichkeiten zur Beleihung sichtbar sein[46], so ist doch von entscheidender Bedeutung gerade die Tatsache, daß der neutrale (Art. 140 GG, 137 II WRV) Staat die kirchliche Selbstbestimmung achtet und eine Zuordnung zum öffentlichen Recht trifft[47], die aber nicht allein im Selbstbestimmungsrecht, sondern gerade in der Garantie der Rechtsform als öffentlich-rechtliche Körperschaft gründet. Rechtsstatus der Kirchen und hiermit unmittelbar verbundene spezifische Lebensäußerungen sind demzufolge als originäres und autonomes öffentliches Handeln zu respektieren. Eine „Reduzierung der Öffentlichrechtlichkeit auf Geltung und Geld" widerspricht, worauf Renck[48] hingewiesen hat, dem verfassungsrechtlich gewährleisteten Körperschaftsstatus bzw. der entsprechenden Intention der Verfassung.
Der u. a. von Schatzschneider[49] vertretenen Auffassung, wonach die öffentlich-rechtliche Sacheigenschaft der Glocken noch nichts über die Rechtsform ihres widmungsgemäßen Gebrauchs besage (es bestehe lediglich ein bloßer Zusammenhang zu einer öffentlichen Sache, der für die Annahme einer öffentlich-rechtlichen Streitigkeit nicht ausreiche), und der demzufolge eine Differenzierung der rechtlichen Betrachtungsweise von Widmung und Gebrauch zuläßt, wird auch[50] vom OLG Frankfurt a. M. mit durchaus guten Gründen entgegengetreten:
Wenn die Widmung der Glocken öffentlichem Sonderrecht unterstellt ist, so ist die hieraus unmittelbar sich ergebende liturgische Handlung des Läutens als Manifestation des Sachbesitzes und -gebrauches der res sacrae hiermit derart verbunden, daß eine rechtliche Spaltung – hie Widmung und Sachbesitz der res sacrae, dort Gebrauchmachen – lebensfremd erscheint[51] bzw. zumindest eine nicht notwendige Komplizierung darstellt. Insoweit ist im Hinblick auf § 40 I VwGO das Glockengeläut als Nebenwirkung der Widmung mit ihr einheitlich zu qualifizieren und ebenso wie sie dem öffentlichen Recht zuzuordnen[52]; auch die Zuordnungs- bzw. Sonderrechtstheorie[53] führt demgemäß, bezogen auf die Widmung, zum Verwaltungsgerichtsweg. Öffentliches Sachen- und Widmungsrecht als Verwirklichung der Körperschaftsgewährleistung sind dem öffentlichen Recht zuzurechnen, wie auch das OLG Frankfurt a. M. zu Recht erkennt.

5. Institutsgarantie
Dabei ist von besonderem Interesse auch, daß bzw. wie das OLG Frankfurt a. M. die jüngst von Goerlich[54] geäußerte Auffassung, der Bestand der res sacrae sei nicht von Art. 140 GG i. V. mit 137 V WRV, sondern von Art. 140 GG i. V. mit 137 III 1 WRV bzw. 138 II WRV gewährleistet, beurteilt und zurückweist. Wenngleich auch Goerlich alle Streitigkeiten um Glockengeläute als tradiertem Gegenstand sakralen Gebrauchs i. S. des öffentlichen Sachenrechts vor die Verwaltungsgerichte bringen will[55], so verweist er darauf, daß die Zuweisung der Glocken als res sacrae zum öffentlichen Recht nur Tradition einfachen Rechts, nicht aber verfassungsrechtlich gewährleistet, und allein aus dem Selbstbestimmungsrecht abzuleiten sei; Widmung und Sachgebrauch seien unabhängig vom Körperschaftsstatus.
Der Aspekt der geschützten staatsfreien Eigenständigkeit der Kirchen und Religionsgesellschaften[56] ist, wie Goerlich herausarbeitet, ein wichtiges rechtliches Zuordnungsargument; der nach Auffassung des BVerwG und des OLG Frankfurt a. M. der bedeutendere, verfassungsrechtliche Rechtsstellung statuierende Aspekt ist in Art. 137 V WRV zu finden. Der bloßen Ableitung aus dem Selbstbestimmungsrecht stellt das OLG Frankfurt a. M., ebenso wie das BVerwG, die Tatsache der bewußten Verleihung des Körperschaftsstatus an die Kirchen entgegen: dieser läßt seiner Meinung nach eine Verkürzung der Bedeutung der Institutsgarantie auf eine bloße Bestandsgarantie, auf die Rechte der Art. 137 III WRV, 4 II GG[57], und auf die bloße Statuierung eines Öffentlichkeitsanspruchs nicht zu. Es geht nicht nur um formelle Statusfragen, sondern um die Wirkung der Rechtsstellung als öffentlich-rechtliche qualifizierte Körperschaften[58] und die sich unmittelbar manifestierenden konkreten Handlungsakte des Rechtsträgers Kirche im Außenverhältnis.

IV. Schlußbetrachtung

Mag auch die Kennzeichnung der Kirchen als Körperschaft des öffentlichen Rechts als Verlegenheitslösung bzw. Notbehelf[59] zu kritisieren sein[60], so ist der historische Ursprung der Öffentlichrechtlichkeit verschiedener Religionsgemeinschaften[61] ein durchaus wichtiger Aspekt und jedenfalls nicht Hinderungsgrund der Zuordnung ins öffentliche Recht; gerade diese historische Zuordnung des Kirchenrechts zum öffentlichen Recht spricht zumindest nicht gegen eine Beibehaltung einer derartigen Qualifizierung. Es stellt letztlich eine verkürzte Betrachtungsweise dar, im religionsneutralen Staat kirchliche Gewalt als nichtstaatliche öffentliche Gewalt[62] grundsätzlich abzulehnen bzw. diese nur gegenüber Mitgliedern oder sonstigen in einem zu ihr im Sonderstatusverhältnis stehenden Personen anzunehmen[63] – denn es geht letztlich nicht um die Frage der öffentlichen oder privaten „Gewalt", sondern um die Entscheidung über das Vorliegen einer öffentlich-rechtlichen Streitigkeit i. S. des § 40 I VwGO. Angesichts dessen, daß im geltenden Prozeßrecht für derartige Streitigkeiten nur die Wahl zwischen ordentlichem oder öffentlichem Rechtsweg angeboten wird[64], muß letztlich eine Entscheidung getroffen werden, die zwar nicht alle rechtlichen Zweifelsfragen mit letzter Zufriedenheit lösen kann, die aber die überwiegenden Gründe für sich hat.
Die nicht zuletzt historische Verwurzelung im öffentlichen Recht, die Institutsgarantie der Art. 140 GG, 137 V WRV, das Selbstbestimmungsrecht, die widmungs-

gemäße kultische Ausübung kirchlichen Selbstverständnisses im Funktionsbereich[65] mittels Gebrauchs der Kirchenglocken weisen ins öffentliche Recht.
Der sich gestört fühlende Nachbar, sei er Kirchenmitglied oder nicht, wird hierdurch auch nicht beeinträchtigt – ihm tritt ein „Störer" gegenüber, der als solcher im kultischen Bereich und dessen Praktizierung nicht öffentliche hoheitliche Gewalt wie etwa staatliche Behörden sie ausüben darstellt, sondern kirchliche „Gewalt" bzw. Aufgabenerfüllung[66] als dem öffentlichen Recht zugeordnete öffentliche, aber nicht staatliche[67] Gewalt letztlich eigener Art. Kirchliches liturgisches Glockengeläute ist nicht hoheitliche[68] staatliche Geräuscherzeugung, sondern dem öffentlichen Recht zugeordnete verfassungsrechtlich gewährleistete Kultausübung. Ihr gegenüber genießt der Nachbar auch im Verwaltungsrechtsweg umfassenden Rechtsschutz[69].
Die Klage eines Nachbarn gegen liturgisches Glockengeläute einer als Körperschaft des öffentlichen Rechts anerkannten Kirche gehört somit in den Verwaltungsgerichtsweg[70].

Anmerkungen

1 JZ 1984, 228 ff. (= NJW 1984, 989 ff.).

2 In Abgrenzung zur Betätigung als Zeitangabe bzw. „Polizeigeläute" in Notfällen; vgl. hierzu von Campenhausen, DVBl. 1972, 316.

3 Von dessen Darstellung das OLG Frankfurt im Hinblick auf § 543 I ZPO absah.

4 JZ 1984, 228 ff.

5 Beim vom BVerwG entschiedenen Sachverhalt war eine katholische Kirchengemeinde betroffen.

6 LG Gießen, Urteil vom 28. 4. 1981, Az.: 2 O 609/80.

7 VGH Mannheim, Urteil vom 10. 3. 1981, Die Justiz 1981, 255 f.; VGH München, Beschluß vom 14. 3. 1980, NJW 1980, 1973 f. (= ZevKR 25 [1980], 418 ff.); LG Essen, Beschluß vom 11. 9. 1969, MDR 1970, 505 f.; von Campenhausen, DVBl. 1972, 319; Stolleis, BayVBl. 1972, 23 f.; Schatzschneider, BayVBl. 1980, 564 f.; Palandt, BGB, 39. Aufl., München, 1980, § 906, 8 b (in 44. Aufl., München 1985, § 906, 8 c, nunmehr offengelassen); a. A. und Zuständigkeit der Verwaltungsgerichte vertraten: BVerwGE 18, 341 ff.; VG Würzburg, Beschluß vom 1. 6. 1971, BayVBl. 1972, 23; Kopp, VwGO, 5. Aufl., München 1981, § 40 Rdnr. 40, OVG Rheinland-Pfalz, Urteil vom 23. 6. 1955, DVBl. 1956, 625.

8 Der Kläger war Mieter.

9 Hess. Polizeiverordnung über die Bekämpfung des Lärms i. d. F. vom 8. 12. 1970. Mit den polizeirechtlichen Auswirkungen eines Verstoßes hiergegen befaßt sich Maurer, JuS 1972, 332.

10 Diese Überprüfung bezieht sich auch bei Annahme des Privatrechtswegs auf die immanenten Rechte anderer und die Wahrung der äußersten Grenzen der öffentlichen Sicherheit und Ordnung, vgl. Fußn. 29. Siehe auch VGH München, NJW 1980, 1974; Maunz, in: Maunz/Dürig, Komm. z. GG, Art. 137 WRV, Rdnr. 9, der für Güterabwägung eintritt; von Campenhausen, DVBl. 1972, 317; BVerfG, Beschluß vom 16. 10. 1968, NJW 1969, 32 (= BVerfGE 24, 236 ff. [246]).

11 Glockenläuten ist ortsüblich i. S. des § 906 II 1 BGB. Der Abwehranspruch geht materiell nach nahezu allen Meinungen letztlich dahin, daß die Immission des Glockengeläutes unterhalb der Schwellen der Gesundheitsbeschädigung bzw. erheblichen Belästigung zu bleiben hat, vgl. von Campenhausen, DVBl. 1972, 320; vgl. Fußn. 33.

12 Gerade auch in der Presse, vgl. FAZ vom 12. 10. 1983, 10.

13 Vgl. Schatzschneider, NJW 1984, 991; Goerlich, JZ 1984, 221 ff.

[14] So sehr, daß das OLG noch nicht einmal die Revision zugelassen hat.

[15] Vgl. Isensee, Gedächtnisschrift für Constantinesco, Köln/Berlin/Bonn/München, 1983, 304 f. m. w. N.

[16] Vgl. OVG Rheinland-Pfalz, DVBl. 1956, 624 ff.; von Campenhausen, DVBl. 1972, 318; Forsthoff, AöR 31 (1940), 233 f.; ders., VerwR Bd. I AT, 10. Aufl., München 1973, 387; RGZ 56, 25 („res divini juris oder sacrae").

[17] Hierzu war vom OLG Frankfurt a. M. ein Gutachten des Beratungsausschusses für das Deutsche Glockenwesen, Darmstadt, eingeholt worden.

[18] Ein rein tatsächlicher Vorgang genügt, OVG Rheinland-Pfalz, DVBl. 1956, 626; vgl. auch von Campenhausen, DVBl. 1972, 318.

[19] Vgl. Forsthoff, AöR 31 (1940), 209 ff.

[20] BVerfG, NJW 1969, 32.

[21] Vgl. auch Wolff/Bachof, VerwR I, 9. Aufl., München 1974, S. 484 f., § 55 II a; dies., VerwR III, 4. Aufl., München 1978, S. 130 f., § 133 IV b Rdnr. 48; OVG Rheinland-Pfalz, DVBl. 1956, 624 ff.

[22] OVG Rheinland-Pfalz, DVBl. 1956, 626.

[23] Vgl. hierzu Renck, BayVBl. 1982, 329 ff., der allerdings eine Zuordnung zum öffentlichen Recht gerade unabhängig vom Körperschaftsstatus vornimmt. Bereits das RG (RGZ 56, 26) ordnete „das Recht, mit Glocken zu läuten", „dem Gebiete des öffentlichen Rechtes" zu.

[24] JZ 1984, 228 ff.

[25] VG Würzburg, BayVBl. 1972, 23 f. Diese nicht überaus vertieft begründete Entscheidung ist insb. von Stolleis, ZevKR 17 (1972), 150 ff., und ders., BayVBl. 1972, 23 f., sowie Schatzschneider, BayVBl. 1980, 565, kritisiert worden.

[26] In jüngerer Zeit hatte vor allem Wiethaup, Lärmbekämpfung in der Bundesrepublik Deutschland, 2. Aufl., Köln/Berlin/Bonn/München 1967, S. 424 f., die Auffassung vertreten, es sei kein Rechtsweg gegeben. Diese Meinung ist aber gerade im Hinblick auf die Rechtsschutzgarantie des Grundgesetzes abzulehnen, vgl. Fußn. 29.

[27] RGZ 56, 25 ff.; das RG hatte allerdings (a.a.O., S. 26) in seiner Entscheidung bereits deutlich erklärt, daß kirchliches Geläute „dem Gebiete des öffentlichen Rechts angehört", und daß „gegen einen etwa mit dem Geläute der Glocken getriebenen Mißbrauch" „staatliche einschränkende Maßregeln zulässig sind". Derartige Streitigkeiten seien allerdings, so das RG a.a.O., der ordentlichen Gerichtsbarkeit entzogen. Unberücksichtigt sollte bei der Beurteilung dieser Entscheidung des RG nicht bleiben, daß es zur Aufklärung über etwa die Klage doch zulässig machende Sonderbestimmungen und Umstände zurückverwiesen hatte, und daß es im Zeitpunkt der reichsgerichtlichen Entscheidung den in der VwGO ausgeprägten besonderen verwaltungsgerichtlichen Rechtsschutz noch nicht gab. Siehe auch von Campenhausen, DVBl. 1972, 319, Fußn. 40 m. w. N.

[28] Vgl. Dürig, in: Maunz/Dürig, GG, Art. 19 Abs. IV, Rdnr. 20; v. Mangoldt/Klein, GG, 2. Aufl., München/Frankfurt, 1957, S. 570, 578. Einen derartigen Fall hatte beispielsweise das BVerfG (Beschluß vom 17. 2. 1965, NJW 1965, 961 ff. = BVerfGE 18, 385 ff.) zu entscheiden, das im Falle der von einer Kirchenleitung beabsichtigten Kirchengemeindeteilung erkannt hatte, daß öffentliche Gewalt i. S. des § 90 I BVerfGG nicht rein innerkirchliche Maßnahmen umfaßt.

[29] BVerwG JZ 1984, 228; Isensee, Gedächtnisschrift für Constantinesco, S. 306; vgl. auch LG Essen, MDR 1970, 505 f., das allerdings den Aspekt widmungsgemäßen Gebrauchs in Selbstbestimmung und dessen Grenze nicht exakt beachtet.

[30] von Campenhausen, DVBl. 1972, 317; s. a. BVerfG, NJW 1969, 32; VGH München, NJW 1980, 1974; Hesse, DVBl. 1955, 65; Baldus, DÖV 1971, 339, vgl. Fußn. 10; Maurer, JuS 1972, 333 f. Dabei betont Maurer (a.a.O., S. 334), auch „bei nur geringfügigen gesundheitlichen Beeinträchtigungen" müsse „das Interesse der Kirchen am Glockenläuten um 6 Uhr zurückstehen" – einen Beurteilungsmaßstab bzw. ein näheres Kriterium hierzu führt er aber nicht

an; es wäre auch sehr fraglich, ob beispielsweise ein hypersensibler Nachbar sich gegen im Rahmen des Angemessenen haltendes Glockengeläute wehren könnte. Auch die gesundheitsschädigende Ruhestörung kann wohl letztlich nicht über-subjektiviert werden. Insoweit ist der „differenziert-objektive" Maßstab, bezogen auf das Empfinden eines Durchschnittsmenschen, heranzuziehen, vgl. BGH, Urteil vom 18. 6. 1958, NJW 1958, 1393; Säcker, in: MünchKomm., BGB, München 1981, § 906, Rdnr. 45.

[31] von Campenhausen, DVBl. 1972, 319; LG Essen, MDR 1970, 505; Stolleis, ZevKR 17 (1972), 165; VGH München, NJW 1980, 1973 f.; Schatzschneider, BayVBl. 1980, 565; BVerwG, JZ 1984, 229.

[32] Säcker, in: MünchKomm., BGB, § 906 Rdnr. 45; BVerwG, JZ 1984, 229; Baldus, DÖV 1971, 339; TA Lärm vom 16. 7. 1968, Beilage z. BAnz. Nr. 137 vom 26. 7. 1968.

[33] BVerwG, JZ 1984, 229; Baldus, DÖV 1971, 340; LG Gießen, Urteil vom 28. 4. 1981, Az.: 2 O 609/80; vgl. Fußn. 11.

[34] BVerwG, JZ 1984, 228; BVerfG, NJW 1969, 32; Baldus, DÖV 1971, 339 ff.

[35] Zum Begriff vgl. Maunz, in: Maunz/Dürig, GG, Art. 140 Rdnr. 19.

[36] Vgl. Maunz, in: Maunz/Dürig, GG, Art. 137 WRV Rdnr. 25; BVerfG, NJW 1965, 961.

[37] Vgl. Schatzschneider, NJW 1984, 991; Stolleis, ZevKR 17 (1972), 152 f.; von Campenhausen, DVBl. 1972, 316 ff. (319); Isensee, Gedächtnisschrift für Constantinesco, S. 305, wobei Glokkenläuten nicht als Lärm bezeichnet werden soll (vgl. von Campenhausen, a.a.O., S. 317 m. w. N.; Baldus, DÖV 1971, 339, Fußn. 23).

[38] von Campenhausen, DVBl. 1972, 318 (der allerdings hinsichtlich des Rechtsweges dann anders entscheidet); Scholz, DVBl. 1968, 732; vgl. insb. auch Renck, BayVBl. 1982, 330; Maurer, JuS 1972, 332.

[39] Forsthoff AöR 31 (1940), 222. [40] Renck, BayVBl. 1982, 330.

[41] BVerwG, JZ 1984, 228; OVG Rheinland-Pfalz, DVBl. 1956, 624; Renck, BayVBl. 1982, 329 f.; Isensee, Gedächtnisschrift für Constantinesco, S. 315; Papier, in: MünchKomm, BGB, München 1980, § 839 Rdnr. 107.

[42] BVerwG, JZ 1984, 228 ff.

[43] Isensee, Gedächtnisschrift für Constantinesco, S. 315.

[44] Maunz, in: Maunz/Dürig, GG, Art. 137 WRV Rdnrn. 25 f., 32.

[45] BVerwG, JZ 1984, 228.

[46] Vgl. beispielsweise Maunz, in: Maunz/Dürig, GG, Art. 137 WRV Rdnr. 12, im Hinblick auf den Aufgabenbereich; Schatzschneider, BayVBl. 1980, 565.

[47] Dies räumt auch Goerlich, JZ 1984, 224, ein, der die Ableitung aus der Rechtsformgarantie allerdings ablehnt.

[48] Renck, BayVBl. 1982, 330.

[49] Schatzschneider, BayVBl. 1980, 564 f.

[50] Vgl. BVerwG, JZ 1984, 229.

[51] Isensee, Gedächtnisschrift für Constantinesco, S. 315; BVerwG, JZ 1984, 229; Renck, BayVBl., 1982, 329 f.

[52] Isensee, Gedächtnisschrift für Constantinesco, S. 314, 318.

[53] Wolff/Bachof, VerwR I, 99 f., § 22 II c; Kopp, VwGO, § 40 Rdnrn. 38, 40.

[54] Goerlich, JZ 1984, 221 ff.

[55] Goerlich, JZ 1984, 225.

[56] Maunz, in: Maunz/Dürig, GG, Art. 137 WRV Rdnr. 9; BVerfG, NJW 1965, 961.

[57] Auch Stolleis, ZevKR 17 (1972), 153 f., Baldus, DÖV 1971, 341 f., Maurer, JuS 1972, 334, stellen nicht auf Art. 140 GG, Art. 137 V WRV, sondern Art. 137 III WRV sowie Art. 4 GG ab.

[58] Maunz, in: Maunz/Dürig, GG, Art. 137 WRV Rdnr. 25.

[59] Schatzschneider, BayVBl. 1980, 565; ders., NJW 1984, 991 m. w. N.

[60] So sind die kirchlichen Körperschaften des öffentlichen Rechts nicht als Träger mittelbarer Staatsverwaltung in die Staatsorganisation (den Staatsapparat) eingegliedert, Maunz, in: Maunz/Dürig, GG, Art. 137 WRV, Rdnr. 25; Leibholz/Rinck/Hesselberger, GG, 6. Aufl., Köln, ab 1979, Art. 140 Rdnr. 9; Art. 19 Rdnr. 5.

[61] Schatzschneider, NJW 1984, 991.

[62] Leibholz/Rinck/Hesselberger, GG, Art. 140 Rdnr. 7.

[63] Schatzschneider, NJW 1984, 991.

[64] Vgl. auch Schatzschneider, NJW 1984, 991, der einen öffentlichen Gesamtstatus für Kirchen ablehnt. Dabei verweist Goerlich, JZ 1984, 223, nicht zu Unrecht darauf, daß die Anwendung des der Rechtswegbestimmung zugrundeliegenden gewohnten Schemas der Unterscheidung öffentlichen und privaten Rechts auf die Kirchen schlecht paßt. Zur Unterscheidung des öffentlichen Rechts vom Privatrecht s. a. jüngst Gern, ZRP 1985, 56 ff.

[65] Maunz, in: Maunz/Dürig, GG, Art. 137 WRV Rdnr. 37.

[66] Maunz, in: Maunz/Dürig, GG, Art. 137 WRV Rdnr. 12.

[67] BVerfG, NJW 1965, 961; von Mangoldt/Klein, GG, 570; OVG Hamburg, Beschluß vom 26. 10. 1954, DVBl., 1955, 63.

[68] Vgl. BVerwG, JZ 1984, 224; der VGH München, NJW 1980, 1973, hatte dies letztlich verkannt und zu Unrecht lediglich auf hoheitliche Betätigung als solche abgestellt. Das VG Würzburg, BayVBl. 1972, 23, hatte apodiktisch und undifferenziert festgestellt, die Kirche als Körperschaft des öffentlichen Rechts nähme in dieser Eigenschaft hoheitliche Funktionen wahr, zu denen auch das kirchliche Geläute gehöre. Dies wird von Stolleis, ZevKR 17 (1972), 152, nicht zu Unrecht angegriffen. Stolleis geht aber nicht darauf ein, daß auch ein Verhalten, das nicht hoheitlich bzw. obrigkeitlich ist, der Beurteilung nach öffentlichem Recht unterliegen kann, vgl. Renck, BayVBl. 1982, 329.

[69] Wobei ihm sogar noch die verwaltungsgerichtliche Untersuchungsmaxime, § 86 VwGO, zugute kommt.

[70] Vgl. auch Baumbach/Lauterbach/Albers/Hartmann, ZPO, 43. Aufl., München 1985, § 13 GVG Rdnr. 7; Kopp, VwGO, 6. Aufl., München 1984, § 40 Rdnr. 40. Durch liturgisches Läuten von Kirchenglocken hervorgerufene Immissionen sind auch hinsichtlich des Rechtsweges dem Läuten von Kuhglocken nicht etwa gleichzusetzen, vgl. LG Freiburg i. Br., Urteil vom 3. 6. 1976, AgrarR 1977, 41.

Kurze Bibliographie neuerer Literatur und Rechtsprechung zur rechtlichen, insbesondere nachbarrechtlichen Stellung des Glockengeläuts

Von Hartwig Niemann

Im folgenden wird die wesentliche, überwiegend verstreut, in einer Reihe von Periodika veröffentlichte Literatur zur rechtlichen, insbesondere zur nachbarrechtlichen Stellung des Glockengeläuts bibliographisch zusammengestellt. Die Zusammenstellung soll das Auffinden der wichtigsten Fundstellen erleichtern. Es werden die für die juristische und theologische bibliographische Zitierweise benutzten Abkürzungen verwandt.

Baldus, Gottesdienstliche Handlungen als Störungen der Sonntagsruhe, DÖV 1971, S. 339; Boerner, Die ruhestörenden Glocken, KdL 1964, S. 61; ders., Kirchenglockengeläut und Lärmbekämpfung, in: Wiethaup, Lärmbekämpfung in der Bundesrepublik Deutschland, 2. Aufl. (1967), S. 53; v. Campenhausen, Rechtsprobleme des kirchlichen Glockengeläuts, DVBl. 1972, S. 316; Evers, Kirchliche und staatliche Gerichtsbarkeit, in: Festschrift für E. Ruppel (1968), S. 329 ff. (342); Reicke, Art. Glocken, kirchenrechtlich, in: RGG 3. Aufl. II (1958), Sp. 1626; Renck, Rechtsfragen der res sacrae, BayVBl. 1982, S. 329; Schatzschneider, Anmerkung zum Urteil des BayVGH v. 14. 3. 1980, BayVBl. 1980, S. 563; Schatzschneider, Anmerkung zum Urteil des BVerwG v. 7. 10. 1983, NJW 1984, S. 991; Schneider, Anmerkung zum Beschluß des BVerfG v. 16. 10. 1968 (BVerfGE 24, 236), NJW 1969, S. 134; Stolleis, Kirchliches Glockenläuten und staatliche Gerichte, ZevKR 17 (1972), S. 150; Stolleis, Anmerkung zum Beschluß des VG Würzburg, BayVBl. 1972, S. 23; Forsthoff, res sacrae, AöR 31 (1940), S. 253; ders., Lehrbuch des Verwaltungsrechts, 10. Aufl. (1973), S. 387; Goerlich, Das Recht der res sacrae, JZ 1984, S. 221; Hamel, Glaubens- und Gewissensfreiheit, in: Bettermann-Nipperdey-Scheuner, Die Grundrechte IV/1 (1960), S. 132; Isensee, Der Rechtsweg bei Unterlassungsklagen gegen kirchliches Glockengeläut, in: Gedächtnisschrift für Constantinesco (1973), S. 704; Martens, Öffentlich-rechtliche Probleme des negatorischen Rechtsschutzes gegen Immissionen, in: Festschrift für Schack (1960), S. 85; Martens, Glocken und Polizei, in: Festschrift für Wacke, 1972, S. 343; Maurer, Streit ums Glockengeläut, JuS 1972, S. 330; Mikat, Kirchen- und Religionsgemeinschaften, in: Bettermann-Nipperdey-Scheuner, Die Grundrechte IV/1 (1961), S. 132; Muus, Kirchengut und öffentliche Sachen, ZevKR 11 (1965), S. 132; Sperling, Anmerkung zum Urteil des BVerwG v. 7. 10. 1983, BayVBl. 1984, S. 569; Wiethaup, Ruhestörender Lärm durch Kirchenglokken, in: Bl. f. Grundstücks-, Bau- und Wohnungsrecht (1958), S. 53; ders., Lärmbekämpfung in der Bundesrepublik Deutschland, 2. Aufl. (1967), S. 322; Wolff, Die rechtlichen Möglichkeiten zur Lärmbekämpfung, NJW 1961, S. 492.

Im folgenden werden die wichtigsten Gerichtsentscheidungen zum Recht des Glockengeläuts in zeitlicher Reihenfolge geordnet mitgeteilt:
RG, Urt. v. 19. 11. 1903, RGZ 56, S. 25; OVG Koblenz, Urt. v. 23. 6. 1955, DVBl. 1956, S. 624; BGH, Urt. v. 18. 6. 1958, NJW 1958, S. 1393; BVerwG, Urt. v. 29. 5. 1964, BVerwGE 18, S. 341; BayVGH, Urt. v. 1. 6. 1965, Az.: 280 I 64, unveröffentlicht; VG Berlin, Beschl. v. 13. 2. 1967, Az.: EA VG I A 10.67, unveröffentlicht; LG Arnsberg, Beschl. v. 19. 5. 1967, Az.: 2 L 17/67, unveröffentlicht; AG Bad Orb, Urt. v. 6. 9. 1967, Az.: 6 C 54/57, unveröffentlicht; LG Essen, Beschl. v. 11. 9. 1969, MDR 1970, S. 505; VG Würzburg, Beschl. v. 1. 6. 1971, ZevKR 16 (1971), S. 431 = BayVBl. 1972, S. 23; VG Würzburg, Urt. v. 7. 6. 1972, Kirche 12, S. 491; BayVGH, Beschl. v. 14. 3. 1980, NJW 1980, S. 1973 = ZevKR 25 (1980), S. 418; VG Karlsruhe, Beschl. v. 20. 5. 1980, Az.: 74 64/80, unveröffentlicht; VG Karlsruhe, Urt. v. 17. 9. 1980, Az.: 7 K 35/80, unveröffentlicht; VGH Mannheim, Urt. v. 10. 3. 1981, Die Justiz 1981, S. 255; LG Gießen, Urt. v. 28. 4. 1981, Az.: 2 O 609/80, unveröffentlicht; BVerwG, Urt. v. 7. 10. 1983, DVBl. 1984, S. 227 = JZ 1984, S. 228 = NJW 1984, S. 989; OLG Frankfurt a. M., Urt. v. 28. 1. 1985, DVBl. 1985, S. 837.

Glockengießerei in Leipzig, 1869.

KAPITEL 6

Die Glocke – die technischen Grundlagen

Der Glockenguß

Von Hans-Gerd Rincker

Es ließe sich vieles aufzählen, was die Glocke überlebt hat, und daran, daß sie so vieles überlebte, erkennen wir nicht nur den höchsten Willen, der sie schützt, auch wenn sich Teile gerade jener, in deren Dienst die Glocke steht, von ihr abwenden. Wir erkennen auch deutlich die Bereitschaft der Menschen unserer Gesellschaft, Gebrauch und Sinn des Glockenläutens anzuerkennen und zu bewahren. Die Glocke hat das Interesse, hat die Liebe unserer Menschen nicht verloren.

Glocken sind Musikinstrumente, demnach stehen ihre musikalischen Eigenschaften im Vordergrund, sie sind in ihrer Bedeutung im Brauchtum – als Kirchengerät und durch ihre äußere Gestaltung – ein vielseitig aussagefähiges Denkmal.

Die Popularität der Glocke steht nicht in Frage. Sie basiert aber weitgehend auf effektbezogenen Emotionen. Die realen Kenntnisse sind selbst in solchen Kreisen erstaunlich gering, die der Glocke hinsichtlich ihrer Verwendung nahestehen.

Emotionelle Empfindungen, von Freunden wie von Gegnern der Glocke, sollten auf sachbezogenen Informationen und Wertvorstellungen gründen. Allgemeine Kulturgeschichte und technische Entwicklung gehören untrennbar zum Begriff Glockenkunde.

Wo mag die Kunst des Glockengießens aufgekommen sein? Mit einiger Sicherheit kann angenommen werden, daß sich der Gebrauch von Glocken aus der alten in die neue Ära ohne deutlichen Übergang vollzogen hat.

Wir wissen nicht, welche Gründe zusammengewirkt haben, daß der Gebrauch von Glocken in der christlichen Kirche eine so schnelle und gründliche Entwicklung genommen hat. Sicherlich war es nicht nur die überzeugende Zweckmäßigkeit als weithin hörbaren Ruf der Kirche, denn dieser wäre wohl auch mit anderen Instrumenten zu erreichen gewesen. Es muß vielmehr gerade der Glockenklang eine besondere Wirkung ausgeübt haben, und so hat das Christentum in der Glocke ein ihm eigenes Instrument entwickelt, das es seit den ersten christlichen Jahrhunderten überallhin begleitet hat.

Fig. 1e

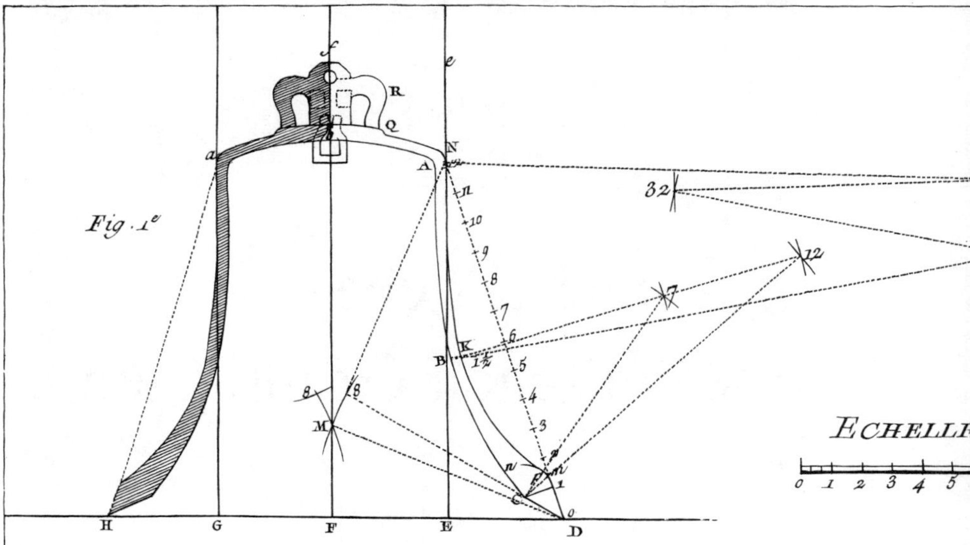
f
e
R
Q
N
a
A
32
12
7
K
B
1½
M
8
8
n
φ
m
p
C
o
11 10 9 8 7 6 5 4 3 1
H G F E D
ECHELLE
0 1 2 3 4 5

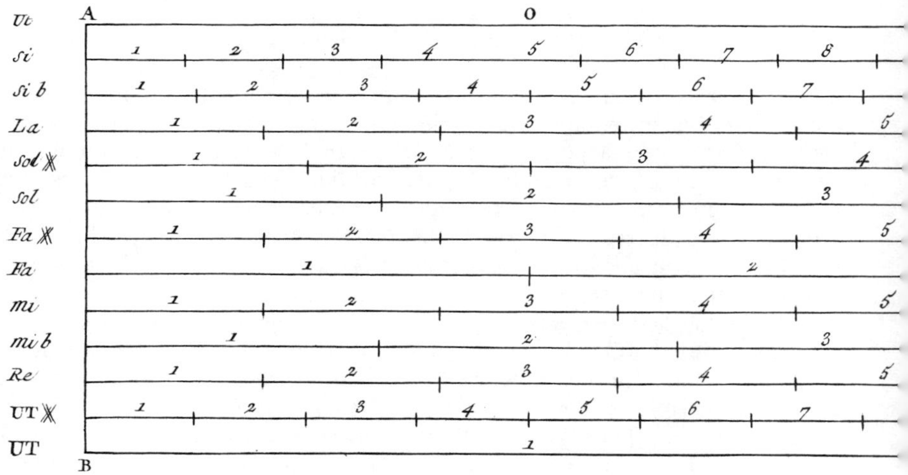
A
O
B
Ut
si 1 2 3 4 5 6 7 8
si b 1 2 3 4 5 6 7
La 1 2 3 4 5
sol ♯ 1 2 3 4
sol 1 2 3
Fa ♯ 1 2 3 4 5
Fa 1 2
mi 1 2 3 4 5
mi b 1 2 3
Re 1 2 3 4 5
UT ♯ 1 2 3 4 5 6 7
UT 1

Fig. 5.

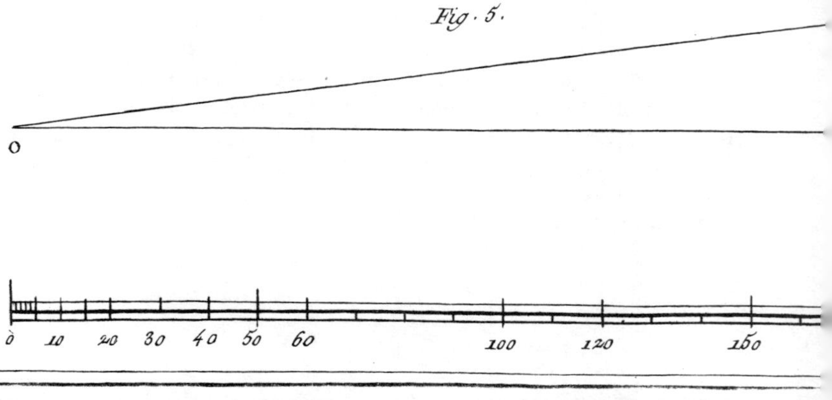
O
0 10 20 30 40 50 60 100 120 150

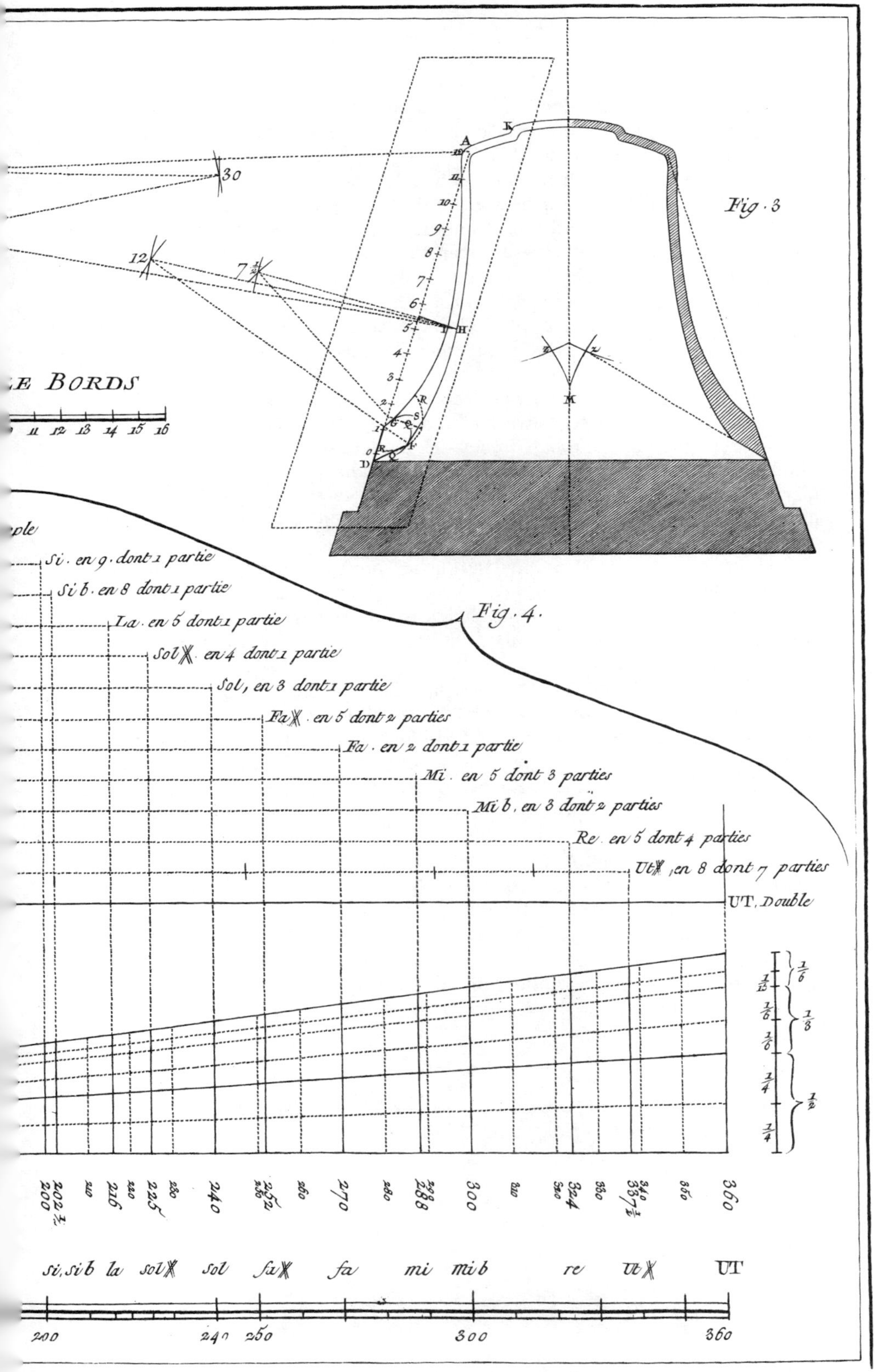

Fig. 3
A
K
H
M
D
30
12
7 1/2
...E BORDS
11 12 13 14 15 16
...ple
Fig. 4.
Si. en 9. dont 1 partie
Si b. en 8 dont 1 partie
La. en 5 dont 1 partie
Sol ✗. en 4 dont 1 partie
Sol, en 3 dont 1 partie
Fa ✗. en 5 dont 2 parties
Fa. en 2 dont 1 partie
Mi. en 5 dont 3 parties
Mi b. en 3 dont 2 parties
Re. en 5 dont 4 parties
Ut ✗, en 8 dont 7 parties
UT, Double
1/6
1/15
1/6
1/8
1/6
1/4
1/2
1/4
200 202 1/2 210 216 220 225 230 240 250 252 260 270 280 288 290 300 310 320 324 330 340 337 1/2 350 360
si, si b la sol ✗ sol fa ✗ fa mi mi b re Ut ✗ UT
200 240 250 300 360

In der Entwicklung des Glockengießer-Handwerks zeichnet sich eine einschneidende Änderung insofern ab, als sich im späten Mittelalter in zunehmendem Maße „bürgerliche“ Gießer finden, also Glockengießer, die nicht geistlichen Standes sind. Damit lösen sich auch geographisch die Gußstätten von den kirchlichen Mittelpunkten, gießt der bürgerliche Meister die Glocken dort, wo sie gebraucht werden. Er wählt nun sein Domizil nach anderen Gesichtspunkten, etwa in erzreichen Gebieten oder am Sitz weltlicher Fürsten, denen er gleichzeitig als Geschützgießer dient. Seine Glockenrippe, die er durch unablässiges Experimentieren verbessert und weiterentwickelt, ist sein größtes Kapital.
In jener Zeit entstehen die zuweilen jahrhundertealten Glockengießer-Geschlechter, von denen einzelne bis auf den heutigen Tag das altübernommene Kunsthandwerk ausüben.
In Verfolgung der Entwicklung der Werkstätten wird der Betrachter bald feststellen, daß viele der diesen Kunstwerkstätten vorstehenden Glockengießer alteingesessenen Familien entstammen, in der sich die Kunst des Glockengießens bereits durch Jahrhunderte von Generation zu Generation vererbte. Es mag ein geheimnisvoller, jenseits unseres Begriffsvermögens stehender Zwang ursächlich sein, der die Angehörigen dieser Familien stets wieder zur gleichen künstlerischen Lebensaufgabe drängt.
Glockengießen ist eine alte, handwerkliche Kunst, reich an Tradition und Geschichte. Das leblose Metall in eine Form zu bringen, die einen beseelten, exakt vorberechneten Ton ergibt, schien geheimnisvoll. Aber Wissen und Erfahrungen – von Generationen erarbeitet – über das exakt Berechenbare hinausgehend, machen erst die gute Glocke aus.
Das Errechnen der Rippe – des Glockenprofils – ist die wichtigste, die entscheidende und erste Arbeit. In ihr ist alles begründet: Die Genauigkeit des Tones, die wohlabgestimmte Innenharmonie und Mixtur, der anhaltende Nachhall.
Der Glockengießer zeichnet den Querschnitt der zu gießenden Glocke auf ein Brett: Die Schablone entsteht. Bis zur inneren Profil-Linie wird das Brett ausgeschnitten und über dem Formstand in der Gießerei an einer Spindel drehbar befestigt.
Der Glockenformer baut aus Lehmsteinen und -schichten den „Kern“, der dem Inneren, der Hohle der Glocke entspricht. Man bewegt die Schablone kreisförmig um die Form und streicht damit die überstehenden Lehmteile ab.
Nun wird ein mit Gerstengrannen oder anderen Zusätzen vermengter Lehm auf die rohe Kernform aufgetragen und die Aufträge mit immer feinerem Lehm wiederholt, bis ein durch die rundherum geführte Schablone genau abgestrichener Lehmkern entstanden ist. Er entspricht der Hohle, dem Inneren der späteren Glocke.

Seiten 138/139: Konstruktionszeichnung einer Glockenrippe aus „Fonte des chloches“. Encyclopédie méthodique, 1766.

Rechts: Das Formen der Glocke (Fonte des chloches).

Goussier Del. Benard Fecit.

Der zweite Formteil ist die Modellglocke, die in Umfang und Aussehen genau der zu gießenden entspricht und deshalb „falsche Glocke“ genannt wird.
Um sie zu erzeugen, wird die Schablone nun bis zur äußeren Linie ausgeschnitten und nach einer Trennschicht aus Talg werden auf den Kern so lange feine Lehmschichten aufgetragen, bis der Zwischenraum bis dahin aufgefüllt ist.
Auch Inschriften und Verzierungen werden – als Wachsmodelle – auf die falsche Glocke gesetzt. Sie schmelzen während des Trocknens der Formen und hinterlassen ihren Abdruck in dem letzten, umfangreichsten Formteil, dem „Mantel“.
Zunächst werden auf die falsche Glocke mit Inschrift und Bildwerk ganz feine Zierlehmschichten aufgetragen, dann immer rauhere aus steifem Lehm, bis der Mantel die vorberechnete Größe hat, die dem Gußgewicht entspricht. Auch jetzt wird die Form geheizt und jede Schicht getrocknet. Hierbei schwinden die Talgtrennschichten der falschen Glocke. Zur zusätzlichen Sicherheit wird die unförmige Mantelform durch Schnüre oder Bänder zusätzlich gefaßt.
Dann kommt der Kran und hebt den Mantel zur Seite, die „falsche Glocke“ wird abgeschlagen, die Kernform in die Grube gehoben und der Mantel sorgfältig darübergestülpt. Hohl bleibt der Raum, den bislang die „falsche Glocke“ eingenommen hat, in ihn kann beim Guß das flüssige Metall einströmen.
Die gußbereiten Formen werden in der Gußgrube eingedämmt (davon „Dammgrube“). Schichtenweise wird Erde eingebracht und festgestampft, um dem erheblichen Druck beim Guß gegenzuwirken. Die „Krone“ mit Windpfeifen und Eingußloch werden zuletzt auf den Mantel aufgesetzt.
Auf der Oberfläche der gefüllten Dammgrube mauert man Kanäle, offene Rinnen, in denen das flüssige Glockenmetall zu den Gußöffnungen der einzelnen Formen strömen soll; mit Holzkohlenglut werden sie sorgfältig getrocknet, damit das Metall nicht spritzt. Während des Gußvorganges wird der Fluß der Glockenspeise mittels Schiebern (Sperrblechen) bewirkt. Von den Glockenformen sind auf der gußbereiten Dammgrube nur die beiden Windpfeifen zu sehen.
Der Glockenguß ist auch heute noch ein Erlebnis; für die Gemeinde, die der Entstehung ihrer Glocken beiwohnt – ihr Pfarrer spricht das Gebet – und für den Glockengießer, für den die Mühe langer Arbeit auf dem Spiele steht.
Der Schmelzofen wurde schon Stunden vorher in Betrieb genommen. Bei etwa 1100 Grad hat das Metall, die aus 78 % Kupfer und 22 % Zinn bestehende Glokkenspeise, die für den Guß erforderliche Temperatur. Durch die vorbereiteten Kanäle brodelt die flüssige Bronze dem ersten Eingußloch zu, das auf Geheiß des Glockengießers geöffnet wird. Die Form füllt sich, Gase und Luft entströmen den Windpfeifen. Wenn die Form gefüllt ist, läuft das Metall zur nächsten Glocke, bis alle, die in der Grube stehen, gegossen sind.
Ein oder zwei Tage, je nach der Glockengröße, müssen die Formen erkalten, dann werden sie ausgegraben, die abgegossene Form mit dem Kran aus der Grube gehoben. Dann wird die verbrauchte Mantelform abgeschlagen, der Kern ausgeräumt. Mit Wasser und Sand wird die Glocke blankgeputzt, die wenigen Grate werden entfernt und nun mit großer Spannung der erste Glockenschlag getätigt. Um Glokken läuten zu können, muß der Glockengießer nach den baulichen Vorgaben noch eine Reihe von Arbeiten berechnen und ausführen. Benötigt werden: Armaturen, der Glockenstuhl, Läutemaschinen, eine Turm- beziehungsweise Schaltuhr und die Montage beziehungsweise Wartung.

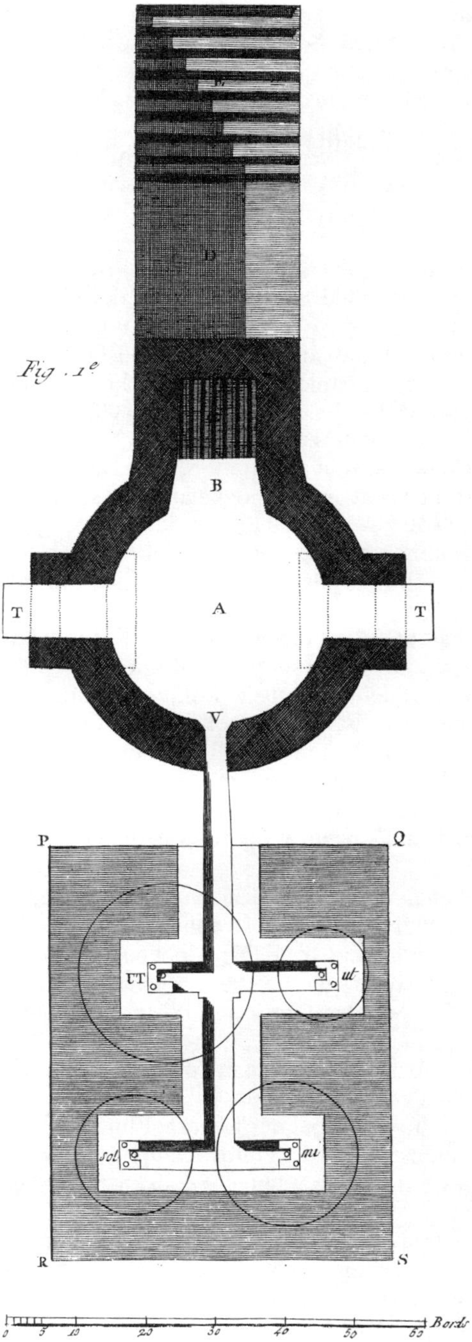

Gießofen und Gießrinne (Fonte des chloches).

Seite 145: Glockenguß und Guß-werkzeuge (Fonte des chloches).

Die Ausrüstung, mit welcher eine Glocke an dem ihr zugedachten Platz angebracht und läutbar gemacht wird, nennen wir Armatur. Wir unterscheiden Armaturen in Holz- oder Stahlausführung. Deren Hauptteile sind das Joch, also eine Achse, an der die Glockenkrone befestigt ist, dann die Lager, in denen die Jochzapfen laufen und schließlich der die Glocke anschlagende Klöppel.
Wohlklang, Hörbarkeit und Lebensdauer der Glocke sind in so hohem Maße von der Qualität der Armatur abhängig, daß um deren zweckmäßigste Beschaffenheit und fortwährende Verbesserung kaum weniger gerungen wurden als um die der Glocke selbst.
Das Joch überträgt die Glockenlast über die Lagerung in die Tragekonstruktion. Der beste Läuterhythmus und damit die maximale Klangentfaltung der Glocke wird am geraden Joch erreicht. Gekröpfte – gestelzte – Joche sollten nur in Ausnahmefällen Verwendung finden. Es steht fest, daß eine volle Klangausbeute nur durch in geradem Joch ausschwingende Glocken erreicht wird und Verkröpfungen Sonderfälle bleiben sollten, nicht aber eine Methode, um etwa größere Glocken in kleineren Räumen oder schwächeren Türmen unterzubringen.
Der Klöppel ist ein Stahlschmiede-Stück und besteht aus Blatt, Schaft, Ballen und Schweif (Vorhang). Mit der Mitte des Ballens hat er die Glocke an ihrer stärksten Stelle, also am Schlagring zu treffen, sich sofort wieder zu lösen und die entgegengesetzte Stelle der Glocke in dem Augenblick anzuschlagen, in welchem sie den idealen Ausschwung erreicht hat. Er darf sich stets nur in der Schwungrichtung der Glocke bewegen lassen.
Der Glockengießer errechnet das Gewicht und die Proportionen der Klöppel aus einem bestimmten Verhältnis zu Gewicht und Abmessung der Glocke. Die exakt ermittelten Dimensionen sind von großer Bedeutung für die Läutefunktion.
Der Glockenstuhl, aus Holz oder Stahl gefertigt, ist eine Tragekonstruktion, in der die Glocken läutbar gelagert werden. Seine Größe und Gestaltung hängt von dem aufzunehmenden Geläut und den baulichen Verhältnissen ab.
Zu berücksichtigen sind die notwendige Lastverteilung und die vorbedachte Einleitung der Kräfte in das Bauwerk. Dabei sind sowohl statische wie auch dynamische Belastungen zu berücksichtigen.
Selbstverständlich befaßt sich der Glockengießer unserer Tage auch mit der musikalisch-technischen Ableitung der Schallenergie (Klangabstrahlung).
„Eine Glocke kann nur so gut sein, wie sie geläutet wird.“ Die Glockengießer stellen verständlicherweise die höchsten Anforderungen an die „moderne“ Läutetechnik, das heißt in Deutschland: zu 95 % werden Glocken mit Maschinen und mittlerweile vollelektronischen Steuerungen geläutet.
Diese Arbeiten alle fachgerecht auszuführen, sich zusätzlich mit oft unzumutbaren Aufstiegen herumplagen zu müssen, verlangt nicht nur bei der Inbetriebnahme der Anlage höchste Zuverlässigkeit des Monteurs, auch bei der Unterhaltung der Anlagen, wir nennen das Glockenwartungsdienst, sollte dem Glockengießer Priorität eingeräumt werden. Er hat das natürlichste Interesse, „seine“ Glocken gut zu betreuen und optimal erklingen zu lassen.
Ich weiß nicht, ob es noch einen Beruf gibt, in dem man der Arbeit der Väter so oft begegnet und sie so gründlich kennt, wie in dem unseren; wo man mit jeder neuen Erkenntnis so fugenlos anschließt an ältere, so angewiesen ist auf Leistung und Erfahrung der Vorfahren.

△

Die Glockenbronce fließt aus dem Ofen in die Glockenform. ▷

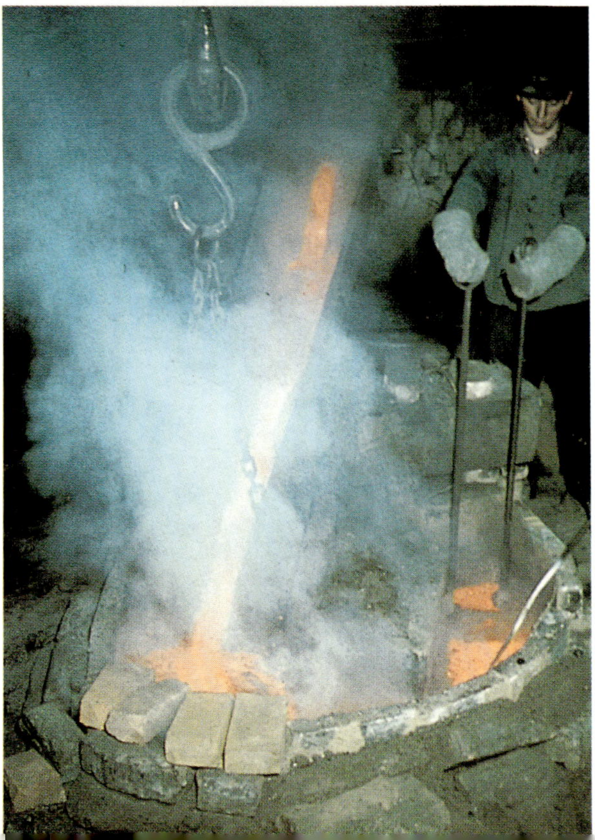

△

Abfackeln der Gase über die Windpfeifen.

▷

Der Guß ist beendet. Die letzten Gase werden abgefackelt.

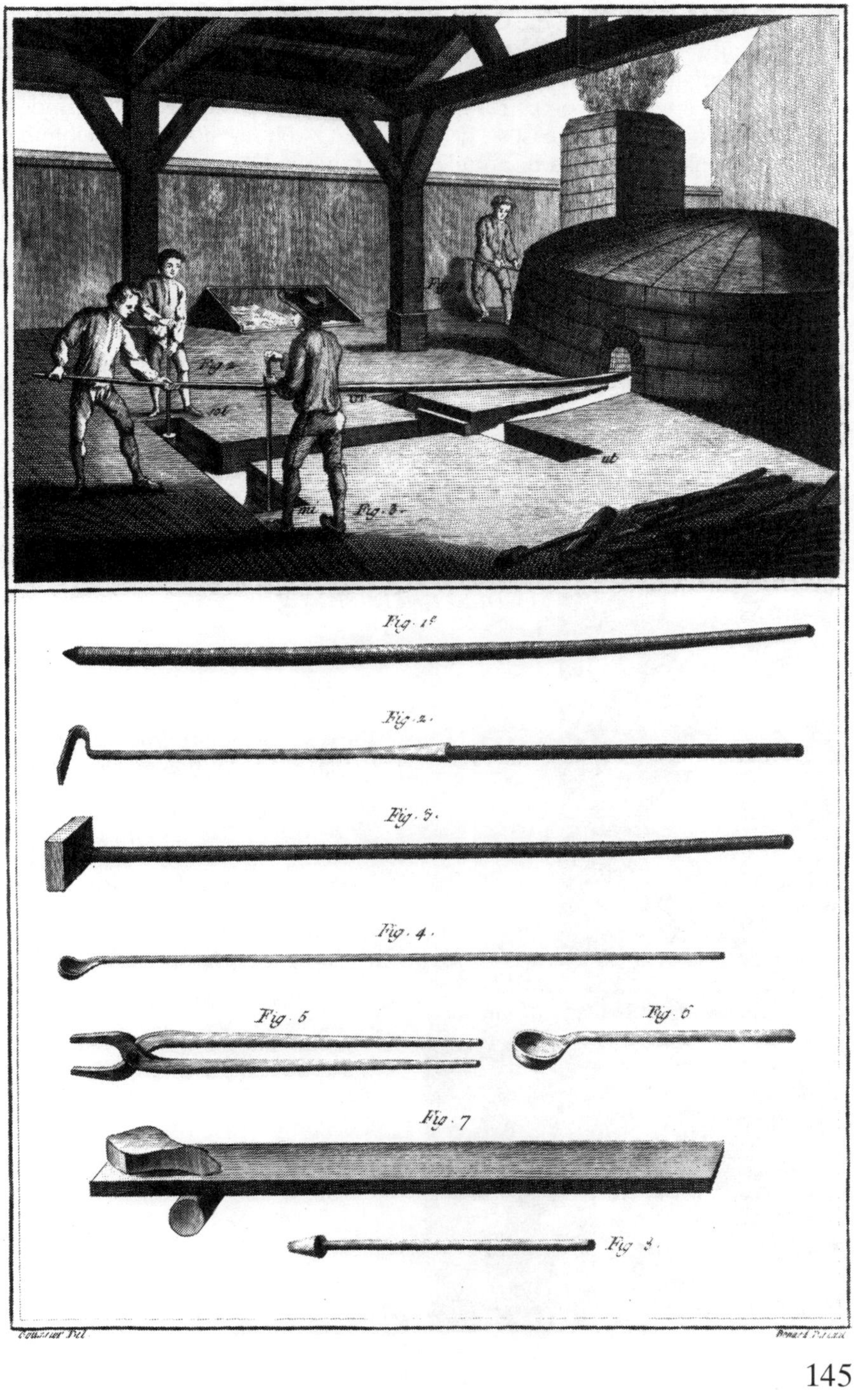

Fig. 1.
Fig. 2.
Fig. 3.
Fig. 4.
Fig. 5
Fig. 6
Fig. 7
Fig. 8.

Wir haben verstanden, daß die Glocke vom Christentum und damit der abendländischen Kultur verlangt, gemacht und getragen wurde, welche heute offensichtlich nicht mehr unangefochten als Hort menschlicher Werte und Sehnsucht gilt.
Die Glocke war und muß eine „res sacra“ bleiben. Auf diesem geistigen Boden, im Christentum und der Kirche ist sie gediehen, hat zweitausend Jahre gelebt und das Herz der Menschen bewegt in Freude und Trauer.
Ich gestehe, daß ich unsere Arbeit, daß ich die Glocke nur eingebunden in das Christentum begreifen kann, in dem ich stehe. Und so entsteht – nicht nur bei mir – eine hingebungsvolle Verpflichtung, die den echten Glockengießer befähigt, bei allen Zwängen der Wirtschaftlichkeit, sich seiner Aufgabe so konsequent zu widmen.
Man kann nur hoffen, daß ein bald tausendjähriges Handwerk und sein hochentwickeltes Können nicht untergeht und für immer verloren wäre, zumal nur die deutschen Glockengießer geschlossen noch dem Erbe der traditionellen Fertigung gerecht werden.
In einer Tradition zu stehen, so wie ich, heißt, ihr zu dienen. Das ist kurz gesagt alles, worum ich mich bemühe, auch alles, was ich Ihnen zu erklären versuchte:

SOLI DEO GLORIA

Glockenherstellung

Gemauerter Kern mit Schablone.

Seite 147:
Links oben: Einzieren der Glocke.

Rechts oben: Abdruck der Glockenzier im Lehmmantel spiegelbildlich.

Links Mitte: Abschlagen der „falschen“ Glocke.

Rechts Mitte: Anlegen der Gußrinnen.

Links unten: Aufsetzen der Windpfeifen in der Gießgrube.

Rechts unten: „Auspacken“ der gegossenen Glocke.

Glockenform mit Mantel.

Werkstoffeinflüsse auf die Klangeigenschaften von Glocken

Von Carl-Rainer Schad

Grundlagen

Von den vielen Faktoren, die den Glockenklang beeinflussen, sind als glockeneigene Faktoren die Größe, die Form und das Material wesentlich.
Aus den bekannten Gesetzmäßigkeiten einfacherer Klangkörper kann man schließen, daß die Tonhöhen des Schlagtones und der Teiltöne einer Glocke bei gleicher Größe und Form (Rippe) der Schallgeschwindigkeit des Materials direkt proportional sind. Dagegen ist das Verhältnis der Teiltöne zueinander, die Innenharmonie, von der Schallgeschwindigkeit unabhängig.
Der theoretisch mögliche Einfluß der Querkontraktionszahl (Poisson-Konstante) des Materials auf Tonhöhe und Innenharmonie ist praktisch ohne Bedeutung, weil sie bei allen zur Glockenherstellung geeigneten metallischen Werkstoffen gleich groß ist und kaum beeinflußt werden kann.
Die Klangdauer einer Glocke wird bei gleicher Größe und Rippe fast ausschließlich vom Material bestimmt. Hier trägt die Materialdämpfung direkt zur Dämpfung der freien Biegeschwingungen bei, die der Glockenkörper nach dem Anschlag ausführt. Da die Abklinggeschwindigkeit einer Schwingung nicht nur der Dämpfung, sondern auch der Frequenz proportional ist, hat die Schallgeschwindigkeit ebenfalls Einfluß auf die Klangdauer.
Zur Vollständigkeit sei erwähnt, daß der Elastizitätsmodul des Materials über das Energiespeichervermögen indirekten Einfluß auf die Abklingdauer und über die Berührungsdauer des Klöppels Einfluß auf das Anschlagsspektrum hat.

Anforderungen an den Glockenwerkstoff

Nach dem bisher gesagten muß an den Glockenwerkstoff als Klangmaterial vor allem die Forderung nach geringer Materialdämpfung und niedriger Schallgeschwindigkeit gestellt werden. Ein niedriger Elastizitätsmodus ist wünschenswert. Diese Eigenschaften dürfen sich nach jahrelangem Gebrauch der Glocke nicht verändern, weshalb vom Glockenwerkstoff eine hohe Gefügestabilität zu verlangen ist.
Als Konstruktionsmaterial muß der Glockenwerkstoff ausreichende Härte, Festigkeit und Korrosionsbeständigkeit besitzen. Daneben ist gute Vergießbarkeit bei möglichst einfacher Schmelz- und Legierungstechnik vorteilhaft.
Der Glockenwerkstoff als Wirtschaftsgut soll wertbeständig sein. Es ist aber auch günstig, wenn der Materialwert einen wesentlichen Teil der Anschaffungskosten einer Glocke ausmacht. Mindestens in Friedenszeiten ist dies ein Teil der Wertbeständigkeit und erforderlichenfalls wichtige Voraussetzung für den Umguß.

Die Glockenspeise

Wegen ihrer hervorragenden Eignung als Glockenmaterial, aber auch weil Tradition oder Vorschriften es so verlangen, wurde von den meisten Gießern immer nur

eine Legierung als Glockenspeise verwendet, nämlich eine Zinnbronze mit zirka 22 Gew.-% Sn, die Glockenbronze. In den Limburger Richtlinien heißt es unter E. Legierungstoleranzen: „Zinnbronze-Glocken müssen ausschließlich aus echter Glockenbronze (78 % Kupfer und 22 % Zinn) gegossen werden, die nicht mehr als 2 % Fremdbestandteile enthalten darf, darunter höchstens 1 % Blei. Der Mindestgehalt an Reinzinn muß 20 % betragen."
Wenn man Proben von Glocken, die aus dieser Legierung gegossen sind, lichtmikroskopisch untersucht, so findet man ein heterogenes Gefüge vor, in dem die primär ausgeschiedene α-Phase von $(\alpha+\varrho)$-Eutektoid umgeben ist und in dem immer auch einige Gasporen enthalten sind.
Zur zahlenmäßigen Beschreibung des Gefüges ist es sinnvoll, den Eutektoidanteil in Vol.-% und als Maß für die Dispersion oder Feinheit des Gefüges den mittleren Kristallitdurchmesser der α-Phase in mm anzugeben. Die Porosität p wird als relative Abweichung der gemessenen Dichte von der idealen Dichte des porenfreien Materials definiert und in % angegeben. Wenn im weiteren Zahlenangaben auch für die chemische Zusammensetzung sowie für die mechanischen und klanglichen Eigenschaften gemacht werden, so wird die Menge eines Legierungselementes in Gew.-%, die Härte als Brinellhärte HB 30/2,5–15 in kp/mm^2, die Festigkeit als Zugbruchfestigkeit σ_B in kp/mm^2, die Schallgeschwindigkeit $\sqrt{E/\varrho}$ in cm/s, der Elastizitätsmodul E in kp/mm^2 und die Dichte ϱ in g/cm^3 angegeben. Für die Dämpfung wird das dimensionslose natürliche Dekrement ϑ benutzt. Die Querkontraktionszahl oder Poisson-Konstante μ ist ebenfalls dimensionslos.
In der Tabelle 1 sind die wichtigsten Eigenschaften der Glockenbronze aufgeführt. Die Meßergebnisse sind Mittelwerte, die an Proben aus einer guten, 200 kg schweren d"-Glocke gewonnen wurden. Des weiteren sind einige entsprechende Eigenschaften für die beiden Gefügebestandteile (α-Mischkristall und $<\alpha + \sigma>$-Eutektoid) angegeben. Sie wurden an Probestäben ermittelt, die dem Abkühlungsverlauf von Glocken gemäß abgekühlt wurden.

Tabelle 1: Die Eigenschaften der Glockenbronze und ihrer Gefügebestandteile

Eigenschaft	Dimension	Glockenbronze	α-Mischkristall	$(\alpha + \sigma)$-Eutektoid
Zinngehalt	Gew.-%	20,70	14	27
Eutektoidanteil	Vol.-%	48	0	100
α-Kristallitdurchmesser	mm	0,05	–	–
Festigkeit σ_B	kp/mm^2	18,1	–	–
Härte HB	kp/mm^2	178	50	350
Schallgeschwindigkeit $\sqrt{E/\varrho}$	cm/s	$33{,}6 \cdot 10^4$	$29{,}5 \cdot 10^4$	$37{,}8 \cdot 10^4$
Poisson-Konstante μ	–	0,30	0,30	0,30
Elastizitätsmodul E	kp/mm^2	9650	7190	13 680
Dämpfung ϑ	–	$4{,}0 \cdot 10^{-4}$	$7 \cdot 10^{-4}$	$0{,}8 \cdot 10^{-4}$
Dichte ϱ	g/cm^3	8,38	8,1	8,9
Porosität p	%	3	–	–

Für einige Eigenschaften der Glockenbronze wurde eine gewisse Ortsabhängigkeit innerhalb der Glocke festgestellt. So wurde im dickwandigen Schlagring mit 0,075 mm der größte und im dünnwandigen Hals und in der Schärfe mit 0,04 mm der kleinste mittlere Durchmesser der primären α-Kristallite festgestellt. Die Unterschiede im Eutoktoidanteil sind dagegen sehr gering.
Die Dichte nimmt innerhalb der Glocke von der Schärfe zur Krone hin ab, das heißt, die Porosität nimmt zu. In gleicher Richtung wurde auch eine Zunahme der Dämpfung festgestellt. Dieser Zusammenhang wird noch erörtert.
Chemische Analysen des Zinngehaltes haben keine einfache Ortsabhängigkeit von der Glockenhöhenkoordinate erkennen lassen. Eine Zinnanreicherung in Krone und Platte, etwa durch Schwereseigerung wie gelegentlich vermutet wird, ist nicht vorhanden. Im Querschnitt des Schlagringes ist dagegen ein leichter Anstieg des Zinngehaltes vom Innern zur Oberfläche festzustellen. Gegenüber dem Mittelwert weisen die äußersten Randschichten einen um 0,1 % höheren Zinngehalt auf. Wahrscheinlich handelt es sich hierbei um umgekehrte Blockseigerung. Eine Gußhaut entsteht dadurch nicht. Die übrigen Eigenschaften lassen eine Ortsabhängigkeit oder einen Zusammenhang mit anderen Meßwerten nicht erkennen.

Einfluß des Werkstoffzustandes

Unter den Gieß- und Abkühlungsbedingungen des Glockengusses werden bei Zinnbronzen sehr beständige, metastabile Phasengleichgewichte erreicht, so daß sich das Gefüge nach dem Guß auch bei starker mechanischer und thermischer Beanspruchung nicht mehr verändert. Dies ist ausschlaggebend für die Beständigkeit der Klangeigenschaften dieser Glocken und tatsächlich ist auch kein Fall bekannt geworden, in dem sich ein Geläute oder eine Einzelglocke aus Zinnbronze im Laufe der Zeit durch Gefügeänderungen „verstimmt“ hat.
Zahlreiche Gefügeuntersuchungen an Glocken von 50 bis 5000 kg Gewicht haben gezeigt, daß Unterschiede in den Abkühlungsgeschwindigkeiten, wie sie beim Glockenguß auftreten können, das für die klanglichen Eigenschaften wichtige Mengenverhältnis der Gefügebestandteile nicht beeinflussen, wohl aber deren Dispersion.
Nach den bisherigen Untersuchungen besteht kein eindeutiger Zusammenhang zwischen den klanglichen Eigenschaften der Glockenbronze und der Dispersion der Phasen in ihrem Gefüge. Der Einfluß der Korngröße auf die Dämpfung ist an homogenen, das heißt einphasigen Legierungen vielfach untersucht und weitgehend geklärt worden, jedoch nicht an Legierungen mit heterogenem Gefügeaufbau. Es ist deshalb nur durch weitere Untersuchungen zu klären, ob die Dämpfung des Glockenwerkstoffs durch Kornverfeinerung beeinflußt werden kann. Ein Einfluß auf die tonhöhenbestimmenden Werkstoffeigenschaften ist nicht zu erwarten.
Im Gegensatz zum Dispersitätsgrad der Gefügebestandteile kann eine von der regellosen Verteilung abweichende Anordnung die Tonhöhe von Klangkörpern beeinflussen. So wurden zum Beispiel an Probestäben niedrigere Werte für die Schallgeschwindigkeit gemessen, als ihre chemische Zusammensetzung und Porosität erwarten ließen. Metallographische Untersuchungen zeigten, daß diese Stäbe eine ausgeprägte Gußtextur besaßen, die durch radial gerichtetes, von der Kokillenwand ausgegangenes Wachstum der α-Dendriten entstanden ist. Damit ist eine

Verteilung der Gefügebestandteile (α-Mischkristall und Eutektoid) verbunden, die eine Annäherung an den Grenzfall darstellt, daß die Stäbe in Längsrichtung geschichtet sind. Es ist denkbar, daß eine solche Gußtextur auch in den dünnwandigen Teilen einer Glocke entsteht, wenn eine weit abgekühlte, ursprünglich aber überhitzte Schmelze vergossen wird. Die Gußtextur erniedrigt die Biegesteife der Glockenwand und bewirkt damit ein Absinken der Schlagton- und Teiltonfrequenzen. Dies kann eine Erklärung dafür sein, daß zu „kalt" gegossene Glocken die berechneten Tonhöhen nicht erreichen.

Einfluß der Porosität

Es wurde bereits erwähnt, daß eine gleichsinnige Änderung von Porosität und Dämpfung der Bronze festgestellt wurde. Durch Korrelation der entsprechenden Meßwerte erkennt man einen Zusammenhang zwischen der Dämpfung und der Dichte beziehungsweise der Porosität des Glockenmaterials, der im Dichtebereich zwischen 8,6 und 8,2 g/cm^2 (entsprechend einem Porositätsbereich von ungefähr 0,5 bis 5 %) annähernd linear ist und wie folgt beschrieben werden kann:

$$\vartheta \cdot 10^4 = -8{,}2 \cdot \varrho + 73$$

$$\vartheta \cdot 10^4 = 0{,}7 \cdot p + 1{,}9$$

Man erkennt, daß bei 5 % Porosität die Materialdämpfung der Bronze doppelt so hoch ist wie bei 1 % Porosität. Es ist bekannt, daß dadurch die „Resonanz" und die Klangentfaltung der Glocken beeinträchtigt wird.

Eine weitere Ursache für den glanzlosen Klang poröser Glocken liegt im porositätsbedingt niedrigen Wert des wirksamen Elastizitätsmoduls, denn damit ist eine Verlängerung der Berührungsdauer des Klöppels verbunden, so daß die hohen Teiltöne dieser Glocken relativ schwach angeregt werden. Auch die Schallgeschwindigkeit nimmt mit zunehmender Porosität leicht ab. Es läßt sich abschätzen, daß 5 % Porosität den E-Modul im 10 % und die Schallgeschwindigkeit um 2,4 % erniedrigen. Letzteres entspricht einem Tonhöhenabfall von rund 6,5/16 HT.

Da die porositätsbedingten Mängel des Glockenklanges – mit Ausnahme der Tonhöhenfehler, sofern diese gering sind – nicht nachträglich korrigiert werden können, und die Porosität auch die mechanischen Werkstoffeigenschaften verschlechtert, muß durch geeignete schmelz- und gießtechnische Maßnahmen erreicht werden, daß die Schmelze vor dem Guß und während des Gießvorganges weitgehend gasfrei ist. Die Gießereiindustrie hat Verfahren entwickelt, mit denen auch beim Glockenguß die Gasaufnahme der Schmelzen verhindert beziehungsweise deren Entgasung erzielt werden kann. Trotzdem soll im folgenden auf einige Fehlerquellen hingewiesen werden, die sich aus den Besonderheiten des Glockengusses ergeben: In manchen Gießereien werden immer noch Herd-Flamm-Öfen verwendet, bei denen das Verhältnis von Schmelzbadoberfläche zu -volumen zu groß ist. Die Schmelzen können deshalb leicht mit den Verbrennungsgasen reagieren, aber auch mit Wasserdampf, der in die Ofenatmosphäre gelangen kann, wenn mit feuchtem Holz geheizt wird oder wenn Schmelz- und Abdeckmittel verwendet werden, deren hygroskopische Bestandteile durch unsachgemäße Lagerung Wasser aufgenommen haben. Wegen der relativ starken Temperaturabhängigkeit des Gaslösungsvermögens von Bronze-Schmelzen sollte die erforderliche Gießtemperatur von circa 1050° C nicht wesentlich überschritten werden. Die Schmelzbadtemperatur muß deshalb laufend mit geeigneten Meßgeräten kontrolliert werden. Der Zeitraum zwischen dem Erreichen der Gießtemperatur und dem Guß und der Weg, den das flüssige Metall vom Ofen bis zur Glockenform zurücklegt, sollte möglichst kurz sein. Feuchtigkeit in der Glockenform selbst verursacht zwar im allgemeinen keine klangbeeinträchtigende Porosität der Glocken, aber Oberflächenfehler.

Einfluß des Zinngehaltes

Systematische Untersuchungen über die Änderungen der Eigenschaften von Glockenbronzen bei Variation des Zinngehaltes zwischen 14 und 27 % Sn haben gezeigt, daß der Eutektoidanteil im Gefüge linear vom Zinngehalt der Legierung abhängt. Während zum Beispiel bei 14 % Sn noch ein homogenes α-Mischkristall-Gefüge ohne Eutektoid vorliegt, besteht es bei 21 % Sn ungefähr zur Hälfte aus α-Mischkristall und Eutektoid und bei 29 % Sn ganz aus Eutektoid (vergleiche Tabelle 1). Nach der sogenannten Mischungsregel für heterogene Gefüge ist zu erwarten, daß auch andere Eigenschaften eine lineare Abhängigkeit vom Zinngehalt aufweisen. Diesem Zusammenhang entspricht der lineare Anstieg der Härte und der Schallgeschwindigkeit mit steigendem Zinngehalt genau. Er kann wie folgt formuliert werden:

$$HB = 20{,}7 \cdot Sn - 240$$
$$\sqrt{E/\varrho} \cdot 10^{-4} = 0{,}62 \cdot Sn + 20{,}7$$

Den Gleichungen ist zu entnehmen, daß die Zugabe von 1 Gew.-% Zinn bei der üblichen Glockenbronze eine Härtesteigerung von 20 kp:mm^2 zur Folge hat und eine Erhöhung der Schallgeschwindigkeit bewirkt, die die Tonhöhen von Klangkörpern um 5/16 Halbtöne anhebt.

Die Dämpfung nimmt mit steigendem Zinngehalt schwächer als linear ab. Bei Zinnkonzentrationen zwischen 20 und 22 % Sn wurde eine mittlere Abnahme des Dekrements um $0{,}4 \cdot 10^{-4}$ pro Gewichtsprozent Zinn beobachtet.

Die Grenzen der Verwendbarkeit von Bronzen unterschiedlichen Zinngehalts sind durch deren mechanische Eigenschaften gesetzt. Unter 16 % Zinn wird das Material so weich, daß sich der (Stahl-)Klöppel in die Glockenwand einschlägt, und über 25 % Zinn so spröde, daß die Glocken zerspringen können. Für das gelegentlich wieder propagierte Handläuten sind diese Grenzen eher zu weit gesteckt, weil hierbei durch Prellschläge wesentlich höhere Kräfte auftreten können als beim maschinellen Läutebetrieb.

Im Hinblick auf die Limburger Richtlinien, die einen Mindestzinngehalt vorschreiben, ist zu sagen, daß die klanglichen Eigenschaften der Bronze durch eine Erniedrigung ihres Zinngehaltes um weniger als 3 % nicht wesentlich verschlechtert werden, denn die Abnahme der Schallgeschwindigkeit ist prinzipiell nicht unerwünscht, und die Zunahme der Materialdämpfung ist gering, wenn ein dichter Guß erzielt wird. Allerdings erhöht sich die Neigung zur Porosität mit abnehmendem Zinngehalt, da die Schmelzen eine größere Wasserstofflöslichkeit besitzen und höhere Gießtemperaturen erfordern.

Umgekehrt ist mit der Erhöhung des Zinngehaltes eine Abnahme der Materialdämpfung und eine geringere Neigung zur Porosität verbunden, beides Gründe für die gute Resonanz und Klangentfaltung, die viele Glocken mit hohem Zinngehalt

auszeichnen. Durch den zugleich erhöhten Elastizitätsmodul der Bronze werden die hohen Teiltöne dieser Glocken beim Anschlag stark erregt, was bei Zinnkonzentrationen über 23 bis 24 % (und besonders bei ungeeigneten Rippen) zu einer unerwünschten Schärfe des Glockenklanges führt.
Zusammenfassend kann in bezug auf die gegenwärtige Vorschrift und Praxis gesagt werden, daß die Verwendung von Bronzen mit niedrigem Zinngehalt eine gute Gießertechnik voraussetzt, während höhere Zinnkonzentrationen gute Rippen erfordern. Sind beide Voraussetzungen erfüllt, sollte es dem Gießer freigestellt sein, den Zinngehalt seines Glockenmaterials über den engen Spielraum der Limburger Richtlinien hinaus, das heißt etwa zwischen 18 und 24 % Zinn, zu variieren. Er könnte dann zum Beispiel die kleinen Glocken eines Geläutes aus zinnreicheren Bronzen herstellen als die großen, und durch diese „Materialprogression" den Klang der kleinen Glocken innerhalb des Gesamtgeläutes in ähnlicher Weise verstärken, wie das schon durch die „Rippenprogression" geschieht.

Einfluß dritter Legierungselemente

Um den Einfluß einiger als schädlich oder günstig angesehener Legierungselemente auf die klanglichen Eigenschaften der Glockenbronze zu klären, wurden in einer größeren Versuchsreihe der reinen, binären Glockenbronze bei konstantem Kupfer-/Zinn-Verhältnis von 79/21 % bis zu 10 % Blei, 5 % Silber, 2 % Aluminium und 1 % Phosphor, Magnesium beziehungsweise Wismut zulegiert.
Beim Blei, das ungelöst in Form fein verteilter Einschlüsse im Gefüge der Bronze eingelagert ist, ist bemerkenswert, daß Zusätze bis 3 % die Dämpfung des Materials kaum beeinflussen und die Härte in diesem Bereich nur wenig abfällt. Das Absinken der Schallgeschwindigkeit ist nicht prinzipiell nachteilig.
Die silber-legierten Bronzen besitzen neben höherer Härte eine etwas höhere Dämpfung und eine niedrigere Schallgeschwindigkeit als die binäre Legierung. Aus dem geringen Unterschied zur reinen Glockenbronze ist zu schließen, daß Silberzusätze bis 5 % die Klangqualität von Glocken nicht wesentlich beeinflussen. Silber ist den klanglichen Eigenschaften der Bronze weder zu- noch abträglich. Tatsächlich wurden in alten „Silberglocken" nur Spuren von Silber festgestellt. Ihre silbrig-helle Farbe und ihre gute Resonanz ist im allgemeinen auf einen relativ hohen Zinngehalt zurückzuführen.
Phosphor-Zusätze führen zur Bildung eines Phosphid-Eutektikums und zu einem erheblichen Anstieg der Härte und der Schallgeschwindigkeit. Dabei nimmt die Dämpfung zunächst zu und bei höheren Phosphorgehalten wieder ab. Die Legierungen mit 0,5 und 1 % Phosphor besitzen eine deutlich kleinere Dämpfung als die reine Glockenbronze.
Aluminium wird von Kupfer gelöst. Dadurch verringert sich die Löslichkeit für Zinn, was in einem Anstieg des Eutektoid-Anteils im Gefüge zum Ausdruck kommt. Durch Zulegieren von Aluminium werden die Härte und die Schallgeschwindigkeit der Bronze stark erhöht. Ihre Dämpfung nimmt bis 0,5 % Aluminium zu, mit höheren Aluminium-Zusätzen wieder ab. Bei 2 % Aluminium ist sie nur noch halb so groß wie bei der aluminiumfreien Bronze.
Unter Berücksichtigung der genannten Grenzen für Tonhöhenabweichung und Materialdämpfung können folgende Richtwerte für den maximal zulässigen Ge-

halt der Glockenbronze an einzelnen, als Verunreinigung auftretenden Elementen angegeben werden.

Tabelle 2: Maximal zulässiger Gehalt der Glockenbronze an einzelnen, als Verunreinigung auftretenden Elementen

Zusatzelement zur binären Glockenbronze (79 % Cu, 21 % Sn)		Maximal zulässiger Gehalt Gew.-%	begrenzt durch
Phosphor	P	0,15	zu hohe Dämpfung
Magnesium	Mg	0,54	zu hohe Schallgeschwindigkeit
Aluminium	Al	0,07	zu hohe Dämpfung
Wismut	Bi	0,22	zu hohe Dämpfung
Blei	Pb	3,5	zu niedrige Schallgeschwindigkeit

Austauschwerkstoffe

Bronzeglocken können wegen ihres hohen Materialwertes in Krisenzeiten häufig nicht hergestellt werden, oder sind der Gefahr der Liquidation ausgesetzt. Man hat deshalb zinnfreie Legierungen auf Eisen-, Kupfer- und Zinkbasis zur Glockenherstellung entwickelt.

In Tabelle 3 sind die chemische Zusammensetzung, die klangbestimmenden Eigenschaften und die Härte für einige Austauschlegierungen auf Kupferbasis sowie für Stahl und Zinnbronzen angegeben. Die Werte wurden an relativ porenfreien Laborproben ermittelt.

Die Austauschlegierungen auf Kupferbasis besitzen eine bis zu 10 % höhere Schallgeschwindigkeit und, mit Ausnahme von „Isima", eine geringere Dämpfung als die normale Glockenbronze, deren Härte nur von der „Briloner Sonderbronze" übertroffen wird. Bemerkenswert ist, daß die Legierung, in der die Hälfte des Zinns durch Antimon ersetzt ist, nahezu dieselben klanglichen Eigenschaften besitzt wie die reine Glockenbronze. Bei den untersuchten Stählen fällt vor allem die viel höhere Schallgeschwindigkeit auf, während die Dämpfung durchaus den Werten der Glockenbronze entspricht.

In den Limburger Richtlinien, Abschnitt B. Das Abklingen, ist die Mindestabklingdauer für Glocken aus Kupfer-Zink-Silizium-Legierungen und aus Gußstahl und Eisenhartguß gegenüber solchen aus Zinn- oder Silizium-Bronze erstaunlich niedrig festgelegt. Dies kann mit den Unterschieden in den gemessenen Materialdämpfungen nicht erklärt werden. Es ist vielmehr anzunehmen, daß ein dichter Guß mit diesen Werkstoffen unter technischen Bedingungen schwieriger realisierbar ist, als mit den üblichen Zinnbronzen. Neben der hier angesprochenen Porosität ist beim Gußstahl die um rund 50 % höhere Schallgeschwindigkeit ein grundsätzlicher Nachteil, denn dadurch sind Stahlglocken bei gleicher Tonhöhe größer und werden stärker durch Schallabstrahlung und Luftreibung gedämpft als Bron-

zeglocken. Der ungünstige Einfluß der hohen Schallgeschwindigkeit auf die Abklingdauer wird auch deutlich, wenn man Glocken von angenommen gleicher Größe, Form und Dämpfung vergleicht. Stahlglocken sind dann im Verhältnis der Schallgeschwindigkeiten ($51{,}7 \cdot 10^4 : 33{,}8 \cdot 10^4 = 1{,}53$), das heißt im Quintabstand tonhöher als Bronzeglocken und ihre Abklingzeiten dementsprechend kürzer.
Die Austauschwerkstoffe genügen aber zum Teil auch anderen in Abschnitt 2 genannten Anforderungen nicht. Beispielsweise enthalten die Gefüge der untersuchten Austauschlegierungen auf Kupferbasis metastabile Phasen, die weniger stabil zu sein scheinen, als die der herkömmlichen Glockenbronze. Auch scheint das Mengenverhältnis der auftretenden Phasen stärker von den Abkühlungsbedingungen abzuhängen, als bei der Zinnbronze. Beide Faktoren können die stark schwankenden Resultate verursachen, die an Geläuten aus diesen Werkstoffen bisher festgestellt worden sind. Als weitere Unsicherheitsfaktoren kommen die Schwierigkeiten bei der Legierungsherstellung und bei der Glockenkorrektur in Betracht. Beim Gußstahl ist der gegenüber Glockenbronze mehr als doppelt so hohe Elastizitätsmodul von Nachteil, da er die Berührungsdauer des Klöppels verkürzt, was unter anderem einen knalligen Anschlag zur Folge haben kann.

Tabelle 3: Zusammensetzung und Eigenschaften von Austauschlegierungen auf Kupferbasis, von Stahl und Zinnbronzen

Werkstoff	Zusammensetzung Gew.-%	Schallgeschw. cm/s	Dämpfung	HB 30 kp/mm^2
Euphon	81,5 Cu/14 Zn/4,5 Si	$35{,}81 \cdot 10^4$	$1{,}25 \cdot 10^{-4}$	163
	81,0 Cu/14 Zn/5 Si	$36{,}34 \cdot 10^4$	$1{,}31 \cdot 10^{-4}$	169
	81,5 Cu/14 Zn/4 Si/ 0,5 Sn	$34{,}84 \cdot 10^4$	$1{,}19 \cdot 10^{-4}$	143
Isima	93 Cu/5,5 Si/1,5 Mn	$35{,}66 \cdot 10^4$	$4{,}16 \cdot 10^{-4}$	148
	93 Cu/5,5 Si/1,0 Mn/ 0,5 Fe	$35{,}50 \cdot 10^4$	$5{,}88 \cdot 10^{-4}$	156
Briloner Sonderbronze	92 Cu/ 6,6 Si/0,8 Zn/ 0,4 Fe/0,2 Pb	$37{,}30 \cdot 10^4$	$1{,}08 \cdot 10^{-4}$	218
Zinn-Antimon-Bronze	79 Cu/15,75 Sn/ 5,25 Sb	$32{,}5 \cdot 10^4$	$2{,}0 \cdot 10^{-4}$	184
	79 Cu/ 10,5 Sn/ 10,5 Sb	$33{,}3 \cdot 10^4$	$2{,}7 \cdot 10^{-4}$	183
	79 Cu/5,25 Sn/ 15,75 Sb	$33{,}2 \cdot 10^4$	$4{,}0 \cdot 10^{-4}$	184
Stahl	0,15 C/0,25 Si/ 0,37 Mn	$51{,}73 \cdot 10^4$	$2{,}64 \cdot 10^{-4}$	140
	0,45 C/0,25 Si 0,65 Mn	$51{,}66 \cdot 10^4$	$2{,}34 \cdot 10^{-4}$	206
Zinnbronze	80 Cu/20 Sn	$33{,}2 \cdot 10^4$	$2{,}9 \cdot 10^{-4}$	175
	79 Cu/21 Sn	$33{,}8 \cdot 10^4$	$2{,}5 \cdot 10^{-4}$	195
	78 Cu/22 Sn	$34{,}4 \cdot 10^4$	$2{,}1 \cdot 10^{-4}$	215

Äußere Einflüsse/Einfluß des Luftdrucks auf die Klangdauer

Zum Abklingen einer angeschlagenen Glocke trägt nicht nur die hier ausführlich beschriebene Materialdämpfung als sogenannte innere Dämpfung bei, sondern auch die äußere Luftdämpfung, die als Reibungsdämpfung (Grenzschichtdämpfung) und Strahlungsdämpfung (akustische Dämpfung) wirksam wird. Der Anteil der Materialdämpfung an der Gesamtdämpfung der Glockenteiltöne bei Atmosphärendruck (760 Torr) beträgt für Unteroktave, Prime und Terz etwa 60 %, 45 % und 40 %. Die Materialdämpfung ist also keinesfalls vernachlässigbar klein gegenüber den äußeren Dämpfungsanteilen. Diese sind abhängig vom Luftdruck, und es ist bekannt, daß Glocken an hochgelegenen Orten obertöniger klingen und längere Abklingzeiten aufweisen als im Flachland. Aus Messungen der Teiltondämpfungen einer Glocke in Abhängigkeit vom Luftdruck ist zu schließen, daß in 4000 m Höhe (460 Torr) die Abklingzeiten der Unteroktave, Prime, Terz, Quinte, Oberoktave und Duodezime um 11, 23, 26, 39 und 35 % länger sind als auf Meereshöhe.

Einfluß der Temperatur auf die Tonhöhe

Sehr genaue Frequenzmessungen haben gezeigt, daß die Tonhöhen des Schlagtons und der Teiltöne einer Glocke mit zunehmender Temperatur abfallen, und zwar um $^{0,5}/_{16}$ HT pro 10° C.

Die Innenharmonie wird dadurch nicht hörbar beeinflußt. Die Intervalländerungen sind kleiner als $^{0,1}/_{16}$ HT pro 10° C.

Die Materialdämpfung nimmt mit abnehmender Temperatur leicht ab, jedoch ist dieser Einfluß insgesamt unbedeutend gegenüber dem Einfluß des Luftdrucks.

Einfluß der Formgenauigkeit auf die Tonhöhe

Wie groß der Formeinfluß auf die Tonhöhe ist, läßt sich mit einer einfachen Fehlerbetrachtung an kreiszylindrischen Schalen abschätzen. Wenn der noch korrigierbare Frequenzfehler von $\pm\ ^{8}/_{16}$ HT nicht überschritten werden soll, muß die Herstellungsgenauigkeit für den Radius bei einer Röhre von 400 mm Durchmesser und 15 mm Wandstärke besser als ± 0,2 mm sein. Partielle Fehler im Radius über der Glockenhöhenkoordinate beeinträchtigen die Innenharmonie. Abweichungen von der Rotationssymmetrie spalten die Teiltöne in zwei benachbarte Frequenzen, was den Abklingvorgang unruhig macht.

Zusammenfassung

Der Wert einer Glocke als Musikinstrument wird nach der Qualität ihres Klanges bemessen. Deshalb steht der musikalische Eindruck einer Glocke im Vordergrund jeder Glockenprüfung. Obwohl nicht völlig voneinander trennbar, kann zwischen überwiegend materialbedingten und überwiegend formbedingten Klangeigenschaften unterschieden werden. Positive Bezeichnungen hierfür sind Klangfülle und Klangreinheit. Wirkliche Spitzenleistungen lassen sich nur erzielen, wenn Form und Material, Rippe und Glockenspeise einwandfrei sind. Die möglichst reine Glockenbronze mit 20 bis 22 Gew.-% Zinn ist bis heute unübertroffen. Zu beachten ist, daß Schwankungen in den Abmessungen und in der Dichte der Glocken deren Klang stärker beeinflussen als erhebliche Änderungen der Legierungszusammensetzung und höhere Gehalte an Verunreinigung.

Die Bedeutung von Klöppel und Intonation für die Klangwirkung der Glocke

Von Theo Fehn und Volker Müller

Der Intonation der Glocke voraus geht die richtige Dimensionierung der gesamten technischen Anlage, wie Glockenarmaturen, Klöppel und Läutemaschinen. Der eigentliche Intonationsvorgang vollzieht sich nach Einbau der technischen Anlage durch Feineinstellen und Justieren. Intonation bedeutet demnach, das Instrument „Glocke“ zur optimalen Sprache zu bringen, die Voraussetzungen zu schaffen für ein weiches und doch kraftvolles Läuten in dynamischer Ausgewogenheit von Prinzipal- und Mixturklängen sowie dynamischer Ausgewogenheit aller Glocken eines Geläutes untereinander.

Der Klöppel

- Der Klöppel muß aus weichem Eisen sein, zu hartes Eisen entstellt den Klang in oft unerträglicher Weise. Die Klöppelkugel muß ganz glatt geschliffen sein. Das Gesamtgewicht des Klöppels soll 4 % des Glockengewichtes betragen – nur bei Gußstahlglocken etwas mehr, sonst besonders bei alten Glocken und solchen in sehr leichten Rippen eher weniger.
- Die Kugel, auch Ballen genannt, soll genügend groß sein. Kugeln, die nur eine minimale Verdickung des Schaftes bilden, sind untauglich, ebenso auch zu dicke und zu schwere Kugeln. Das richtige Maß ist erreicht, wenn die Glocke zu gleichmäßiger Amplitude der Grund- und der Obertöne gebracht wird und eher die Grundtöne dominieren als die Obertöne.
  Dies gilt natürlich auch für Klöppel mit Gegengewichten in gekröpft, das heißt, im Stelzenjoch hängenden Glocken. Hier muß das Gegengewicht sehr sorgfältig ausbalanciert werden. Die gekröpfte Aufhängung soll ohnehin nur eine Notlösung sein, da sie den Glockenklang, besonders Resonanz und Singfreudigkeit stark beeinträchtigt.
  Als mittleren Wert für die Kugelstärke kann das 1,66fache des „Schlags“, also der Schlagringstärke der Glocke angenommen werden. Das Verhältnis Schaft zur Kugel soll ungefähr 1:2,5 bis 1:3 betragen.
- Der Schwungzapfen, auch Vorhang, Aushang, Flucht genannt, darf nicht zu lang und nicht zu schwer sein, da sonst der Glockenklang grell, obertönig, hart und scharf wird und die Gefahr von Prellschlägen besteht.
  Der Schwungzapfen kann in solchen Fällen behutsam und zentimeterweise soweit verkürzt werden, daß zwar noch ein rhythmisch regelmäßiger, aber weicher Anschlag erzielt wird. Ist dies nicht möglich, so kann auch der Schaft abgedreht und damit dünner gemacht werden.

- Aufgrund von Erfahrungen ist eine dem liegenden Rotationsellipsoid angenäherte Form der Klöppelkugel zu empfehlen, wo der Kugeldurchmesser in horizontaler Richtung um ein Minimum größer ist als in der vertikalen. Diese Form hat sich nicht nur im Falle der Protestationsgedächtniskirche Speyer, sondern inzwischen auch bei einer großen Zahl anderer Geläute gut bewährt.
- Bei Gußstahl- und Eisenglocken sowie Glocken in extrem leichten Rippen haben sich Rotgußpuffer an den Anschlagsstellen der Klöppelkugeln zur Erzielung eines weicheren und grundtönigeren Klanges bewährt.
  Meister Hermann Hamm in Frankenthal goß um die eisernen Schäfte seiner Klöppel ganze Kugeln aus Rotguß, um dem Klang seiner Glocken die erwünschte Fülle und Rundung zu geben. Rotgußpuffer und Rotgußkugeln nützen sich im Laufe der Zeit stark ab und müssen häufig erneuert werden.
- Von größter Wichtigkeit für guten Tonansatz und Klangentfaltung ist die exakte Justierung des Klöppelanschlagspunktes. Die Kugelmitte muß genau auf die dickste Stelle des Schlagringes auftreffen. Eine Verschiebung um nur einen halben Zentimeter nach oben oder durch Längen des Klöppelleders häufiger nach unten kann eine deutliche Verschlechterung des Klanges zur Folge haben.
  Auch muß bei Überprüfungen darauf geachtet werden, daß das Klöppelblatt, in das der Schaft ausläuft und woran der Klöppel durch Leder befestigt ist, ganz eng an die Achse anstößt, um die sich der Klöppel dreht. Ist dort zuviel Spielraum, dann hat der Klöppel zuviel Seitenspiel, auch Eiern oder Quirlen genannt, und verursacht deutlich sichtbare Schleifspuren auf dem Glockenrand. Das gleiche beobachtet man bei zu langen Klöppel-Lederschlaufen.
  Der Klöppel muß stets exakt im rechten Winkel zum Joch schwingen und darf nicht schleudern oder eiern. Der Glockenrand wird auf die Dauer sonst stark beschädigt, der Klang entstellt.
- Es ist erwiesen, daß nicht nur das relative Gewicht eines Klöppels von Bedeutung für den Klang ist, sondern auch die Masseverteilung im Klöppel selbst zwischen Schaft, Kugel und Vorhang, wobei der Schwerpunkt des Klöppels in der Kugelmitte liegen muß.
  Wenn der Läuteklang einer Glocke nicht befriedigt, lasse der Glockensachverständige jedoch nur durch den Glockengießer Klöppel auswechseln oder Klöppeldimensionen verändern. Bei neuen Glocken kann sonst der Gießer mit Recht jede Garantieleistung ablehnen, wenn eine Glocke beschädigt wird oder springt.
- Von den Mitarbeitern Grützmacher/Kallenbach/Nellessen der Physikalisch-Technischen Bundesanstalt in Braunschweig liegt ein interessantes Versuchsergebnis vor: Sie entdeckten, daß von entscheidender Bedeutung für die Erzeugung verschiedener Klangformen einer Glocke die Berührungsdauer des Klöppels ist, und diese ist wiederum abhängig vom Gewicht der Klöppelkugel. Dadurch werden die Amplitudenverhältnisse der Teiltöne entscheidend gesteuert. Je kürzer der Augenblick des Klöppelanschlags ist, desto größer ist der Umfang des Klangspektrums bis hinauf in den Bereich der höchsten Teiltöne. Der Klang wird obertonreich, spröde und scharf bei kurzer Berührungsdauer, also bei leichterer Kugel.
  Bei längerem Impuls, also bei um Sekundenbruchteile längerer Berührungsdauer des Klöppels mit einer schweren Kugel werden die höheren Eigenfrequenzen der Glocke schwächer erregt, der Klang wird runder, grundtöniger und wärmer.

Glocken-Klöppel

Ansicht von vorne

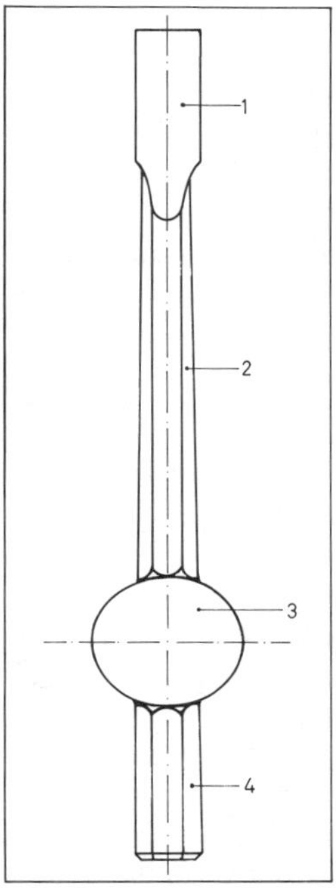

Ansicht von der Seite

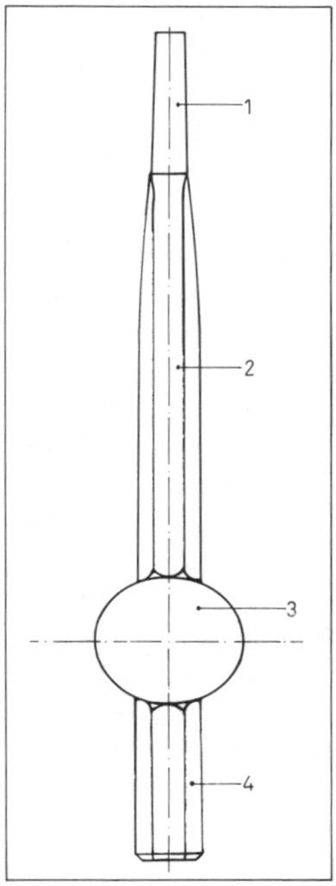

LEGENDE
1 BLATT
2 SCHAFT
3 KUGEL (BALLEN)
4 VORHANG

Die Intonation

- Wie schon der zuvor behandelte Klöppel, so tragen auch Holzglockenstuhl, richtig dimensionierte Holzjoche, gute Lagerung und exakt eingestellte Läutemaschinen zu einer guten Klangentfaltung bei.
- Bei allen Intonationskorrekturen ist zu beachten, daß sich Jochgewicht und Jochhöhe, Klöppelgewicht und -dimension sowie die Einstellung der Läutemaschinen auf bestimmte Läutehöhe, also Ausschwungwinkel der Glocke, nach dem Pendelgesetz *gegenseitig* bedingen und beeinflussen.
  Eine *einseitige* Veränderung in diesem Wirkungsgefüge bringt nicht immer die gewünschte Klangverbesserung, aber unter Umständen neue, ungewollte Nebenwirkungen.
- Ziel jeder Neu- oder Nachintonation muß sein:
  - weiche, singende, flüssige Klangentfaltung ohne Schärfe und Aufdringlichkeit, auch für die Anwohner in nächster Nähe des Geläutes,
  - weicher Klöppelanschlag ohne Nebengeräusche,
  - dynamische und klangcharakterliche Ausgewogenheit im Plenum und in Teilgeläuten,
  - exakter, aber natürlich-gelöster Läuterhythmus.
- Pendelkugellager sind heute zur Regel geworden; die Glocken sind dadurch mit sehr wenig Kraftaufwand in Bewegung zu setzen. Der Austausch noch vorhandener älterer Lagertypen gegen Kugellager ist anzustreben.
- Wird noch von Hand geläutet oder diese Möglichkeit beispielsweise bei Stromausfall oder Läutemaschinenschaden gewünscht, ist zu beachten:
  Es müssen Seilhebel, auch Läutehebel oder Läutearme genannt, oder Seilräder/Seilhalbräder installiert sein. Zum Gewichtsausgleich müssen Gegengewichte angebracht sein, die das Gewicht für Seil und Seilhebel so ausgleichen, daß die Glocke im Ruhezustand lotrecht hängt. Seilführungen sind in die Turmzwischenböden einzubauen. Bei Handbetrieb müssen vorher die Bremsen an den Läutemaschinen gelöst werden.
  Man verwende nicht zu dicke, nicht zu schwere Hanfseile, die keine Nebengeräusche verursachen wie Metallseile und Metallösen.
  Man bemühe sich, die Glocken sanft und nicht zu hoch zu läuten, sie nicht zu „reißen“ und man bremse sie auch nicht gewaltsam ab.
- Der Sachverständige verwende viel Sorgfalt auf die Überprüfung der Läutemaschinenfunktion und gegebenenfalls deren Nachjustierung gemeinsam mit dem Monteur.
  Die Glocke muß beiderseits gleichstark und voll klanglich erregt werden und in ruhigem, natürlichem Rhythmus läuten.
  Zu hohes Läuten – leider noch sehr häufig anzutreffen! – bewirkt zu harten Anschlag, Entstellen des Klangbildes, aber auch unnötig starke Beanspruchung von Glocken, Armaturen, Stuhl und Bauwerk.
  Sehen wir, oder haben wir schon vom Gehör her den Eindruck, daß eine Glocke zu hoch läutet, so schalten wir die ungebremste Läutemaschine ab und beobachten beim Abläuten, wann die Glocke zur optimalen Klangerregung bei beiderseitig regelmäßigem Anschlag kommt. Dies ist die zutreffende Läutehöhe, auf die die Maschine einzustellen ist.

△

Bruchsal, St. Peter. Glockenzier, Joche und Glockenstuhl nach Entwürfen von Balthasar Neumann.

Schwarzach, Münster. Neue Glocke, neues Holzjoch, mittelalterlicher Glockenstuhl. ▷

Schwarzach, Münster. Benedictglocke (1985) an neuem Holzjoch.

Ausschwungwinkel zwischen 50° bis 70° haben sich als ausreichend erwiesen; dies hängt jedoch von verschiedenen Faktoren ab wie Joch und Klöppeldimension, so daß hier nur von Fall zu Fall individuell entschieden werden kann.
Läßt sich die optimale Läutehöhe nicht allein durch die Einstellung der Maschinensteuerung oder die Veränderung des Kräfteübersetzungsverhältnisses zwischen Seilrad und Ritzel erreichen, so kann – jedoch nur in Zusammenarbeit mit dem Glockengießer – durch Veränderungen an Joch, Kronenbrett oder Klöppel nachgeholfen werden.
Es schadet der Klangschönheit durchaus nicht, wenn das ganze (!) Geläute etwas schneller oder langsamer „geht", wenn nur die Differenzen der Anschlagzahlen pro Minute zwischen den einzelnen Glocken gewahrt bleiben. Die vorhandenen Anschlagszahl-Tabellen geben nur Durchschnittswerte und beziehen sich meist auf mittlere Rippen und Stahljoche.

- Die Freiheit der Intonation kann bezüglich der Anschlagszahlen/Minute vom Schwingungsdynamiker bei gefährdeten Türmen und dem Auftreten des sogenannten Aufschaukelungseffektes eingeengt werden. Die einmal gegebenen Werte sind dann bei Nachintonationen sorgfältig zu beachten.
- An- und Ausläuten sollen nicht zu schnell, sondern in organischem Crescendo geschehen. Das mit dem elektrischen Läutebetrieb mögliche System des Klöppelfanges ist nur eine landschaftsgebundene Erscheinung und entspricht nicht dem Intonationsideal von natürlichem, organischen An- und Ausläuten.
- Es ist heute keine Frage mehr, daß aus ästhetischen und noch mehr aus klanglichen Gründen dem Holzjoch der unbedingte Vorzug vor dem Stahljoch zu geben ist!

  Holzjoche begünstigen eine weiche Klangentfaltung, dämpfen die hohen Mixturtöne und die Erscheinung des „Körperschalls"; sie sind außerdem so gut wie wartungsfrei, wenn eine gute Holzqualität verwendet wird.
  Aufgrund des größeren Jochgewichtes müssen auch die Klöppelgewichte etwas schwerer angenommen werden als bei Stahljochen.
  Gekröpfte Joche, auch Stelzenjoche genannt, sind aus musikalischen Gründen kompromißlos abzulehnen! Sie beeinträchtigen die Klangentfaltung der Glocke entscheidend, so daß ihr Klang oft nur noch gongartig zu hören ist.
  Wenn der Läuterhythmus trotz sorgfältiger Klöppeldimension und Justierung der Läutemaschine nicht befriedigt, ist nachzuprüfen, ob die Glocke im Ruhezustand genau lotrecht hängt – durch Vermessen des beiderseitigen Abstandes Klöppel – Glockenrand –, ob das Joch exakt waagerecht und im genauen 90°-Winkel zur Glockenschwungrichtung montiert ist, und ob der Winkel Joch – Glockenstuhl ebenfalls exakt 90° beträgt.
- Sind die Glockentürme oder Glockenstuben baulich direkt mit dem Kirchenraum verbunden, so kann das Schlaggeräusch des Klöppels als sogenannter „Körperschall" auf den Raum übertragen werden. Die akustische Wirkung ist ähnlich der einer Hammerschmiede und wird besonders beim Läuten zu gottesdienstlichen Handlungen als sehr störend empfunden. Bei Stahljochen und -stühlen ist die Erscheinung weitaus häufiger anzutreffen als bei Holzkonstruktionen.

  Abhilfe kann im allgemeinen nur dadurch geschaffen werden, daß der *gesamte* Glockenstuhl auf Schwingmetall gesetzt wird.

- Eine sorgfältige Feinintonation neuer Geläute kann wegen des notwendigen häufigen Probeläutens meist nicht vor der offiziellen Indienstnahme geschehen, sondern erst nach dem feierlichen ersten Läuten.
  Auch vermeide man das Probeläuten zu den ortsüblichen Tagesruhezeiten, also frühmorgens, unter Mittag oder spät abends.
- Die Wichtigkeit einer sorgfältigen Intonation bestätigt die immer wieder gemachte Beobachtung, daß Laien zwar kaum auf Tondifferenzen der Innenharmonie und der Schlagtonlinie, sehr empfindlich dagegen auf zu harte, laute, obertönige und lärmende Geläute reagieren, oft sogar unzutreffende Schlüsse auf die Qualität der Glocken und des Glockengießers ziehen.

Eine in ihrem Tonaufbau und ihrer Vibration mäßige Glocke kann durch sorgfältige Klöppeldimensionierung und Intonation sehr viel gewinnen und ihre Klangfehler tolerierbar machen, während umgekehrt musikalisch gute Glocken durch mangelhafte Intonation und fehlerhafte Klöppel unerträglich wirken können.

Holzglockenstühle und Holzjoche

Von Klaus Ehrlich, Kurt Kramer, Josef Steiner

Konstruktion und Gestaltung im geschichtlichen Rückblick und die praktische Anwendung nach neuen Erkenntnissen

Das Ensemble von Glocken, Glockenstuhl und Glockenjoch hat in seiner über 1500jährigen Entwicklung schon früh eine harmonisch ausgewogene Form erreicht. Meisterliche Gestaltung und bildnerische Ausschmückung gaben den Glokken neben ihrer klanglichen Qualität oft den Rang von Kunstwerken der Plastik. Dieser künstlerischen Bedeutung der Glocke entsprach auch die gestalterische Qualität des Holzglockenjochs und des Holzglockenstuhls. Ihre Konstruktionen orientierten sich an handwerklichen, oft an kunsthandwerklichen Maßstäben. Sie unterstützten die Klangwirkung der Glocken hervorragend und minderten durch ihre Konstruktion die Beanspruchung der Bauwerke, die das Geläut zu tragen haben. Noch in hohem Alter leisten sie ihren Dienst – so im Turm des Freiburger Münsters seit etwa 730 Jahren – und dies mit geringem Aufwand für Wartung und Instandhaltung.
Erst in unserem Jahrhundert ging das Bewußtsein für dieses kunsthandwerkliche Ensemble verloren, als man vermeintlich „ökonomischere“ Lösungen anstrebte. Bei den Glocken wurden die Schwächen und Mängel der Ersatzmetalle für Glokkenbronze bald erkannt. Die Rückbesinnung auf musikalische und künstlerische Qualität ließ den Glockenguß im deutschen Raum einen hohen Standard gewinnen. Hingegen wurden die Glockenstühle und Glockenjoche in den meisten Fällen allein nach konstruktiven und fertigungstechnischen Überlegungen entwickelt. Ihnen mußten noch intakte, jahrhundertealte Holzkonstruktionen weichen, weil auch auf diesem Gebiet die Sensibilität für Erhaltenswertes und die Erfahrung zur Erhaltung solcher Konstruktionen weitgehend verlorengegangen waren.
In nachfolgenden Anregungen soll die Bedeutung von Holzglockenstühlen und Holzjochen für das Geläut dargestellt werden mit dem Ziel, die musikalischen und

technischen Vorzüge herauszustellen und den ästhetischen und denkmalpflegerischen Aspekten Gewicht zu verleihen.
Nur für wenige Projekte, bei denen die baulichen Verhältnisse unkompliziert sind, können nachfolgende Ausführungen Anleitung geben. Die unmittelbare Erfahrung zeigt, daß in der Mehrzahl der Fälle das Zusammenwirken von Geläut und Bauwerk aus der Sicht verschiedener Fachgebiete geprüft und aufeinander abgestimmt werden muß. Hierzu müssen neben dem Glockensachverständigen und dem Glockengießer auch Experten für Statik und Dynamik zugezogen werden. Es bedarf hierzu der sorgfältigen Auswahl erfahrener Fachleute.

Begriffsbestimmungen

Das Zusammenwirken der zuvor genannten Fachleute erfordert allgemein gültige und verständliche Begriffe. Dies ist um so notwendiger, da sich in den einzelnen Fachgebieten unterschiedlicher Sprachgebrauch entwickelt hat und auch landschaftlich gebundene Sprachbegriffe die fachliche Verständigung erschweren können.

Holzglockenstuhl, Salem-Neufrach.

Glockenstuhl

Er besteht aus dem eigentlichen *Glockenstuhl* zur Aufnahme von einer oder von mehreren Glocken, gegebenenfalls dem *Untergerüst*, das sind Konstruktionsteile zur Einleitung von Glockenlasten und Läutekräften in tieferliegende Turmbereiche, und den *Auflagern*, das sind Verbindungsbauteile zwischen Glockenstuhl beziehungsweise Untergerüst und den tragenden Gliedern des Bauwerks.

Glockenjoch

Entsprechend dem Glockengewicht und den geplanten physikalisch-dynamischen Eigenschaften werden unterschiedlich dimensionierte *Joche* entwickelt. Ihre Bestandteile sind *Jochholz* und *Lagerzapfen* mit geteilter oder durchgehender Stahlachse. *Lager* sind vorgefertigte Bauteile zur Aufnahme (Lagerung) der Lagerzapfen. *Lagerplatte* oder *Lagerholz* aus Stahl oder Hartholz stellen die Verbindung zum Glockenstuhl her.

Neues Holzjoch in Gottmadingen-Randegg, 1979 gefertigt.

Anforderungen

Glockenstühle und Glockenjoche müssen in ihrer Konstruktion und Bemessung auf das jeweilige Geläut abgestimmt sein und die statischen Horizontal- und Vertikallasten sowie die dynamischen Lasten (Läutekräfte) auf das Turmbauwerk übertragen. Die statischen Nachweise müssen die eingeführten DIN-Normen und anerkannten Regeln der Technik erfüllen. Bei der Konstruktion und bei der Wahl der Werkstoffe müssen schadensfreie Alterung, lange Lebensdauer und gute Wartungsmöglichkeiten gewährleistet sein. Es ist auch darauf zu achten, daß die *Läutemaschinen* und die *Uhrschlageinrichtung* in dem Glockenstuhl ohne Eingriffe in seinem Konstruktionssystem untergebracht werden können.

Konstruktion von Holzglockenstühlen

Die Konstruktionssysteme der Holzglockenstühle, wie sie in den Abbildungen dargestellt sind, richten sich nach der Größe beziehungsweise dem Gewicht des Geläutes und nach den baulichen Gegebenheiten des Glockenturmes.
Konstruktionssysteme (siehe Abbildungen): Seite 173 und 174.

Bockstühle mit einem oder mehreren Gefachen.

Kastenstühle ein- oder mehrgeschossig mit einem oder mehreren Gefachen.

Mischsysteme von Kasten- und Bockstühlen mit einem oder mehreren Gefachen.

Untergerüste als Unterbau der zuvor beschriebenen Holzglockenstühle, siehe Abbildung S. 180. Freiburg, Münster.

Konstruktionsdetails für Glockenstühle, siehe Abbildungen S. 176 bis 178.

Holzfachwerke als tragende Konstruktionen sowie als Verband und Queraussteifung der einzelnen Gefache, siehe Abbildungen S. 173, 174, 175, 180.

Holzverbindungen, wie Zapfen, Versätze, Nagelung, Bolzen, Stahldübel, Einpreßdübel, Einlaßdübel, Klammern, siehe Tabelle.

Gestaltungsmöglichkeiten für Glockenstühle

Historische Formen zeigen den Reichtum früherer Handwerkskunst. Sie geben auch heute noch gute Anregungen zur Gestaltung neuer Konstruktionen, siehe Abbildungen S. 180 und 181.

Neuzeitliche Formen beschränken sich im Verständnis unserer Zeit fast ausschließlich auf die zuvor beschriebenen Konstruktionssysteme und auf saubere handwerkliche Ausführung der notwendigen Verbände und Verbindungen.

Glockenstuhl, Bruchsal, St. Peter, nach Entwürfen von Balthasar Neumann, 1745 erbaut.

Glockenstuhl, Salem-Neufrach, 1980.

Konstruktion von Glockenjochen

Alle Jocharten weisen grundsätzlich das gleiche Konstruktionssystem auf (siehe Abbildung S. 178).

Konstruktionsdetails für Holzjoche sind in den Abbildungen S. Seite 178 dargestellt.

Die Verbindung Joch–Glocke kann aus handwerklich bearbeiteten Flachstahlbändern, die auch künstlerisch gestaltet sein können, oder Rundstahl hergestellt werden.
Die Verbindung Joch–Glockenstuhl wird durch Achsen mit angedrehten Lagerzapfen gebildet, die von Pendelkugellagern aufgenommen werden.

Gestaltungsmöglichkeiten für Glockenjoche

Historische Formen zeigen in besonderer Vielfalt die gestalterische Beziehung zur Glocke (siehe Abbildungen unten, S. 179 und 180 oben).

Neuzeitliche Formen beschränken sich im Verständnis unserer Zeit fast ausschließlich auf handwerkliche Ausführung. Es bietet sich aber auch heute noch eine anspruchsvolle kunsthandwerkliche oder künstlerische Ausschmückung an (siehe Abbildung unten und Abbildungen S. 181).

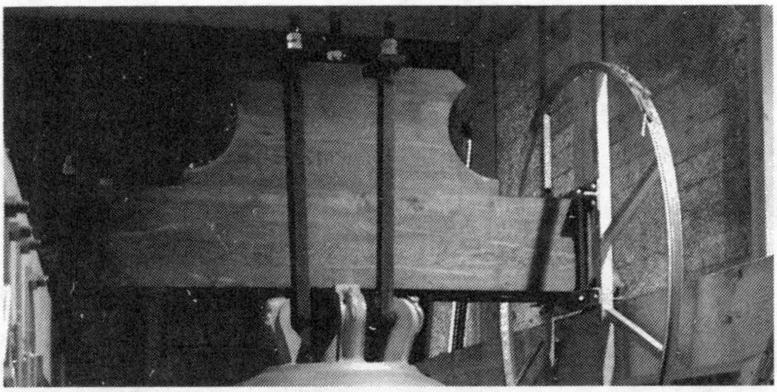

Holzglockenjoch, Salem-Neufrach, 1980.

Holzglockenjoch, Konstanz, Münster, etwa 17./18. Jh.

Werkstoffe für Glockenstühle und Joche

Holzarten

Für Glockenstühle geeignete Hölzer: Eiche, Esche, Camballa, Afzelia, Bongossi, Kiefer, Lärche und Weißtanne
Für Glockenjoche eignen sich zum Beispiel Eiche, Camballa, Bongossi, Afzelia.

Holzgüte

Die verwendeten Hölzer müssen DIN 4074 „Bauholz für Holzbauteile" Teil 1 „Gütebedingungen für Bauschnittholz" entsprechen. Als Güteklasse sind die Güteklassen 1 oder nach den statischen Berechnungen 2 zu wählen. Wenn kein über längere Zeit an der Luft getrocknetes, gelagertes Holz zur Verfügung steht, kann in der Trockenkammer getrocknetes Holz verarbeitet werden. Die relative Holzfeuchte beträgt üblicherweise etwa 12 %. Sie ist nach den jeweils gültigen Richtlinien auf die gewählte Holzart abzustimmen.

Holzschutz

In sachgerecht ausgebildeten Glockenstuben sind Holzglockenstühle und Holzjoche ausreichend vor Witterungseinflüssen geschützt. Eine gute Durchlüftung stellt einen wirksamen Schutz gegen Feuchtigkeit dar. Der einfachste Schutz für die anfälligen Auflagepunkte der Lagerhölzer sind Sauberkeit, Trockenheit und gute Belüftung. Die Normen der DIN 68800 „Holzschutz im Hochbau" Teil 1–5, insbesondere Teil 3 „Vorbeugender chemischer Schutz von Vollholz" finden zum Schutz gegen Insekten und Pilze Anwendung. Im allgemeinen kommt eine Imprägnierung mit wässrigen Salzen in Betracht, die im Holz fixieren. Es muß unbedingt darauf geachtet werden, daß nur umweltverträgliche Holzschutzmittel Anwendung finden. Im übrigen sind die Verarbeitungsrichtlinien der Hersteller sorgfältig zu beachten. Eine Nachbehandlung innerhalb von zwei Jahren nach Einbau verbessert den Nutzen der Imprägnierung.

Stahlbauteile

Stahl für Verbindungsteile: Hierfür sind Stähle St. 37 – 2 nach DIN 17100 und gleichwertige geeignet. Werden nicht-rostende Stähle verwendet, sind sie gemäß Zulassung des Instituts für Bautechnik, Berlin auszuwählen.
Gegen Korrosion müssen Stahlbauteile eine *Verzinkung* nach DIN 55928 oder *Anstrichsysteme* nach Vorschriften der Bundesbahn bzw. DIN 55928 erhalten.

Berechnungs-, Bemessungs- und Genehmigungsvorschriften

Vorschriften für Berechnung:
Holzbauwerke: DIN 1052
Holzauswahl und Ausführung: Bauholz für Holzbauteile DIN 4074
Glockentürme: DIN 4178

Vorschriften zur Genehmigung:
Die jeweils gültige Landesbauordnung mit ihren Ausführungsvorschriften und einschlägige Zusatzverordnungen. Zur Erhaltung historischer Glockenstühle und Joche ist eine *Ausnahmebehandlung* notwendig und möglich. Hinweise für eine Ausnahmebehandlung sind im Beitrag „Baustatik“ in „Alte Bauten neu genutzt“, DVA Stuttgart 1981, gegeben.

Restaurierung und Sanierung von Holzglockenstühlen und Holzjochen

Alte Holzglockenstühle und Holzjoche müssen unbedingt im Sinne des Denkmalschutzes erhalten bleiben. Hierzu sind alle handwerklichen Mittel und Hilfen einzusetzen. Außergewöhnliche materielle und finanzielle Anstrengungen sind für diese Aufgabe gerechtfertigt.
Die Maßnahmen sollten sich auf das Nachkeilen und Ausfüttern von Holzverbindungen und Nachschlagen von Holznägeln beziehungsweise den Einbau neuer Holznägel sowie auf das Auswechseln beziehungweise Verstärken schadhafter Konstruktionsteile beschränken. Die Arbeiten müssen mit gelagertem Holz gleicher Holzart wie das vorhandene Glockenstuhlholz ausgeführt werden, wobei überkommene handwerkliche Techniken anzuwenden sind.
Sollten in Ausnahmefällen Verbindungen aus Stahl unumgänglich sein, sind die in Abbildungen S. 176, 177, 178 oben dargestellten Ausführungen zu wählen.
Neuzeitliche Materialien als Ersatz zerstörter Holzteile, zum Beispiel Epoxidharz mit Glasfasern armiert, sind hinsichtlich ihrer Alterungsbeständigkeit nicht lange genug erprobt. Auch fehlen Erfahrungswerte, wie sich dynamische Beanspruchungen über längere Zeiträume auswirken.

Läutemaschinen und Uhrenschlag

Der Standort der Läutemaschinen im Glockenstuhl und ihre Befestigung am Glockenstuhl müssen so gewählt werden, daß nicht in die Konstruktion des Glockenstuhls eingegriffen wird.
Der Uhrschlaghammer muß derart am Glockenstuhl angebracht werden, daß keine Eingriffe und Veränderungen an der Stuhlkonstruktion notwendig werden.

Ausschreibungsgrundlagen für Holzglockenstühle und Holzjoche

Die Vergabe von größeren Aufträgen für Holzglockenstühle und Holzjoche sollte nach Ausschreibung nur an qualifizierte Fachfirmen erfolgen. Der Ausschreibung sind folgende Bestimmungen der Verdingungsordnung für Bauleistungen zugrunde zu legen:
Allgemeine Bestimmungen VOB 1979 Teil A, DIN 1960,
Geschäftliche Bestimmungen VOB 1979 Teil B, DIN 1961,
Technische Bestimmungen VOB 1979 Teil C,
Verzinkungsarbeiten DIN 55928,
Anstricharbeiten DIN 18363 und Vorschriften der Bundesbahn.
Werden bereits im Ausschreibungsverfahren statische und dynamische Nachweise oder Zeichnungen gefordert, so sind diese zu vergüten.

Überwachung von Holzglockenstühlen und Holzjochen

Glockenstühle und Joche aus Holz müssen auf den Befall von tierischen und pflanzlichen Holzschädlingen überwacht werden. Gegebenenfalls sind geeignete Holzschutzmittel zur Bekämpfung einzusetzen. Siehe DIN 68800 Holzschutz. Treten größere Schwundrisse im Holz auf, sind diese vom Fachmann auszuspänen, um das Eindringen von Feuchtigkeit und Schädlingen zu verhindern. Stahlverbindungen – auch wenn sie verzinkt sind – müssen alle fünf bis acht Jahre einen Renovierungsanstrich entsprechend DIN 55928 oder den Vorschriften der Bundesbahn erhalten.

Die Wartung

Die Wartung ist gemäß dem Musterwartungsvertrag des Beratungsausschusses für das deutsche Glockenwesen vorzunehmen. In diesem Wartungsvertrag sind Glokkenstuhl und Glockenjoche inbegriffen. In den ersten beiden Jahren nach Herstellen des Holzglockenstuhls und der Holzjoche muß die Überprüfung halbjährlich (Frühjahr und Herbst), danach im üblichen einjährigen Rhythmus durchgeführt werden.

Schlußbemerkung

Glocken, Glockenstuhl und Glockenjoch unterliegen als Ensemble besonderen musikalischen, technischen, ästhetischen und denkmalpflegerischen Aspekten. Diese können in erster Linie vom erfahrenen Glockengießer und seinen qualifizierten Mitarbeitern bei Neubau, Restaurierung und Wartung beachtet werden. Es wird daher den Kirchenleitungen und Kirchengemeinden empfohlen, Aufträge zur Neuanschaffung, Restaurierung und Wartung von Geläuten, Holzglockenstühlen und Holzjochen in erster Linie an Glockengießer zu vergeben. Die enge gegenseitige Abhängigkeit von Glocke, Glockenjoch und Glockenstuhl und allem Zubehör sowie das notwendige, integrierte Zusammenwirken aller Teile erfordern den übergreifenden Sachverstand. Nur auf diesem Weg läßt sich das angestrebte, qualitätsvolle Gesamtwerk schaffen und erhalten.

Mittelalterlicher Holzglockenstuhl, Salem-Neufrach.

Bewertung von Holzverbindungen im Hinblick auf ihre Verwendung bei tragenden Bauteilen von Glockenstühlen. Bei der Auswahl der Verbindungsmittel ist zu beachten, ob Schwell- oder Wechselbeanspruchungen vorliegen.

Verbindungsmittel	geeignet	ungeeignet	Begründung beziehungsweise Verwendungszweck
Zapfen	x		nur für geringe statische Kräfte wegen Paßgenauigkeit und Schwinden des Holzes bei Austrocknen
Versätze:			
Stirnversatz	x		nach DIN 4178, 6.5.5
Fersenversatz		x	erhöhte Spaltgefahr durch Querzug im Holz
doppelter Versatz		x	für dynamische Lasten wegen der erforderlichen hohen Paßgenauigkeit
Nagelung Holzschrauben (Schlüsselschrauben)	(x)		nur bei schwellender dynamischer Beanspruchung; ausreichend überdimensionierte, dicke Nägel zur Verhinderung zu großen Schlupfes und vorzeitiger Bruchgefahr der Nägel
Nagelplatten		x	Bruch der ausgestanzten Nägel aufgrund der Kaltverformung schon bei geringen Lastspielzahlen
Bolzen		x	Schlupf
Stabdübel	x		nur bei Schwellbeanspruchung zu empfehlen – großer Schlupf; Abminderungsfaktor der Tragfähigkeit gegenüber statischer Belastung $\eta \leq 0{,}70$
Einpreßdübel	x		Abminderung bei Schwellbeanspruchung: $\eta \leq 0{,}70$
Einlaßdübel	x		Abminderung bei Wechselbeanspruchung: $\eta \leq 0{,}50$ Bei Einlaßdübel Gefahr des Abscherens von Holzteilen im Inneren des Dübels
Leim		x	für Montagezwecke ungeeignet; Verbindung insgesamt zu starr
Klammern		x	
Holznägel	x		bei statisch und dynamisch nicht zu sehr beanspruchten Bauteilen
Holzdübel	x		entsprechend Fersenversatz mit zusätzlicher Sicherung für Abtriebskräfte
Blechformteile		x	zu geringe Steifigkeit

(x) – bedingt

Übersicht Typenglockenstühle

Glockenstuhl Typ (1)

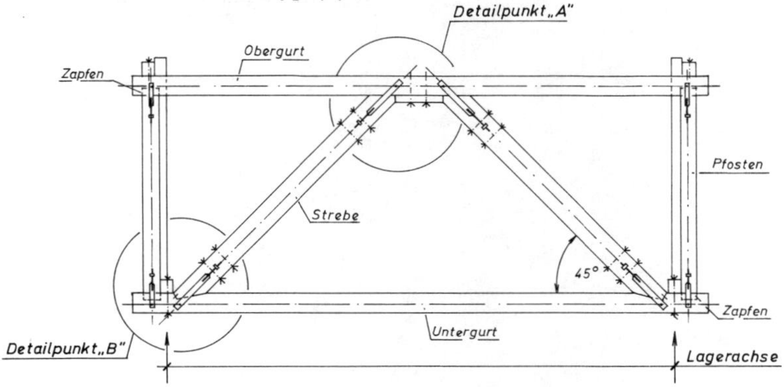

Glockenstuhl Typ (2)

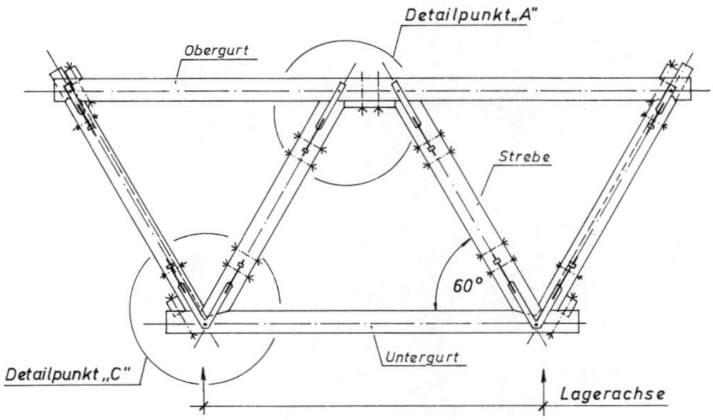

Schnitt (Aussteifungsverband)

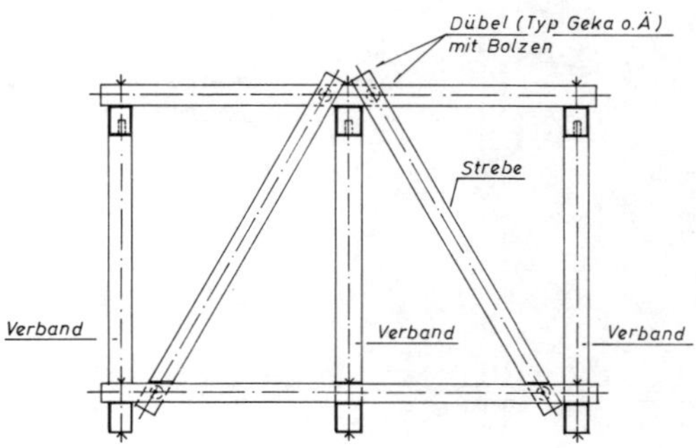

Holzgüte : Gkl. I oder Gkl. II
Stahlgüte : St. 37-2 (Feuerverzinkt)

Glockenstuhl Typ (3)

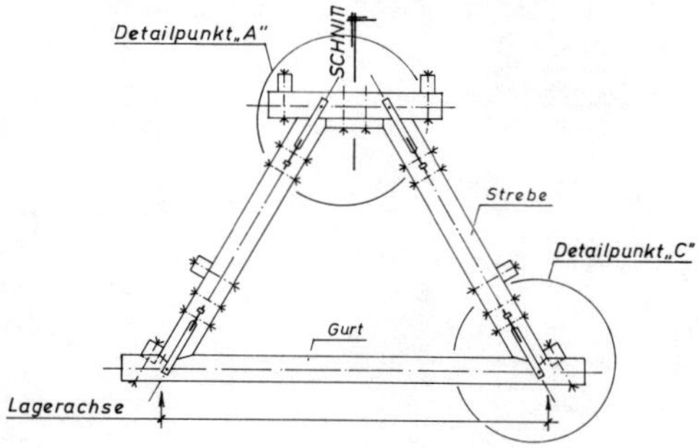

Schnitt (Aussteifungsverband)

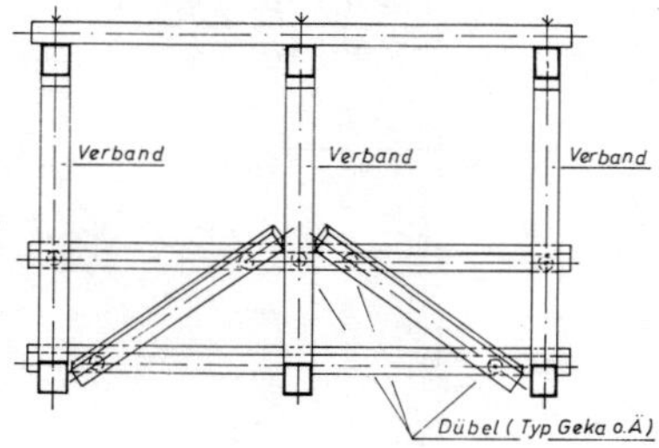

Glockenstuhl Typ (4)

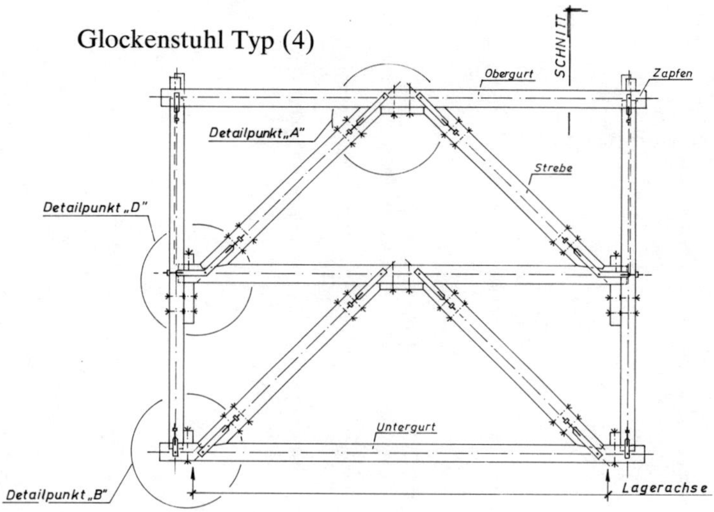

Schnitt (Aussteifungsverband)

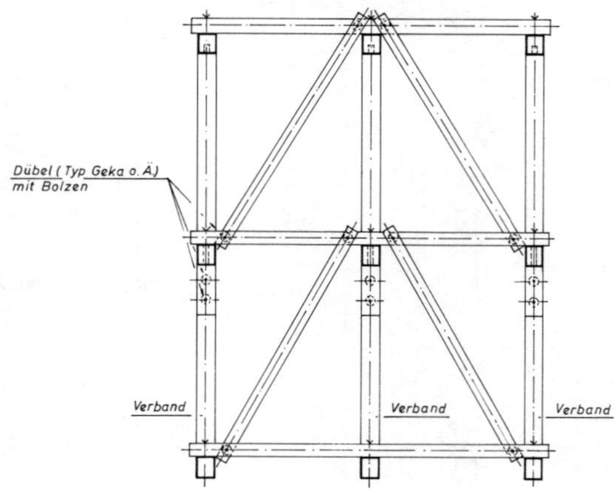

Holzgüte: Gkl. I oder Gkl. II
Stahlgüte: St 37-2 (Feuerverzinkt)

Mittlerer Obergurt-
knotenpunkt.

Bild Mitte und unten:
Glockenstuhl Typ 2
mit Detailansichten.

Detailpunkte „A“–„D“

Detailpunkt „A“

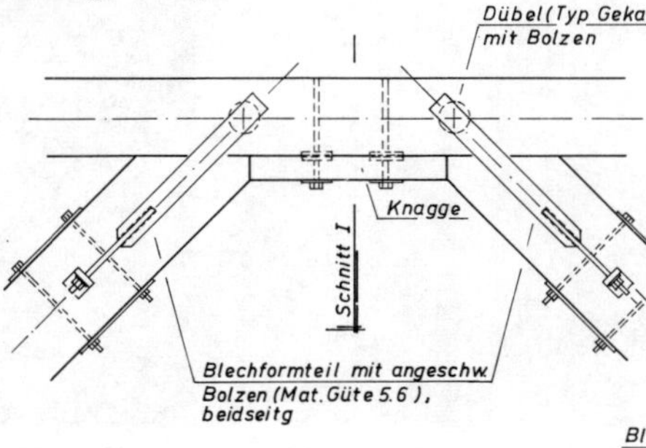

Detailpunkt „B“

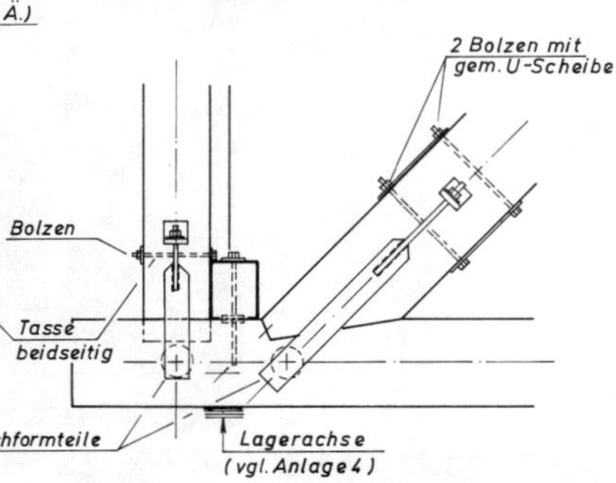

Schnitt I

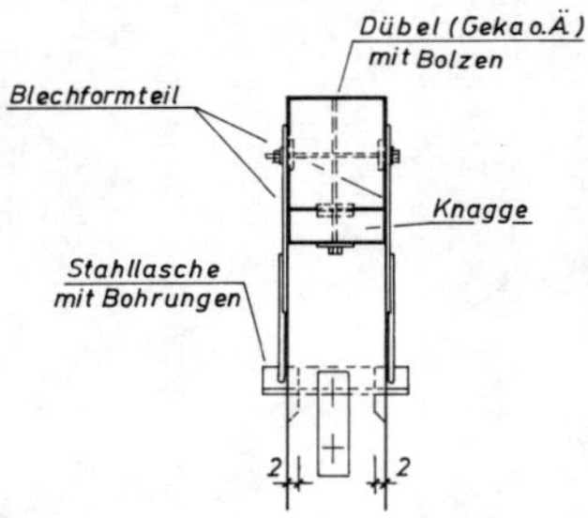

Detailpunkt „C“

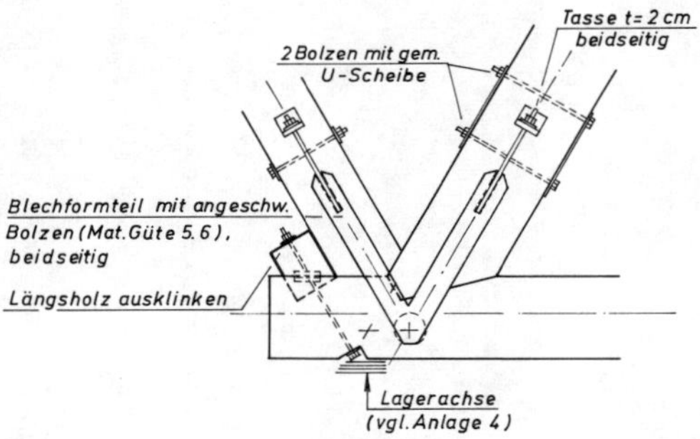

Detailpunkt „D“

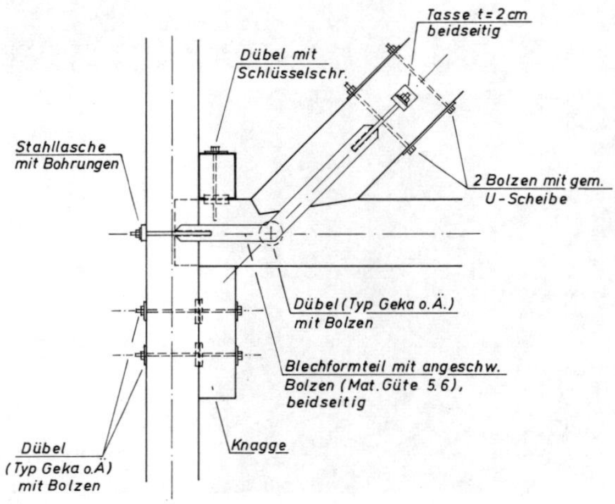

Holzgüte : Gkl. I oder Gkl. II
Stahlgüte : St. 37-2 (Feuerverzinkt)

Obergurtknotenpunkt. ▷

Untergurtknotenpunkt.
▽

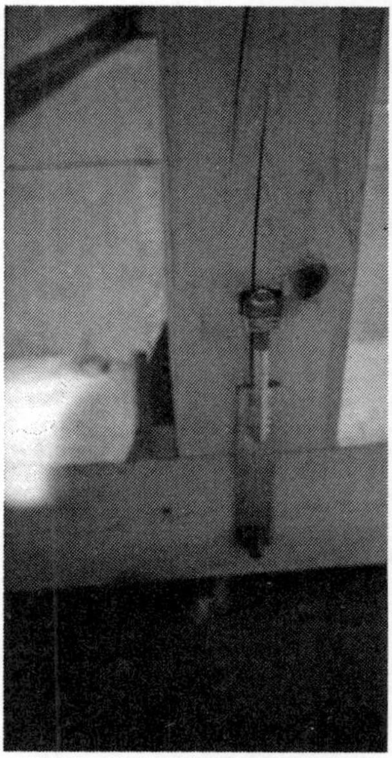

△
Auflagerpunkt mit Schwingungsdämpfung.
◁

Fußpunktdetail

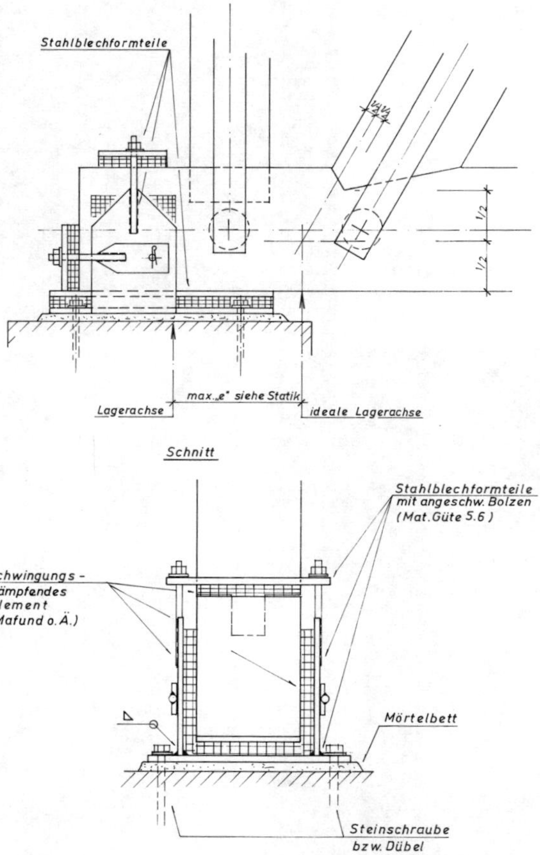

Glockenjoch

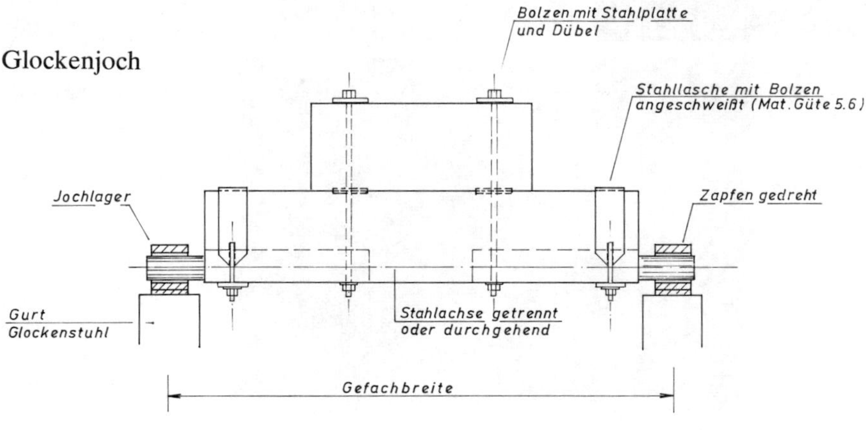

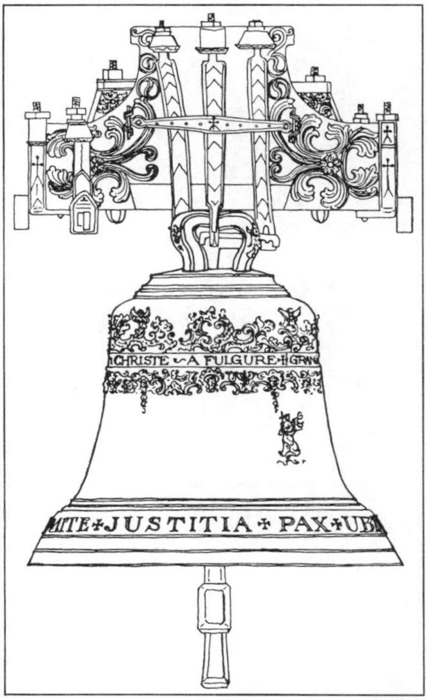

Hagnau am Bodensee, Rosenlächerglocke, Glockenzier nach Modeln von J. A. Feuchtmayer mit Originaljoch aus dem 18. Jh. Zeichnung aus Zeitschrift für Bauwesen Preuß. Finanzministerium, 1921.

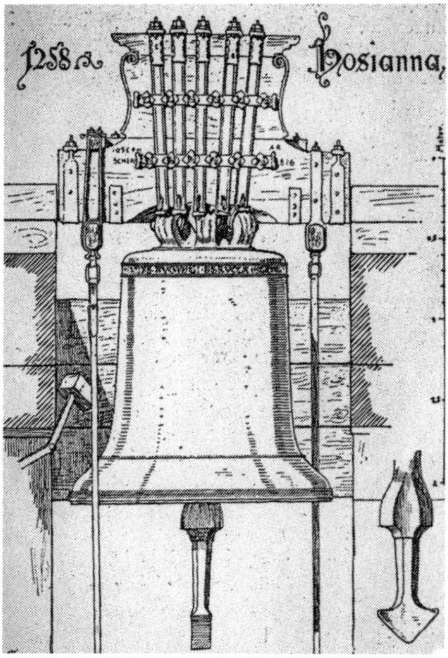

Freiburg i. Br., Münster, Hosanna-glocke, 1258.

Wien, Stephansdom, alte Pummerin mit Joch.

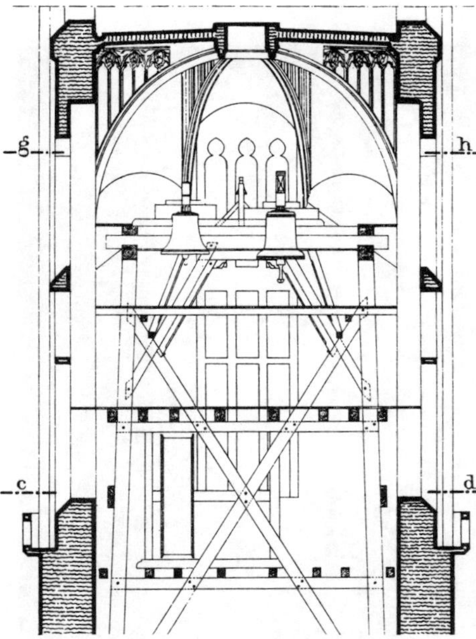

Freiburg i. Br., Münster, Kiefernholz-glockenstuhl, 13. Jh.

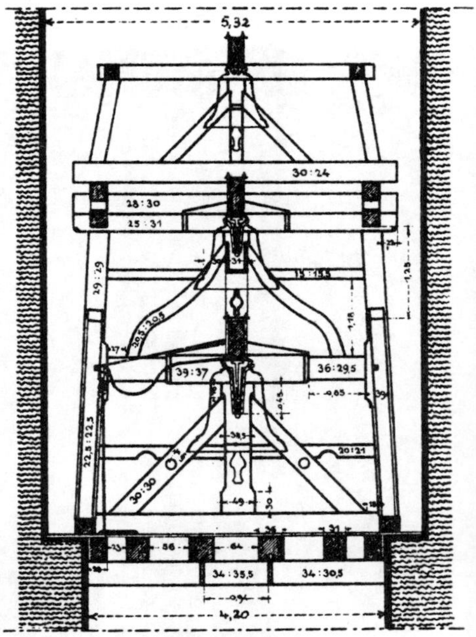

Konstanz, Münster, Eichenholz-glockenstuhl, 16. Jh.

Konstanz, Münster, Glockenstuhl, 15. Jh.

Überlingen, Münster, Glockenstuhl, 16. Jh.

Neugestaltetes Holzjoch.

Renoviertes Holzjoch.

Frankfurt/M., Dom, Zustand Anfang 20. Jh.

KAPITEL 7

Die Glocke – ihr Ort

Europas Glockentürme

Von Heinz Wolff

„Wir staunen, wenn wir, in die Vergangenheit zurückblickend uns vergegenwärtigen, welche Bedeutung die Glocken für das Leben unserer Vorväter hatten. Neben den gottesdienstlichen Aufgaben, die sie auch heute noch erfüllen, riefen sie in Zeiten der Not den Bürger zur Wehr, galt es nun, dem Feind zu wehren oder der Elemente Wut zu steuern. Ihre ehernen Stimmen erklangen, wenn die Mannbaren zum Herrengeding zu erscheinen hatten, wenn Pest und ansteckende Krankheiten oder Gefahr drohten, wenn der arme Sünder zum Galgen gefahren wurde, oder wenn die Winternebel ein Heimfinden des müden Wanderers unmöglich machten. Sie erklangen aber auch, wenn nach schwerer Kriegszeit der Friede über die Menschen kam, wenn die Bedrückungen durch landfremde Söldner ihr Ende gefunden hatten, wenn der Landesherr mit fürstlichem Prunk über Land zog, die Huldigung seiner Landeskinder entgegenzunehmen." (J. Schaeben)

Der hohe Turm der Kirche, des Stadttores, der Burg, des Rathauses – selbst der Leucht-, Wasser-, Flucht- und Wachtturm – erfüllte weit über seinen Zweck hinaus den Wunsch nach denkmalhafter Repräsentation. Die Beherbergung von Geläut, Uhr oder Falltor wirkte bei reicher Durchbildung des Bauwerkes beinahe nebensächlich. Bis weit ins Mittelalter hinein jedenfalls bedurfte es der wenigen kleinen und kakophonen Stücke, der Rufer zum Gottesdienst und der Geisterscheuchen wegen, wohl eines hohen Standortes, aber keiner aufwendigen Türme.

Zwar baute Papst Stefan II., als der Vatikan 746 drei Glocken – offenbar aus dem seltsamen Metall Bronze – von angelsächsischen Mönchen geschenkt bekam, einen „Turm" neben der konstantinischen Basilika. Der wird recht schlicht gewesen sein, mußte jedenfalls oft repariert, zum Teil wieder aufgebaut werden nach einem Blitzschlag, der die Glocken zusammenschmolz.

„Das in der Welt so berühmte Rom war durch die verheerenden Brandschatzungen der wandernden Völker zu einem Trümmerfeld zusammengesunken. Nur die Ruinen der antiken Monumentalbauten erhoben sich daraus. Als Neubauten entstanden die christlichen Basiliken und neben ihnen nach und nach die Türme."

Mittel- und Nordeuropa

Was werden die angelsächsischen Missionare als akustisches „signum" für den Beginn des Gottesdienstes mit sich geführt haben? Wahrscheinlich doch eine Glocke mit Handgriff aus Bronze und nicht bloß aus Eisenblech.
Das Nationalmuseum Irlands zeigt die glatte Bronzeglocke von Armagh mit Handgriff, 31 cm hoch. Sie wird auf Anfang des 10. Jahrhunderts datiert. Etwa ebenso alt könnte das vielleicht älteste in Deutschland erhaltene Exemplar aus dem Hafen von Haithabu sein. Sie wurde pendelnd geläutet. Ihre Bienenkorbform bleibt bis mindestens ins 12. Jahrhundert charakteristisch.

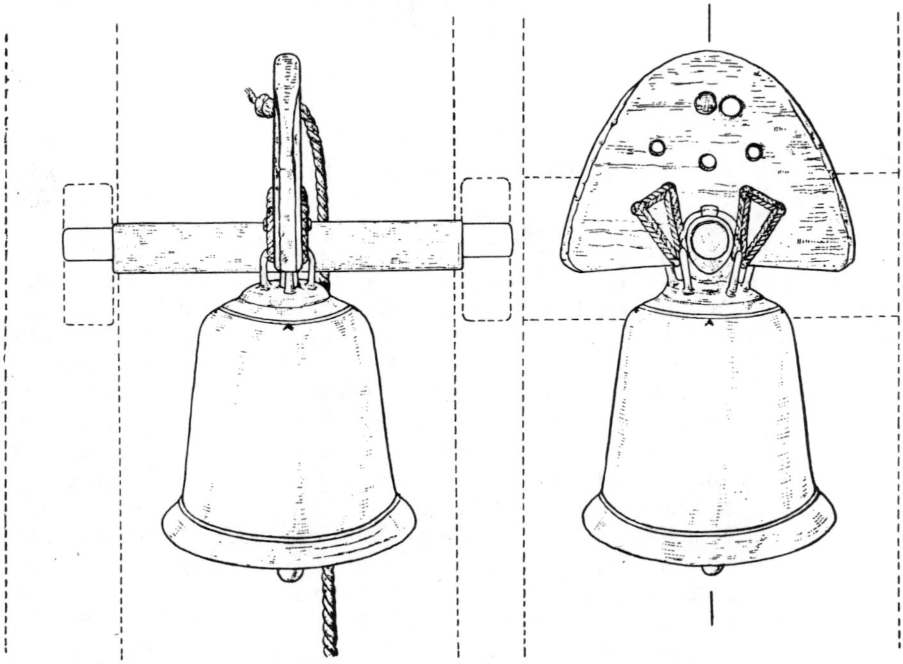

Glocke aus Haithabu mit rekonstruierter Glockenaufhängung.

Einzelglocken wurden im gesicherten Bezirk oft nur simpel aufgehängt – in Astgabeln, gabelförmig ausgearbeiteten, starken Pfosten, wie man es wohl gelegentlich noch sehen kann. Für mehrere gab es dann auch gegebenenfalls überdachte Gerüste. Noch heute findet man sie neben turmlosen Kirchen in Georgien, denen des italienischen Barocks im benachbarten Hof, in osteuropäischen Freilichtmuseen oder im Küstengebiet von Nord- und Ostsee.
Die Form des massiven, schlanken mit Wendeltreppe versehenen Rundturms als Zugang zum königlichen Westwerk und zur Aufnahme der frühesten Glocken ist vermutlich wie die letztgenannten irisch-angelsächsischer Export. „Schlanke, zylindrische Wendelsteige" als Zugang der Turmgeschosse halten sich vor allem in der französischen Architektur bis in die Renaissance. „Jedem Kloster eine Glokke" empfahl 816 das Mönchskonzil von Aachen.

Die ehemalige Abteikirche in St. Riquier mit sechs Kulttürmen als sichtbares Zeichen der Machtfülle Gottes war längst fertig, als ihr 814 die erstaunliche Schenkung von 15 Glocken gemacht wurde. Sie fanden in zwei der vier kleinen runden Treppentürme Platz. Zwei derartige Westtürme erhielten die Kirchen Pantaleon in Köln (966), Mainz (1036), Nivelles (1046), Maria Laach (1156), Worms (1200) oder Limburg (1240) und andere. In St. Michael zu Hildesheim wurde 1270 die für die Zeit mit einem Durchmesser von 115 cm große Glocke in einen Vierungsturm gehängt, der in seiner Eigenart fast gleichzeitig mit Mainz erstmalig auftrat.
Die Normannen in Nordfrankreich sind dem massigen Vierungsturm besonders zugetan. Nach der Eroberung Englands wird er – häufig helmlos und bereichert durch 4 Ecktürmchen, wie sie schon der Londoner Tower zeigt – zum charakteristischen Element britischer Kathedralgotik, wie Durham (romanisch, gotisch verkleidet), Lincoln, Winchester, Canterbury.

Freistehend hölzerne Glockenstühle: Kurland, Kurzeme und Ungarn, Szombathely.

Rekonstruktion von Centula (St. Riquier). Ehem. Benediktinerkirche, 799 vollendet.

Köln, St. Pantaleon, nach 966, Treppentürme, wie der antike Pharos, vom Quadrat über das Achteck ins Rund übergehend. Von den schlanken irischen Wachttürmen übernommene Form.

Hildesheim, St. Michael, 1044. Große Ähnlichkeit zum Mainzer Dom.

Wie der Glockenklang, so verwehren die mächtigen Westwerke schon in St. Pantaleon, dann aber die der Dome zu Minden (1032) und Paderborn, von Patrokli in Soest und Freckenhorst (1125) den Dämonen den Zutritt.
Bei den Basiliken des 11. und 12. Jahrhunderts um den Harz und vor allem nördlich von ihm stößt das Langschiff nicht mit einem Giebel zwischen den beiden achteckigen Westtürmen durch. Vielmehr läuft sich der First – wie übrigens auch bei St. Peter in Wimpfen (um 1000) und beim Straßburger Dom des 11. Jahrhunderts – gegen einen sogenannten Zweiturmriegel tot.
Durch dessen Aufstockung konnte, da die Türme zu eng waren für zahlreichere, klangschönere Glocken in der zeitgenössischen, schlanken Zuckerhutform, Raum geschaffen werden.
So schmückte das Herzogshaus, das die Braunschweiger Burginsel besaß, 1275 den Dom nur drei Generationen nach der Errichtung der Westfront mit dem imposanten Glockenhaus: sicher aus Freude an den aufgelockerten, neuen Formen, die man an den Seitenschiffen des Mindener Doms sehen kann. Versteht sich, daß aus Prestige die Stadtkirchen dem Beispiel in Eile folgten, ebenso wie benachbarte Städte.
Zumeist freilich war die Glockenstube in einem der Türme, die sich in der späten Romantik schon nach französischem Vorbild stärker gliederten.
Wenn das seltene und höchstindividuelle Geläut der ehemaligen Nonnenklosterkirche Neuwerk zu Goslar aus 5 Stimmen zwischen 1184 und 1314 datiert, so kann man annehmen, daß die französischen Kathedralen über mindestens so viele verfügten. Ihre Türme haben die Mauerflächen aufgelöst und verjüngen sich himmelwärts.
Endlich ist die Glocke edelsten Klanges gefunden in der Form, wie sie immer noch gilt: die gotische Dreiklangrippe. Alte Glocken werden zu immer größeren umgegossen. Einige Geläute dieser Zeit erfreuen uns bis auf den heutigen Tag.
In Frankreich allerdings gibt es keine alten Geläute. Nicht nur, daß es in der Neuzeit üblich wurde, sich in Kriegszeiten an Glocken zwecks Umgusses zu Geschützen zu vergreifen – daß nach dem erst im 19. Jahrhundert aufgegebenen „Glockenrecht" die Glocken einer gefallenen Stadt der Artillerie des Belagerers gehörten. Die Revolution beließ jeder Kirche in Frankreich, zum Teil auch in Belgien und Holland, nur eine einzige Glocke.
Bei dem zögernden Baufortschritt großer Kathedralen und infolge eines zunehmenden Glockenbestandes mußten die Glockenstühle immer wieder versetzt werden, bis sie im Filigran der Türme an der hinter Doppelarkaden geplanten Stelle pendeln konnten. Die luftigste Glockenstube zeigt Reims. In Straßburg ist zwischen den Türmen ihr Ort. Bei den deutschen Kirchen, die diesem Stil folgten – in Freiburg, Regensburg, Ulm (mit 161 m Höhe) –, sind die Stühle meist im zweitobersten Geschoß der Türme zu suchen. In Freiburg ist der ursprüngliche noch erhalten. Gegen 1500 hat sich der Geschmack abermals gewandelt. Die Mauermasse überwiegt, die Schallöffnungen sind klein bei der Münchener Frauenkirche oder in Landshut. Im Bereich der Backsteingotik in den Küstenländern von Nord- und Ostsee ist es allerdings nie zu einer größeren Öffnung der Turmstuben gekommen. Erst die neugotischen Türme in diesem Gebiet – die Christuskirche in Hannover, St. Nicolai in Lüneburg – übersetzen die Formen französischer Kathedralgotik in Ziegelrohbau.

Geschlossener noch als die spätgotischen sind die wenigen Kirchtürme der Renaissance, z. B. der schlanke Afraturm von St. Ulrich, Augsburg, der Marienkirchturm in Wolfenbüttel oder der gedrungene, aber wohlproportionierte Campanile des Schlosses Heiligenberg am Bodensee.
Weniger ausgeglichen zeigen sich die überaus skurilen französischen Renaissance-Kirchen. Dort sind die Schallöffnungen schmal und hoch. In England hingegen übernehmen die Architekten Christopher Wren und Inigo Jones die Form klassischer Harmonie erst im Zeitalter des Barock.
Auf niederländischem Boden dagegen errichtet bereits 1532 A. Pasqualini den massigen Kirchturm zu Ysselstein mit den ungewohnten Formen im ortsüblichen Backstein-Werkstein-Mischmauerwerk. Die 3 Blendarkaden der 3 Geschosse werden durch Pilaster der klassischen Säulenordnungen getrennt, Mittelarkaden der beiden Obergeschosse für die Glockenstuben geöffnet.
Zwei spätere Beispiele in eigenständisch entwickelten Formen ähneln sich sehr: der Turm der Oude Kerk in Amsterdam (1566) und der Nieuwen Kerk in Haarlem (1606) von Liewen de Key. Beide besitzen unter reichverzierten Helmen je 2 schmale Schallöffnungen.
Während der türkischen Besetzung Südosteuropas werden keine Kirchen gebaut. Siebenbürgen bleibt verschont. In den ungarischen Dörfern gießen örtliche Handwerker primitive Glocken, die nur durch ihr ungelenkes Äußeres reizvoll sind.
In Deutschland ist im Dreißigjährigen Krieg die Tradition des Glockengusses abgerissen. Danach entstehen wieder Exemplare, deren Bedeutung zunächst in Schmuck und Größe zu suchen ist. Es währt nämlich lange, ehe sich das klangliche Niveau wieder auf spätmittelalterliche Qualität erhebt: bis zur Mitte des 19. Jahrhunderts.
Weit gefehlt anzunehmen, daß dem prachtvollen Äußeren barocker Glocken gleich auch ihre Gehäuse entsprechen! Nach den Ideen der italienischen Architekten, die in Deutschland die ersten Bauten des pathetischen Stils schufen, muß die Kirche eine alles überragende Kuppel haben. So verschieden allerdings sind die Grundformen von Kuppel (die Halbkugel) und Turm (das Prisma), daß ihr Nebeneinander architektonisch selten gelingt. Deshalb wollte Barelli die Theatinerkirche in München und Scamozzi den Salzburger Dom ohne Türme. Erst Zucalli (1680) bei der ersten, Solari bei der anderen Kirche (1655) fügten sie in die Planung ein. Fischer von Erlach folgte um 1700 mit der Dreifaltigkeitskirche in Salzburg dem römischen Beispiel Sant'Agneses an der Piazza Navona in Rom von Borromini/Rainaldi (1677), während er an der Kollegienkirche in der gleichen Stadt die Türme ebenso stiefmütterlich behandelte wie an der Wiener Karlskirche (1715).
Christian Dientzenhofer und sein Sohn Ignatz waren da allerdings nicht halbherzig. Sie setzten den plastisch durchformten Einzelturm gleichhoch neben die Kuppel von Sankt Niclas in Prag. In ebenso lebendigem Umriß streben Prandtauers Doppeltürme von Stift Melk über der Donau in die Höhe.
Aber schon Joh. Dientzenhofer war in Banz (1718) die Kuppel als gestaltendes Element für den Innenraum wichtiger. Elliptisch gestreckt wird sie mit dem Langhausdach verschliffen. Über den reichen Fassaden vor den beschwingten Innenräumen ragen die Türme ebenso hoch und bestimmend auf, wie bei den Schöpfungen Balthasar Neumanns – der in seiner Heimatstadt Eger Geschütz- und Glokkenguß gelernt hatte –, wie überall bei der spätbarocken Hochblüte von Geist und

Altenbruch, St. Nicolai-kirche, Glockenträger von 1646 neben den romanischen Türmen.

Braunschweig, Dom, unvollendete Türme um 1200, Glockenhaus 1276.

Bamberg, Dom, Osttürme um 1225, vorn die Westtürme nach Vorbild Laons um 1232.

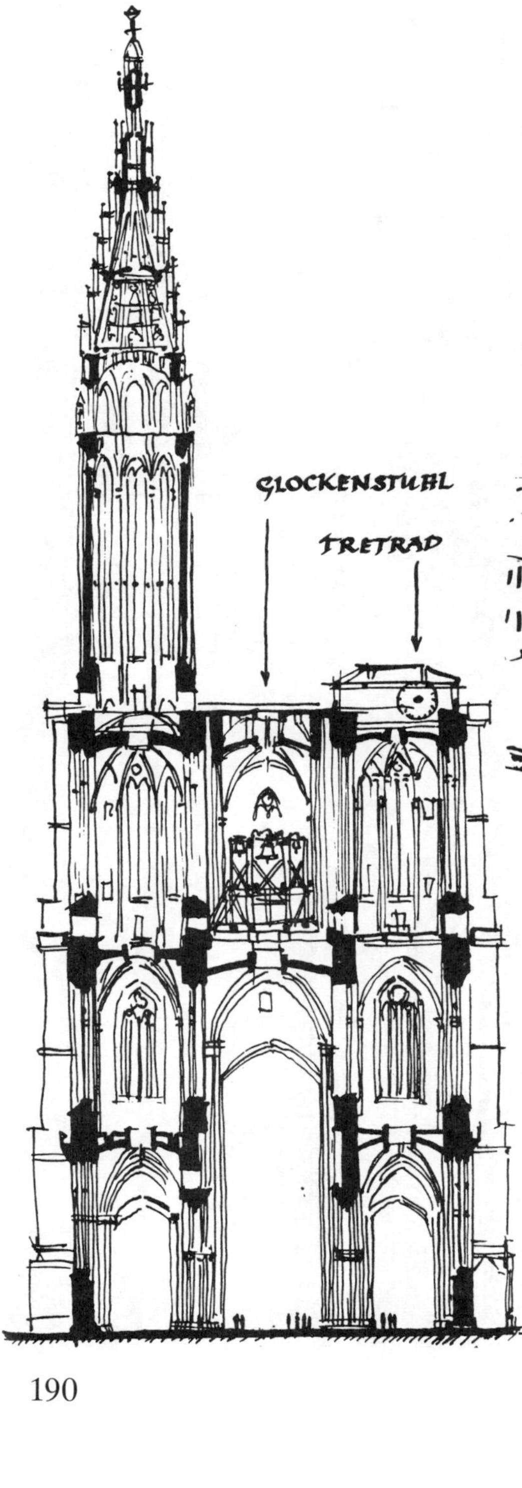

Straßburg, Münster, Schnitt durch die Turmfront, 1439 durch Ensinger vollendet, 142 m hoch.

St. Blasien/ Schwarzwald, 1789.

△
Mannheim, St. Bonifatius mit geläutegerechter Glockenstube, 1913/14. Geläut 1954 auf as aufbauend, satt, breit, trotz Tiefe nicht bedrückend. „Eines Domes würdig" (Rolli).

Basel, Münster.

Schönheit von Böhmen bis zur Schweiz. Der Einzelturm der katholischen Hofkirche in Dresden erreicht sogar 86 m Höhe.
Auf die Mitwirkung des Geläutes kann die Gegenreformation in Mitteleuropa eben nicht verzichten. Selbst die reine Kuppelkirche St. Clemens in Münster/Westfalen von Schlaun um 1750 verbirgt einen nicht unbedeutenden Glockenturm hinter sich.
Wann je eine Symbiose von beiden geglückt ist, kann man an den Fingern abzählen:
Wenn nämlich die Kuppel bald hinter einer breiten Front steht, aus der sich beiderseits die Türme entwickeln, wie bei Sant'Agnese in Rom oder in Zucallis Ettaler Klosterkirche, wenn sich niedrige Türme einer zentralen Kuppel unterordnen, wie bei der zerstörten evangelischen Frauenkirche des genialen Georg Bähr in Dresden (1743) oder viel später bei der Sacré Coeur (1875–1914) auf dem Montmartre.
Klassizistisches Streben nach der perfekten Kuppel unter Hintanstellung gottesdienstlicher Funktion tut sich auch schwer mit der Plazierung der Glocken. Wren plante für die St. Pauls Cathedral des abgebrannten London zunächst ein skurriles, aus Kuppelringen und Laternen zusammengesetztes Gebilde mit riesiger Spitze, die beiden Glockentürme niedrig und weit abgesetzt. Die ausgeführte, riesige Kuppel mit spröder, vierseitiger Laterne beherrscht dennoch die wenig klar gegliederten Massen nicht.
Mit kalter Konsequenz verzichten in Paris die Dome des Invalides (1706) und St. Geneviéve, das „Pantheon" (1764–90), die Kopenhagener Marmorkirche (ab 1749) von Jardin ganz auf Türme. St. Blasien im Schwarzwald vom Elsässer d'Ixnard (1789) verbirgt die Glocken in den Uhrturm-Aufsätzen. Schinkel duldet sie in der Potsdamer Nicolaikirche (1837) nur auf den Bekrönungen der Eckpilaster vom Sockelbau.
Welch erfolgreiches Wagnis, im neubarocken Berliner Dom (1900) das Beieinander erneut zu versuchen. Zuvor war der Eklektizismus im Kirchenbau vorwiegend romanischen und gotischen Vorbildern gefolgt.
In der zweiten Hälfte des 20. Jahrhunderts setzt das zerfahrene Suchen nach neuen Formen für Kirche und Turm ein, wobei das architektonische Aperçu oft das Sinnvolle überrollt. Wie auch immer: der Campanile wird beherrschendes Leitbild für den Glockenturm, manchmal sogar mit der erforderlichen Glockenstube, oft nur als magerer Glockenträger. Gemeinden asketischer Haltung begnügen sich mit einem Dachreiter, wie seit jeher die Bettelorden.

Entwicklung in Südeuropa

Was hatte sich im antiken Rom begeben? Die ersten Kirchen übernahmen, von den wenigen Zentralbauten abgesehen, den Typus der Markthalle, der Basilika, die keinen Turm kannte. Glocken, sofern man welche hatte, hingen in Gerüsten, sehr viel später in neben die Basiliken gesetzten „Zeigefinger Gottes", der „campanili", von rundem, später quadratischem Grundriß.
Die ältesten noch erhaltenen Türme sind die von Ravenna des 10. Jahrhunderts neben den Basiliken, die 500 Jahre älter sind (San Apollinare in classe und San Giovanni Evangelista).
Seit dem 12. Jahrhundert zeigen sich reiche Horizontalgesimse in Höhe der Ge-

Ravenna, San Apollinare in classe, 549. Turm 10. Jh.

Verona, San Zeno, um 1140.

schosse. So auch beim zweiten Turm von St. Peter, der der höchste dieser Epoche der Ewigen Stadt war, 6 Geschosse und 12 Öffnungen nach jeder Seite hatte, und der dann 1610 dem Neubau wich.
Der reichgegliederte Campanile des Pisaner Domes – 1174 begonnen – neigt sich schon vor seiner Vollendung, bekommt aber schließlich 1350 doch noch sein etwas aufgerichtetes Glockengeschoß. Kostbar inkrustiert in Grün, Weiß und Rot ist der des Domes in der heiteren Atmosphäre von Florenz, 1336 von Giotto entworfen. Mittelalterliche Doppeltürme in Italien? Einige wenige, in Altamura oder Vercelli zum Beispiel. Aber in der apulischen Romanik oder bei Sant Abbondio in Como (12. Jahrhundert) sind es den Chor flankierende Treppentürme, in die man die Glocken hängt. Und die sizilianischen Doppeltürme der Dome von Palermo, von Monreale (1200) und Cefalú (1240) sind normannischen Impulses.
Spanien weist im Verhältnis mehr davon auf. Die von Santiago de Compostela wurden 1750 „modernisiert". An der Kathedrale von Burgos vollendete Hans von Köln 1458 Türme, die die für Köln geplanten und erst im 19. Jahrhundert verwirklichten des Kölner Domes ahnen lassen. Der schönste Campanile Spaniens ist die Giralda in Sevilla, 1195 als Minarett gebaut und 1568 mit den zeitgenössischen Formen bekrönt für die Aufnahme von Glocken in seinen Arkaden. Geläute in unserem Sinne entwickeln sich auch hier nicht, obwohl besonders die Gotik prächtige Gehäuse für sie bereithält.
In Italien indes bestaunt Europa 1436 Brunelleschis Domkuppel von Florenz, und nun zeigt sich, wie wenig dem Süden die Glocken bedeuten, bis auf den heutigen Tag. Das nicht immer erreichte Ideal ist von Stund an die Kuppelkirche auf quadratischem Unterbau und sich anschmiegenden Halbkuppeln von Bramantes Marienkirche in Todi bis zu Michelangelos römischer Peterskirche. Immerhin einen Campanile baut Buonarotti doch: den Uhrenturm auf dem Campidoglio.

Padua, San Antonio, 13. Jh., Mischung byzantinischer und romanischer Formen, Schallöffnungen ganz oben.

Siena, Dom, 13. Jh.

Zaragoza, Nuestra Senora del Pilar. ▷
Klassizistisch, späte Form der mittelalterlichen Himmelsburgen (Jerusalem).

◁ *Rom, Sant Agnese, 1646–1666 von Boromini.*

Todi Sta. Maria della Cons, 16. Jh.

Valladolid.
▽

Die Silhouette Roms wird von Kuppeln beherrscht. Nur selten errichtet man noch Glockentürme: in der Front Sant'Agneses; Longhena versteckt sie in Venedig auf der Rückseite der Salute (1687); Juvara läßt sie mit der Kuppel der Superga bei Turin (1726) mutig konkurrieren: hinter ihr.
Unter dem Einfluß des letzten wird die von 4 kräftigen Campanili flankierte, elliptische Kuppel von Mondovi zu Ende gebracht. Bernini beabsichtigte den Bau zweier Türme mit je 2 kleinen Glocken für St. Peter in Rom, wo auch heute sage und schreibe nur 6 Glocken hinter der linken oberen Öffnung der Fassade Madernas hängen, darunter allerdings eine f°-Glocke von 1785 mit einem Durchmesser von 2,31 m und 9 t Gewicht. – Das Festgeläute der zahlreichen Glocken ist in der historischen Kulisse Roms zwar sehr beeindruckend. Man sollte es aber nicht mit den musikalischen Maßstäben Mitteleuropas messen.

. . . und im Osten

Byzanz bevorzugt den Zentralbau. Schallbrett oder eiserner Klangstab, von ägyptischen Klöstern übernommen, künden den Gottesdienst an. Erst im 13. Jahrhundert ist von Glocken die Rede. Für sie ist in der Architektur kein Platz. Sie hängen zunächst in Gerüsten. Wie auf der Apenninenhalbinsel werden Türme für sie erst viel später aufgeführt, und zwar vor allem in Armenien und Georgien. Hier und in Kleinasien entwickelt sich im 7. und 8. Jahrhundert für die Kirchen der Kreuzkuppeltypus, der sich bald über ganz Osteuropa verbreitet.
Wladimir I. läßt um 1000 die jüdische und die christlichen Religionen von Rom und Byzanz prüfen und nimmt die letzte an. Die ausländischen Architekten, die er aus dem Süden ruft, stoßen auf eine erstaunliche Begabung der örtlichen Handwerker, die am Holzbau geschult sind und die neben dem massiven Kirchenbau später komplizierteste Holzkonstruktionen schafft. In und bei der Stadt, Wladimir zu Ehren benannt, gibt es gleich zwei in weißem Stein errichtete Hochleistungen um 1200: die Demetrius-Kathedrale und die Maria-Schutz-Kirche am Nerl.
Die Außenwände, oft vielfältig gegliedert und durch die Wellendachtraufe bereichernd konturiert, umschließen einen Raum, der durch zwei massige Pfeiler verstellt ist. Die gefensterte Trommel unter der krönenden und meist vergoldeten Halbkuppel wirft ihr Licht auf die erzählende Bildwand, auf der – anders als bei den furchterregenden übermenschlichen Darstellungen in Byzanz – ein milder Gott mit seinen Heiligen sich als Helfer offenbart. Sie trennt – zwei weitere Pfeiler überdeckend – die inbrünstig Betenden vom Altarraum.
Dieses Schema bleibt – nur wenig variiert – jahrhundertelang bestimmend. Es verträgt keine wesentliche Vergrößerung. Wächst die Gemeinde, dann baut man eine weitere Kirche dazu.
In Kiew beginnt Mitte des 13. Jahrhunderts der Glockenguß, der bald durch die 2 Jahrhunderte währende und bis zur Waldregion reichende Tatarenherrschaft abbricht. Im 14. und 15. Jahrhundert wird vorwiegend mit von der Hanse importierten Metallen und Formen in den Städten Pleskau und Nowgorod gegossen, nach Zerstörung der letzten durch Iwan den Schrecklichen im 16. Jahrhundert auch in Moskau. In dieser Periode sind neben ausländischen Gießern 40 russische bekannt. Wie in keinem anderen Lande bestimmen nun die Glocken Teile des architektonischen Ensembles. – Auch der zuerst 1329 in Moskau „Kirche unter Glok-

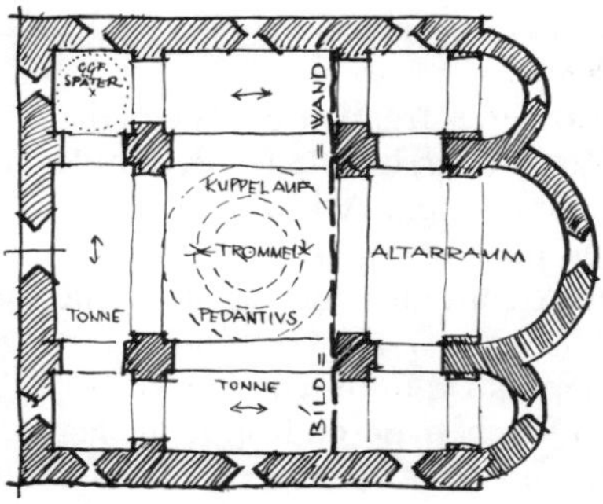

Links oben: Kreuzkuppeltypus Osteuropa.

Rechts oben: Ripsime in Armenien, 618, Glockenturm später.

Links Mitte: Kathedrale von Alawerdi in Georgien, 11. Jh.

Rechts unten: Kloster Sagorsk, Duchowskajakirche, 1477.

ken" genannte Typ, bei dem sich die Glocken zwischen Tambour und Kuppel gruppieren, faßt bei weitem nicht die Fülle.
Da entsteht 1532 in Kolomenskoje bei Moskau ein anderes, frappantes Modell dafür: der vergrößert in Stein übersetzte, hölzerne Wachtturm mit steiler Pyramide als Helm – übrigens ohne Schalung hochgebracht. Immer mehr Arkaden in dessen 8 Seiten und seinem Unterbau können dann viele Glocken beherbergen. Nur in den beiden letzten Gebäudetypen ist der russischen Architektur eine harmonische Verbindung von Kirche und Glocke geglückt.
Diese Spitz-Pyramiden, die um 1650 vom Patriarchen als Typus für Kirchen verboten werden, stehen also später neben den kubischen Kirchen, deren Kuppeldächer sich seit 1500 zu Zwiebeln einziehen – in Deutschland zeigt sich die erste dieser Turmdachformen auf dem Dachreiter des Maria-Stern-Klosters in Augsburg 1574 – und zu denen sich im 17. Jahrhundert noch 4 kleinere Tamboure gesellen, oft sogar nachträglich aufgesetzt.
Iwan läßt zum Gedenken seines Sieges über die Tataren 1560 die verschachtelte Maria-Schutz-Kathedrale in Moskau bauen. Anstelle der üblichen zentralen Kuppel steht hier die Spitzpyramide, um die sich 2 um 45° verdrehte Kreuzkuppelgrundrisse legen.
Ein kurioser Zufall, daß die Grafik des Grundrisses der des michelangelesken Entwurfs für Sankt Peter ähnlich sieht! – Immer wieder bereichert man dieses Gebilde mit den Halbbögen der italienischen Renaissance, deren Einfluß im Rußland dieser Epoche vor allem in den Schmuckformen vielfach sichtbar wird. 1588 dekoriert man es mit Zwiebelkuppeln, 1670 dann mit einer immer wieder restaurierten farbigen Fassung und mit dem abseits stehenden Glockenturm. Er ist heute leer, die Kirche selbst Museum.
Auch die spitzen Campanili genügen schließlich nicht mehr der Flut der Glocken, die immer gewaltiger werden. Die Kirche Iwan Velicky im Moskauer Kreml besaß 52, davon 22 größere. Schließlich brachte man es dort fertig, die größte Glocke der Welt von 200 t Gewicht und 6,10 m Durchmesser 1732 zu gießen. Das Holz des

Moskau, Basilius Kathedrale/Maria Schutz, 1555–1560.

Glockenstuhls fing aber bald darauf Feuer, der „Glockenkaiser“ von 6,10 m Durchmesser stürzte ab. Ein Stück von 11 t schlug aus dem 60 cm dicken Schlagring heraus. Auf einen Sockel gebracht ist das Denkmal der Maßlosigkeit eine Attraktion für die Besucher.
Die großen Exemplare schwingen freilich nicht. Alle für die eigentümliche russische Glockenmusik benutzten Stücke hängen fest montiert entweder in den erweiterten Obergeschossen der Glockenträger mit Zeltdach oder in den Galerien der „Glockenwände“, die der Kirche angefügt werden oder die Einfahrten der Klöster überbrücken. Die Architektur übernimmt im 18. und 19. Jahrhundert die Formen des Westens. Wem ist nicht die Peter-Paul-Kathedrale in Leningrad bekannt mit ihrem beherrschenden Turm, fast so hoch wie der des Straßburger Münsters.
Im nachklassischen Eklektizimus leben die nationalen Formen wieder auf. Mit Unterstützung des Zaren erhält Bulgarien nach der Befreiung die Alexander-Newsky-Kirche samt Glocken vom Türkenjoch. Ebenso stiften die Habsburger den Ungarn die „ersten Glocken“.

Melodie-Geläute

Mittelalterliche Glocken sind vermutlich überall und von Anfang an pendelnd geläutet worden. Die russische Glockenseeligkeit macht Moskau im 17. und 18. Jahrhundert zum Zentrum eines gigantischen Glockenausstoßes. Man kennt die Namen der vielen Gießer. Die Stücke wurden nach Gewicht bestellt und haben daher einen nicht leicht auszumachenden Schlagton, über dem sich bei jeder Glocke ein ganz besonderes, für das Empfinden geradezu mystisches Klangbild entfaltet.
Ein Reisebericht von 1663 spricht von 1000 Glocken in Moskau, die ein „so manigfaltig Geklanck machen“. Zu den Bestimmungen, wie sie andere Länder auch haben, gesellte sich eine wichtige liturgische: sie übernahm vor und während des Gottesdienstes die Funktion der Orgel, die der Osten nicht kannte.
Die Orchestermusik des 19. Jahrhunderts ist voll der Imitationen von Glockenklängen, die belletristische Literatur so ergiebig an Beschreibungen von Glockengeläut – und freilich umrankt von so vielen irrtümlichen Anschauungen – wie nirgends anders. Als gleichfalls unvergleichlich reich freilich wird auch der Fundus von Melodien beschrieben: herkömmlich, variiert oder improvisiert.
Dem radikalen Umbruch ist nur die tönende Aufzeichnung eines Fragments vom Rostower Geläut entgangen. Durch neuerliche museale Bemühungen und das Auffinden der letzten greisen Glöckner ermöglicht, gibt es eine Schallplatte, damit und mit 3 anderen Geläuten (Melodia 33 C 92-05047-48a). Eine Rekonstruktion mit Hilfe von Klangplatten ist vom Tonarchiv „Tabor“ in 7160 Gaildorf versucht worden.
Auf mittelalterlichen Kapitellen und in Miniaturen sind schon Glockenspieler dargestellt mit Hämmerchen in den Händen. Größere Glockenspiele, deren Klöppel von einer Klaviatur aus betätigt werden – sogenannte „carillons“ –, sind seit dem 17. Jahrhundert besonders in Belgien und Holland beliebt. Sie sind in den reizvollen Turmhelmen zu finden, des nichtliturgischen Ergötzens wegen. 47 allein schufen die Brüder Hemony. – In den letzten Jahren sind in den Fußgängerzonen elektrisch angetriebene Glockenspiele zu hören, die dem empfindlichen Ohr allerdings nur aus der Ferne oder gedämpft angenehm sind, schon weil der Anschlag der

Hämmer hier härter ist als bei den von Hand angeschlagenen Klöppeln bei den „carillons", die Differenzierungen zulassen. – Alle diese Glockenspiele sind fest montiert.
Weil der Papst 1534 die erste Ehe Heinrich VIII. von England nicht schied, kam es zum Bruch mit Rom. Seitdem ist der König – oder die Königin – Oberhaupt der anglikanischen Kirche. Der Klerus betrachtete nunmehr alles Läuten, das über das Notwendigste hinausging, als profan und gestattete es – wo die Gemeinden opponierten, nur noch alltags. Mitte des 17. Jahrhunderts bildeten sich Gesellschaften, die Läutemannschaften bildeten, Glocken stifteten, die Glockenstuben und die darunter liegenden Räume für die Glöckner pflegten. Ob ein Westturm oder Vierungsturm benutzt wurde, war rein zufällig. So mußten die Läutemannschaften in Canterbury im südlichen Querschiff aufsteigen, um über das Dach des Seitenschiffs die Läutestube zu erreichen. So entwickelte sich das „Change ringing", das Ende des 19. Jahrhunderts auch sonntags zugelassen wurde.
Über 5000 Kirchen im Gebiet englischer Zunge besitzen dafür geeignete Anlagen. Dem aufmerksamen Hörer, der bald Genaueres vernimmt, als eine vermeintlich von oben nach unten perlende Tonleiter, erschließt sich ihre mathematisch komplizierte Besonderheit.
Die hier pendelnden Glocken werden aus dem labilen Gleichgewicht mit sportlichem Eifer nach Plan genau zum Abschwung gebracht. Die Läutegesellschaften der einzelnen Kirchen wetteifern untereinander. Die einzelnen Glocken müssen ständig den Platz in der Reihenfolge wechseln. Nie dürfen zwei zugleich erklingen. Die meisten Geläute besitzen verständlicherweise 8 Glocken. Theoretisch sind dabei über 40 000 unterschiedliche Abläufe möglich, deren Vorführung über 24 Stunden erfordern würde. Aus dem Turm über der Vierung, der oft der einzige vieler Kirchen Englands ist, hängen die Seile – für jeden Glöckner eines – in den Läuteraum herab, manchmal sogar bis in den Kirchenraum selbst.
Das schwerste Geläut Englands besitzt Liverpool. Es hängt in einer massigen Stahlbetonkonstruktion.
Weil nur wenige Gemeinden über eine trainierte Wechselläuter-Mannschaft verfügen, wirkt das sonntägliche Läuten mit der ablaufenden Tonleiter ledern im Vergleich zu der Glockenmusik, die Mitteleuropas Bürger erbaut.
Beim Trauerläuten bedeckt man eine Hälfte des Klöppelballens mit einer Lederkappe, um abwechselnd einen weichen und einen harten Schlag zu erzeugen.

▽ *Washington, change ringing.*

▽ *Russischer Glockenspieler.*

Dynamische und statische Gesichtspunkte beim Bau von Glockentürmen

Von Fritz P. Müller

Allgemeines

Die Abmessungen eines Bauwerkes oder Bauteiles werden im allgemeinen durch die zulässigen Spannungen des verwendeten Baustoffes begrenzt. So berücksichtigt man auch Stabilitätsfälle (Knicken und Beulen), indem man durch Faktoren die vorhandenen Lasten vergrößtert (ω-Verfahren), die zulässige Spannung also herabsetzt und die Schlankheit des Bauteiles vermindert. Die zulässige Spannung ist dann nicht mehr maßgebend, wenn Verformungen die Gebrauchsfähigkeit von Baugliedern einschränken. Der erforderliche Querschnitt wird also in diesem Falle von der maximal möglichen Durchbiegung bestimmt.
Unabhängig vom Baustoff wird heute vielfach „sehr schlank" entworfen und konstruiert. Man strebt minimal zulässige Abmessungen mitunter ohne Rücksicht auf Wirtschaftlichkeit an. Bei Bauwerken, die nur statische oder überwiegend statische (also ruhende) Belastungen aufzunehmen haben, kann man in der angegebenen Weise konstruieren. Die entsprechenden Lastfälle sind weitgehend genormt, so daß die Beanspruchungen genau verfolgt werden können.
Die Situation ändert sich grundlegend, wenn außer den statischen dynamische Belastungen zu berücksichtigen sind. Dann sind die Bauwerksabmessungen im allgemeinen von der dynamischen Belastung abhängig und so zu konstruieren, daß Resonanz vermieden wird, oder die Schwingungsamplituden, also die Verformungen des Bauwerkes, in vorgegebenen Grenzen bleiben. Dieses Konstruktionsprinzip gilt auch für Glockentürme, deren Erregerkräfte (Glockenerregerkräfte) allerdings einige Besonderheiten aufweisen.
Es ist bekannt, daß Glocken sowohl in der Grundschwingung, als auch mit Teilschwingzahlen höherer Ordnung horizontale und vertikale Erregerkräfte (Massenkräfte) abgeben, die den Turm zu Schwingungen anregen können.
Dabei sind im allgemeinen bei den heute möglichen Turmabmessungen nur die horizontalen Erregerkräfte von Bedeutung. Bei den üblichen Ausschlagwinkeln von Glocken bis zu rund 100° sind Erregerkräfte 1., 3. und 5. Ordnung zu beachten. Von besonderer Bedeutung ist die Erregerkraft 3. Ordnung, da der Resonanzfall wieder aus konstruktiven Gründen meist durch die Übereinstimmung der Biegeeigenschwingzahl des Turmes mit der 3. Glockenteilschwingzahl verursacht wird. Unter Umständen kann auch die Torsionseigenschwingzahl von Türmen mit den heute üblichen Höhen von 25 bis 40 m im Bereich der 3. Glockenteilschwingzahl liegen, jedoch läßt sich diese Resonanz durch entsprechende Anordnung der Glokkenschwungrichtung oder durch konstruktive Maßnahmen vermeiden. Im Falle einer Resonanz wird die Glockenmassenkraft um ein Vielfaches anwachsen und lediglich durch die Dämpfung des Bauwerkes begrenzt. Die Beanspruchungen werden so erheblich, daß auch bei steifen Türmen Bewegungen beim Läuten sichtbar sind. Man wird den Resonanzzustand also vermeiden und den Turm so bemessen, daß er hoch abgestimmt ist. Das bedeutet, daß seine Eigenschwingzahl mit einem ausreichenden Abstand über den 3. Glockenteilschwingzahlen liegt. Wie die Er-

fahrung zeigt, wird diese Forderung oft dann nicht erfüllt, wenn Architekt und Ingenieur nicht frühzeitig zusammenarbeiten. Bereits beim Entwurf sollten die dynamisch erforderlichen Abmessungen festgelegt werden. Zu einem späteren Zeitpunkt ist es oft schwierig, die Turmabmessungen noch einmal grundlegend zu ändern, wenn eine Berechnung erst dann zeigt, daß die Konstruktion dynamisch unzureichend ist. Man spart also Zeit und Geld, wenn die konstruktiven Erfordernisse früh genug zwischen Architekt und Ingenieur geklärt werden. Ein Beispiel ist auf der Abbildung 1 dargestellt. Der Stahlbetonrahmen sollte ursprünglich mit Betonsteinen ausgefacht werden. Diese Ausfachung hätte den Rahmen im wesentlichen nur belasten, nicht aber versteifen können, so daß mit Resonanz zu rechnen war. Das hätte aber bei dem sehr schlanken Rahmen zu einer Überschreitung der zulässigen Spannungen geführt. Es wurde deshalb in Zusammenarbeit mit dem Architekten vorgeschlagen, anstelle der weichen Ausfachung mit Betonsteinen in den bereits ausgeführten Rahmen Stahlbetonscheiben einzubauen. Wie eine Messung zeigte, wurde der Rahmen dadurch so versteift, daß er einem vergleichbaren Ortbetonkastenquerschnitt entsprach. Man sieht, wie wichtig konstruktive Überlegungen beim Bau von Glockentürmen sind, von denen ich die wichtigsten im folgenden behandeln will.

Zunächst soll auf die *Turmgründung* eingegangen werden. Turmgründungen können in den seltensten Fällen als starr angesehen werden, es sei denn, das Fundament wird auf hartem Fels gegründet oder eine sehr steife Pfahlgründung ausgeführt. Die üblichen sandigen, kiesigen oder bindigen Böden werden wegen ihrer Elastizität bei einer Wechselbeanspruchung, wie sie durch Glockenhorizontalkräfte hervorgerufen wird, federn. Diese Baugrundfederung führt zu Fundamentverdrehungen, die die Schwingungsbiegelinie (Abbildung 2) und damit die Eigenschwingzahl des Turmes beeinflussen. Je nach Steifigkeit des Turmschaftes ist die Wirkung der Baugrundfederung unterschiedlich. So kann sie die Eigenschwingzahl von steifen Stahlbetonkastenquerschnitten bis zu 50 % beeinflussen, während sie bei relativ biegeweichen Stahltürmen nur geringe Bedeutung besitzt. Die Verdrehung des Fundamentes und damit die Auslenkung des Turmes bleibt um so kleiner, je größer das Fundament in Schwingrichtung ausgebildet wird. Man wählt deshalb bei Flachgründungen und normalen Turmhöhen zwischen 25 und 40 m entsprechende Fundamentabmessungen. Abbildung 3 zeigt einige flachgegründete Stahlbetonfundamente. Die Fundamentlängen in Schwingrichtung betragen zwischen 9 und 12 m. Die Fundamente sind auf sandigen und kiesigen Böden unterschiedlicher Dichte, mindestens aber auf halbfestem Ton gegründet. Mitunter sind bei der Ausführung von Flachgründungen besondere konstruktive Maßnahmen erforderlich. Bei locker gelagerten rolligen und hohlraumreichen oder weichen bindigen Böden wird zufolge der Wechselbeanspruchung des Fundamentes aus den Glokkenhorizontalkräften die Verdichtung im Bereich der Fundamentaußenkanten stärker sein als in der Fundamentmitte. Das führt zu Verwölbungen der Gründungsfläche und damit zu einem „Reiten" des Fundamentes. Die Turmausschläge werden dadurch vergrößert und die Turmeigenschwingzahl kann sich ungünstig ändern. Um ein „Reiten" des Fundamentes zu verhindern, ordnet man Aussparungen im Fundament an (Abbildung 4). Die Abbildung zeigt zwei Möglichkeiten der Anordnung solcher Aussparungen. Bei dichtgelagerten oder gut verdichteten rolligen, sowie halbfesten bindigen Böden besteht die Gefahr des „Reitens" nicht.

Sind die Baugrundverhältnisse ungenügend, so wird man eine Pfahlgründung anordnen. Die Abmessungen von Pfahlgründungen entsprechen etwa denen von Flachgründungen, da man im allgemeinen die zulässige Pfahlkraft dynamisch nicht ausnutzen kann (Abbildung 5). Es ist bei der Konstruktion von Pfahlgründungen besonders darauf zu achten, daß die Horizontalkräfte (Wind und Glockenhorizontalkraft) von Schrägpfählen aufgenommen werden, da die in der Praxis vielfach verwendeten schlanken Pfähle keine Biegemomente aufnehmen können. Besonders steif werden die Pfahlgründungen dann, wenn man die Schrägpfähle zu Pfahlböcken zusammenfaßt. Dagegen wird zum Beispiel ein Turm mit einer Pfahlgründung nach Bild 6 sehr weich. Die Pfähle sind hier ohne Zwischenschaltung eines Fundamentes und Anordnung von Pfahlböcken direkt in ein als verstärkte Turmwand ausgebildetes Bankett eingebunden. (Im vorliegenden Falle war Resonanz aufgetreten.) Die Gründung führte deshalb bei dynamischen Beanspruchungen meßbare, horizontale Bewegungen aus, was etwa die gleiche Wirkung hat wie eine Vergrößerung der Turmhöhe. Eine nachträgliche Sanierung solcher Gründungen ist kaum oder nur unter erheblichen Schwierigkeiten und Kosten möglich.
Ebenso wichtig wie die Berücksichtigung der Baugrund- und Pfahlfederung sowie die konstruktive Ausbildung von Fundamenten ist die *Querschnittsgestaltung* von Türmen. Glockentürme werden heute meist in Stahlbeton und Mauerwerk, teilweise in Stahl und sehr selten in Holz ausgeführt. Grundsätzlich können alle diese Baustoffe verwendet werden. Die Eigenschwingzahl von Türmen läßt sich nahezu unabhängig vom verwendeten Baustoff durch eine sinnvolle Verteilung von Steifigkeit und Massenbelegung über die Turmhöhe in gewissen Grenzen beeinflussen. So wird sie zum Beispiel durch eine Vergrößerung der Steifigkeit im unteren Turmbereich und eine entsprechende Gewichtsverminderung (Wandstärkenverminderung) in der Nähe der Turmspitze erhöht (Abbildung 7). Eine ähnliche Wirkung erzielt man bei Ausführung von hölzernen oder stählernen Turmhelmen oder durch spitz zulaufende Türme (Abbildung 8).
Genau den umgekehrten Effekt erreicht man mit „kopflastigen" Türmen. Dort wird die Eigenfrequenz wegen der großen Masse im Bereich der Turmspitze und der geringen Steifigkeit im Bereich der Einspannung „gedrückt" (Abbildung 9). Man erkennt die schlanke Schaftausbildung im Schnitt B-B und die große Masse im Bereich der Glockenstube Schnitt C-C. Die vergleichsweise höchste Eigenschwingzahl erreicht man bei Stahlbeton und Mauerwerkstürmen mit Kastenquerschnitten, die zweckmäßig in der Schwingrichtung der Glocken gestreckt sind. Man kommt zur Rechteckform, die weitgehend variiert werden kann (Abbildung 10). Ebenso lassen sich Scheibenquerschnitte in Stahlbeton (Abbildung 11) ausführen, die allerdings gegenüber den Kastenquerschnitten ein ungünstigeres Verhältnis der Masse zur Steifigkeit haben. Man wird deshalb Scheibenquerschnitte für geringere Turmhöhen verwenden. Auch bei Scheiben ist für die Formgebung ein großer Spielraum möglich. In Stahlbeton und Stahl werden auch Rahmen ausgeführt (Abbildung 12 und Abbildung 13). In Stahlbeton sind sie wegen der aufwendigeren Schalung relativ teuer, dagegen in Stahl mit wenig Aufwand auszuführen. Dabei ist allerdings zu beachten, daß für Rahmen eine genaue und umfangreiche Schwingungsberechnung durchzuführen ist. So kann zum Beispiel bei der Schwingungsberechnung im Gegensatz zu Kasten- und Scheibenquerschnitten die Normalkraftverformung der Rahmenstiele nicht mehr vernachlässigt werden. Rahmen

werden mitunter mit Mauerwerk ausgefacht. Da der E-Modul von Mauerwerk wesentlich geringer ist als der von Stahlbeton oder gar Stahl, beteiligen sich solche Ausfachungen nur unwesentlich an der Kraftaufnahme. Sie wirken deshalb belastend und nicht aussteifend (Abbildung 14). Nur bei zusätzlichen Maßnahmen wie hochwertigem und bewehrtem Mauerwerk kann eine Verbesserung der Steifigkeit des Bauwerkes erreicht werden. Es empfiehlt sich jedoch immer, diese Verbesserung der Steifigkeit bei der Schwingungsberechnung außer Ansatz zu lassen.
Neuerdings werden auch dreieckförmige Querschnitte sowohl in Stahlbeton als auch in Mauerwerk ausgeführt (Abbildung 15). Das Verhältnis der Massenbelegung zur Steifigkeit ist bei solchen Querschnitten ungünstiger als bei Kasten- und Scheibenquerschnitten. Sie sind also im Vergleich zu diesen teurer.
Bei den bisher behandelten Querschnittsformen von Türmen besteht im allgemeinen nur die Gefahr der Resonanz mit der Biegeeigenschwingzahl des Bauwerkes. Es werden aber auch Turmquerschnittsformen ausgeführt, bei denen außerdem noch Resonanz mit der Torsionseigenschwingzahl oder Biegeeigenschwingzahlen höherer Ordnung eines Turmes möglich ist (Abbildung 22). Das gilt für U- und Winkelquerschnitte, aber auch für Stahlbetonrahmen mit Verblendung (Abbildung 16). U- und Winkelquerschnitte sind torsionsweich und werden zu Schwingungen angeregt, wenn die Glockenerregerkräfte außerhalb des sogenannten Schubmittelpunktes oder Querpunktes angreifen, also ein Drehmoment durch die Glockenschwingung erzeugt wird. Bei der Konstruktion derartiger „torsionsweicher" Türme ist noch mehr als bei „biegeweichen" Türmen darauf zu achten, daß Ausfachungen und Verblendungen aus künstlichem oder Natursteinmauerwerk nahezu ausschließlich als Drehmasse oder Massenträgheitsmoment wirken. Sie erhöhen die Torsionssteifigkeit des Bauwerkes nur in geringem Umfang. Man sollte also überlegen, ob man „offene" Querschnitte nicht ganz oder teilweise schließt und dadurch ihre Torsionssteifigkeit um das Mehrfache erhöht. Oft genügt dazu bei Stahlbetontürmen schon die Ausführung von Podestbrüstungen.
Außer Ortbetontürmen werden in letzter Zeit zunehmend Fertigteiltürme gebaut. Bei der Wahl der Querschnitte sind die vorhergenannten Konstruktionsprinzipien in gleicher Weise anzuwenden wie bei Ortbetontürmen. Man wird sich jedoch aus Gründen der Steifigkeit auf Kasten-, I- oder ähnliche Querschnitte beschränken (Abbildung 17) und gleiche Turmformen aus Gründen der Wirtschaftlichkeit möglichst häufig, wenn auch verschieden hoch ausführen. Die Abbildung 21 zeigt zwei Fertigteiltürme, wobei die einzelnen Fertigteile des I-Querschnittes durch Vorspannung, die Fertigteile des Kastenquerschnittes durch schlaffe Bewehrung verbunden sind. Um ein genaues Ausrichten der einzelnen Fertigteile möglich zu machen und spezifische Überbeanspruchung des Betons wegen der aus wirtschaftlichen Gründen notwendigen großen Maßtoleranzen auszuschließen, ist immer ein ausreichend dickes Mörtelbett zur Auflage der Fertigteile vorzusehen.
Querschnitt und Steifigkeit von Türmen können zum Teil erheblich durch Öffnungen beeinflußt werden. Für den Turmeingang oder Durchgang, die Belichtung und Schallauslässe sind Öffnungen erforderlich; sie werden aber aus formalen Gründen oft größer ausgeführt als notwendig. Aber auch dann kann man ihren Einfluß auf die Turmsteifigkeit abschätzen, wenn man sie nach konstruktiven Erfordernissen verteilt. Es soll hier nur auf einige grundsätzliche Gesichtspunkte bei der Ausbildung von Öffnungen eingegangen werden. Viele Türme erhalten Längsschlitze.

Bei der Fixierung der Abmessungen dieser Schlitze ist darauf zu achten, daß zwischen ihnen genügend große Dübel erhalten bleiben (Abbildung 18), die das Zusammenwirken der durch die Schlitze getrennten Bauteile gewährleisten. Für die Abmessungen ist der am höchsten beanspruchte unterste Dübel maßgebend, der die auftretenden Schubspannungen beziehungsweise Hauptzugspannungen ohne Rißbildungen aufnehmen muß. Unter diesen Voraussetzungen ist die Steifigkeit eines Kastenquerschnittes nur um den Anteil der Schlitze, also meist unbedeutend herabgesetzt. Ähnlich sind die Verhältnisse bei Scheibenquerschnitten mit Vertikalschlitzen.
Mitunter werden auch horizontale Öffnungen angebracht (Abbildung 19). Mit zunehmender Größe der Öffnungen kann allerdings die Turmsteifigkeit dadurch stark verringert werden. Der ursprüngliche Kastenquerschnitt nähert sich nämlich dann der Wirkung eines Scheibenquerschnittes, wenn die Öffnungen gleich oder größer als die noch bestehenden Wandteile sind.
Im übrigen gelten für die Anordnung von Fenstern und Türöffnungen dieselben Konstruktionsprinzipien wie bei nur statisch beanspruchten Bauwerken. Wird zum Beispiel ein steifer Turm im Eingangsbereich auf 4 Stützen gestellt, um einen Durchgang zu schaffen, so ist eine derartige Steifigkeitsminderung sowohl in der Schwingungs- als auch statischen Berechnung genau zu untersuchen.
Stahlbeton und Stahltürme erhalten mitunter Verblendungen. Diese sind in der Schwingungsberechnung wie Ausfachungen zu behandeln, das heißt ihre Steifigkeit ist zu vernachlässigen, das Gewicht ist jedoch zu beachten. Bei Verblendungen von Stahlbetontürmen mit Natursteinen oder Natursteinplatten wird außerdem oft übersehen, daß Stahlbeton unter Belastung „kriecht“. Dieses Kriechen können Verblendungen aus dem genannten Material wegen ihres Alters nicht mitmachen. Die Verblendung wird sich wegen der Kriechumlagerung mit der Zeit an der Lastaufnahme beteiligen, so daß bei fugenloser Ausführung Druckschäden entstehen oder die Verblendung ausknickt (Abbildung 20). Die Ausbildung von Fugen mit dauerplastischen Kitten oder plastischem Fugenmörtel in Abständen von 2 bis 3 Meter ist deshalb dringend zu empfehlen.
Soviel zu den wichtigsten konstruktiven Voraussetzungen beim Neubau von Türmen. Es müssen aber auch bestehende Türme erhalten werden, zu deren Sanierung noch einige Bemerkungen anzufügen sind. Vielfach wird der Zustand alter Türme erst dann genauer untersucht, wenn ein neues Geläute aufgebracht werden soll, oder sichtbare Schäden auftreten. Trotz ihrer oft erheblichen Mauerwerksabmessungen stellt sich dann heraus, daß die verhältnismäßig „weich“ sind, also Resonanz mit einer Glockenteilschwingung aufweisen können. Genauere Aussagen über die Beanspruchungen des Mauerwerkes und die Standsicherheit des Turmes sind meist nur durch eine Messung möglich, da sich solche Bauwerke aus vielerlei Gründen einer genauen Berechnung entziehen. Es sei hier nur darauf hingewiesen, daß bei einer Verbindung des Turmes mit dem Kirchenschiff seine Einspannung oder Festhaltung nur schwer bestimmt werden kann und die Kenntnis der Materialkonstanten von altem Mauerwerk sehr mangelhaft ist.
Außerordentlich gefährdet sind alte Türme bei unzureichender Stabilität, die sich meist durch mehr oder weniger große Exzentrizitäten in den Turmwänden ankündigt. Bei vielen alten Türmen weist das Mauerwerk große Hohlräume auf. Durch Injizieren von Zementmilch als natürliches Bindemittel wird die Mauerwerksfe-

stigkeit und die Eigenschwingzahl des Bauwerkes verbessert. Sind außer den Hohlräumen im Mauerwerk auch noch kräftige Schubrisse (Abbildung 21) vorhanden, so genügen Zementmilchinjektionen nicht mehr. Die durch die Risse getrennten Mauerwerksteile müssen dann durch Einziehen von Schubankern wieder verbunden werden.

Der Zustand und die Abmessungen des Mauerwerkes alter Türme läßt sich verhältnismäßig sicher ermitteln, ihre Fundierung ist aber in vielen Fällen unklar. Man kann zwar im allgemeinen davon ausgehen, daß sich ein Gleichgewichtszustand mit ausreichender Sicherheit eingestellt hat, wird aber bei sichtbaren Schäden oder nicht abgeschlossenen Setzungen Fundament- bzw. Bodenaufschlüsse durchführen müssen. Dabei ist mit Vorsicht vorzugehen, um den Zustand des Bauwerkes nicht noch mehr zu verschlechtern. So sollten zum Beispiel Schürfgruben nicht bis zur Fundamentunterkante geführt werden, um einen Grundbruch zu vermeiden.

Stahlbetonrahmen mit Fertigteilausfachung, Abb. 1

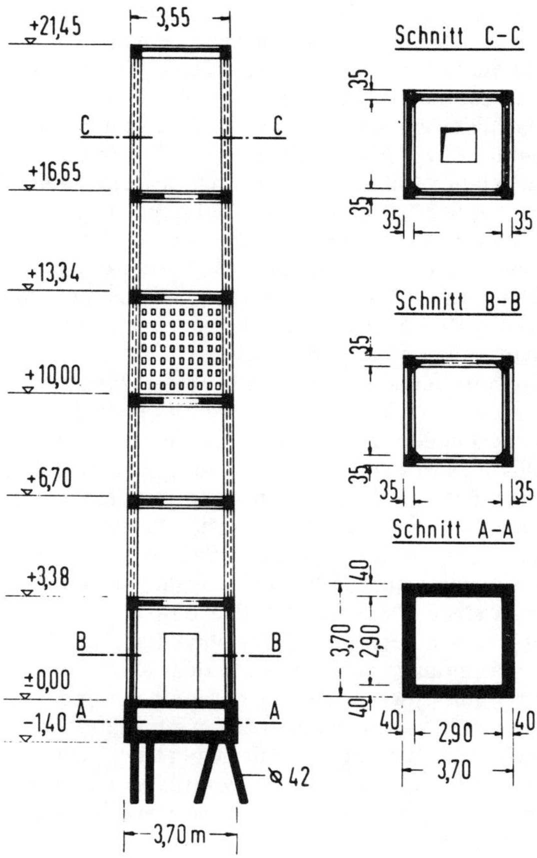

Abb. 2

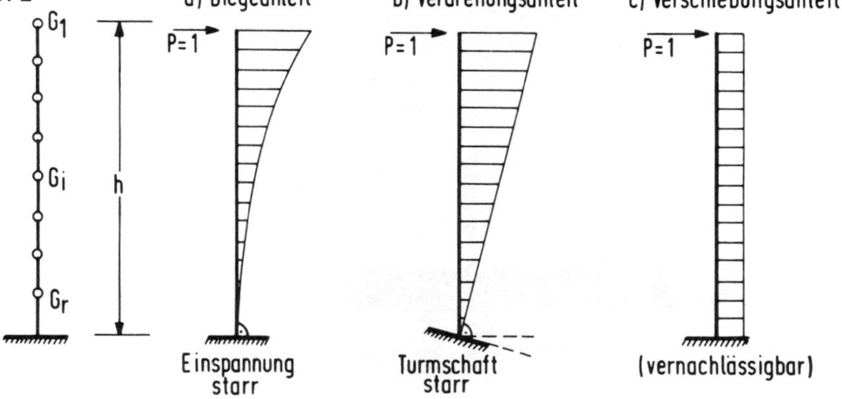

Fundamentversteifung mit Stahlbetonscheiben, Abb. 3

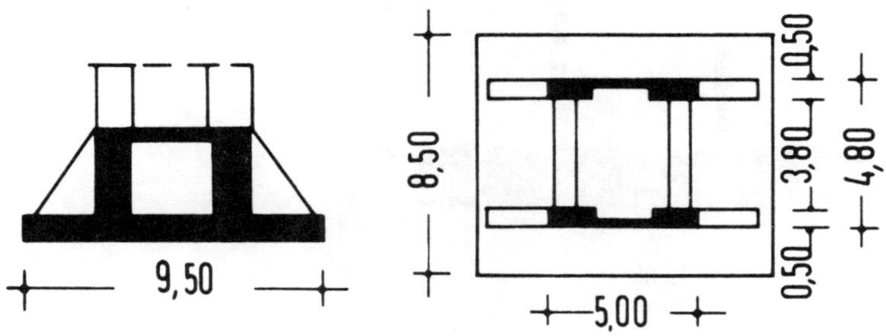

Fundamentbewehrung

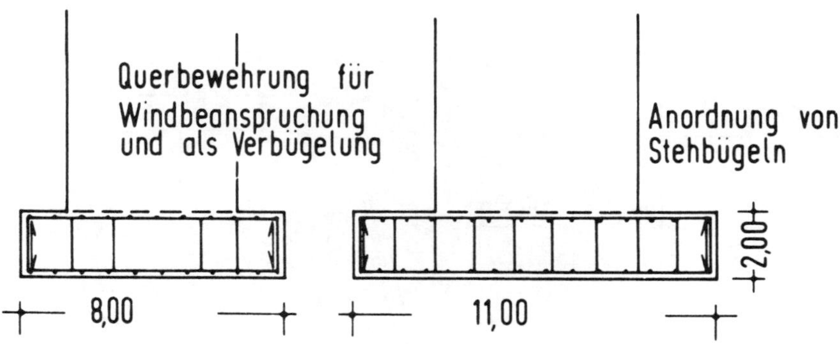

a) Torfpolster, Abb. 4

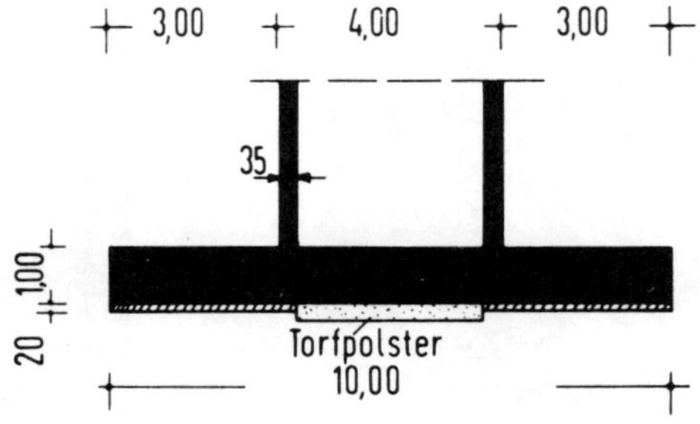

b) Aussparung

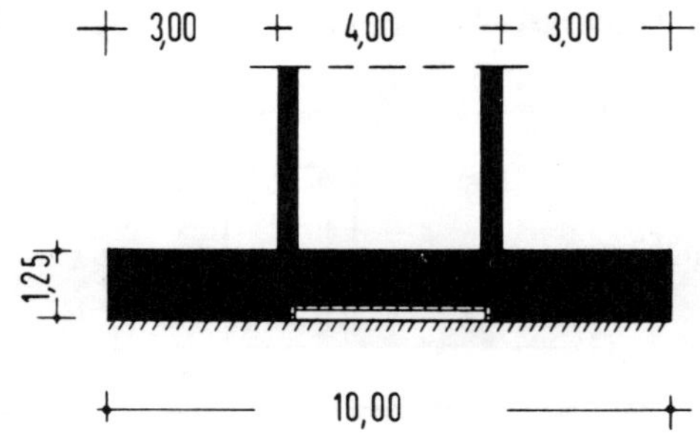

Pfahlgründung, Abb. 5

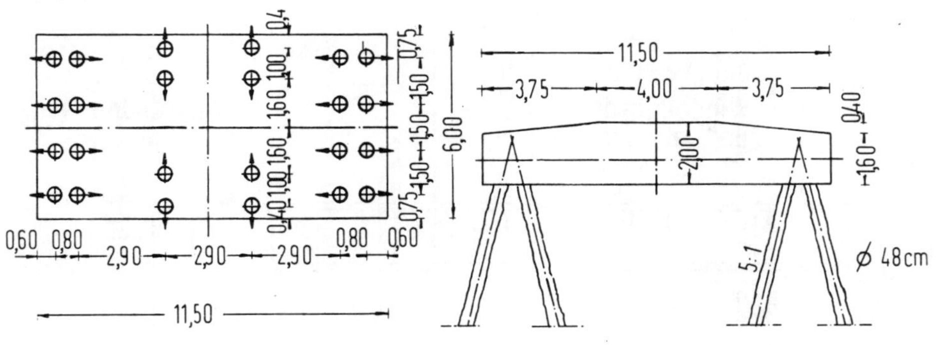

Pfahlgründung, Abb. 6

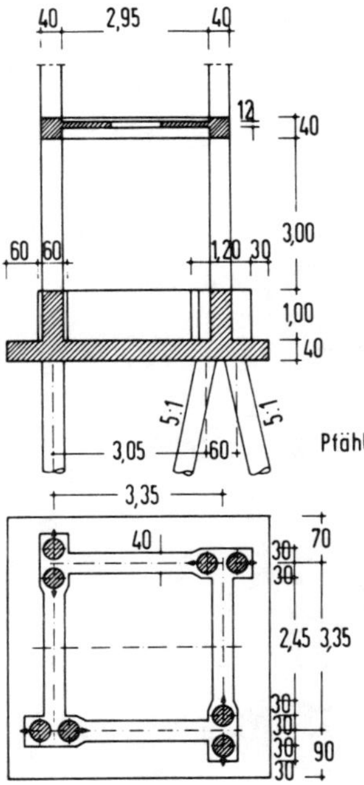

Turm mit abgestuftem Querschnitt, Abb. 7

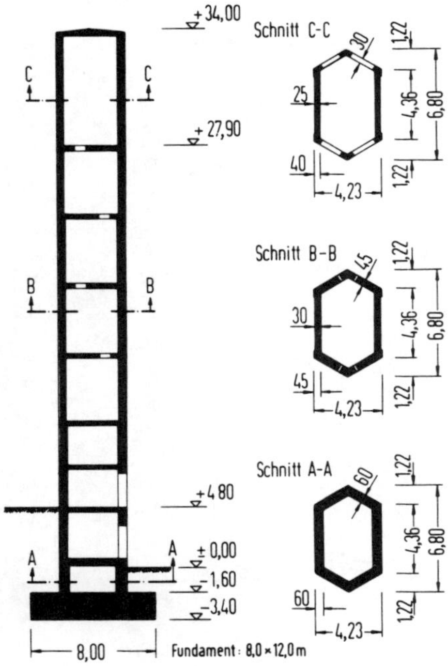

Hölzerner Turmhelm, Abb. 8

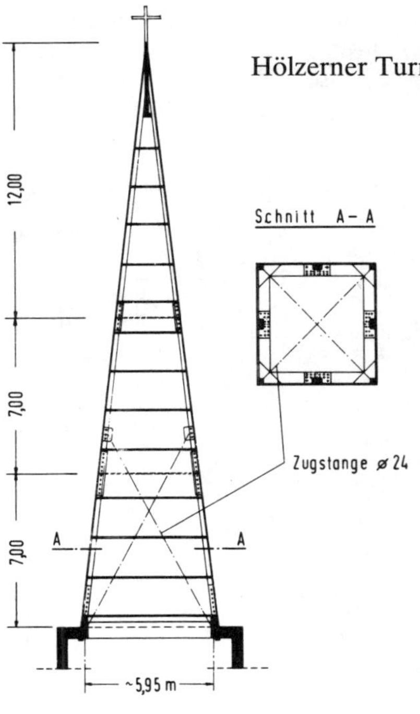

Abb. 9

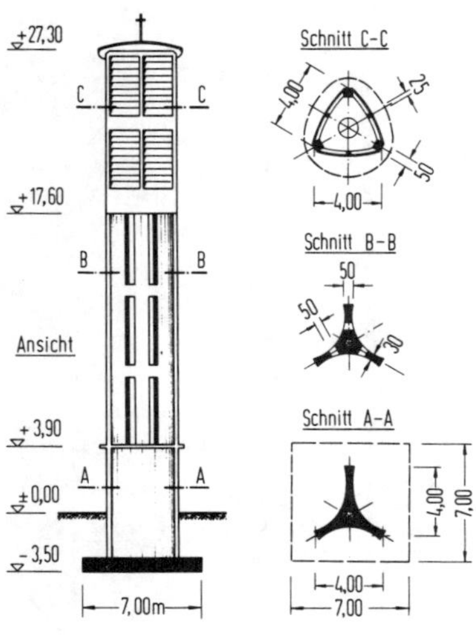

Kastenquerschnitte, Abb. 10

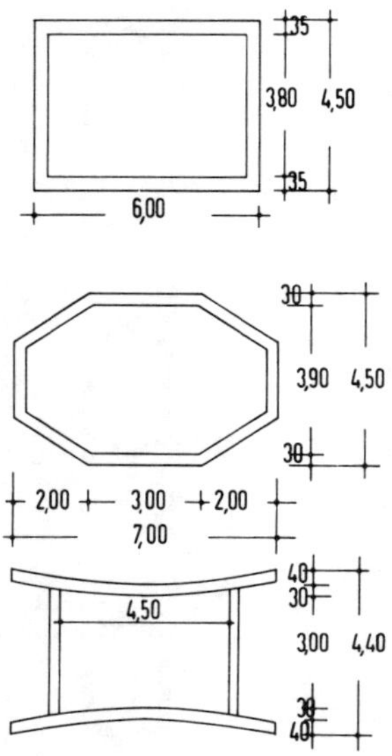

Scheibenquerschnitte, Abb. 11

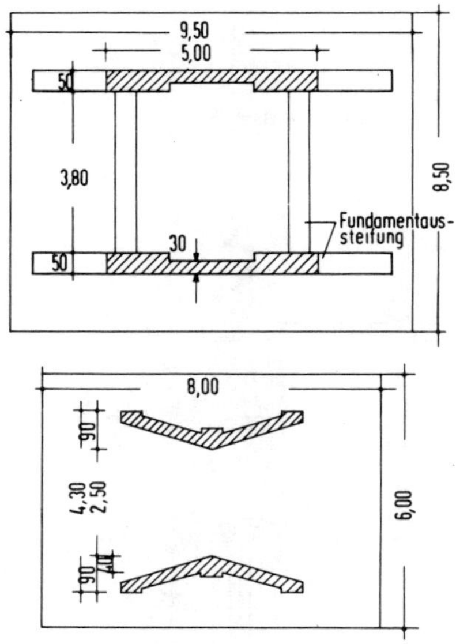

Abb. 12

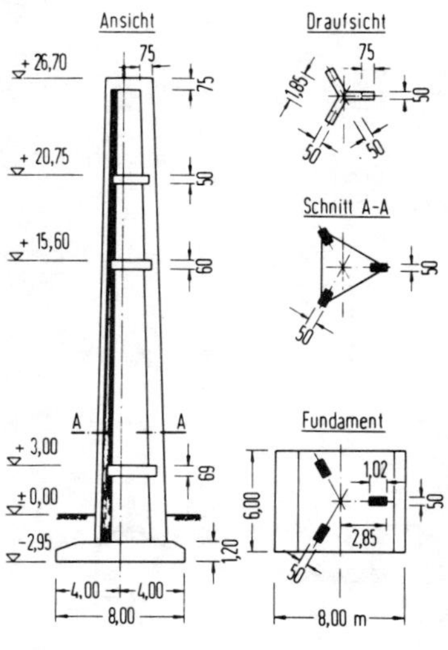

Glockenturm als Rahmentragwerk aus Stahlprofilen, Abb. 13

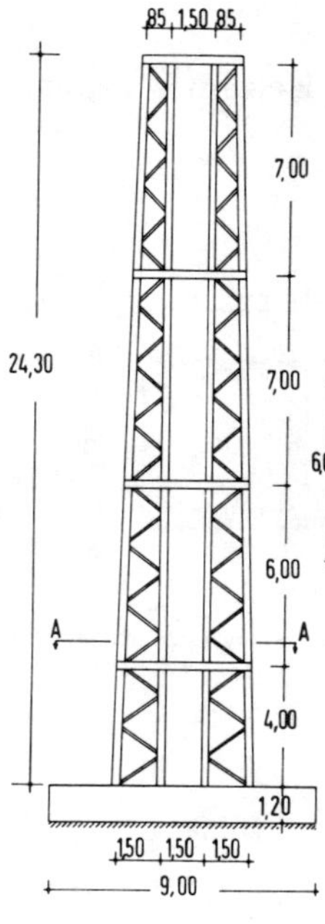

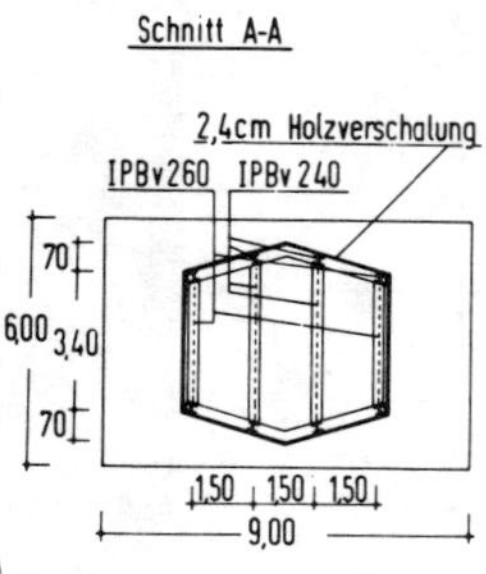

Abb. 15

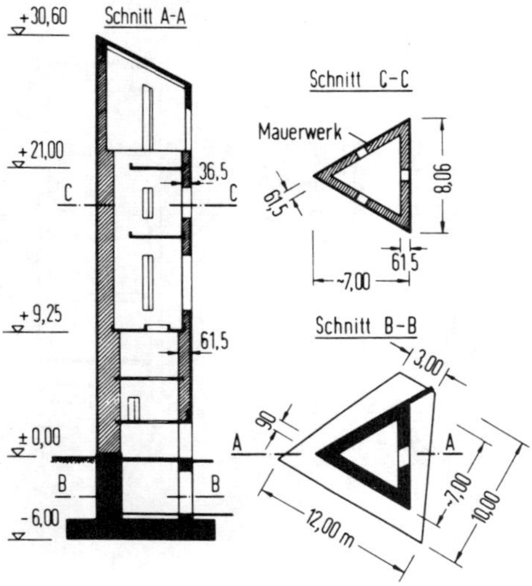

Risse in der Ausfachung, Abb. 14

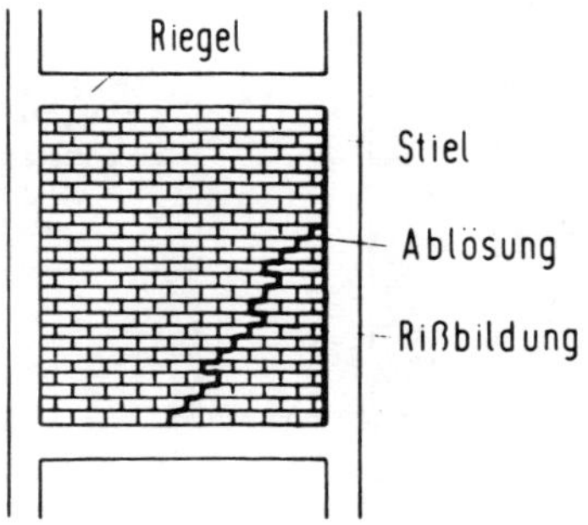

Turm mit Winkelquerschnitten, Abb. 16

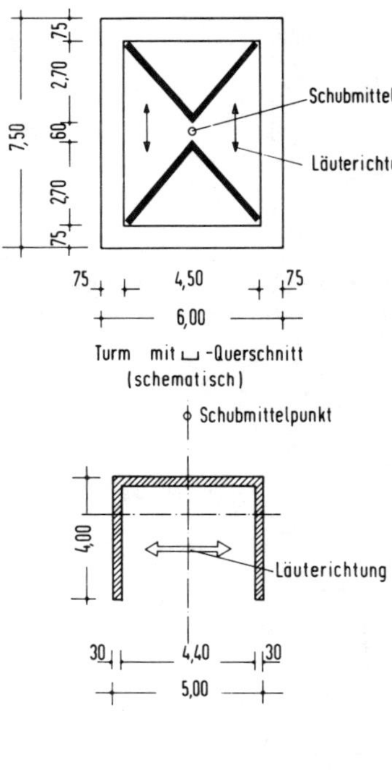

Abb. 17

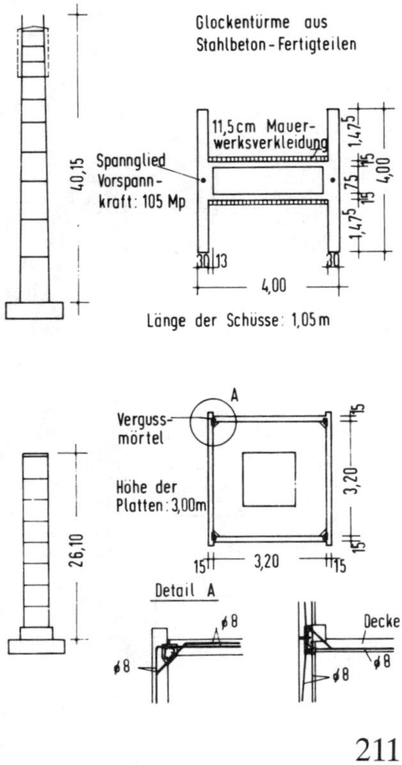

Anordnung von Langschlitzen, Abb. 18

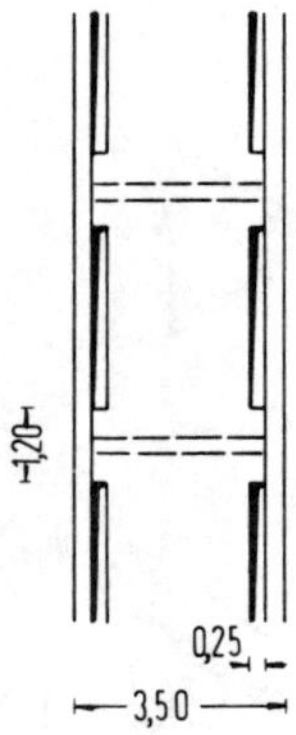

Anordnung von Querschlitzen, Abb. 19

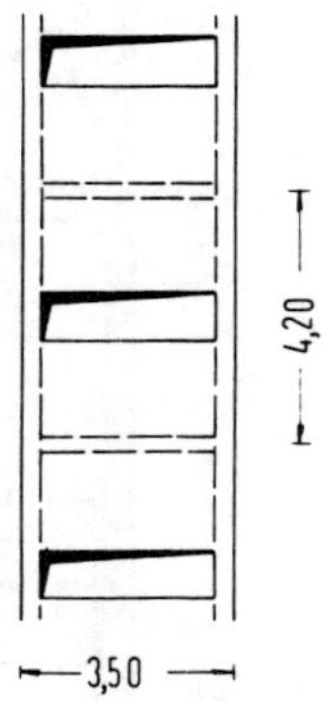

Abb. 20

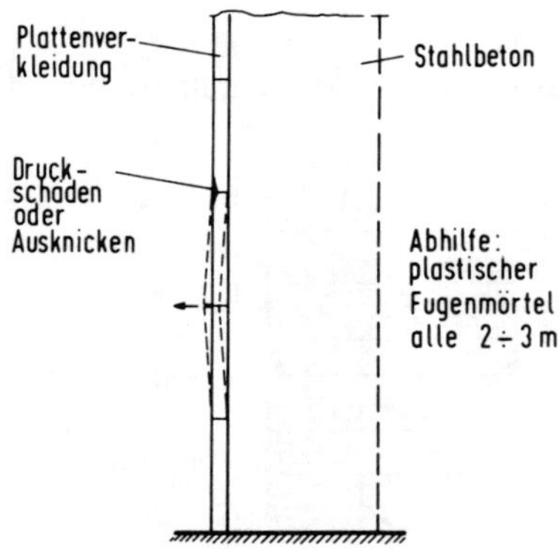

Schubrisse (schematisch), Abb. 21

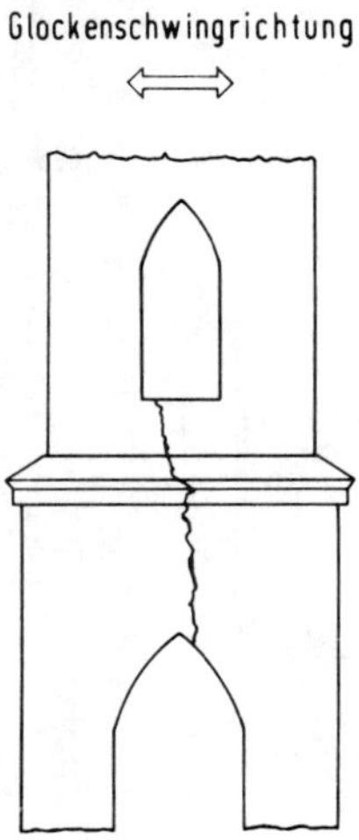

Amplituden der horizontalen Schwingungswege bei konstanter Erregerkraft, Abb. 22

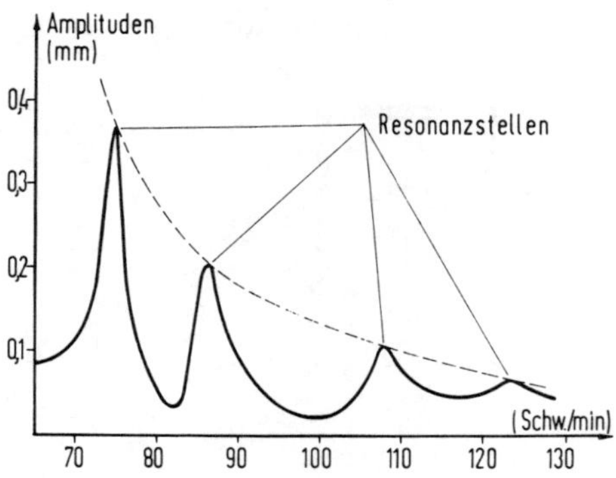

Neukonstruktion und Sanierung von Glockentürmen nach statischen und dynamischen Gesichtspunkten

Von Josef Steiner

Allgemeines

Wie im übrigen Baubestand wird mit der Zunahme von Schädigungen im Bereich der Sakralbauten das Schwergewicht zunehmend auf die Erhaltung bestehender Bausubstanz verlagert. Dies um so mehr, als man von Kirchen und Glockentürmen gemeinhin eine bedeutend größere Lebensdauer erwarten kann und muß, als dies bei anderen Bauvorhaben – Wohnhäusern, Industriebauten, Brücken und so weiter – der Fall ist.

Glocken werden auch in Zukunft, trotz veränderter Einstellung der Gesellschaft, zum festen Bestand unserer Kirchenbauten gehören; ihr Läuten darf – stellt man Vergleiche an mit Ländern, in denen sie zum Schweigen gebracht worden sind – durchaus als ein Symbol geistiger Freiheit begriffen werden.

Es häufen sich jedoch die Fälle, in denen der betreuende Glockensachverständige aufgrund von Schäden an Kirchtürmen oder Glockenstühlen das Läuten der Glokken verbieten muß. Diese Mängel sind bezeichnenderweise nicht nur auf alte, gemauerte Türme beschränkt. Sie finden sich in überwiegender Zahl auch an Glokkentürmen aus der Nachkriegszeit, bei denen aufgrund der Verwendung des Baustoffs Stahlbeton von den Planern zunehmend schlankere Bauweisen verwirklicht wurden, wobei jedoch vorwiegend neben den ästhetischen nur die statischen Gesichtspunkte berücksichtigt wurden, nicht ausreichend beziehungsweise überhaupt nicht das dynamische Verhalten der Baukörper.

Vor dreißig Jahren noch war es allgemein üblich, daß von dem mit dem Standsicherheitsnachweis für einen Kirchturm befaßten Ingenieur nach Konzipierung des Geläutes und der Angabe von Glockengewichten unter Berücksichtigung eines sogenannten „dynamischen Zuschlags“ in der Größenordnung von $\nu \sim 2$ statische Ersatzkräfte eingeführt wurden. Zusammen mit den normengemäßen Windlasten wurden diese als Horizontalkräfte dem Standsicherheitsnachweis eines Turmes zugrunde gelegt.

Das dynamische Eigenschwingverhalten der Konstruktion aufgrund der Anregung durch die Glockenschwingungen wurde, wenn überhaupt, nur ungenügend berücksichtigt.

Zwischenzeitlich liegen umfangreiche wissenschaftliche Erkenntnisse vor über das dynamische Verhalten auch komplizierter Tragwerkstrukturen, über den nicht zu unterschätzenden Einfluß des Baugrundes auf das Schwingungsverhalten der Türme, das Ermüdungsverhalten der verwendeten Baustoffe aufgrund periodisch wiederkehrender schwingender Belastung sowie über Möglichkeiten, schadhafte Konstruktionen wieder zu sanieren.

Einen wesentlichen Beitrag, vor allem bei der Planung von Abhilfemaßnahmen, hat auch die Verfeinerung der Meßtechnik geliefert, wobei jedoch die zutreffende Interpretation der Meßergebnisse für die Entscheidung über die Sanierungsmethoden und ausreichende Kenntnisse über deren Wirksamkeit von größter Bedeutung sind. Es gibt Fälle, wo versucht wurde, schwingenden Türmen durch den Ein-

bau schwerer Schwingungsdämpfer beizukommen, obwohl das Meßprotokoll eindeutig Vertikalbewegungen im Bereich des Fußbodens auswies, die auf ein sogenanntes Reiten der Fundamentplatte zurückzuführen waren. Oft sind einfache Verstimmungen am Geläute ausreichend beziehungsweise genauso effektiv wie der Einbau einer teueren und wartungsintensiven Gegenpendelanlage.
Richtungweisend bei der Erarbeitung der theoretischen Grundlagen waren die Arbeiten von Professor Dr. F. P. Müller, vor allem sein 1968 erschienenes Buch über Berechnung und Konstruktion von Glockentürmen (Anm. 1), welches als Standardwerk bei der Planung von Glockentürmen gilt.
Mit der Herausgabe der DIN-Norm 4178, Ausgabe August 1978, die noch unter wesentlicher Mitarbeit von Professor Müller entstand, wurde eine verbindliche Grundlage zur dynamischen und statischen Berechnung von Glockentürmen vorgelegt. Allgemein gehaltene Regeln sind auch in dem vom Beratungsausschuß für das deutsche Glockenwesen 1964 herausgegebenen Merkblatt „Ratschläge für die Gestaltung von Glockentürmen“ niedergelegt.
Dennoch herrscht vielfach, vor allem bei den mit den Glocken und ihren Problemen befaßten Kirchengemeindegremien, Unklarheit über die Zusammenhänge und die notwendigen Schlußfolgerungen, was bei Problemfällen Abhilfemaßnahmen betrifft. Beiträge wie (Anm. 2) sind wenig geeignet, auf diesem Gebiet Klarheit zu schaffen. Dies gilt auch für die teilweise in Gutachten als Beurteilungsmaßstab für die Gefährdung eines Bauwerks angewendete DIN 4150 „Erschütterungen im Bauwesen“, die von anderen Beurteilungsmaßstäben ausgeht. Sie ist trotz mehrfacher Überarbeitung umstritten und sollte, da sie wesentlich im Zusammenhang steht mit stoßartigen Erschütterungen aus Sprengungen oder Explosionen, bei der Konstruktion von Glockentürmen nicht angewendet werden.
Dieser Beitrag beabsichtigt, in einfacher Darstellungsweise die oftmals noch vorhandenen Unklarheiten möglichst zu beseitigen und Möglichkeiten aufzuzeigen, aus Beobachtungen und Messungen zutreffende Schlüsse zu ziehen und daraus wirksame, trotzdem jedoch wirtschaftliche Abhilfemaßnahmen zu finden.

Grundlegende Begriffe aus der Schwingungslehre im Zusammenhang mit Glockentürmen

Zur Bestimmung der dynamischen Beanspruchung eines Glockenturmes ist die Kenntnis der charakteristischen Schwingzahlen der Glocke (Erreger) und des durch die beim Schwingvorgang auftretenden Lagerkräfte (Erregerkräfte) zu Schwingungen angeregten Bauwerkes erforderlich.

Erregerfrequenz, Lagerkräfte, Erregerkräfte

Glocken können als freie Schwinger mit einem Freiheitsgrad aufgefaßt werden. Die Schwingbewegung kann als Kreisbewegung eines einzelnen am Pendel aufgehängten Massenpunktes beschrieben werden.
Die beim Schwingen der Glocke auftretenden Verankerungskräfte H und V werden über den Glockenstuhl auf das Bauwerk weitergeleitet (Abb. 1). Die Ermittlung der Kräfte erfolgt unter Zuhilfenahme des Energiesatzes der Mechanik bei Voraussetzung einer reibungsfreien Bewegung.

Die Zeitabhängigkeit des Schwingvorganges läßt sich durch eine Sinuskurve beschreiben (Abb. 2).
Die Größe der Lagerkräfte an der Jochachse ist abhängig von

- dem Glockengewicht
- dem Schwerpunktabstand der sich bewegenden Masse und deren Verteilung
- vom größten Ausschwingwinkel der Glocke.

Abb. 3 zeigt den Maximalausschlag und die damit zusammenhängende Schwingungszahl je Minute für die einzelnen Glockentöne.
Vom Glockengießer werden nicht die Schwingzahlen je Zeiteinheit, sondern die Klöppelanschlagszahlen angegeben. Zwei Klöppelanschläge bezeichnen eine Periode der Glockenschwingung. Der Kehrwert der Periodendauer wird Frequenz genannt. Ihre Einheit ist 1/sec.
Wenn n die Zahl der Klöppelanschläge in der Minute bedeutet und eine Periode zwei Anschläge umfaßt, so ergibt sich die erste Grundfrequenz einer Glocke zu

$$f = \frac{n}{2 \times 60} \text{ (Hz)}$$

Teilschwingzahlen höherer Ordnung sind durch Multiplikation mit den Ordnungszahlen zu ermitteln.
Aus Abb. 4 können in Abhängigkeit vom Läutewinkel und dem Glockengewicht die maßgebenden Lagerkräfte bei gerader Jochachse entnommen werden.
Abb. 5 zeigt die mögliche Reduzierung der Läutekräfte durch eine Kröpfung der Jochachse, gleichbedeutend mit einer Reduzierung des Schwerpunktabstandes.
Ein ähnlicher Effekt wie bei der – musikalisch nachteiligen und deshalb vom Glokkensachverständigen meist verworfenen – Aufhängung der Glocke am gekröpften Joch, nämlich die Veränderung der Glockenschwingzahl, kann auch durch das Aufbringen von Zusatzgewichten über der Jochachse, bekannt als überschweres Joch, erzielt werden.
Die Diagramme, Abb. 3 bis 5, wurden Anm. 1 beziehungsweise DIN 4178 entnommen.
Mit den maximalen Lagerkräften (Abb. 4) kann eine rein statische Berechnung des Glockenstuhls vorgenommen werden, da dieser, zumindest bei Aufhängung der Glocken in einer Etage, im allgemeinen aufgrund seiner Eigensteifigkeit eine weitaus höhere Eigenschwingzahl als die Glocken aufweist. Ohne wesentlichen Einfluß auf das Schwingungsverhalten eines Glockenturms ist die Lagerung eines Glokkenstuhls auf dämpfenden Lagern; ihre Aufgabe ist allein die Verminderung der Schallübertragung in den Turm beziehungsweise ein anhängendes Kirchenschiff.
Zur Ermittlung der für die Turmbemessung wesentlichen Erregerkräfte sind aus den periodischen, jedoch aufgrund der großen Ausschwingwinkel nicht harmonischen Glockenschwingungen die harmonischen Anteile des Zeit-Kraft-Verlaufs der Lagerkräfte zu bestimmen. Hierbei müssen auch die Erregerkräfte aus Teilschwingungen höherer Ordnung beachtet werden (Abb. 6).
Aufgrund der Beschränkung des Ausschwingwinkels der Glocken auf Werte zwischen 40° bis 110° genügt im praktischen Nachweisfall die Berücksichtigung der 1., der 3. und der 5. Teilschwingungen der Glocken. Die Erregerkräfte ergeben sich aus der Überlagerung der einzelnen Anteile der Teilschwingungen, jedoch unter Berücksichtigung ihrer Abstimmung zur Eigenschwingung des Turms.

Eigenschwingung

Wird ein elastisches System, zum Beispiel ein eingespannter Biegebalken, durch eine Auslenkung aus der Ruheposition gebracht und sich danach selbst überlassen, so führt es freie oder Eigenschwingungen aus. Die Anzahl der Schwingungen des Systems je Sekunde heißt Eigenfrequenz; die Form der Schwingung heißt Eigenform. Die Silbe „Eigen“ drückt aus, daß das Schwingungsverhalten eine Eigenschaft des schwingenden Systems ist.
Bei einem Glockenturm hängt das Schwingverhalten nur von folgenden physikalischen Bauwerksmerkmalen ab:

- dem Elastizitätsmodul des Baustoffs,
- dem querschnittsabhängigen Biege- beziehungsweise Torsionsträgheitsmoment,
- der Turmhöhe,
- der Bauweise, zum Beispiel geschlossener Kasten oder offener mehrstöckiger Rahmen,
  – zusammengefaßt der Biegesteifigkeit beziehungsweise der Torsionssteifigkeit des Turms –
- der Masse und ihrer Verteilung über die Turmhöhe,
- der Art der Einbindung, zum Beispiel in ein angrenzendes Kirchenschiff,
- den Federungseigenschaften des Baugrundes.

Da das schwingende System die ihm anfangs zugeführte mechanische Energie infolge innerer Reibung, zum Beispiel durch Dehnungsänderungen bei einem elastischen Biegebalken, allmählich umsetzt in freiwerdende Wärme und somit einen Energieverlust erfährt, kommt es zum allmählichen Ausschwingen der Bewegung. Man spricht von einer Eigenschwingung mit Dämpfung.
Die dämpfenden Eigenschaften eines Bauwerks können beim Messen des Eigenschwingverhaltens über eine kurzfristige Anregung mit einem Ausschwingversuch ermittelt werden (Abb. 7).
Ein Bezugsmaß für die Stärke der Dämpfung wird aus der Abnahme der Scheitelwerte aufeinanderfolgender Schwingungen ermittelt.
Die dämpfenden Eigenschaften der Materialien unserer turmartigen Bauwerke sind als gering einzustufen.
Im Gegensatz zu viel schlankeren Bauwerken wie Masten oder Schornsteinen genügt bei Glockentürmen im allgemeinen die Betrachtung der ersten Eigenform, die nur einen Schwingungsknoten in Höhe des Fundaments aufweist. Die erste Eigenform ist für den elastischen Schwinger qualitativ identisch mit der Biegelinie aus dem als Belastung aufgebrachten, zum Beispiel in einzelnen Punkten konzentrierten Gewicht, wobei die Anzahl der Massepunkte identisch ist mit der Anzahl der zur Beschreibung der Schwingung erforderlichen Freiheitsgrade.
Wegen der Affinität des Schwingungsverlaufs zur Biegelinie aus einer an der Turmspitze angreifenden waagerechten Einzellast H = 1 ergibt sich für die Eigenschwingzahl die einfache Beziehung

$$n_e = \frac{300}{\sqrt{So}}$$

mit der in cm ermittelten spezifischen Durchbiegung So, abhängig von der Massenbelegung des Turmschafts.
Nicht zu unterschätzen ist der Einfluß des Bodens auf die Eigenschwingungszahl von Türmen. Bei steifen Konstruktionen, zum Beispiel Stahlbetonkästen, kann die Eigenschwingzahl gegenüber starrer Einspannung entsprechend Gründung auf Fels, um zirka 50 % absinken, während der Einfluß bei von Haus aus weicheren Konstruktionen, wie zum Beispiel Rahmen, geringer ist.
Die Bandbreite der Eigenschwingzahlen soll an einem praktischen Sanierungsfall gezeigt werden, bei dem es galt, die Eigenschwingzahl des ausgeführten Rahmensystems möglichst so anzuheben, daß eine Gefährdung des Turms durch die Erregerkräfte der Glocken ausgeschlossen werden konnte (Abb.8).
Bei dem beschriebenen Turm konnte den Protokollen der Schwingungsmessungen entnommen werden, daß Einflüsse aus dem Boden nicht vorhanden waren. Beim rechnerischen Nachweis der Eigenschwingung wurde deshalb zur Abschätzung des Baugrundeinflusses nur eine Vergleichsrechnung mit einer um eine Zehnerpotenz gesteigerten Bettungsziffer (Baugrundfederung) durchgeführt. Der Schaden hatte folgende Ursache: Zunächst wirkten die ausfachenden Mauerwerkswände mit dem Stahlbetonrahmen zusammen – sie steiften ihn aus. Die beim Läuten der Glocken auftretenden Erregerkräfte führten nach mehreren Jahren zur Verringerung und schließlich zum Verlust des Verbundes zwischen Stahlbetonrahmen und ausfachendem Mauerwerk. Die Steifigkeit der Konstruktion nahm ab, die Turmverformungen stiegen an, die Eigenfrequenz des Turms sank ab und kam in die Nähe der Glockenschwingzahlen: Es trat Resonanz ein.
Zur Abhilfe wurde der Innenraum in der Zwischenzeit mit einer dünnen, bewehrten und an die Rahmenkonstruktion kraftschlüssig angeschlossenen Spritzbetonschicht ausgekleidet. Der so entstandene biegesteife Kastenquerschnitt weist sowohl rechnerisch als auch nach der durchgeführten Kontrollmessung der Eigenschwingzahl einen ausreichend großen Resonanzabstand auf.
Bei allen Rechnungen muß man sich jedoch darüber im klaren sein, daß aufgrund der einer Rechnung anhaftenden Vereinfachung bei Lastannahmen, Baustoffkennwerten, Steifigkeitsannahmen, insbesondere bei rißanfälligem Stahlbeton und Mauerwerk, sowie Baugrundeigenschaften und eventuell von rechnerisch nicht berücksichtigten Verkleidungsbauteilen der ermittelte Wert der Eigenschwingung mit nicht unbeträchtlichen Ungenauigkeiten behaftet sein kann. Es sollte deshalb zum Beispiel beim Neubau eines Glockenturms jede Rechnung vor der Installation eines Geläutes durch eine Messung überprüft werden, damit die Möglichkeiten der Verstimmung am Geläute selbst noch ausgenutzt werden können.

Resonanz

In einem Turm mit seinem charakteristischen Eigenschwingverhalten macht sich der Einfluß der Glocken erst dann wesentlich bemerkbar, wenn eine oder mehrere von ihnen etwa die der Eigenschwingzahl des Turms entsprechende Anzahl von Schwingungen ausführt. Man sagt dann, Turm und Erreger schwingen in Resonanz miteinander. Es gilt, diese Erscheinung bei der Planung neuer Türme zu verhindern und in Fällen, wo der Mangel schon aufgetreten ist, zu beseitigen.

Nach DIN 4178 ist zwischen der Eigenschwingzahl des Turms und der im allgemeinen als maßgebend zu berücksichtigenden dritten Glockenteilschwingzahl ein Abstand von 20 % einzuhalten, wobei außerdem noch die Bedingung zu erfüllen ist, daß die Turmeigenschwingzahl über der Glockenschwingzahl liegt. Eine solche Zuordnung wird als „Hochabstimmung" eines Turms bezeichnet und hat den Vorteil, daß auch beim Anläuten der Glocken der Resonanzbereich nicht durchlaufen werden muß.
Abhängig vom sogenannten Abstimmungsverhältnis

$$\eta_i = \frac{n_i}{n_e}$$

mit n_i = Schwingzahl der i-ten Glockenteilschwingung
n_e = Eigenschwingzahl des Turms
dürfen für den Normalfall, daß die Glocken im oberen Turmdrittel aufgehängt werden, die auf das schwingende System anzusetzenden statischen Ersatzkräfte
$P = H \cdot V(\eta)$
aus den zuvor ermittelten überlagerten Erregerkräften der ersten bis fünften Glockenteilschwingungen angesetzt werden. Für die Vergrößerungsfunktion $V(\eta)$ darf vereinfachend unter Zugrundelegung eines Einmassenschwingers gesetzt werden:

$$V(\eta) = \frac{1}{1 - \eta^2 + 2\,D \cdot \eta}$$

mit D als sogenanntes Lehrsches Dämpfungsmaß.
Für den Resonanzfall ($\eta = 1$) ergibt sich bei Vernachlässigung der Dämpfung
$V \rightarrow \infty$,
was bedeutet, daß ohne Berücksichtigung dämpfender Baustoffeigenschaften der Baukörper vor Erreichen eines stationären Zustands zerstört wird.
Für die Dämpfungsmaße der bei uns üblichen Baustoffe
$D \simeq 0{,}01$
ergibt sich

$$V(\eta) = \frac{1}{0{,}02} = 50,$$

was wiederum bedeutet, daß im Resonanzfall die größte statische Ersatzkraft der 50fachen Glockenmassenkraft entsprechen würde.
Wichtig bei der Messung von Turmeigenschwingungen ist das Aufnehmen einer sogenannten Resonanzkurve, deren Größtwert identisch mit der Turmeigenschwingzahl ist (Abb. 9).
Die Aufnahme einer Resonanzkurve ist schon deshalb wichtig, da an ihr im Resonanzfall der voraussichtliche Erfolg einfacher Verstimmungen des Geläutes, zum Beispiel durch Verlangsamung des Schwingungsvorgangs der Resonanz auslösenden Glocken durch Aufhängen an überschweren Jochen, direkt abgelesen werden kann.

Grundsätze und Randbedingungen bei der Planung neuer Türme

Ein ganz wesentlicher Punkt bei der Neuplanung eines Glockenturms sollte sein, daß Architekt, Glockensachverständiger sowie Tragwerksplaner und bei unklaren Baugrundverhältnissen ein schon frühzeitig zugezogener Baugrundsachverständiger anhand der ersten Entwürfe im Team arbeiten. Auf die Bezeichnung „Statiker" wird hier bewußt verzichtet, da es sich bei dem für die Standsicherheit verantwortlichen beratenden Ingenieur um einen Fachmann mit Erfahrung sowie Verständnis für baudynamische Probleme handeln muß.

Zunächst muß anhand des festgelegten Geläutes und des mit dem Glockensachverständigen, was die Größe der Glockenstube angeht, abgestimmten Turmentwurfs mit einer möglichst einfachen Schwingungsberechnung schon überprüft werden, ob für das vorgesehene Turmsystem ausreichender Resonanzabstand zu den Glokkenschwingungen überhaupt erwartet werden kann. In diese Näherungsberechnung ist auch schon der Einfluß des Baugrundes mit einzubeziehen.

Bei Konstruktion und Gestaltung eines neuen Turms sind die folgenden, grundsätzlichen Randbedingungen zu beachten:

- Der Glockenturm soll immer ein freistehender, zumindest durch eine Fuge vom Kirchenschiff getrennter Baukörper sein. Die Fuge muß eine Breite von mindestens 5 cm aufweisen. Das Schwingungsverhalten eines solchen Turms wird damit überschaubar; außerdem ist die Gefahr der direkten Schallübertragung ins Kirchenschiff gering.
- Aus den gleichen Gründen ist auch das Turmfundament vom Gründungskörper der Kirche zu trennen. Bei noch kompressiblen, rolligen oder bindigen Böden besteht aufgrund der wechselnden Kantenbeanspruchung unter der Fundamentplatte die Gefahr der Hohlraumbildung, das bekannte „Reiten". Es kann verhindert werden durch den Einbau nachgiebiger Materialien unter der Fundamentplattenmitte. Bewährt hat sich hierbei Wellpappe, die aufgrund der dauernden Zufuhr von Feuchtigkeit ihre Zellstruktur im Lauf der Zeit verliert und dadurch bei ausreichender Dicke praktisch einen pressungsfreien Hohlraum zur Verfügung stellt.

  Grundsätzlich soll die Gründung auf gewachsenem Boden beziehungsweise wenn ein Gutachten dies so festlegt, auf planmäßig verdichtetem Bodenaustauschmaterial erfolgen.
- In der Gründungssohle sind klaffende Fugen möglichst zu vermeiden.
- Zur Vermeidung von Torsionsschwingungen sollte der Turmschaft möglichst einen geschlossenen Querschnitt darstellen, symmetrisch ausgebildet bezogen auf die Schwingrichtung der Glocken.

  Bei offenen, zum Beispiel U-Querschnitten sollte die Schwingrichtung der Glocke an die Symmetrieachse des Querschnitts angepaßt werden. Anderenfalls sind Torsionsschwingungen nicht zu vermeiden, da der Schubmittelpunkt des U-Querschnitts, in dem die Erreger zur torsionsfreien Schwingung aufgehängt werden müßten, außerhalb des Querschnitts liegt.
- Es ist eine Massenverteilung über die Turmhöhe anzustreben, die zwar insgesamt zu einer großen Steifigkeit des Systems führt, jedoch mit geringer Masse im Kopfbereich. Kopflastigkeit führt zu niedrigen Eigenschwingzahlen, während eine größere Masse im unteren Turmbereich keinen großen Einfluß auf das Ei-

genschwingverhalten hat. Dieser Gesichtspunkt ist auch bei der Planung von mit dem Turm verbundenen nichttragenden Elementen wie Verblendungen, Belägen, Turmhelmen und so weiter zu berücksichtigen.

- Rahmensysteme sind vergleichsweise als weich zu betrachten und weisen im allgemeinen niedrige Eigenschwingzahlen auf. Diesen Systemen ist bei der endgültigen Berechnung besondere Sorgfalt zu widmen; wenn immer möglich, sollten vom Architekten vorgesehene Verblendungen der einzelnen Rahmenfelder so gestaltet werden, daß sie kraftschlüssig mit dem Rahmen selbst verbunden werden können und in der Lage sind, sein Verformungsverhalten so zu verändern, daß es dem eines ausgesteiften Kastenquerschnitts nahekommt.
  Der aufgehende Turmquerschnitt muß in regelmäßigen Abständen durch Querschotte, zum Beispiel Podeste, ausgesteift werden.
- Bei der Bemessung eines Glockenturms muß grundsätzlich berücksichtigt werden, daß es sich bei der Beanspruchung aus Glockenläuten um regelmäßig wiederkehrende, pulsierende Lastanteile handelt. Für ruhende Lasten ist die Grenze der aufnehmbaren Beanspruchung eines Werkstoffs die sogenannte Elastizitätsgrenze. Bei veränderlicher Belastung gilt als Bezugsgrenze die Dauerfestigkeit. Hierunter wird die Spannung verstanden, die ein Werkstoff bei dieser veränderlichen Beanspruchung beliebig oft ohne Bruch ertragen kann. Für den Baustoff Stahl ist die Ermüdungsfestigkeit ausreichend erforscht. Die wesentlichen Erkenntnisse auf diesem Gebiet, die schon vor mehr als 100 Jahren von Wöhler (Anm. 3) veröffentlicht wurden, haben sich zwischenzeitlich nicht grundlegend geändert. Aus dem sogenannten Wöhler-Schaubild (Abb. 10) kann entnommen werden, wie mit zunehmender Lastspielzahl die vom Werkstoff ertragene Dauerfestigkeit abnimmt. Es ist festzustellen, daß diese abnehmende Kurve bei ca. 2 x 10^6 Lastspielen in eine Gerade übergeht. Dies bedeutet, daß für größere Lastspielzahlen eine weitere Abnahme der Dauerfestigkeit nicht eintritt (Abb. 10).
  Dementsprechend versteht man im Stahlbau unter der Dauerfestigkeit den bei 2 x 10^6 Lastspielen ohne Bruch ertragenen Spannungswert.
  Für die übrigen, im allgemeinen verwendeten Baustoffe, Beton, Stahlbeton, Mauerwerk und Holz liegen ähnliche systematische Versuchsauswertungen nicht vor.
  Nach DIN 4178 ist zur Berücksichtigung der Werkstoffermüdung der Anteil der Glockenlasten mit einem für die einzelnen Baustoffe unterschiedlich festgelegten Ermüdungsbeiwert zu beaufschlagen.
- Beim Entwurf der Glockenstühle geht die Tendenz sowohl aus musikalischen als auch aus Dauerhaftigkeitsgründen wieder zurück zu den in unseren Kirchtürmen z. T. über Jahrhunderte hinweg bewährten Holzstühlen. Zu deren Gestaltung, Berechnung, Konstruktion sowie Imprägnierung wurde ein Merkblatt erarbeitet, welches an anderer Stelle in diesem Buch abgedruckt ist.
  Die Lagerung der Glockenstühle ist grundsätzlich auf schwingungs- und schallabsorbierenden Dämpferelementen vorzunehmen.

Für den unter Beachtung der oben genannten Kriterien durchgeplanten Entwurf ist der Nachweis der ausreichenden Standsicherheit sowie anhand der endgültigen Schwingungsberechnung der Nachweis des erforderlichen Resonanzstandes von 20 % zu erbringen, ohne daß von vornherein Hilfsmittel wie z. B. Gegenpendelan-

lagen o.ä. eingeplant werden; ansonsten müßte er als „krank“ bezeichnet werden. Es ist unbedingt darauf zu achten, daß ein Entwurf so ausgereift ist, daß neben den Verfahren der Geläuteverstimmung zur Berücksichtigung möglicher Toleranzabweichungen zwischen Rechnung und Messung bei empfindlichen Bauweisen nicht zusätzliche kostenintensive und mechanisch empfindliche Hilfen wie Gegenpendelanlagen eingeplant werden, die immer nur Notlösungen bleiben können und außerdem Folgekosten nach sich ziehen.
Eine Messung der Turmeigenschwingung zur Überprüfung der Schwingungsberechnung sollte der endgültigen Geläuteinstallation in jedem Fall vorausgehen.

Schadensursachen und Sanierungsmaßnahmen bei bestehenden Glockentürmen

Alte gemauerte Glockentürme mit ihren dicken Wänden und einem entsprechend großen Eigengewicht sind im allgemeinen nicht so anfällig für Resonanzerscheinungen wie die schlanken Türme in modernen Bauweisen. Der Anteil der Beanspruchung aus dynamischen Glockenlasten ist relativ gering; hinzu kommt meistens eine schwingungstechnisch vorteilhafte Steifigkeits- und Massenverteilung mit einem tiefliegenden Schwerpunkt.
Wenn an historischen Glockentürmen, die Jahrhunderte scheinbar schadlos überstanden haben, jetzt sichtbare Schäden, meistens in Form von Rissen, auftreten und sie deutlich wahrnehmbare, sichtbare Reaktionen zeigen, so kann dies viele Ursachen haben. Die Suche danach und eine zutreffende Diagnose als Grundlage für Sanierungsmaßnahmen sind wesentlich komplexer als bei Türmen neueren Datums.

Bauweise

Alte Türme sind meistens kraftschlüssig in die anschließenden Langhäuser eingebunden. Auch bei setzungsunempfindlichem Baugrund ergeben sich aufgrund der wesentlich größeren Turmgewichte am Anschluß zum Langhaus Zwängungen, die bei einer konsequenten Trennung an dieser Nahtstelle zu Setzungsunterschieden führen würden. Bei kraftschlüssiger Einbindung des Turmmauerwerks z. B. in die Giebelwand des Langhauses wird diese Wand im Anschlußbereich zu größeren Setzungen gezwungen als es ihrem Eigengewicht entspricht.
Zunächst wird sich ein solcher Turm leicht verkanten. Im Übergangsbereich zum Langhaus werden jedoch mit zunehmender Setzung Kräfte aufgebaut, die bei Erreichen der Gefügefestigkeit des Mauerwerks zu Rissen führen müssen.
Ein Turm, dessen Mauerwerk durch solche Abrisse einen Gefügeverlust erleidet und damit an Festigkeit verliert, macht sich gleichzeitig als schwingendes Element frei und kann auf die beim Läuten geweckten Kräfte aufgrund seiner jetzt geringeren Steifigkeit mit vorher nicht beobachteten Resonanzerscheinungen reagieren. Die meistens durchgehenden, auch im Innenraum sichtbaren Risse zu verkeilen und zu verputzen, was von den zunächst zugezogenen örtlichen Handwerkern oft versucht wird, ist im allgemeinen vergeblich, da in den Rissen aufgrund der Läutekräfte Bewegungen stattfinden, die zu immer wieder neuem Aufreißen führen.
Patentrezepte zur Abhilfe gibt es in solchen Fällen nicht. Die sauberste Lösung wä-

re bei starken Schäden eine nachträgliche Trennung der Gebäudeteile. Hierbei muß jedoch die Standsicherheit beider Gebäudeteile – Langhaus und abgetrennter Turm – beachtet werden, da die ursprüngliche gegenseitige Aussteifung nicht mehr gegeben ist.

Für Standsicherheitsnachweise sind nach unseren Landesbauordnungen die einzelnen DIN-Normen verbindlich zu beachten. Man muß sich jedoch darüber im klaren sein, daß viele historische Gebäude nicht zu retten wären, wenn für den Nachweis ihrer Standsicherheit alle Bedingungen dieser Normen eingehalten werden müßten. Begründbare, vernünftige Abweichungen von einzelnen Forderungen dieser Vorschriften werden auch die prüfenden Instanzen meistens mittragen. Oft handelt es sich um konstruktive Details wie fehlende Ringanker über nach DIN 1053 unzureichend ausgesteiften Außenwänden oder Überschreitung zulässiger Beanspruchungen des Mauerwerks bei Einordnung in die Klassifizierung dieser Vorschrift. Abhilfe bieten verfeinerte Nachweismethoden oder Tragfähigkeitsversuche. Als Beispiel dazu sei der Wiederaufbau des Schlosses Gottesaue in Karlsruhe angeführt, der bei einer Belastung des historischen Kellermauerwerks nach DIN 1053 in der vorgesehenen Form nicht möglich gewesen wäre. Aufgrund der durchgeführten Belastungsversuche an großformatigen Prüfkörpern konnte schließlich ein Mehrfaches der nach DIN 1053 zulässigen Belastung zugestanden werden (Anm. 4).

Als Alternative zur oben angeführten Trennung der Gebäudeteile bietet sich ein Zusammenspannen gerissener Wände an, verbunden mit einer Verpressung der Risse und einer eventuell vorangegangenen Verfestigung des Mauerwerks. Diese Technik ist der im Spannbetonbau angewandten ähnlich und kann als ausreichend erprobt gelten.

Durch die in das Mauerwerk eingetragene Vorspannkraft werden dort Druckkräfte aktiviert, die mit der Verpressung zum Schließen der Risse und zur Behebung der Störungen im Gefüge des Mauerwerks führen. Außerdem kann der in der Mitte des Wandquerschnittes eingebettete Vorspannstahl die Funktion eines Ringankers im Mauerwerk übernehmen. Zusätzliche Vernadelungen des Mauerwerks im Lasteinleitungsbereich nehmen die dort auftretenden Querzugspannungen auf (Abb. 11).

Vernadelungen sollten aber nur auf Bereiche beschränkt werden, wo es darum geht, Querzugspannungen aufzunehmen oder bei Schalenmauerwerk ein Auseinanderbrechen der Schalen zu verhindern. Wie die Versuche bei Schloß Gottesaue gezeigt haben, wird durch Vernadelung kein großer Gewinn an Tragfähigkeit erreicht.

Ob die eine oder die andere Sanierungsmethode – konsequente Trennung der abgerissenen Bauteile oder kraftschlüssiges Zusammenfügen – angewandt wird, kann nur nach sorgfältigem Abwägen der Vor- und Nachteile im Einzelfall unter Berücksichtigung von Auswirkungen der Läutekräfte entschieden werden. Es sind auch durchaus Fälle denkbar, bei denen man nur die gravierenden Rißschäden zur Sicherung der Standsicherheit beheben wird und in Kauf nimmt, daß bei nachgiebigeren Bauteilen, die aufgezwungenen Verformungen besser folgen können, wie dies oft der Fall ist bei den Gebäudeteilen zwischen Kirchenschiff und Turm, punktuell auftretende Risse örtlich wieder repariert werden müssen.

Die Grenze, an der eine Sanierungsmaßnahme endet, wird natürlich auch von den

Kosten bestimmt, die in einem vernünftigen Verhältnis stehen müssen zu dem erzielbaren Erfolg.
Als Beispiel für unzutreffende Rückschlüsse aufgrund nicht ausreichender Untersuchungen bzw. falsch interpretierter eigener Wahrnehmungen sei noch das Freiburger Münster erwähnt.
In (Anm. 2), einem Beitrag, der in bezug auf Schäden an Kirchen und ihre Ursachen mehr zu Verwirrung als zu Klarstellung beiträgt, wird zum Freiburger Münster die Feststellung getroffen, daß beim Läuten bestimmte Glocken die weit abgelegene Apsistraufe zu Querschwingungen in relativ niedriger Frequenz anregen. Abgesehen davon, daß zur Übertragung nennenswerter Torsionsschwingungen eine viel größere Verdrillungssteifigkeit erforderlich ist, als sie wegen der fehlenden Deckenscheiben bei Kirchen im allgemeinen gegeben ist, wird diese Feststellung aufgrund von subjektiven persönlichen Wahrnehmungen und Messungen mit der Stoppuhr getroffen. Da der menschliche Organismus überaus empfindlich auf Schwingungen oder Erschütterungen reagiert, können, wie schon erwähnt, objektive Feststellungen über Eigenfrequenzen, Schwingwege und Resonanzzustände nur anhand von Messungen getroffen werden.
Allein der Hinweis in (Anm. 2) auf die Möglichkeit der Trennung zwischen Turm und Langhaus ist, auch wenn ein Vorbehalt aus denkmalpflegerischen Überlegungen geäußert wird, bei einem Bauwerk wie dem Freiburger Münster als abenteuerlich zu betrachten, wenn als Basis für solche Überlegungen nur die subjektiven eigenen Wahrnehmungen in Betracht gezogen werden.
Im Turm des Freiburger Münsters wurden 1963 und – bei unverändertem Geläute – 1980 Schwingungsuntersuchungen zur Feststellung der Eigenschwingung des Turmes sowie der Schwingwege an verschiedenen, auch vom Turm weit abgelegenen Punkten des Langhauses durchgeführt. Die Messung erstreckte sich auch auf Gewölbe und Schlußsteine.
Anlaß für die Messung 1980 war die verschiedentlich geäußerte Vermutung eines Zusammenhanges zwischen Schäden an den Gewölben des Langhauses und den Schwingungen des Turmes beim Läuten. Die Messungen wurden vom Institut für Beton und Stahlbeton der Universität Karlsruhe durchgeführt und zeigten folgende Ergebnisse:

a) Die gemessene Turmeigenschwingzahl hatte 1963 und 1980 den gleichen Wert, nämlich $n_e = 61$ Schw./min. Das heißt, daß sich in der Zwischenzeit keine Steifigkeitsveränderungen am Turm oder seiner Einbindung in das Langhaus – z. B. durch Rißbildung – ergeben haben.
b) Die gemessenen Auslenkungen des Turmes beim Läuten der Glocken liegen durchweg in der Größenordnung von Millimeterbruchteilen. Beim Läuten aller 15 Glocken wurde eine Auslenkung von 0,74 mm festgestellt. Die Meßpunkte lagen hierbei in 70 m Höhe.
c) Die Schwingwege an den Meßpunkten des Langhauses waren nur in Mikrometer anzugeben ($1 \mu m = 10^{-3}$ mm) und lagen, bezogen auf das Mauerwerk, an der unteren Grenze der meßtechnisch wahrnehmbaren Größenordnung.
d) Die Schäden an den Gewölben des Langhauses stehen deshalb nicht ursächlich in Zusammenhang mit den aus dem Läuten übertragenen Schwingwegen.
e) Trotz Resonanz zwischen Turmeigenschwingzahl und der größten Glocke (3. Teilschwingzahl) sind die relativ niedrig in den Turm eingetragenen Erreger-

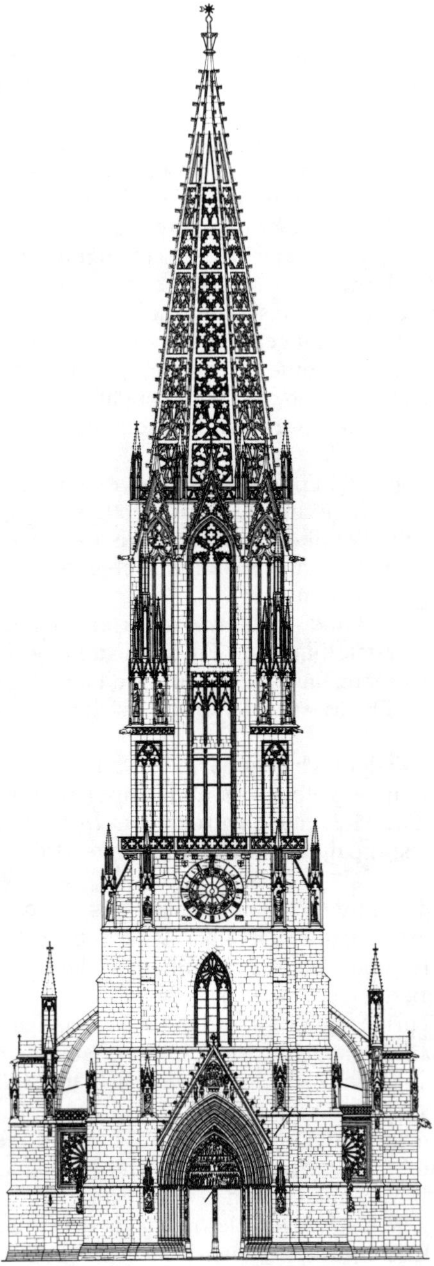

Freiburg i. Br., Münster, Turmansicht, 115 m.

Schnitt Glockenturm.

kräfte so gering, daß die daraus resultierende dynamische Beanspruchung des Turmes wegen seines hohen Eigengewichtes nicht einmal Veränderungen am Geläute erfordert.

Dies kann als Beispiel dafür gelten, daß nicht jede wahrnehmbare Schwingung als gefährlich für den Bestand eines Bauwerks eingestuft werden muß und auf Sanierungsmaßnahmen anhand exakter Meßergebnisse im Einzelfall auch einmal ganz verzichtet werden kann.

Vor der Einleitung baulicher Veränderungen ist in jedem Fall zu überprüfen, ob die Änderung der Glockenanschlagszahl durch den Einsatz überschwerer Glockenjoche nicht bereits eine ausreichende Abhilfemaßnahme darstellt. Nicht jeder Mauerwerksriß, vor allem ein bereits lange Zeit vorhandener, beeinträchtigt die Standsicherheit, wenn durch Veränderungen am Geläute Resonanzerscheinungen behoben werden. Außerdem sind Maßnahmen am Geläute meistens erheblich kostengünstiger als bauliche Veränderungen.

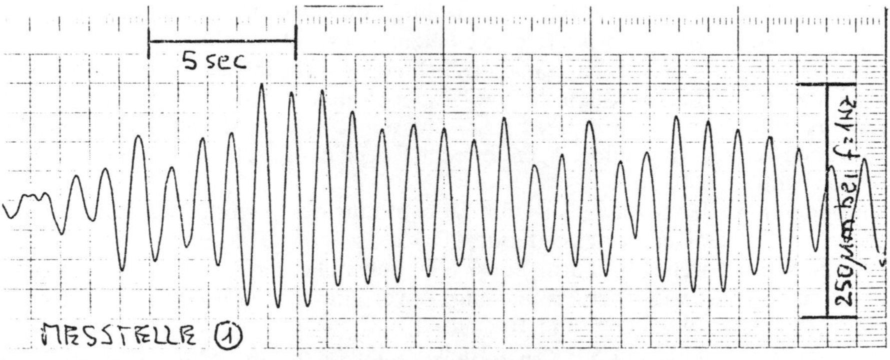

Meßstreifen mit Schwingungsamplituden, Münster, Freiburg i. Br.

Problematische Gründungsverhältnisse

Die herausragende Bedeutung eines Kirchenbauwerkes für eine Gemeinde wurde oft dadurch unterstrichen, daß es auf einer Anhöhe errichtet wurde. Solches sich vielfach terrassenartig darstellendes Gelände ist meistens ein Relikt früherer Talböden, im allgemeinen verbunden mit uneinheitlich mächtigen Bodenschichten. Die daraus resultierenden unterschiedlichen Setzungen innerhalb des Baukörpers führen in verstärktem Maße zu den oben beschriebenen Rißerscheinungen im Mauerwerk.

Beispielhaft sei dies erläutert an der Evangelischen Stadtkirche Wildbad, die starke Rißschäden aufweist. Unser Büro wurde mit der Erstellung eines Gutachtens über die Ursache der Risse beauftragt.

Die Kirche war nach einem Brand an gleicher Stelle ab 1746 neu aufgebaut worden. Beim Wiederaufbau waren Teile des Turmes – nach vorangegangener Schiefstellung – eingestürzt. Schürfgruben wiesen zunächst einheitlich tragfähigen Baugrund auf. Enger liegende Aufschlußbohrungen ergaben jedoch uneinheitlich mächtige Schichten, die aber so tragfähig sind, daß die ermittelten Bodenpressungen bis 0,6 N/mm^2 mit ausreichender Grundbruchsicherheit ertragen werden können. Das Langhaus steht auf Festgestein, der Turm auf Lockergestein (Enzschotter). Darunter befindet sich eine 1,4 m dicke Schicht aus verwittertem Buntsandstein mit Geröll.

Eine Messung der Eigenschwingung des Turmes weist gegenüber dem Geläute ausreichend großen Resonanzabstand und Läutekräfte von untergeordneter Bedeutung aus.

Die aufgenommenen Risse in den Wänden und in der Putzdecke sowie ihre Richtung stimmen überein mit einem Sockelnivellement, das die zum Turm hin stark ansteigenden Setzungen widerspiegelt. Nach der Aussage des Geologen ist die nur unter dem Turm vorhandene verwitterte Schicht des Rotliegenden „plastisch". Sie neigt zu großen Setzungen bei hohen Lasten, die in relativ kurzer Zeit aufgebracht werden. Beim Neuaufbau des Turmes 1746 hatte sich dieser vom Kirchenschiff weg schiefgestellt, was wohl auch zu seinem teilweisen Einsturz führte. Der stehengebliebene untere Turmabschnitt ist deutlich verkantet, während das später wieder aufgebaute obere Teilstück senkrecht weitergeführt wurde, ohne daß sich später weitere Verkantungen einstellten. Die Setzungen führten jedoch zu einem „Mitziehen" der anschließenden gemauerten Längswände, in denen sich schließlich aufgrund der fehlenden Zugfestigkeit bzw. Ringanker Risse bildeten. Infolge der setzungsbedingten sattelförmigen Lagerung der Längswände verringerte sich die stützende Wirkung der Widerlager über den Bögen der Fenster, was dort überall zu Rissen führte (Abb. 12).

Verbunden mit den Setzungen ist eine Verwindung des gesamten Baukörpers aufgrund des Fehlens einer aussteifenden Deckenscheibe. Der Hauptriß am Übergang zwischen Kirche und Turm, der sich im Putz mit einer Breite von einigen Millimetern darstellt, wies nach Entfernung der verschiedenen Putzschichten eine tatsächliche Breite zwischen 6 und 10 cm auf.

Wegen der verminderten Standsicherheit ist eine Sanierung unumgänglich. Es ist vorgesehen, die zweischaligen Mauerwerkswände mit Zementsuspension zu verfestigen, Risse unter Verwendung von Spritzbeton zu verschließen, das Mauerwerk am oberen Rand zusammenzufassen (Ringanker) und unter der Dachkonstruktion als aussteifende Scheibe ein waagrecht liegendes Stahlfachwerk einzubauen. Die zerrissene Wand am Übergang vom Turm zur Kirche wird verspannt, so daß der ursprüngliche Zusammenhalt dieser Gebäudeteile wiederhergestellt wird.

Grundlage für die vorgesehene Art der Sanierung ist einerseits die Schwingungsmessung, aus der keine bedeutenden Beanspruchungen des Mauerwerks aus dem Glockenläuten abgeleitet werden, sowie die Aussage des Geologen, daß aller Wahrscheinlichkeit nach dem Bauwerk aus dem Boden keine nennenswerten Verformungen mehr aufgezwungen werden. Einen Hauch von Unsicherheit bildet das gelegentlich in einer Schürfgrube beobachtete Hangwasser, welches bei tonigen Gesteinen zu Plastifizierung führen kann und – falls es sich um gesteinsaggressives Wasser handelt – karbonatische Bindemittel im Rotliegenden sogar zu lösen vermag.

Abgesenkte Grundwasserspiegel stellen eine Gefahr für viele historische Gebäude dar, vor allem dann, wenn sie zum Durchstoßen nicht tragfähiger Schichten auf Holzpfählen gegründet wurden und diese nach dem Auftauchen aus dem Wasser zu verfaulen beginnen, nachdem sie vorher unter Wasser jahrhundertelang konserviert waren. Deshalb sind auch besondere Vorsichtsmaßnahmen zu treffen, wenn in innerstädtischen Bereichen neben bestehender Bausubstanz Tiefgaragen oder ähnliche Bauwerke errichtet werden sollen, zu deren Bau der Grundwasserspiegel künstlich abgesenkt werden muß.

Setzungsgefährdet sind dabei grundsätzlich alle Böden aufgrund der Mehrbelastung wegen des Verlustes an Auftrieb, besonders aber weiche tonige Schichten, die auf Entzug von Wasser und Feuchtigkeit mit Setzungen durch Schwinden reagieren.

Je nach Lage eines Bauwerks zum Absenkungstrichter können die mit unterschiedlichen Absenkungstiefen korrespondierenden unterschiedlichen Setzungen mit den oben beschriebenen Rißbildern auftreten. Da bei Kirchenbauwerken vor allem die hochbelasteten Türme gefährdet sind, müssen dort anstelle von Grundwasserabsenkungen andere Maßnahmen zur Trockenlegung der Baugrubensohlen für Neubauten, z. B. durch Injektionssohlen, sorgfältig geplant und durchgeführt werden.

Mit der gleichen großen Sorgfalt sind Baugrubenverbaumaßnahmen neben Kirchtürmen oder gar direkte Unterfangungen zu planen und auszuführen.

Einen oft unterschätzten Einfluß auf Glockentürme, der seine Ursachen in den beim Läuten geweckten Horizontalkräften hat, bildet das sog. „Reiten“ auf dem Fundament, hervorgerufen durch Konsolidierung des Baugrundes unter den Randbereichen des Turmfundamentes. Bei kompressiblen Böden kann dadurch die Eigenschwingzahl eines Turmes soweit abgesenkt werden, daß der Resonanzzustand eintritt, wodurch die Läutekräfte weiter verstärkt werden. Als Abhilfemaßnahmen wurden in solchem Fall schon schwergewichtige, federnd gelagerte Schwingungsdämpfer aus Beton in der Glockenstube vorgeschlagen, obwohl gleichzeitig Hebungen und Senkungen im Pflasterbereich nahe dem Turm festgestellt wurden.

Einfache Abhilfe bietet eine Injektion der Hohlräume unter dem Fundament mit Zementsuspension. Obwohl die Sattellage typischer ist für Türme auf betonierten Fundamentplatten, kommt sie auch vor bei gemauerten Türmen auf Fundamentstreifen, welche die Hohllage solange ertragen, bis die Gefügefestigkeit des Wandmauerwerks überschritten wird und ausgeprägte vertikale Spaltrisse entstehen. Abhilfe bietet auch hier eine Injektion der Fundamentsohle sowie Verspannen und Verpressen der Risse im Mauerwerk.

Allgemein gilt, daß bei alten, gemauerten Türmen, von denen viele ohne Fundamentverbreiterung aufstehen, schon aus Eigengewicht Bodenpressungen auftreten, die weit über das nach heutigen DIN-Vorschriften für zulässig erachtete Maß hinausgehen.

Bei gutem Baugrund sind die damit verbundenen Setzungen meist abgeklungen. Türme auf wenig tragfähigen Schichten können aber noch nach Jahrhunderten in Bewegung sein, besonders wenn ungleiche Setzungen zu Schiefstellungen führen. Durch die Verlagerung des Massenschwerpunktes werden die Randpressungen erhöht, so daß ein Turm, bei dem ein eingeleiteter Bewegungsvorgang nicht unterbrochen werden kann, auf Dauer seine Standsicherheit verliert, abgesehen von den Schäden an den in Mitleidenschaft gezogenen angrenzenden Bauteilen.

Grundsätzlich ist zu beachten, daß bei hochbelastetem Baugrund und stabilem

Verhalten eines Turmes alles vermieden werden muß, was eine Veränderung des vorhandenen Gleichgewichtszustandes bewirken könnte.

Einflüsse aus Änderungen am Geläute

Die meisten historischen Glockentürme sind nicht mehr mit den Glocken aus der Entstehungszeit ausgestattet. Im allgemeinen bedeutet eine Veränderung des Geläutes eine Vergrößerung der Glockenzahl.
Bei der kürzlich durchgeführten Erneuerung des Glockenstuhles im Südturm des Münsters in Villingen konnte anhand alter Zeichnungen festgestellt werden, daß dort ursprünglich 3 Glocken aufgehängt waren. Zum Zeitpunkt der Erneuerung des Glockenstuhles waren jedoch 7 Glocken vorhanden.
Auch wenn die Eigenschwingzahl des Turmes und die Glockenschwingzahlen auch nach der Veränderung des Geläutes soweit auseinanderliegen, daß Resonanz nicht zu befürchten ist, so muß doch beachtet werden, daß mit jeder zusätzlichen Glocke die Läutekräfte ansteigen und ihr Einfluß auf die Standsicherheit des Turmes wächst. Mit wachsender dynamischer Belastung steigen die Verformungen im Bereich der Glockenstube an. Es kann ohne weiteres vorkommen, daß aufgrund dieser vergrößerten Verformungen hölzerne Turmhelme zu sichtbarem Hin- und Herschwanken angeregt werden.
Eine unzureichende Verankerung des Turmhelmes und bei altem Holzwerk oft fehlender Kraftschluß in den Verbindungen durch schwindbedingten Schlupf oder teilweise Zerstörung der Holzquerschnitte kann durch die Verformungen im Bereich der Glockenstube zu beängstigenden Auslenkungen an der Turmspitze führen. In einem solchen Fall wird man zunächst das Holzwerk des Turmhelmes wieder versteifen und nach Möglichkeiten zur Verringerung der dynamischen Belastung suchen.
Die erfolgreiche Sanierung eines solchen Falles mit einfachen und kostengünstigen Methoden soll wieder an einem Beispiel beschrieben werden:
In der Evangelischen Gedächtniskirche in Speyer wurde 1959 ein teilweise erneuertes Geläut installiert. Die Kirche wurde in den Jahren 1893–1904 aus hellem Sandstein erbaut. Der Turm, der mit dem Kirchenschiff verbunden ist, hat eine Höhe von 95 m und ist damit einer der höchsten Kirchtürme, die bis zur Spitze in Mauerwerk errichtet wurden. Das Podest der Glockenstube liegt auf + 55,3 m; Läuterichtung aller 8 Glocken ist die Langhauslängsachse (Seite 231).
Nach Inbetriebnahme des neuen Geläutes fielen bald die verhältnismäßig großen Turmschwingungen an der Spitze auf. Der Hauptanteil der Auslenkungen wurde durch die neue Calvin-Glocke erzeugt. Aus einer Schwingungsmessung des zunächst zugezogenen Gutachters Dr.-Ing. Josef Geiger mit einer an langen Drähten aufgehängten 125 kg schweren trägen Masse wurde der Schluß gezogen, daß zwischen der Calvin- sowie der Luther-Glocke und dem Turm ein resonanznaher Zustand bestand. Die Anstrengungen des Gutachters richteten sich auf eine Veränderung der Anschlagzahlen der in Frage kommenden Glocken. Die Versuche mit auf Jochen aufgebrachten, 4 m langen Stahlprofilen mit zusätzlichen Stahlplatten an den Enden zur Vergrößerung des Massenträgheitsmomentes und einer damit verbundenen Erniedrigung der Anschlagzahl verliefen ermutigend.

An der Calvin-Glocke wurden dann 1962 Gegengewichte zur Reduzierung der Klöppelanschlagzahl angebracht.
Aufgrund immer noch großer Turmbewegungen wurde 1979 durch Prof. Dr. Müller eine Schwingungsmessung mit einer in der Glockenstube installierten Unwuchtmaschine durchgeführt.
Die Eigenschwingzahl des Turmes wurde festgestellt mit n_e = 63 Schw./min. Die drei schwersten Glocken lagen damit innerhalb des nach DIN 4178 geforderten Resonanzabstandes von 10 % zur gemessenen Eigenschwingzahl.
Die in Höhe der Glockenstube gemessenen Ausschläge beim Läuten aller Glocken betrugen ± 5 mm. In Höhe der Turmspitze bei + 95 m traten erheblich größere Schwingwege auf, die allerdings nicht gemessen werden konnten.
Aus den Erregerkräften wurden statische Ersatzkräfte ermittelt, die um mehr als 100 % über den dafür in einer statischen Nachrechnung des Turmes aus dem Jahr 1956 angesetzten Horizontalkräften lagen. Zur Reduzierung der horizontalen Glockenersatzkräfte auf diesen Wert wurde im Gutachten für die im Resonanzbereich arbeitenden Glocken eine Veränderung der Anschlagzahlen bzw. der Einbau von zwangsgeführten Gegenpendelanlagen vorgeschlagen.
Zusammen mit dem als Berater zugezogenen Glockensachverständigen der Erzdiözese Freiburg, Dipl.-Ing. Kurt Kramer, wurde ein Konzept ausgearbeitet, welches vorsah, daß die Anschlagzahlen von 2 Glocken durch den Einbau von überschweren Jochen verlangsamt, die Anschlagzahl von 2 kleineren Glocken durch entsprechend leicht gestaltete Holzjoche beschleunigt werden.
Vor Ausschreibung der Arbeiten wurde zur Überprüfung der Wirksamkeit nochmals unter Einsatz von Gegengewichten an den Glockenjochen eine Kontrollmessung durchgeführt, die ausgezeichnete Ergebnisse brachte.

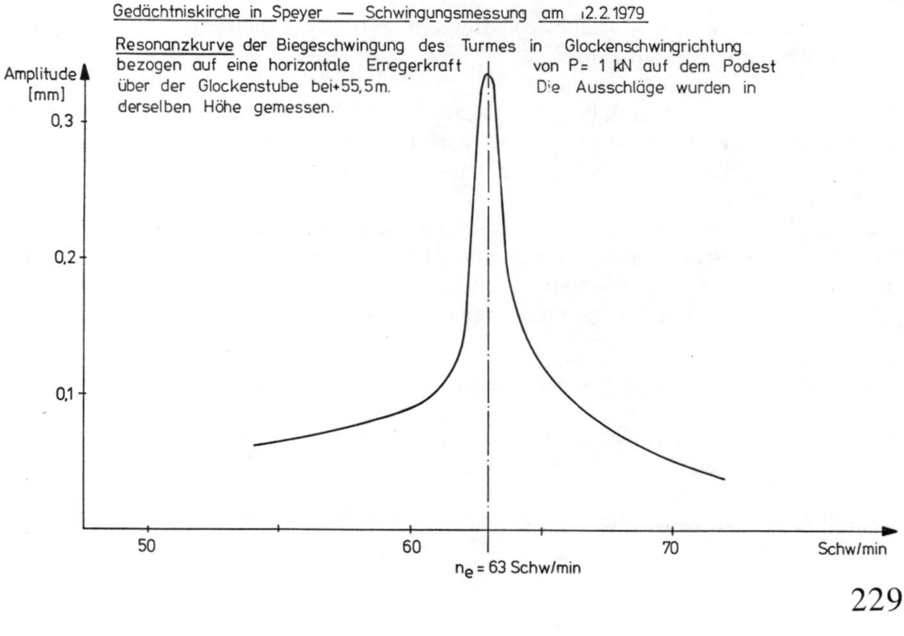

Der Schwingweg des Turmes wurde beim Läuten aller Glocken reduziert auf ± 1,4 mm in Läuterichtung. Damit war ausreichend Resonanzabstand gegeben; die Turmbeanspruchungen aus dem Lastfall Glockenläuten konnten um ca. 70 % reduziert werden.
Die in der Zwischenzeit erfolgreich durchgeführten Änderungen an den Glockenjochen waren nur deshalb mit geringem finanziellen Aufwand machbar, weil man anhand der durchgeführten Schwingungsmessungen und der aufgenommenen Resonanzkurve den Erfolg der Veränderung von Anschlagzahlen abschätzen konnte. Die Unsicherheiten bei den in eine Berechnung von Eigenschwingzahlen eingehenden Voraussetzungen sind zu groß, um sich allein auf ihre Ergebnisse verlassen zu können. Dies vor allem, wenn man einsieht, mit welch geringem Aufwand wirksame Abhilfe möglich ist.
Es sollte zum Grundsatz werden, daß vor Änderungen von Geläuten und bei bestehenden Problemen an Glockentürmen eine Messung der Turmeigenschwingung durchgeführt wird.
Bei festgestellten Resonanzerscheinungen an bestehenden Türmen hat sich folgende Vorgehensweise bewährt:

- Umfassende Bauaufnahme anhand einer Checkliste als Überblick über den Zustand des Bauwerks mit Angabe der subjektiv empfundenen Auswirkungen des Geläutes auf das Bauwerk.
- Rechnerischer Nachweis der Eigenschwingung des Turmes durch den Tragwerksplaner, falls ein eindeutiges statisches System festgelegt werden kann.
- Meßtechnische Ermittlung der Eigenschwingzahl des Turmes einschließlich Angabe einer Resonanzkurve.
- Ermittlung der auf den Turm einwirkenden tatsächlichen Läutekräfte und Nachweis seiner Beanspruchungen durch den beauftragten Tragwerksplaner.
- Umfassende Diskussion der Ergebnisse und Erörterung von Abhilfemaßnahmen zwischen Glockensachverständigem, Tragwerksplaner, Architekt und eventuell Baugrundgutachter.

Nur bei konsequenter Einhaltung der aufgezeigten Vorgehensweise im Team sind sichere Analysen und daraus abgeleitete erfolgversprechende Abhilfemaßnahmen möglich, bei denen der kostenmäßige Aufwand im vertretbaren Verhältnis zum erzielbaren Erfolg steht.
Zur Erfüllung dieses Anspruches bedarf es der konsequenten Zusammenarbeit aller mit den angesprochenen Problemen Befaßten, den Glockensachverständigen, den Bauingenieuren mit entsprechendem Fachwissen, den Architekten, den Denkmalpflegern und den Gremien der Kirchengemeinden.

Anmerkungen

[1] Müller, F. P.: Berechnung und Konstruktion von Glockentürmen, Berlin: Verlag von Wilhelm Ernst und Sohn, 1968.

[2] Schilffarth, K.: Wie gefährlich sind Glocken? Kirche und Kunst, Heft 1, 1981.

[3] Wöhler, A. Z.: Versuche zur Ermittlung der auf die Eisenbahn-Achsen einwirkenden Kräfte und Widerstandsfähigkeit der Wagen-Achsen, Zeitschrift für das Bauwesen 8 (1858), 642 ff.

[4] Stiglat, K.: Zur Tragfähigkeit von Mauerwerk aus Sandstein, Die Bautechnik 61 (1984), Heft 2, S. 49, und Heft 3, S. 94.

Speyer, Protestationsgedächtniskirche, Turmansicht.

Bild 1: Kräftegleichgewicht bei der schwingenden Glocke

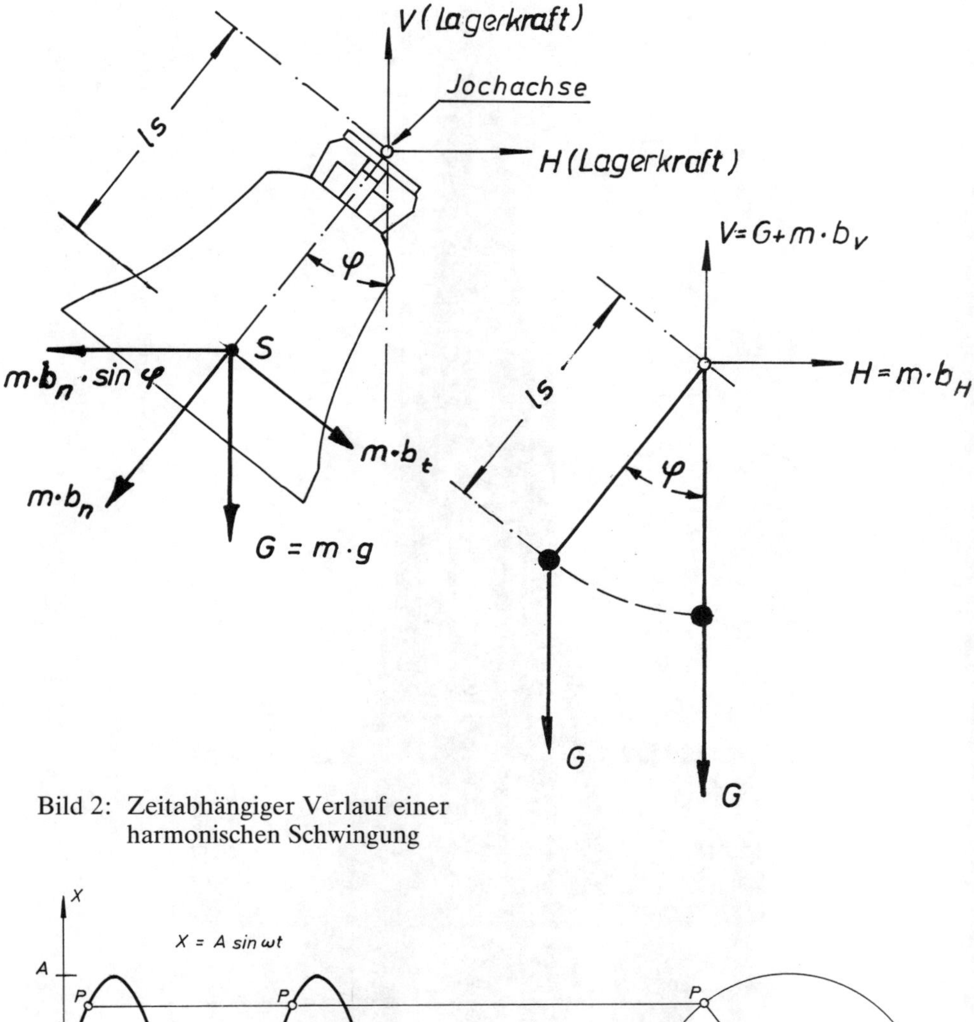

Bild 2: Zeitabhängiger Verlauf einer harmonischen Schwingung

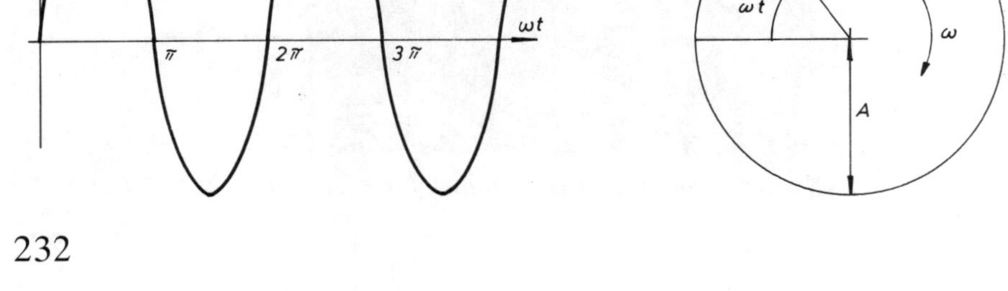

Bild 3:
Beziehung zwischen Tonlage, Ausschwingwinkel und Schwingungszahl der Glocken

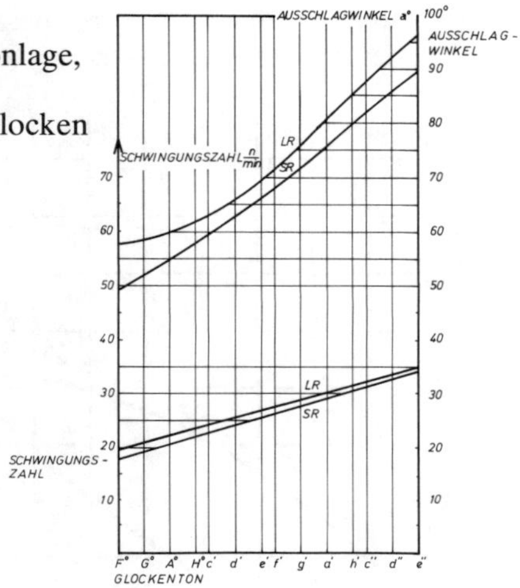

Bild 4:
Läutekräfte der gerade aufgehängten Glocken

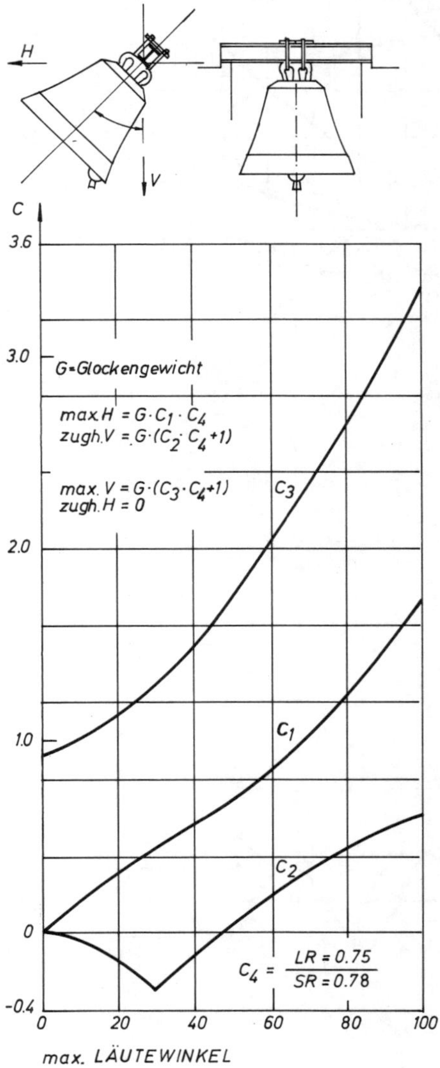

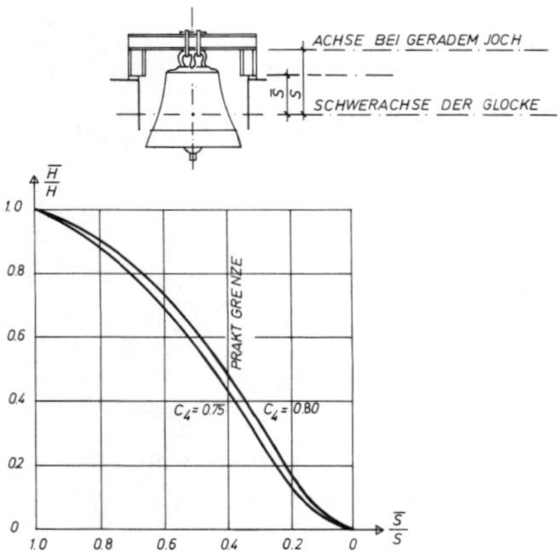

Bild 5:
Abminderung der Läutekräfte bei gekröpfter Jochausbildung

Bild 6: Vom Läutewinkel α abhängige bezogene Amplitude der horizontalen Erregerkräfte

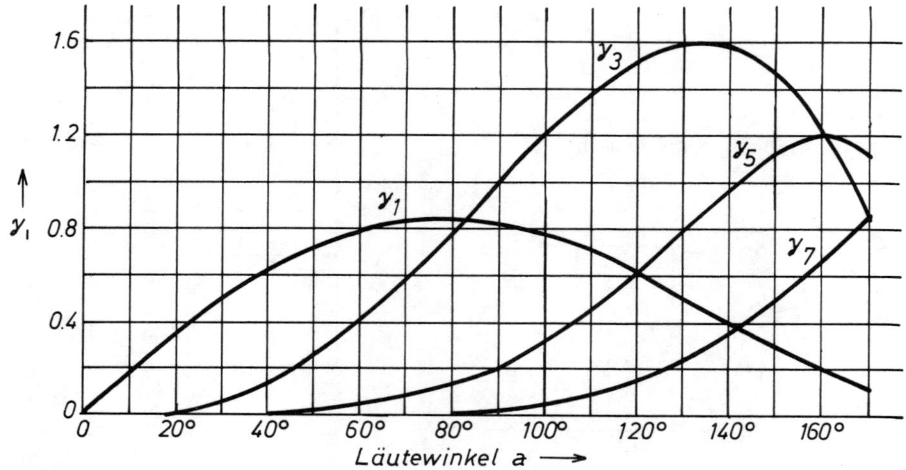

Bild 7: Ausschwingkurve der gedämpften Schwingung

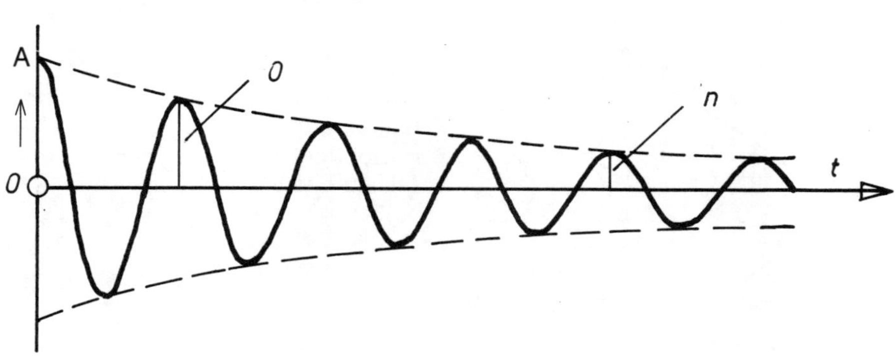

Bild 8: Veränderung der Eigenschwingzahl eines Rahmensystems

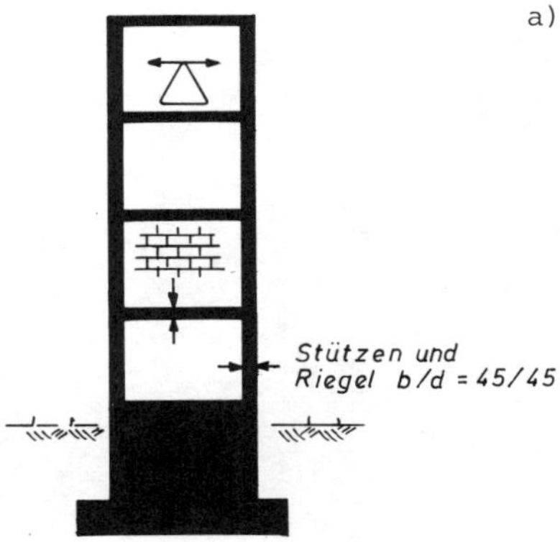

a) ursprüngliches System, 4-stöckiger Rahmen, durch HBL-Mauerwerk ausgefacht

n_e1 = 47/min

n_e2 = 54/min (10-fache Bettungsziffer)

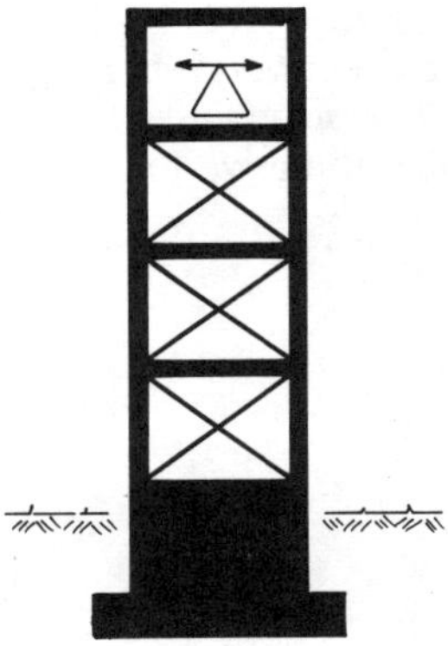

b) Versteifung des Systems mit gekreuzten Diagonalen zum Fachwerk

n_e3 = 106/min

n_e4 = 112/min (10-fache Bettungsziffer)

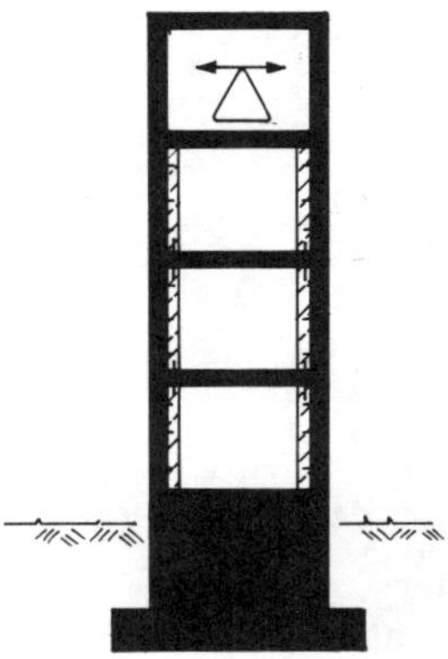

c) Auskleidung des gesamten Turms mit einer zum Rahmensystem kraftschlüssigen Spritzbetonschale

n_e5 = 150/min

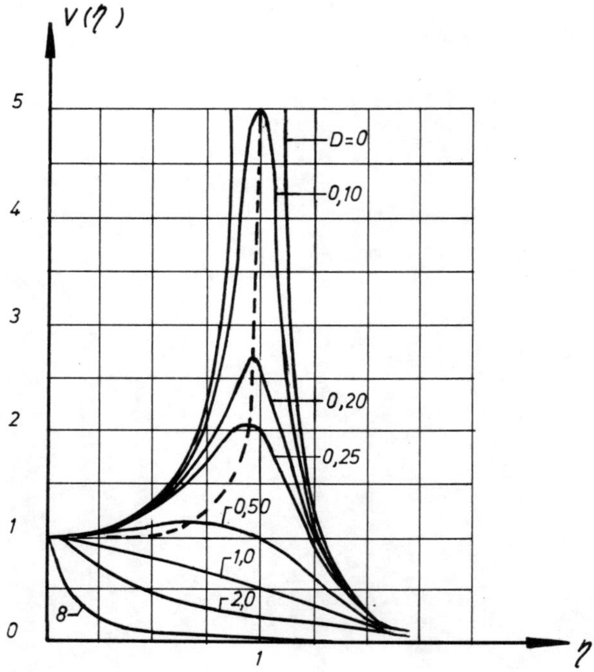

Bild 9:
Resonanzvergrößerung
bei verschiedenen
Dämpfungswerten

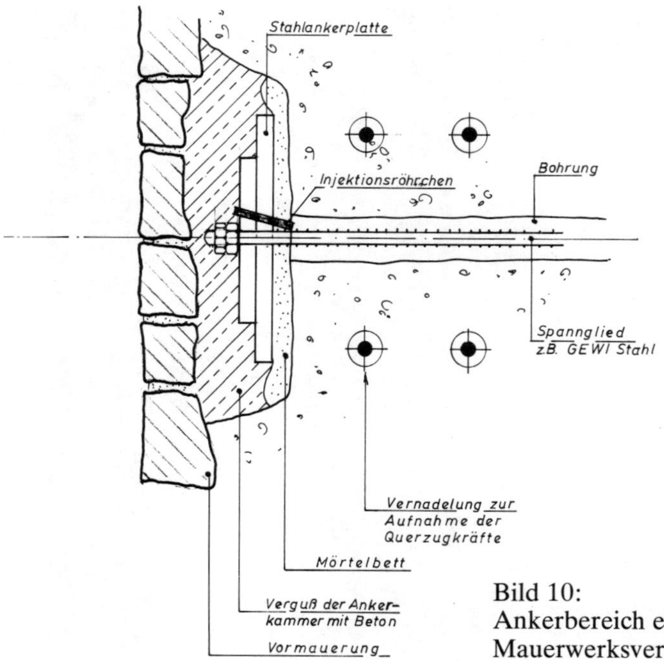

Bild 10:
Ankerbereich einer
Mauerwerksverspannung

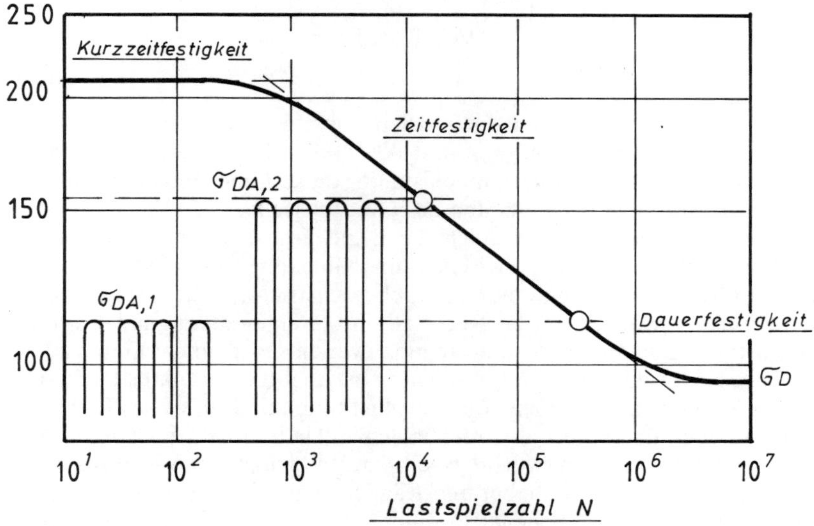

Bild 11:
Wöhlerschaubild

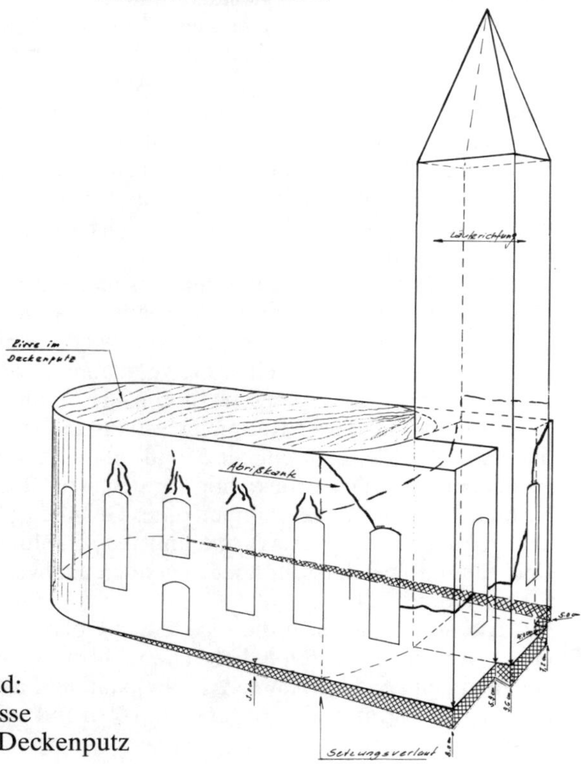

Bild 12:
Ev. Stadtkirche Wildbad:
Setzungsverlauf und Risse
im Mauerwerk und im Deckenputz

Grundbegriffe der Turmstubenakustik und Schallabstrahlung

Von Kurt Kramer

Das Thema „Turmstubenakustik und Schallabstrahlung“ gewinnt in unserer lärmüberfluteten Zeit an Bedeutung und Aktualität. Das Bearbeiten von Nachbarschaftsbeschwerden wegen Lärmbelästigung durch Glockenläuten zählt zu den immer wiederkehrenden Tätigkeiten des Glockensachverständigen.
Wir dürfen es uns nicht zu einfach machen und diese zunehmenden Aversionen gegen Glockenläuten allein auf Kirchen- und Glockengegner abschieben. Sicher billigt das Grundgesetz – und dies ist durch höchstrichterliche Urteile abgesichert – den Kirchen ausdrücklich das Recht zu, ihre Gemeindemitglieder auf kirchliche Veranstaltungen und Gottesdienste hinzuweisen sowie an das Gebet zu bestimmten Tageszeiten zu erinnern. Ein solches, fast uneingeschränktes Recht auf liturgisches Läuten bringt einerseits die Verpflichtung mit sich, dieses Recht zu nutzen und mit Leben zu erfüllen, andererseits schließt jedes Recht auch die Verpflichtung ein, sorgfältig und verantwortungsvoll damit umzugehen. Viele unserer Geläute sind auch für Glockenliebhaber unerträglich, weil oft selbstverständliche Voraussetzungen für eine gute Schallabstrahlung fehlen. Dafür Sorge zu tragen, daß eine musikalisch ausgewogene Klangentfaltung und Klangabstrahlung möglich wird, ist eine Verpflichtung, die sich aus dem Recht zum liturgischen Läuten ergibt.
Bei Turmneubauten sollte sich der Architekt jeder kurzlebigen Effekthascherei enthalten. Der Kirchturm erfüllt einen doppelten Zweck. Einmal ist er vor allem in der Vergangenheit ein optisches Signal, zum anderen beherbergt er die Glocken. Bejaht man das Glockenläuten als Musik – und da finden wir nicht nur in kirchlichen Kreisen Zustimmung –, dann muß man sie zur bestmöglichen Entfaltung bringen. Damit sind wir beim Thema: „Grundbegriffe der Turmstubenakustik und Schallabstrahlung.“
Wie jedes Musikinstrument einen Resonanzkörper benötigt, so bedarf auch das Geläute zu einer vollkommenen Klangentfaltung eines Resonanzraumes. Man stelle sich nur das Spiel einer Orgel vor, bei der lediglich die Pfeifen auf dem Stock montiert sind, die Saiten einer Geige, die man zwischen zwei Halterungen eingespannt hat oder ein Orchester, das im Freien ohne Klangmuschel musiziert. Die Klangfülle bei all diesen Beispielen wäre mehr als bescheiden. Dem Menschen gab die Natur zur Klangbildung die Mund- und Rachenhöhle. Auf unser Thema übertragen bedeutet dies: Eine richtig konstruierte Glockenstube beeinflußt die Klangausbeute und die Klangschönheit eines Geläutes günstig. Eine offene Aufhängung dagegen läßt meist jede Wärme und Ausstrahlungskraft vermissen. Ausnahmen sind selten, so bei den sehr hoch liegenden und weit geöffneten Glockenstuben gotischer Dome.
Bei Altbauten wird sich die Größe des Geläutes nach der jeweils vorhandenen Glockenstube zu richten haben. Die rechtzeitige Einschaltung des Glockensachverständigen bei der Planung von Neubauten und der Dimensionierung der Glockenstube würde manchen Ärger verhindern und unnötige Kosten für Nacharbeiten einsparen helfen.

Die Glockenstube muß im Idealfall so geräumig sein, daß man bequem den eingebauten Glockenstuhl umschreiten kann. Der Bodenabstand der Glocke soll mindestens 1 m betragen, der Raum über der letzten Glocke 0,50 m bis 1 m nicht unterschreiten. Der Platzbedarf für ein angenommenes Geläute mit den Tönen fis' 1 115 mm, a' ∅ 935 mm, h' ∅ 830 mm, dis" ∅ 720 mm und e" ∅ 630 mm, errechnet sich demnach wie folgt:

Platzbedarf in der Höhe:

= 1,00 m Bodenfreiheit + ∅ 1,12 m + (1,12 x 0,80)
= 1,00 + 1,12 + 0,90 = 3,02 m bis darüberhängende Glocke
∅ 0,83 + 0,83 (Raum über der Glocke) = 1,66 m Platz für 2. Glockenetage
3,02 + 1,66 = 4,68 m — Platzbedarf in der Höhe = 4,70 m

Platzbedarf in der Breite:

0,50 (seitlicher Abstand zur Wand) + 0,20 (Holzquerschnitt Glockenstuhl)
+ 0,10 (Abstand Glockenstuhl – Glocke) + 1,12 (Glocken ∅)
+ 0,10 + 0,20 + 0,10 + 0,94 + 0,10 + 0,20 + 0,50
= 4,21 m — Platzbedarf in der Breite = 4,20 m

Platzbedarf in der Läuterichtung:

1,12 x 2,6 (Faktor) + 0,20 (Sicherheitsabstand)
= 3,13 + 2 x 0,50 (Platz zum Umgehen, wenn möglich)
Platzbedarf in der Läuterichtung = 4,10 m

Schnitt Glockenstube

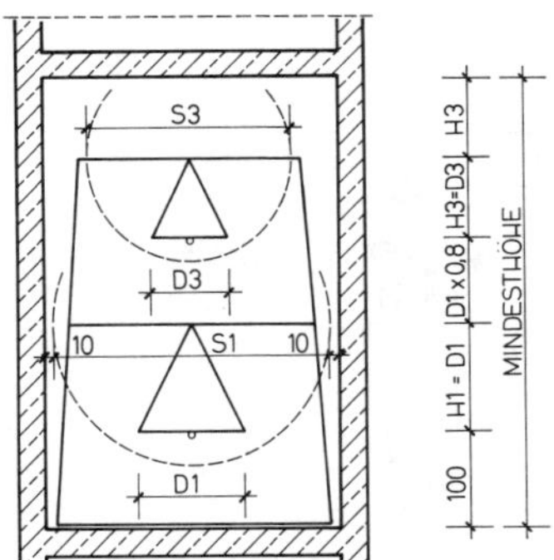

S3 SCHWUNGKREISDURCHMESSER
VON GLOCKE 3 D3 x 2,6

S1 SCHWUNGKREISDURCHMESSER
VON GLOCKE 1 D1 x 2,6

Grundriß Glockenstube

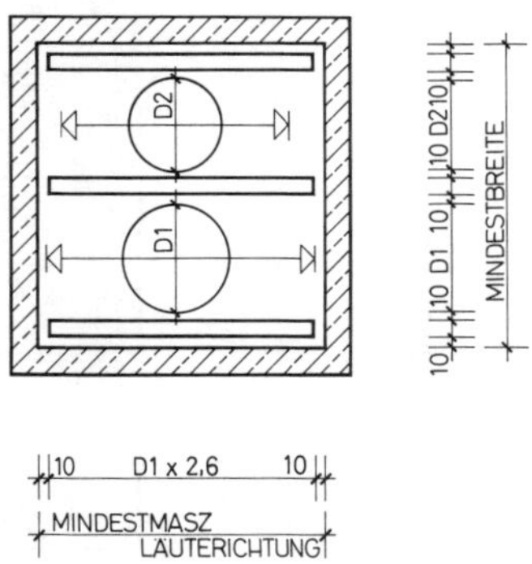

SÄMTLICHE ANGEGEBENEN MASZE
SIND MINDESTMASZE
DER SEITLICHE ABSTAND ZWISCHEN
DEM GLOCKENSTUHL UND DER WAND
SOLLTE NACH MÖGLICHKEIT 50 CM
BETRAGEN (PLATZ FÜR UMGANG)

Wie eine zu kleine Glockenstube Klangminderungen mit sich bringen kann, aber nicht immer mit sich bringen muß, so kann eine zu große Glockenstube für die Klangabstrahlung abträglich sein. Sicher gibt es günstige Raumverhältnisse für eine Glockenstube je nach Tonhöhe und Tonumfang des jeweiligen Geläutes. Eine wissenschaftliche Untersuchung über das Verhältnis von Rauminhalt, Tonhöhe und Läuteumfang liegt bisher nicht vor. Größe und Form von Turm und Geläute sollten aber in einem angemessenen Verhältnis zueinander stehen.
Die richtige Anordnung der Schallöffnungen ergibt sich bei Berücksichtigung der akustischen Gesetze: Der Schall breitet sich nach jeder Richtung vom Schallkörper gleichmäßig aus, etwa wie das Licht strahlenförmig von der Quelle her. Er verstärkt sich aber bei der Glocke in Läuterichtung. In dieser Richtung müssen daher die Öffnungen kleiner bleiben oder ganz fehlen. Die bessere Abschirmung in Läuterichtung ist dann um so wichtiger, wenn Direktschall auf benachbarte Gebäude vermieden werden muß. Meist werden in den Schallöffnungen Schalläden angebracht, deren Schallbretter in der Regel einen Abstrahlwinkel zwischen 10 und 25° haben sollen. Diese Werte dürfen nur als Richtwerte angenommen werden, da eine auf dem Hügel stehende Kirche gegebenenfalls einen größeren Neigungswinkel verträgt oder diesen sogar braucht. Andererseits wird ein von Hochhäusern eingerahmter Glockenturm zu ganz anderen Überlegungen Anlaß geben. In Fürth zum Beispiel gibt es einen niedrigen Glockenturm, der nicht zu den Seiten, sondern nach oben geöffnet ist.

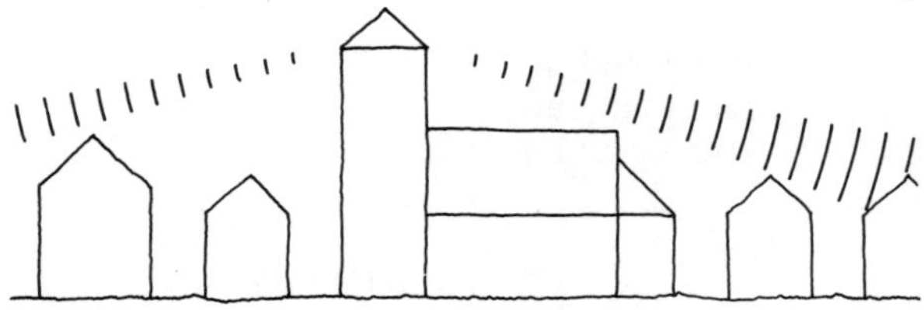

KIRCHTURM IN DER EBENE
MIT NIEDRIGER BEBAUUNG
DIREKTSCHALL ~10–20°

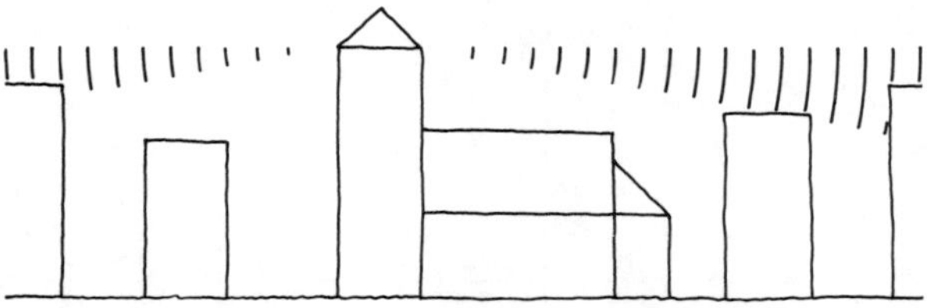

KIRCHTURM IN DER EBENE
MIT HOHER BEBAUUNG
DIREKTSCHALL ~0–10°

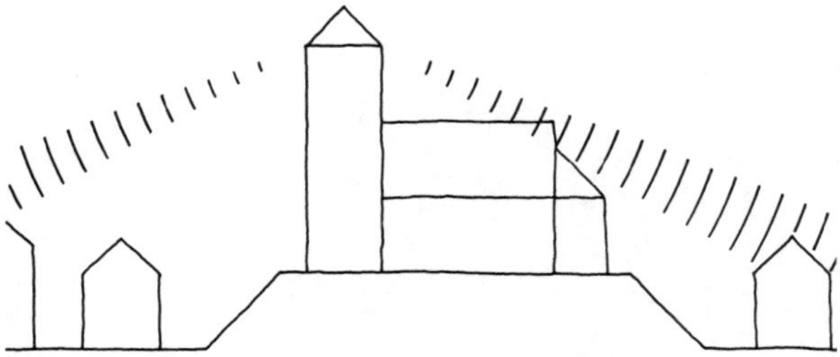

KIRCHTURM AUF DER ANHÖHE
DIREKTSCHALL BIS ~45°

Der Dom zu Bamberg.

Der Dom zu Limburg.

Bei Anordnung und Größe der Schallöffnungen spielt vor allem die Beschaffenheit der Wandoberflächen der Glockenstube eine gewichtige Rolle. Glatte Wände wie Beton, glatter Putz und ähnliche Materialien benötigen einen Schallöffnungsanteil von höchstens 5 % Wandflächen der Glockenstuben. In vielen Fällen, vor allem bei Betontürmen, sind nach neueren Erkenntnissen bereits 2,5–3 % der Wandoberflächen als Schallöffnungen ausreichend. Bei Natursteinmauerwerk, tief verfugtem und verputztem Ziegelmauerwerk können die Schallöffnungen bis zu 10 % der Glockenstubenaußenflächen betragen. Bei sehr großen Glockenstuben kann der Prozentanteil an Schallöffnungen entsprechend dem Rauminhalt der Glockenstube geringfügig vergrößert werden. Zur Erzielung einer bestmöglichen Klangverschmelzung sollen Boden und Decke der Glockenstube geschlossen sein. Der Glockenstubenboden muß darüber hinaus unfallsicher hergestellt werden.

Schallöffnungen

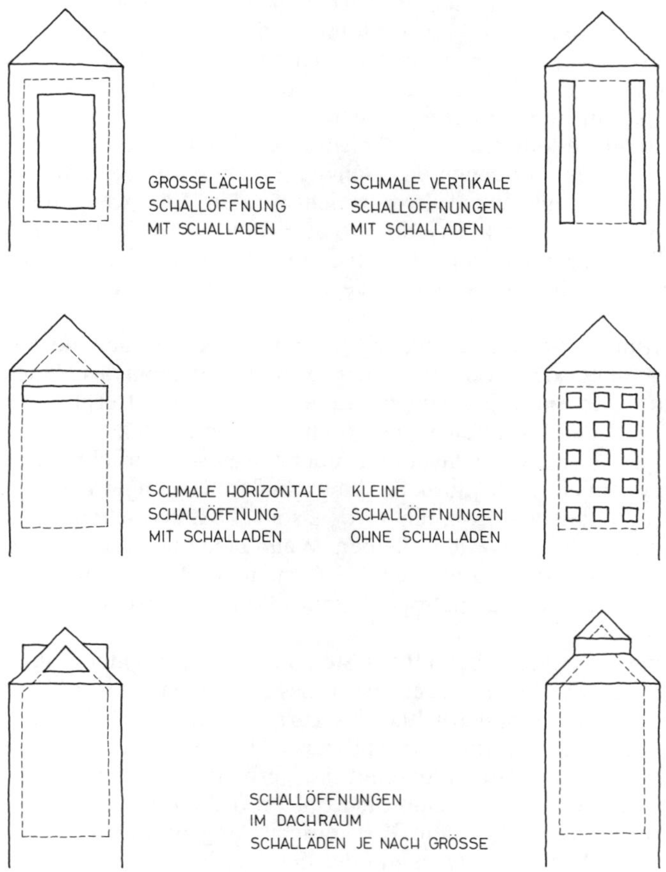

Die Wandflächen der Glockenstube wirken aber auch als Frequenzmodulator zur Absorbierung gewisser Frequenzbereiche. Weiche oder rauhe Oberflächen, ebenso wie tief verfugtes Backsteinmauerwerk, rauher Naturstein mit tiefen Fugen oder weiche rauhe Kalkputze schlucken einen Teil der höheren Frequenzen, sprich der höheren Teiltöne. Betonkonstruktionen oder ähnlich glatte Oberflächen dagegen reflektieren sie. Besonders bei diesen glatten Wandoberflächen ist dafür Sorge zu tragen, daß möglichst wenig Direktschall nach außen dringt. Gute Klangergebnisse aus Betontürmen werden nur dort erzielt werden können, wo die Bauweise der Glockenstube den Klang zwingt, den ganzen Luftraum der Glockenstube zum Mitschwingen zu bringen, um dann erst durch akustisch sinnvoll angeordnete und sparsam angelegte Schallöffnungen zum Hörer zu gelangen. Eine sehr gute Lösung gelang bei der Kaiser-Wilhelm-Gedächtniskirche in Berlin. Die Glockenstube stellt eine Art Klangretorte dar, in der die vielen Teiltöne der Glocken zu homogener Klangfülle verschmelzen. Die Überlagerung verschiedener Teiltonfrequenzen in der Stube kann im Sonderfalle zur Bildung eines sogenannten Differenztones führen.

Schallschluckende Materialien an Turmstubenoberflächen anzuordnen, ist sehr problematisch. Man sollte besser darauf verzichten. Sehr umfangreiche Berechnungen sind notwendig, um die unerwünschten Frequenzen zu absorbieren und die gewünschten ungehindert zur Entfaltung zu bringen. Ein positives Resultat wird der Akustiker nicht garantieren können.

Selbstverständlich sollten alle Glocken in einer Glockenstube hängen. Bei doppeltürmigen Anlagen, bei denen das Geläute auf zwei Türme verteilt ist, wird eine ideale Klangverschmelzung selten erreicht werden. Eine weitgehende Geschlossenheit des Läuteeindrucks ist jedoch zu erreichen, wenn die sich gegenüberliegenden Schallöffnungen der beiden Türme etwa die Hälfte der gesamten Schallaustrittsöffnungen erhalten, während die restlichen Öffnungen relativ geschlossen bleiben.

Die Erfahrung mit historischen Jochen- und Glockenstühlen aus Holz lehrt uns, daß sie gegenüber den Konstruktionen aus Stahl vor allem aus klanglichen Gründen vorzuziehen sind. Die längere Lebensdauer von Holzglockenstühlen und Holzjochen ist durch zahlreiche historische Beispiele belegt.

Auf gekröpfte Joche wird man nur im äußersten Notfall zurückgreifen. Sie bringen in der Mehrzahl der Fälle musikalische Einbußen. Gegengewichtsklöppel, die bei stärkeren Kröpfungen notwendig werden, sind ebenfalls nicht ohne Probleme und sollten auf Notfälle beschränkt bleiben. Wenn bei einigen schwierigen Fällen die Verkröpfung als letzter Ausweg nicht zu vermeiden ist, dann sollte durch Einschalten einer Fachfirma mit langjähriger Erfahrung das Risiko in vertretbaren Grenzen gehalten werden.

Eine wichtige Bedeutung kommt der Stellung des Turmes innerhalb des gesamten Bauwerkes „Kirche“ zu. Die Freistellung des Turmes hat einiges für sich. Sie bringt Vorteile im Schwingungsverhalten des Turmes und bezüglich des Körperschalls mit sich, ist aber architektonisch und finanziell heute nicht unumstritten. Bei sogenannten integrierten Türmen bereitet die Vermeidung von Körperschallübertragungen in den Gottesdienstraum oft Kopfzerbrechen, vor allem dann, wenn die Glockenstube direkt über dem Kirchenschiff angeordnet ist. Im Kirchenraum selbst können abgehängte Decken oder heraklitähnliche Wärmedämmungen im

Bereich unter der Glockenstube die Körperschallübertragungen verstärken. Freilich werden nur bestimmte Frequenzen verstärkt und so entsteht oft fälschlicherweise der Eindruck, die Läutemaschinen seien Verursacher der störenden Geräusche im Gottesdienstraum. In den meisten Fällen ist aber der Klöppelanschlag für die Körperschallübertragung verantwortlich. Die Geräusche entstehen nämlich fast überall auch dann, wenn der Klöppel von Hand an die Glocke angeschlagen wird. Eine Körperschallisolation punktförmig zwischen Glockenstuhl und der ihn tragenden Decke eingebaut, bringt deutlich hörbare Verbesserung. Der Einbau von Schwingmetallen unter den Glockenlagern oder unter den Läutemaschinen ist sehr verbreitet, bringt sicher bei sorgfältiger Vorbereitung der Schwingmetallelemente auch vertretbare Ergebnisse. Versuche in Zusammenarbeit mit der Universität Karlsruhe ergaben allerdings, daß dort, wo die Körperschallelemente zwischen Glockenstuhl und Auflager des Glockenstuhles angebracht wurden (Betondecke, Stahlträger, Holzbalkendecke), unüberhörbar bessere Ergebnisse erzielt werden konnten.
Die Körperschallisolierung des Glockenstuhles kann nur durch Fachfirmen durchgeführt werden, die eine problemfreie Lösung gewährleisten. Die Isolierschicht muß sowohl ausreichend dimensioniert als auch ihr Härtegrad berechnet werden. Sie muß weich genug sein, um genügend Schall zu absorbieren, andererseits fest genug, um nicht die Probleme in den statischen Bereich zu verlagern. So muß die Übertragung des Horizontalschubes auf die Decke durch Winkelkonstruktionen, die ebenfalls wieder schallgedämmt sein müssen, weitgehend verhindert werden.

Fußbodenanschluß Holzglockenstuhl mit Körperschallisolierung

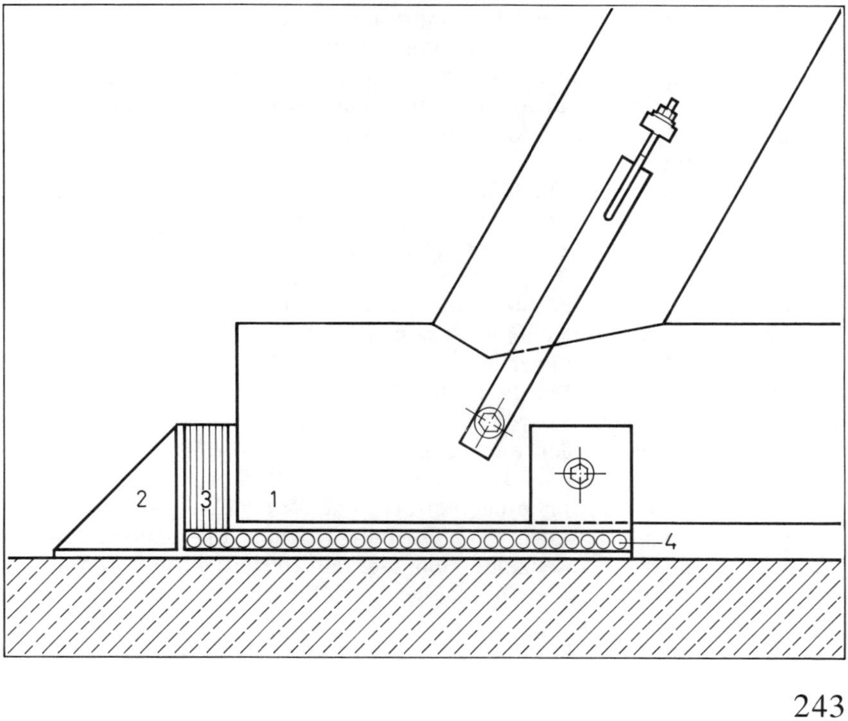

Die Schalläden dienen zur Regulierung und Verbesserung der Schallabstrahlung aus dem Glockenturm. Als Material empfiehlt sich vor allem witterungsbeständiges Holz. Hier haben sich besonders Weichhölzer wie Kiefer-, Lärchenholz und so weiter bewährt, die tauch- oder vakuumimprägniert den meisten Harthölzern sowohl von der Haltbarkeit als auch vom Preis her überlegen sind. Die Holzstärken für die Schallamellen sollten 30 mm nicht unterschreiten; für die waagerechten Schallbretter stellen 35 mm Holzstärke die Untergrenze dar. Kunststoffschalläden, in den letzten Jahren in Mode gekommen, sind, aus optischen, schalltechnischen und aus Gründen der Haltbarkeit, abzulehnen.
Zu den zeichnerischen Beispielen wäre noch anzufügen, daß die Klangabstrahlung von Geläuten, die in Dachräumen untergebracht sind, durch die richtige Anordnung von Lüftungsgaupen sehr gut gelöst werden kann. Solche Gaupen sind in jeder Dachdeckungsart möglich. Kleine Dachgaupen lassen sich darüber hinaus als architektonische Gestaltungselemente in die Flächen eines Turmdaches einfügen.
So wichtig diese technischen Grundkenntnisse für eine optimale Klangstrahlung aus Glockentürmen auch sind, genauso wichtig ist aber das Ohr, das musikalische Gehör des Glockensachverständigen. Ein weiches, unaufdringliches Läuten kann fast immer als Gradmesser für gute technische Voraussetzungen angenommen werden. Eine Läutstärke des Geläute von 80 bis 85 dB (A) wird vom Laien und vom Fachmann in der Regel als angenehm und ausreichend empfunden. Hier dekken sich die Vorstellungen der Glockensachverständigen mit den Höreindrücken des Normalbürgers überraschend und erfreulicherweise. Dem Sachverständigen sollte dies Aufforderung sein, wo immer er Gelegenheit hat, diese als gut erkannten Werte anzustreben.
Über Turmstubenakustik und Schallabstrahlung kann man nicht sprechen, ohne wenigstens am Rande auf die Bedeutung der Wartungsarbeiten an Glockenarmaturen und Läutenanlagen hingewiesen zu haben. Wir Glockensachverständige dürfen diese Sparte nicht allein Wartungsfirmen und Wartungsmonteuren überlassen. Uns muß der Zustand der Anlagen aus akustischen und denkmalpflegerischen Gründen interessieren.
Sicher fällt es oft schwer, die Höhen der Musik zu verlassen und Läuteanlagen in oft schwer zugänglichen, schmutzigen und zugigen Glockenstuben einer sorgfältigen Prüfung zu unterziehen. Wenn wir diesen Freiraum, wie vielerorts üblich, allein oft zweifelhaften Wartungsfirmen überlassen, dann wird sich der Zustand einiger Geläute weiter verschlechtern und von Musik beim Glockenläuten wird in vielen Fällen nur noch bedingt die Rede sein können. Bejahen wir aber das Glockengeläute als Musik, dann müssen wir zumindest ab und zu, ganz sicher aber bei wichtigen Geläuten eine stichprobenartige Kontrolle der Wartungsdienste und der Montagen vornehmen.
Nicht verschwiegen werden darf an dieser Stelle, daß es immer noch zu viele Glockentürme gibt, die über Jahre hinweg kein Glockensachverständiger, kein Glocken- oder Wartungsmonteur betreten hat. Wir müssen Kirchengemeinden davon überzeugen, daß regelmäßige Wartungsarbeiten von qualifizierten Fachfirmen, vor allem von Glockengießereien, unerläßlich sind, wenn irreparable Schäden vermieden werden sollen, unerläßlich auch für eine gute Klangentfaltung des Geläutes.

Neuanfertigung Schalladen mit Holzlamellen

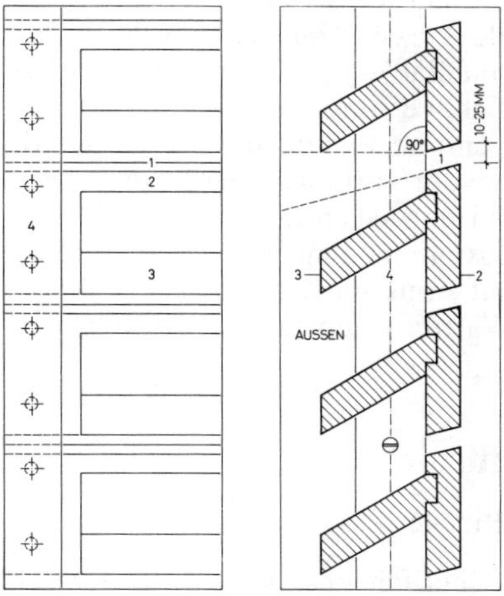

LEGENDE

1 SCHALLÖFFNUNG BREITE 10-25MM WINKEL 0°-45° (NACH LAGE DES TURMS)
2 MASSIVHOLZBRETT STÄRKE MIN. 35MM BEFESTIGUNG AN MASSIVHOLZRAHMEN
3 MASSIVHOLZLAMELLE STÄRKE MIN. 35MM WINKEL 15°-45°
4 MASSIVHOLZRAHMEN BEFESTIGUNG SCHRAUBEN EDELSTAHL ROSTFREI

Neuanfertigung Schalladen mit Einfachverbretterung

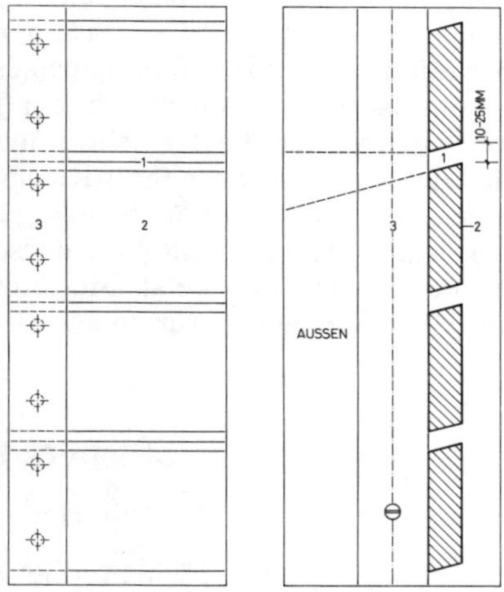

LEGENDE

1 SCHALLÖFFNUNG BREITE 10-25MM WINKEL 0°-45° (NACH LAGE DES TURMS)
2 MASSIVHOLZBRETT STÄRKE MIN. 35MM BEFESTIGUNG AN MASSIVHOLZRAHMEN
3 MASSIVHOLZRAHMEN BEFESTIGUNG SCHRAUBEN EDELSTAHL ROSTFREI

Neuanfertigung Schalladen mit Doppelverbretterung

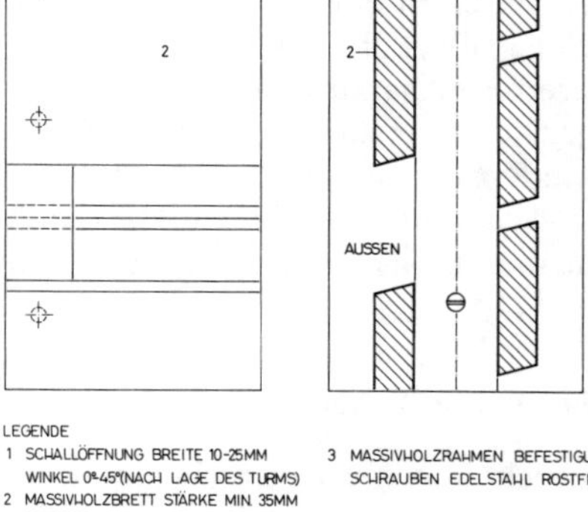

LEGENDE

1 SCHALLÖFFNUNG BREITE 10-25MM WINKEL 0°-45° (NACH LAGE DES TURMS)
2 MASSIVHOLZBRETT STÄRKE MIN. 35MM BEFESTIGUNG AN MASSIVHOLZRAHMEN
3 MASSIVHOLZRAHMEN BEFESTIGUNG SCHRAUBEN EDELSTAHL ROSTFREI

Ergänzung vorhandener Holzlamellen durch Einfachverbretterung

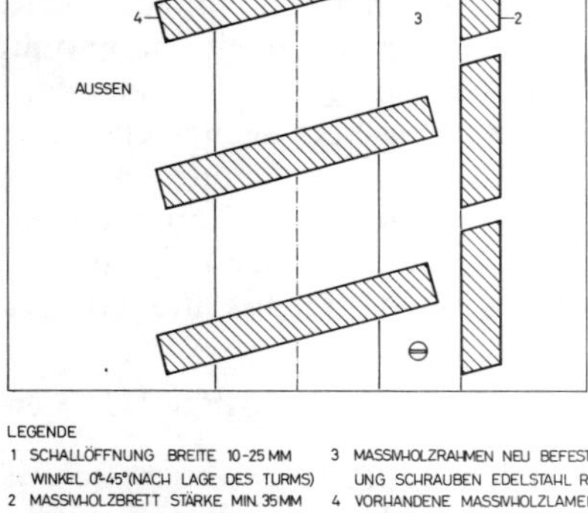

LEGENDE

1 SCHALLÖFFNUNG BREITE 10-25MM WINKEL 0°-45° (NACH LAGE DES TURMS)
2 MASSIVHOLZBRETT STÄRKE MIN. 35MM BEFESTIGUNG AN MASSIVHOLZRAHMEN
3 MASSIVHOLZRAHMEN NEU BEFESTIGUNG SCHRAUBEN EDELSTAHL ROSTFREI
4 VORHANDENE MASSIVHOLZLAMELLEN UND MASSIVHOLZRAHMEN

In einem undatierten, in den frühen 50er Jahren geschriebenen Aufsatz von Hans Rolli ist zu lesen: „Die Glocke ist so sehr in ihrer Klangwirkung vom Turm abhängig, daß wir ruhig sagen können, erst Glocke und Turm zusammen machen das Instrument ‚Geläute' aus." Und an anderer Stelle schreibt Hans Rolli weiter: „Wir haben mit bestürzender Eindringlichkeit erkannt, daß die Glocke als Musikinstrument nur das geben kann, was ihr der Turm nicht verweigert."
Lassen Sie mich die beiden sehr grundlegenden und wichtigen Sätze erweitern: „Die Glocke ist so sehr in ihrer Klangwirkung vom Turm, von der Montage und von den Wartungsdiensten abhängig, daß wir ruhig sagen können, erst Glocke, Glockenturm, Montage und Wartungsdienste zusammen machen das Instrument ‚Geläute' aus. Die Glocke als Musikinstrument kann nur das geben, was ihr der Turm, der Glockenmonteur und was ihr die Wartungsdienste nicht verweigern."

„Sichere Kirchtürme"

Von Hans-Gerd Rincker

Vorbemerkung: „Sichere Kirchtürme" ist vom Begriff her ein Arbeitstitel der Verwaltungsberufsgenossenschaft, Hamburg, bei der Kirchen und kirchliche Einrichtungen versichert sind. Die Verwaltungsberufsgenossenschaft hat auch federführend für alle anderen Berufsgenossenschaften nach Gesetz Verordnungen und Regeln aufgestellt und diese in einem Merkblatt zusammengefaßt; sie gelten auch für alle anderen Berufsgenossenschaften.
Man muß bei der Auslegung zwei verschiedene Rechtspositionen unterscheiden: einmal die der Kirchengemeinde als Betreiber einer Einrichtung und andererseits die des Glockengießers, oder anderer am Turmgeschehen Beteiligten, als Benutzer dieser Einrichtung.
Der Verfasser – als Glockengießer – versucht, technisch-juristische Sprache soweit wie möglich in praxisbezogener und verständlicher Form darzubieten.
Die rechtliche Bedeutung ordnungsgemäß beschlossener, genehmigter und bekanntgegebener Unfallverhütungsvorschriften (= UVV) sind autonome Rechtsnormen und für die bei den Berufsgenossenschaften Versicherten verbindlich, das heißt von Unternehmern und Versicherten verpflichtend zu beachten. Wo sie nur allgemeine Grundsätze enthaltende Rahmenvorschriften darstellen, erhalten sie ihre Rechtsverbindlichkeit und haftungsbegründete Wirkung erst in Verbindung mit einzelnen speziellen UVVen oder besonderen Einzelanordnungen.
Die Verwaltungsberufsgenossenschaft ist Träger der gesetzlichen Unfallversicherung für die Kirchen. Damit ist die Pflicht verbunden, die unfallsichere Gestaltung der Kirchen und deren Einrichtungen zu überwachen und gegebenenfalls durch Anordnung durchzusetzen, das heißt, auch für die unfallsichere Gestaltung von Kirchtürmen oder Glockenträgern zu sorgen.

Unfallverhütungsvorschriften (UVVen) und ihre behördlichen Vorschriften

Neben den Berufsgenossenschaften mit ihren technischen Aufsichtsbeamten ist auch noch der Staat mit seinen Gewerbeaufsichtsbehörden auf dem Gebiet des Ar-

beitsschutzes anordnend tätig. Aus dem Nebeneinanderbestehen von berufsgenossenschaftlichen UVVen und staatlichen Vorschriften ergeben sich rechtliche Fragen, zu denen folgendes zu bemerken ist.
Eine bereits bestehende gesetzliche Regelung dürfte im allgemeinen besondere UVVen entbehrlich machen; es sei denn, daß sie durch UVVen zu behandelnde Probleme nur im Grundsatz, nicht dagegen in den Einzelheiten regeln. Zitat: „Aus der Rechtsnatur der UVVen als autonome Rechtsnorm und dem Umstand, daß sie auf den besonderen unter Umständen weitergehenden Verpflichtungen der Betriebe ihrer Berufsgenossenschaft gegenüber auf dem Gebiet der gesetzlichen Unfallversicherung beruhen, ergibt sich, daß UVVen unter Umständen bei einer Einzelregelung über die gesetzlichen Vorschriften hinausgehen dürfen, wenn damit kein Verstoß gegen das Gesetz (Verordnungen) verbunden ist."
Grundsätzlich gelten die jeweils schärferen Anforderungen. Dazu die Berufsgenossenschaften, zum Beispiel:
- UVV 1.0 § 33, Absatz 1: Absturzsicherungen ab 1,0 Meter Absturzhöhe
- Arbeitsstättenverordnung § 12 und ASR 12/1–3
  Nr. 1.2: Absturzsicherungen unter Umständen ab 0,2 Meter Absturzhöhe erforderlich.

Dabei haben die Berufsgenossenschaften zu prüfen, ob die weitergehenden UVVen von ihnen noch für erforderlich gehalten werden, obwohl der Gesetzgeber geringere Anforderungen stellt. Bestehende schärfere UVVen werden nicht automatisch durch eine geringere Anforderung vorschreibende gesetzliche Regelung außer Kraft gesetzt.
Die Berufsgenossenschaft dazu:
– Überschneidung der UVV 1.0 §§ 18–34 mit der Arbeitsstättenvorordnung –.
Die gleichen Grundsätze gelten im Verhältnis von UVVen zu Auflagen und Ausnahmen staatlicher Aufsichtsbehörden.

Personenkreis der Verpflichteten

Die UVVen verpflichten in erster Linie den Unternehmer selbst (§ 2 „Allgemeine Vorschriften"). Der Unternehmer darf die ihm obliegende Verpflichtung zur Beachtung der UVVen auf Angehörige seines Unternehmens durch schriftliche Erklärung übertragen. Soweit es sich um Einrichtungen aufgrund von UVVen handelt, ist die Übertragung auf Personen beschränkt.
Dazu die Berufsgenossenschaft:
- Pflichtenübertragung, vergleiche § 12 der UVV 1.0 1 –
  diese verlangt, auf das
- Ordnungswidrigkeitsgesetz §§ 9, 13, 130 –
  hinzuweisen; ebenso auf
- § 717 A RVO – bezogen auf das Kapitel „strafrechtliche Verantwortlichkeit".

Das bedeutet für die Praxis, daß der Glockengießer oder andere am Turm beauftragte Unternehmer ihre fachlich genügend vorgebildeten Beauftragten schriftlich verpflichten können, für die Einhaltung der UVVen zu sorgen. Die Verantwortung, so heißt es aber, für die Einhaltung von UVVen kann dem Unternehmer oder jemandem, dem die Pflichten des Unternehmens schriftlich übertragen worden sind, von anderen Personen nicht abgenommen werden.

Das heißt, daß der Unternehmer grundsätzlich in der Verantwortung steht. Ausnahmen bilden die Beauftragten der Berufsgenossenschaften! Zitat: „Den Berufsgenossenschaften ist nach dem Gesetz nicht die Verpflichtung auferlegt worden, selbst Unfälle zu verhüten, sondern nur eine solche, dafür zu sorgen, daß innerhalb der Betriebe entsprechende Vorsichtsmaßnahmen getroffen werden."
In der Vergangenheit wurde von den Bauherren oftmals übersehen, daß eine von der Bauaufsichtsbehörde erteilte Baugenehmigung die Prüfung der Unfallsicherheit nicht ausschließt. Baupolizei und Bauaufsichtsbehörde machen darauf aufmerksam – was in jedem Bauschein zu lesen ist –, daß „. . . im übrigen bei Errichtung des Bauvorhabens die zur Zeit gültigen UVVen der zuständigen Berufsgenossenschaft zu beachten sind".
Hier also werden beide, der Bauherr und der Unternehmer, gleichermaßen in die Verantwortung genommen.

Die strafrechtliche Verantwortlichkeit

Strafbar sind fahrlässige Tötung und Körperverletzung eines anderen (§§ 222/230 StGB). Fahrlässige Tötung wird mit Gefängnis bis zu 5 Jahren bestraft, fahrlässige Körperverletzung nach neuestem Recht nicht mehr mit Geldstrafe, sondern mit Gefängnis bis zu 3 Jahren.
Der Umstand, daß eine Anlage von der Gewerbeaufsicht oder vom technischen Aufsichtsbeamten der Berufsgenossenschaft nicht beanstandet worden ist, schließt die Strafbarkeit des im Betriebe Verantwortlichen nicht aus.
– RG vom 16. Juni 1927 – IV 816/26 –, BG 1927/378; vom 2. April 1928– 3 D 1113/27 –, BG 1928/209 –.
Aus den gleichen Gründen ist der Hinweis darauf, daß der Betrieb längere Zeit hindurch nicht überwacht worden ist, strafrechtlich unbeachtlich
– (RG vom 10. Februar 1931 – IX 193/30 –, GB 1931/166) –.
Auch hier finden wir wieder eine markante Ausnahme: Die strafrechtliche Verantwortlichkeit des technischen Aufsichtsbeamten bei fahrlässiger Unterlassung von Beanstandungen oder fahrlässiger Fehlbeurteilung technischer Anlagen im Rahmen der ihm obliegenden Betriebsüberwachung wird dadurch nicht berührt!

Die Haftung im zivilrechtlichen Sinne

läßt sich aus folgenden Darstellungen ablesen:
„Voraussetzung für den Rückgriff ist, daß der Unfall vorsätzlich oder grob fahrlässig herbeigeführt wurde. Eine strafrechtliche Feststellung des Verschuldens ist nicht mehr erforderlich, so daß es auf den bürgerlich-rechtlichen Begriff der Fahrlässigkeit allein ankommt. Danach handelt grob fahrlässig, wer die im Verkehr erforderliche Sorgfalt im besonders schwerem Maße außer acht läßt, also einfachste und naheliegende Überlegungen vermissen läßt."
An die Voraussehbarkeit dürfen keine übertriebenen Anforderungen gestellt werden. In den Durchführungsanweisungen zu den jeweiligen UVVen werden beispielhaft Lösungen aufgezeigt, deshalb spricht bei einem eingetretenen Unfall die Vermutung dafür, daß dieser bei Beachtung der UVVen vermieden worden wäre. Es ist Sache der Verpflichteten, diese Vermutung zu widerlegen. Die Sorgfalts-

pflicht umschließt auch die Sorge um die tatsächliche Durchführung der UVVen. Die UVVen stellen also im allgemeinen Mindestnormen dar, die zur Vermeidung von Unfällen eingehalten werden müssen, so daß für eigens abweichendes Ermessen nur in ganz besonders gelagerten Ausnahmefällen Spielraum bleibt.
Daraus ist für die praktische Arbeit zu folgern: Die Verwaltungsberufsgenossenschaften als Versicherer der Kirchengemeinden, auch des kirchlichen Personals, haben mit der Herausgabe des Merkblattes „Sichere Kirchtürme" eindeutige Forderungen aufgestellt, die beachtet werden müssen. Die Berufsgenossenschaften als Versicherungen der Unternehmer machen sich dieses Merkblatt zu eigen und haben den Hinweis gegeben, daß auch die beteiligten Unternehmen auf diese Vorschriften achten müssen. Für die Praxis: Nicht nur Unternehmen kann man einseitig Verpflichtungen auferlegen, sondern auch Kirchengemeinden sind selbstverantwortlich verpflichtet, die einschlägigen Gesetze und Verordnungen zu beachten. Die Mitbenutzung von Gerät, Gerüsten oder Transportmitteln unterliegt der eigenen Beurteilung der zuständigen Berufsgenossenschaft der jeweiligen Unternehmer, die am Turm tätig werden. Niemand kann sich auf die Genehmigung für den anderen verlassen. Hier ist der Begriff und die Person eines Koordinators in § 6 der UVV 1.0 gefunden worden.
Wartungsdienste unterliegen sehr unterschiedlichen Anforderungen, so wie die verschiedenen Gewerbe unterschiedlichen Gefahrenklassen zugeordnet werden, zum Beispiel Dachdecker, Klempner, Blitzableitermonteure (als Außenmonteure). Dagegen sind Glocken- und Läutemaschinenmonteure und Uhrenbauer von der werkstattbezogenen Ausbildung her reine Innenmonteure; letztlich auch der Küster (Mesner). Unwägbare Witterungseinflüsse wie Sturm, Regen und Kälte (Eisbildung) im Bereich der Aufstiege wie auch im Bereich ungeschützter Glokkenstuben können zu Gefährdungen führen.
Für die Praxis: Aus der Besonderheit der Ansprüche und der übertragenen Verantwortung lassen sich keine Kombinationen herleiten (zum Beispiel: Glockenmontierender Dachdecker oder Dach-deckender Glockenmonteur).

Zusammenfassung

Kirchtürme oder Glockenträger sind im Sinne des Gesetzes Bauwerke zum Zwekke der Unterhaltung eines Betriebes (Glocken) und somit Einrichtungen, die der Wartung bedürfen. Damit sind die Regeln, Vorschriften und Gesetze der Unfallverhütung von Bauherren und Unternehmern zu beachten. Dafür hat die Verwaltungsberufsgenossenschaft vier Grundsätze aufgestellt, die nachfolgend im Originaltext wiedergegeben werden.

1. Grundsatz

Bei Kirchtürmen und Glockenträgern müssen Zugänge zu Einrichtungen, die der Wartung bedürfen, sicher gestaltet sein.
Wege zu Einrichtungen, die der Wartung bedürfen, sind Verkehrswege, selbst wenn sie verhältnismäßig selten genutzt werden. Dies trifft bei Kirchtürmen und Glockenträgern zu, wenn Glocken, Läutemaschinen oder Uhren vorhanden sind – aber auch z. B., wenn diese beflaggt oder von Posaunenbläsern begangen werden.

Diese Verkehrswege sind nach der Unfallverhütungsvorschrift „Allgemeine Vorschriften“ (VBG 1) § 25 sicher anzulegen und zu unterhalten.
Grundsätzlich sind hier Treppen erforderlich; Steigeisen scheiden als sicherer Zugang aus. Steigleitern (ortsfeste Sprossenleitern) dürfen nach dem Wortlaut der Unfallverhütungsvorschriften „Leitern und Tritte“ (VBG 74) § 14 nur in Ausnahmefällen vorgesehen sein. Ausnahmefälle liegen nicht vor, wenn eine Wartung von Einrichtungen eingeplant ist.

2. Grundsatz

Bei Einrichtungen in Kirchtürmen und Glockenträgern, die einer Wartung bedürfen, muß ein sicherer Standplatz vorhanden sein.
Der Unternehmer hat zur Verhütung von Arbeitsunfällen Einrichtungen, Anordnungen und Maßnahmen zu treffen, die den Bestimmungen dieser Unfallverhütungsvorschrift und den für ihn sonst geltenden Unfallverhütungsvorschriften und im übrigen den allgemein anerkannten sicherheitstechnischen und arbeitsmedizinischen Regeln entsprechen (Unfallverhütungsvorschrift „Allgemeine Vorschriften“ [VBG 1] § 2 Abs. 1 Satz 1).
An wartungsbedürftigen Einrichtungen darf die Wartung nicht von provisorischen oder sonstigen unsicheren Stellen aus durchgeführt werden. Hierzu sind sichere Standplätze erforderlich, damit die Wartung sicher ausgeführt werden kann.

3. Grundsatz

Standplätze zur Durchführung der Wartungsarbeiten an Einrichtungen in Kirchtürmen und Glockenträgern müssen sicher gestaltet sein.
Arbeitsplätze und Verkehrswege, die mehr als 1,00 m über dem Boden oder über einer anderen ausreichend breiten tragfähigen Fläche liegen oder an Gefahrbereiche grenzen, müssen ständige Sicherungen haben, die verhindern, daß Versicherte abstürzen oder in Gefahrbereiche gelangen (Unfallverhütungsvorschrift „Allgemeine Vorschriften“ [VBG 1] § 33 Abs. 1 Satz 1). Die Forderungen sind erfüllt, wenn Umwehrungen (z. B. Geländer, feste Abschrankungen oder Brüstungen) vorhanden sind, die mindestens 1,00 m, bei möglichen Absturzhöhen von mehr als 12 m mindestens 1,10 m hoch sind. Umwehrungen müssen mit Fußleisten von mindestens 0,05 m Höhe versehen sein und durch Knieleisten, Gitter, feste Ausfüllungen oder auf andere geeignete Weise so gestaltet sein, daß ein Hindurchfallen von Personen verhindert wird.
Wandluken, Fußbodenluken, Treppenöffnungen, aber auch nicht tragfähige Dächer und Oberlichter müssen im Arbeits- und Verkehrsbereich ständige Sicherungen haben, die verhindern, daß Versicherte hineinstürzen (Auszug aus § 33 Abs. 2 der Unfallverhütungsvorschrift „Allgemeine Vorschriften“ [VBG 1]).
Wandluken, deren Unterkante weniger als 1 m über dem Standort liegt und bei denen ein Absturz aus mehr als 2 m Höhe möglich ist, müssen an beiden Seiten oder an ihrer Oberkante feste Handgriffe haben.
Wandluken, die breiter als 0,50 m und höher als 1,00 m im Lichten sind, müssen festangebrachte oder verschiebbare Gitterschranken, Halbtüren, Brustwehren oder gleichwertige Schutzeinrichtungen haben und mit einer Sicherung gegen un-

beabsichtigtes Ausheben versehen sein. Wandluken dürfen sich nicht zur tieferliegenden Seite hin öffnen lassen.
Fußbodenluken müssen so gestaltet sein, daß der geöffnete Deckel nicht unbeabsichtigt zufallen kann und die Öffnung an drei Seiten mit Absturzsicherung versehen ist.

4. Grundsatz

Es muß ausgeschlossen sein, daß Personen durch abstürzende Gegenstände, wie z. B. Klöppel von Glocken, Gewichte von Uhren usw., getroffen werden können.
Wenn Versicherte auf Arbeitsplätzen und Verkehrswegen dadurch gefährdet werden können, daß Gegenstände von höher gelegenen Arbeitsplätzen, Verkehrswegen oder Betriebseinrichtungen herabfallen, müssen Schutzvorkehrungen getroffen werden.
Trotz sorgfältigster Ausführung können bei Glocken, Glockenstühlen und Armaturen Schäden durch Materialfehler, Materialermüdung und abnormalen Verschleiß auftreten. Durch geeignete Maßnahmen ist sicherzustellen, daß Klöppel, Gewichte von Uhren, Armaturen und dergleichen nicht auf Verkehrswege oder Arbeitsplätze abstürzen können. Geeignete Maßnahmen sind bauliche Einrichtungen, wie z. B. ausreichend stabile Zwischenböden oder Absturzsicherungen. Absturzsicherungen können z. B. sein: Entsprechend ausgeführte Fangnetze, Drahtgitter oder Schutzkörbe mit Sandkästen zum sicheren Auffangen eventuell abstürzender Gewichte.
Bei Glockenstuben erübrigt sich eine Sicherung des Klöppels, wenn die Schallöffnungen fachlich richtig angeordnet und eingebaut sind.

Schlußbemerkung

Bei den bisherigen Ausführungen wurde hauptsächlich an den Normalfall gedacht, daß es sich um Kirchtürme mit den genannten Einrichtungen handelt. Selbstverständlich gelten diese Grundsätze sinngemäß auch für andersartige Fälle, also beispielsweise, wenn Glocken nicht in einem Turm, sondern an der Außenwand einer Kirche oder in einem besonderen Bauteil auf dem Dach angebracht sind.
Wir wiesen anfangs darauf hin, daß es sich nur um eine Erinnerung an bestehende rechtsgültige Unfallverhütungsvorschriften handelt. Bei gutachtlichen Stellungnahmen anläßlich von Unfällen oder Streitfällen kann sich die Verwaltungsberufsgenossenschaft nur auf diese zur Zeit rechtsgültigen Unfallverhütungsvorschriften stützen. Für den Erlaß von besonderen Unfallverhütungsvorschriften für Kirchtürme, die gegenüber den Allgemeinen Unfallverhütungsvorschriften Erleichterungen zulassen, besteht kein Anlaß. Wie unsere Erfahrung zeigt, lassen sich die bestehenden Unfallverhütungsvorschriften durchaus einhalten, insbesondere, wenn sie bereits bei der Planung berücksichtigt wurden.

Kirchen und Kirchtürme – Lebensräume für gefährdete Vogel- und Fledermausarten

Monika Braun, Kurt Kramer, Gerhard Liedke,
Norbert Rieder, Klaus Ruge, Siegfried Schloss

Die Kirchen haben aus ihrer Verantwortung für die Schöpfung, für das menschliche und das nichtmenschliche Leben zu mehr Engagement im Umweltschutz aufgerufen. Nicht jeder Kirchengemeinde und deren Mitgliedern ist jedoch bekannt, daß sie auch einen ganz praktischen Beitrag zur Arterhaltung gefährdeter Tiere und damit zum Umweltschutz leisten können.
Die in manchen Städten und Ortschaften zur Plage gewordenen verwilderten Haustauben verschmutzen in Kirchen Türme und Dachböden. Auch andere Vögel und Fledermäuse hinterlassen ihre Spuren, allerdings weit weniger deutlich. Deshalb werden – besonders im Zuge von Restaurierungen – in vielen Kirchen sämtliche Turm- und Dachöffnungen verschlossen. Neubauten werden von vornherein unbewohnbar gemacht. Für Schleiereulen und manche Fledermäuse, die sich ganz auf Brutplätze eingestellt haben, die vom Menschen geschaffen wurden, kann das eine Gefahr für ihr Überleben bei uns bedeuten. Doch auch Dohlen, Turmfalken, Seglern und Hausrotschwänzchen sollten wir Nistplätze an Gebäuden erschließen, damit unsere Städte nicht noch lebloser werden.
Die verwilderten Stadttauben können oft lästig werden – vor allem wegen des vielen Kots. Wir wissen aber, daß mancher Kirchturm taubenfrei ist, seitdem dort Turmfalken brüten. Auf keinen Fall dürfen wir mit den Tauben alle anderen Turmbewohner aussperren. Dies muß schon deshalb nicht sein, weil sich Nistmöglichkeiten für Vögel schaffen lassen, die für Tauben nicht zugänglich sind. Öffnungen können so gestaltet werden, daß Fledermäuse, jedoch keine Tauben in Türme und Dachböden einfliegen können. Alle Eingänge wie Dachfenster, Dachluken, Dachgauben und dergleichen eignen sich für diese wichtigen Artenschutzmaßnahmen. Dabei sollten Süd- und Südostseiten bevorzugt werden.
Alle Maßnahmen des Artenschutzes können jedoch nur dann erfolgreich sein, wenn auch der entsprechende Lebensraum vorhanden und intakt ist. Artenschutz muß deshalb immer in Verbindung mit Biotopschutz gesehen werden. Die Existenz des für die jeweilige Art notwendigen Biotoptyps ist unerläßlich und Voraussetzung für sinnvollen Artenschutz.
Als Beispiel hierfür kann der im ländlichen Raum häufig auf Kirchendächern nistende Weißstorch gelten, dessen Lebens- und Nahrungsraum durch den Rückgang von Feucht- und Naßwiesen weitgehend verlorenging.

Schleiereule

Befund: Stark gefährdet. Starke Bestandsschwankungen durch Witterung und Nahrungsmangel.
Bedrohung: In vielen Dörfern und Städten gibt es heute keine Schleiereulen mehr, Pestizide, Stromleitungen, auch Abschuß und schließlich sogar Marder können ihnen zusetzen.

Schwerwiegender aber noch ist, daß sie immer weniger Brutmöglichkeiten finden. Die Kirchtürme werden wegen der Verschmutzung – vor allem durch verwilderte Haustauben – verschlossen. Einfluglöcher in Glocken- und Schloßtürmen werden zugemauert. Eulenlöcher werden gar nicht mehr vorgesehen.
Lebensraum: Schleiereulen wohnen bei uns unmittelbar im menschlichen Siedlungsbereich, in Kirchtürmen, Scheunen, Schlössern, Burgen, in Taubenschlägen und auf ruhigen Dachböden. Bruten in Baumhöhlen sind bei uns ganz selten. Wichtig ist, daß Schleiereulen in unmittelbarer Nachbarschaft freie Feld- und Wiesenflächen vorfinden. Dort jagen sie vor allem Mäuse. Geschlossene Wälder mögen sie nicht und auch dort, wo zu lange und zu hoher Schnee liegt, können sie nicht leben. Ansiedlungsversuche in Gebieten über 600 m in den Höhen der Mittelgebirge oder in den Alpen sind wenig erfolgversprechend.
Ökologische Besonderheiten: Die Hauptbeute der Schleiereulen sind Feldmäuse. In besonders mäusereichen Jahren legen Schleiereulen viele Eier und können viele Junge großziehen. Übrigens ist die Schleiereule beim Brüten an keine Jahreszeit gebunden. In Mäusejahren kann man im Frühjahr oder im späten Herbst Schleiereulen mit Eiern oder mit Jungen finden. Sie brüten immer dann, wenn es reichlich Feldmäuse oder andere kleine Säuger gibt. In guten Mäusejahren können sie zwei- oder gar dreimal Junge aufziehen, dafür fällt in Jahren, in denen es keine Mäuse gibt, die Brut manchmal ganz aus, und in schneereichen Wintern sterben viele. (Schleiereulen brüten vom ersten Ei an. Da sie aber jeden Tag nur ein Ei legen – manchmal bis zu 10 Stück – sehen die Jungen dann wie die Orgelpfeifen aus. Erstaunlich ist, daß in guten Mäusejahren trotzdem alle groß werden. Geht aber der Mäusevorrat während der Jungenaufzucht plötzlich zurück, kann es vorkommen, daß die jüngsten, die schwächsten Eulenkinder sterben und an die größeren verfüttert werden.)
Nisträume und Nisthilfen: Dort, wo es noch Schleiereulen gibt, sollte man mit dem Schutz anfangen – oder doch da, wo nachweislich früher Schleiereulen gebrütet haben –, vorausgesetzt allerdings, es schließen sich immer noch ausgedehnte Feldfluren an. Ein Hinweis auf Schleiereulenvorkommen sind weiße Kotflecke an Kirchtürmen und anderen Gebäuden.
Oftmals reicht es, vorhandene Brutplätze zu schützen und zu erhalten. Das bedeutet auch, ehemalige – jetzt aber verschlossene – Nistplätze wieder zu öffnen. Zum Beispiel dadurch, daß Löcher in die Vergitterung geschnitten werden oder die Vergitterung entfernt wird. Dagegen spricht meist die Absicht, auf Kirchtürmen die Glockenstube sauberzuhalten. Einflugöffnungen direkt im Turmhelm oder ein Holzboden über der Glockenstube lösen diese Schwierigkeit. Der Einflug kann in schon vorhandenen Dachluken eingebaut werden. Bei Erneuerungen ist es noch leichter (immer wetterabgewandt, Ost, Süd). Eine dunklere Nistnische sollte mit einer Schicht Torfmull, grobem Sägemehl aus der Sägemühle oder zerfallenem Gewölle als Unterlage für das Gelege bestreut werden. Die Jungeulen können später den ganzen Turmhelm zu Flugübungen benutzen. Auch an anderen, möglichst ruhigen Gebäuden können ähnliche Räume gestaltet werden.
Will man den Schleiereulen bestimmte Bereiche zuweisen, und will man die Tauben kontrollieren können, empfiehlt es sich, Nistkästen anzubringen. Diese Kästen werden von den Tauben fast immer gemieden. Das Innere ist für Tauben zu dunkel. Man kann Nistkästen selbst bauen oder von einem Schreiner bauen lassen.

Sollen Nistkästen an einer schrägen Wand angebracht werden, ist es besser, sie an Ort und Stelle zu bauen, um sie der Dachschräge anpassen zu können.
Der Nistkasten muß nicht unbedingt direkt hinter dem Einschlupfloch angebracht werden. Er kann auch seitlich versetzt sein; es muß dann ein Zuführkanal von zirka 20 x 20 cm zum Schlupfloch führen. Das Brett zur Abdunkelung entfällt natürlich in diesem Fall. Als Einstreu in den Schleiereulenkasten werden die oben aufgeführten Materialien verwendet.

Turmfalke

Befund: Häufigste Greifvogelart. Starke Bejagung der Rabenkrähen soll gebietsweise zu Nistplatzmangel geführt haben.
Bedrohung: Nicht unmittelbar bedroht. Schädigend aber kann sich die Belastung mit Pestiziden auswirken. Gelegentlich werden Turmfalken gesetzeswidrig ausgehorstet.
Lebensraum: In fast jeder Landschaft kommt der Turmfalke vor, in offenen Wäldern, auf Ackerland, in Dörfern, am Stadtrand und sogar in großen Städten. Was er braucht, ist offene Landschaft, um dort jagen zu können. Seine Hauptnahrung sind Mäuse. Turmfalken bauen keine Nester. Sie nisten in Felsnischen, an Kirchen und Türmen oder in Krähennestern. Offene Nistkästen, aber auch künstliche Horste werden angenommen.
Nisträume und Nisthilfen: Für Turmfalken reicht eine Nisthilfe mit den Ausmaßen 540 x 350 x 300 mm vollkommen aus. Der Nistkasten kann aber auch die Form des Schleiereulenkastens haben. Ein Brett zur Abdunkelung darf dann jedoch nicht angebracht werden. Als Einstreu werden am besten mittlere oder feine Hobelspäne verwendet.

Dohlen

Befund: Gebietsweise rückläufig, sowohl im Siedlungsraum als auch in Wäldern.
Bedrohung: Brüten Dohlen in Gebäuden, werden sie bei Renovierungen nicht selten ausgeschlossen. Oft sind moderne Gebäude ohne Nischen auch unbewohnbar. Auch, wo in Wäldern und Parkanlagen die Altholzbestände abnehmen, findet der Großhöhlenbewohner Dohle keine Nistplätze mehr.
Lebensraum: Kulturland mit alten Bäumen, Altholzbestände, Felsküsten und Felsen – aber auch in Städten und Steinbrüchen. Wie auch andere Krähenvögel nutzen Dohlen vielerlei Nahrung.
Nisträume und Nisthilfen: Als Nisthilfe für Dohlen ist der Turmfalkennistkasten geeignet. Die Vorderfront dieses Nistkastens sollte aber bis auf eine im oberen Bereich der Vorderwand liegende Öffnung von 80 mm Durchmesser geschlossen sein. Es genügen jedoch auch Mauernischen von 250 x 250 x 250 mm. Diese Nischen muß man von innen öffnen können, zum Beispiel durch den Einbau eines Kaminputztürchens, damit sie auf Taubenbruten kontrolliert werden können. Leichter ist es, wenn diese Kontrollfenster ohne Verschluß bleiben. Haben sich aber erst einmal Dohlen angesiedelt, werden Tauben aus dem Nistbereich verdrängt. Es ist von Vorteil, für Dohlen immer mehrere Nisthilfen anzubieten, da diese Tiere gern gesellig brüten.

Mauersegler

Befund: Der Mauersegler steht noch nicht auf der Roten Liste der bedrohten Tiere, aber die Nistmöglichkeiten für ihn werden weniger.
Bedrohung: Moderne Bauten, die fugenlos aus Beton errichtet wurden, bieten Seglern keinen Unterschlupf. Noch sind Mauersegler zwar nicht bedroht, doch wenn wir unsere Städte wieder menschlicher machen wollen, sollten wir auch für Mauersegler Nistmöglichkeiten schaffen.
Ökologische Besonderheiten: Kaum ein anderer Vogel ist so an das Leben in der Luft angepaßt, wie Mauersegler es sind. Sie haben Mühe, vom Boden aufzufliegen. Sie jagen nur Fluginsekten in der Luft, und sie sollen sogar in der Luft übernachten können.
Lebensraum: Mauersegler zeigen eine ähnliche Bindung an menschliche Siedlungen wie Hausschwalben. Sie nisten in Kirchen, in großen und kleinen Häusern, und gelegentlich auch in Starenkästen, die irgendwo an einem Baum hängen. Das Nest befindet sich gewöhnlich unter Ziegeln oder Steinplatten von Hausdächern oder in Nischen der Dachstühle und in Mauerlücken; aber sie gehen auch in Nistkästen, die unmittelbar an den Gebäuden hängen. Einstmals haben sie in Felsen gebrütet, aber aus neuer Zeit sind nur wenige Felsbruten bekannt.
Heute sind menschliche Siedlungen der hauptsächliche Lebensraum der Mauersegler. Sie leben in Einzelhöfen, Weilern, Dörfern, vor allem aber in Städten.
Nisträume und Nisthilfen: Da, wo in Dächern und Betonmauern keine Brutnischen vorhanden sind, können wir an den Außenwänden möglichst hoch unter dem Dachvorsprung Nistkästen anbringen. Ist der Dachboden erreichbar, bringen wir die Kästen unter dem Dach an oder unmittelbar hinter den Einfluglöchern. Wichtig ist, daß die Mauersegler gut zufliegen können.
Bei Neubauten kann man Niststeine verwenden, die bereits in der Bauphase in das Mauerwerk eingefügt werden.
Auch Mauerseglern sollten immer mehrere Nisthilfen angeboten werden, da diese Tiere gesellig brüten. Die Mauerseglernistkästen können natürlich auch innen angebracht werden. In diesem Fall muß eine Maueröffnung von der Größe der Einschlupföffnung des Nistkastens hergestellt werden. Rauhputz im Bereich der Maueröffnung erleichtert das Einschlüpfen. Bei dieser Anbringung lassen sich die Kästen besser kontrollieren.
Es reicht auch, wenn Mauersegler die Möglichkeit geboten wird, unter dem Dachtrauf den Dachraum zu erreichen. Die Nistkästen sollen an Gebäuden möglichst hoch unter dem Dach angebracht werden. Doch werden auch niedriger hängende Kästen angenommen. Übrigens lassen sich bei Neubauten auch fertige Niststeine einbauen.

Nischenbrüter, wie Bachstelzen und Rotschwänze

Befund: Bachstelze und Hausrotschwanz wählen Kirchen als Ersatzlebensraum. Sie legen ihre Nester in Nischen an. Sie sind zwar nicht akut bedroht, sollten aber trotzdem in unserem Siedlungsraum Heimatrecht behalten.
Lebensraum: Offenes Gelände, in Ortschaften, oft in Steinbrüchen und im Gebirge, gern in der Umgebung von Viehhütten.

Nisträume und Nisthilfen: Bachstelzen und Rotschwänze können an Kirchen ebenfalls angesiedelt werden. Für Bachstelzen und Rotschwänze ist ein Nischenbrüter-Nistkasten (Halbhöhle) das Richtige.
Im allgemeinen ist eine Nistkastenkontrolle im Herbst ausreichend. Dabei sollte das alte Nest entfernt werden, damit der Nistkasten von den Vögeln im folgenden Jahr wieder benutzt werden kann. Bei Nischenbrütern ist dies sogar unerläßlich.

Fledermäuse

Befund: Fledermäuse sind in ganz Europa außerordentlich stark in ihrem Bestand gefährdet.
Bedrohung: Durch die Zerstörung der Quartiere, durch Insektengifte, die die Fledermäuse über die Nahrung aufnehmen, durch Töten der Tiere und oft auch aus Unachtsamkeit werden die Fledermauskolonien absichtlich und unabsichtlich zerstört.
Lebensraum: Dabei sind Fledermäuse nützliche Tiere. Als Insektenfresser vertilgen sie große Mengen von Insekten. Im Sommer beziehen sie Quartiere u. a. in Dachstühlen, Baumhöhlen, hinter Fensterläden. Dort bringen die Fledermausweibchen auch ihre Jungen zur Welt. Fledermäuse bekommen pro Jahr meist nur 1 Junges, das sie 6–8 Wochen säugen (Fledermäuse sind Säugetiere). Den Winter verbringen unsere Fledermäuse in frostsicheren Höhlen, Stollen, Baumhöhlen oder Kellerräumen.
Schutz: Die Hangplätze der Fledermäuse müssen erhalten werden! Hangplätze sind daran zu erkennen, daß Fledermauskot (schwarze, 1–2 cm lange „Würstchen" aus Insektenresten) unter den Plätzen liegt, und die Balken oft schwarz gefärbt sind.
Die Einflugöffnungen müssen belassen werden! Offene Lüftungsrohre, Lüftungsziegel ohne Sieb, Dachluken oder Dachfenster offenlassen! Störungen auf jeden Fall vermeiden! Fledermäuse hängen meist ab Anfang April bis Mitte September in den Sommerquartieren (zum Beispiel im Dachstuhl oder Glockenturm). Ruhe brauchen die Tiere im Dachstuhl vor allem in der Zeit der Jungenaufzucht von Mai bis Ende August.
Renovierungsarbeiten und Umbaumaßnahmen sind, wenn möglich, in die Jahreszeit zu legen, in der die Tiere nicht im Sommerquartier sind (Anfang Oktober bis Ende März). Vereinzelt überwintern Fledermäuse auch im Sommerquartier. Es gilt, auf diese Tiere Rücksicht zu nehmen! Umsiedlungsaktionen sind meist ohne Erfolg, da Fledermäuse (wie Schwalben zum Beispiel) „wohnortstreu" sind. Deshalb sollten – wenn nicht anders möglich – die Hangplätze der Fledermäuse bei Arbeiten im Dachstuhl mit Planen abgetrennt werden (Einfluglöcher belassen).
Müssen Dachbalken oder Latten erneuert werden, sollte – wenn möglich – das Heißluftverfahren angewandt werden. Wenn Holzschutzmittel unbedingt notwendig sind, dürfen nur Mittel ohne Lindan, Dieldrin oder Pentachlorphenol (beziehungsweise andere PCB's) verwendet werden (eventuell Mittel auf Permethrin-Basis nehmen).
Nisträume und Nisthilfen: Sind im Dachstuhl keine Einflugmöglichkeiten vorhanden, können Lüftungsziegel ohne „Sieb" eingebaut werden (für jeden Ziegeltyp erhältlich). Es sollten nur Dachreiter eingebaut werden, die an den Enden offen

Schleiereule.

Turmfalke.

Dohle.

Mauersegler.

Langohr-Fledermaus.

Abendsegler-Fledermaus.

Bachstelze.

Hausrotschwanz.

sind. Vergitterungen (gegen Tauben) sollten im oberen Bereich einen Spalt von 2–3 cm offenbleiben.
Starke Zugluft sollte im Dachstuhl vermieden werden. Fledermäuse bevorzugen im Normalfall dunkle, ruhige, zugluftfreie Dachstühle.
Bei Schalläden sollte ein Schlitz von 2–2,5 cm Höhe (mindestens 6 cm oder beliebig breit) belassen werden (ab 3 cm Höhe können Tauben eindringen).
An Außenwänden können sogenannte Flachkästen als Sommerquartiermöglichkeit angebracht werden (siehe Zeichnung). Als Baumaterial werden unbehandelte Holzbretter von 24 mm Stärke verwendet. Die Fledermäuse müssen sich am Holz anhängen können, aus diesem Grund müssen die Bretter an den Innenseiten sägerauh bleiben. Da Fledermäuse sehr empfindlich gegen Zugluft sind, müssen die Kästen genau bearbeitet sein. Die Außenseiten der Kästen können mit den am Bau verwendeten Materialien verblendet werden. Oftmals ist es ausreichend, in Fassadenverkleidungen einen kleinen Schlitz von 2–2,5 cm Höhe und einer Breite von mindestens 6 cm zu belassen. Es sollte hierbei zwischen Wand und Fassadenverkleidung ein Mindestraum entstehen, der dem Flachkasten entspricht.
In einer schrägen Fläche (zum Beispiel Dach) können größere Öffnungen angebracht werden, da Tauben dort nicht landen können.
Unter Hangplätzen kann man eine Plastikplane ausbreiten, damit der Kot (guter Dünger wie Guano) einfacher abgesammelt werden kann.

Übersicht der Einflugöffnungen

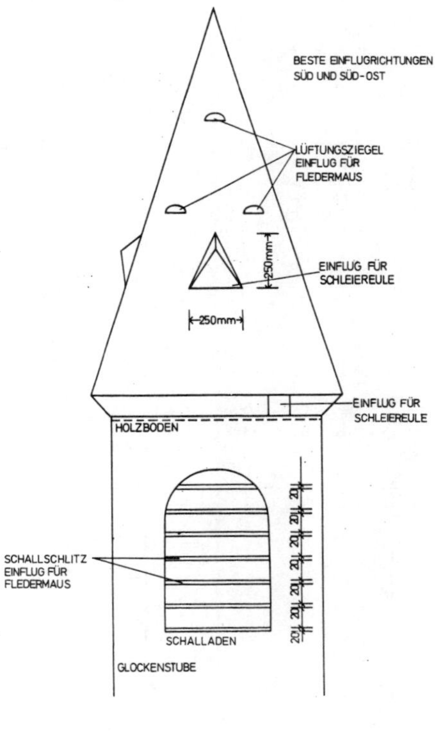

Schleiereulenkasten

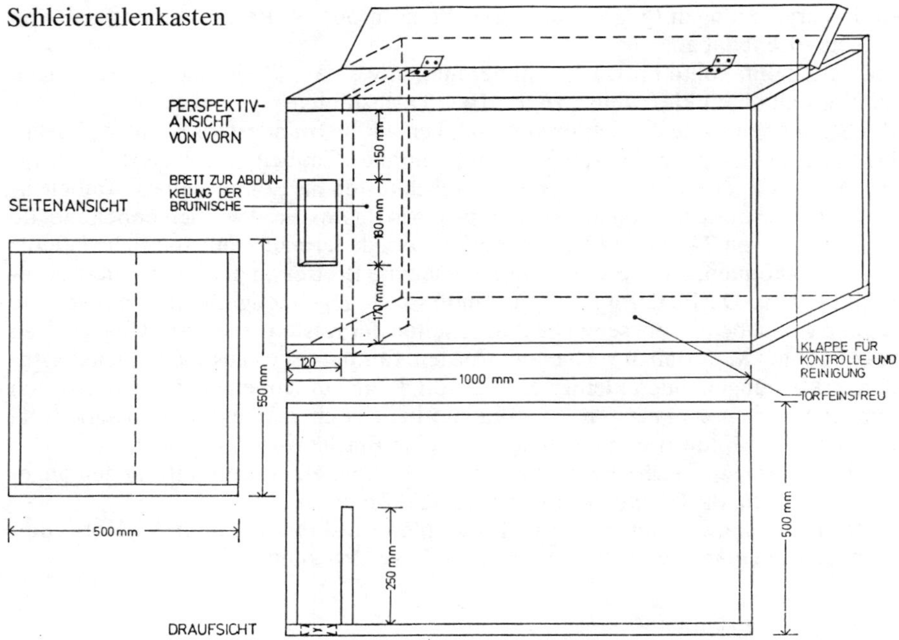

Dohlennistkasten

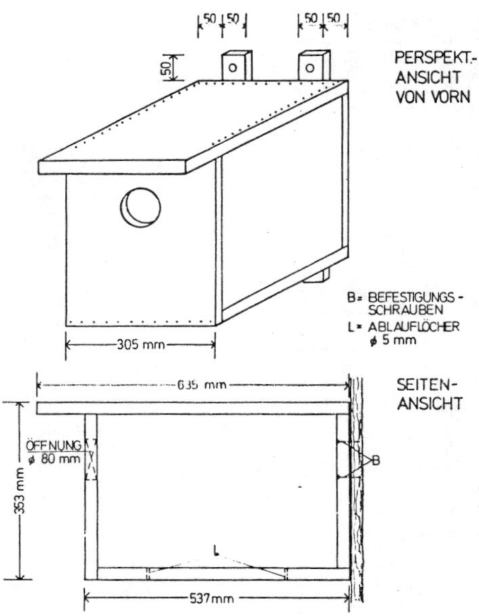

Turmfalkenkasten

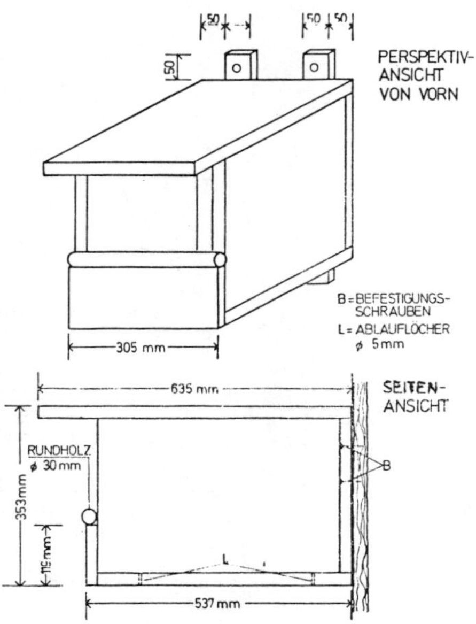

Mauerseglerkasten

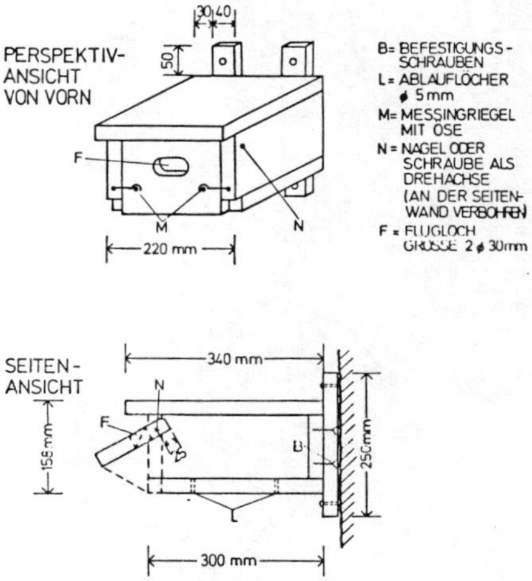

Nistkasten für Nischenbrüter

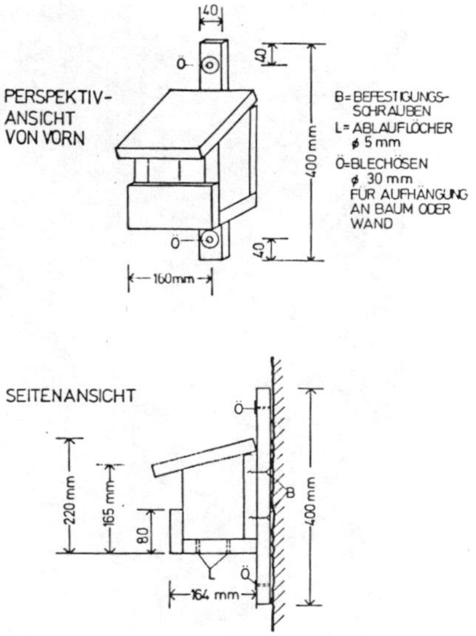

Fledermaushilfen

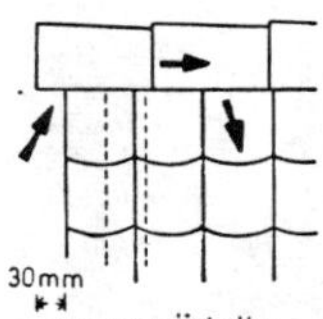

unvermörtelte
Firstziegel

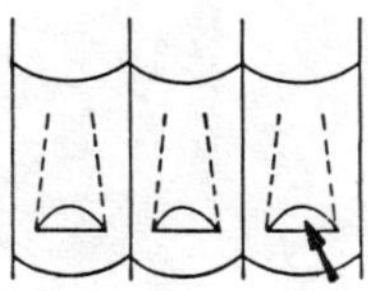

Lüftungsziegel ohne Sieb

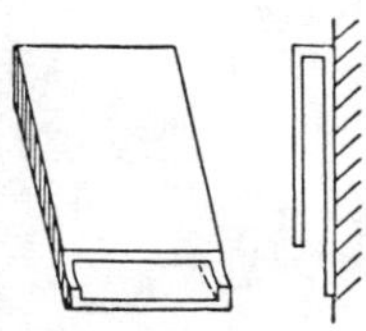

Flachkasten für Außenwand

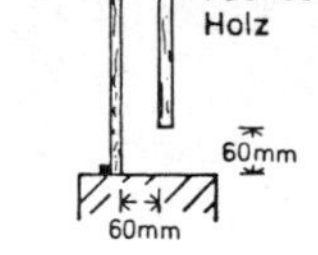

Drahtgitter mit Durchlaß

Hilfsdurchgänge bei Fensteröffnungen

Freiburg i. Br., Hosannaglocke, Glockenstuhl, Glockenjoch; Harmonie der Gestaltung.

KAPITEL 8

Die Glocke – in den Richtlinien

Genormte Armut des Geläuteklanges

Von Gerhard D. Wagner

Geläute mit ausschließlich historischen Glocken kann man nur noch an wenigen Orten hören. Dagegen treffen wir häufiger auf einzelne alte Glocken innerhalb neuer Geläute. Bei der Glockenneubeschaffung nach dem letzten Weltkrieg wurden die übriggebliebenen Denkmalglocken in neue Geläutedispositionen integriert. Wenn man Geläute mit historischen Glocken hört, wird einem bewußt, daß den neuen Geläuten weitgehend individuelle Charakteristik fehlt. Hören wir zufällig irgendein neues Geläute, von dem uns keine Daten bekannt sind, so können wir in der Regel feststellen:

Das Geläute ist nach einem der wenigen üblichen Modelle disponiert,
Schlagtonlinie und Innenharmonie sind mehr oder weniger sauber,
Die Abstrahlung aus der Glockenstube ist zu hart,
Die Klöppel sind zu schwer und die Glocken werden zu hoch gezogen,
Manche Glocke wird einseitig betont und hinkend geläutet,
Der Läuterhythmus ist nicht in Ordnung,
Das Geläute ist für den Turm zu groß und zu schwer.

Wir Glockensachverständige hören Glocken ganz anders als alle anderen Menschen, unter denen es immerhin auch „Liebhaber und Kenner" von Glockenmusik gibt. Unser Gehör ist gewissermaßen verbildet, weil wir aus der Glockenmusik in der Hauptsache das heraushören, was wir hören wollen – und das ist identisch mit dem, was wir hören sollen. Die sogenannten Limburger Thesen sind uns Richtschnur. Wenn neue Glocken nach den Limburger Qualitätsnormen bestehen können, dann urteilen wir, daß das Geläute gut ist. Es ist zu fragen, ob saubere Innenharmonie allein in jedem Fall musikalisch hochwertige Glocken garantiert, oder ob das nicht eher zu bezweifeln ist. Allzuleicht stellt man Greifbares und Manipulierbares fortschrittsgläubig über Hörerfahrung und Hörerlebnis und merkt deshalb kaum noch, wenn eine quasi chemisch reine Glocke ausdruckslos und langweilig klingt. Eine Glocke kann und darf nicht schlecht sein – meinen wir –, wenn durch die Tonprüfung ein gut sitzender Schlagton und saubere Innenharmonie festgestellt wurden.

Ist nicht moderner Perfektionismus im Glockenwesen zum Hindernis für gute Geläute geworden? Wer allein mit den Limburger Thesen argumentiert, übersieht, daß ästhetisch-künstlerische Dinge mit Normen nicht erfaßt werden können.
Es sieht so aus, als ob das Glockenwesen schon seit Jahrzehnten in einer „Bewegung" steckt, daß es im Glockenwesen etwas gibt, was der „Orgelbewegung" – die allerdings abgeschlossen ist – und anderen Bewegungen aus der ersten Hälfte dieses Jahrhunderts vergleichbar ist. Die Orgelbewegung war ein notwendiges Durchgangsstadium, das zu dem hochwertigen Orgelbau unserer Zeit geführt hat.
Die Orgelbewegung entstand, wie der Freiburger Musikwissenschaftler Eggebrecht aufgezeigt hat, aus Protest gegen die Konfektionsorgel. Jene, die sich gegen die „Fabrikorgel" auflehnten, entwickelten eine neue fixierte Wertsetzung und stellten einen normativen Anspruch auf. Es dauerte aber Jahrzehnte, bis man erkannte, daß allein mit anderer Dispositionsweise nichts gewonnen war. Es kamen dann dazu Schleiflade, mechanische Spieltraktur, Werkgehäuse und so weiter. Die Orgelbewegung und ihr Neobarock sind heute im Orgelbau überwunden.
Das Glockenwesen ist zur Zeit noch in einer Phase, der im Orgelwesen etwa die Zeit zwischen 1930 und 1960 entspricht.
Wenn man ein komplettes modernes Durchschnittsgeläute mit all seinen Einzelbestandteilen sieht und hört, so wird man nicht sagen können, alles daran sei optimal. Die Glockengießkunst steht heute auf einer vorher niemals erreichten Höhe. Wir haben – entsprechend den Pfeifen und Dispositionen im Orgelbau – gute Glocken und Geläutedispositionen. Damit daraus gute Geläute werden können, benötigt man *Holz*glockenstühle, *Holz*joche, *richtige* Glockenstuben und die „mechanische Traktur" (letztere wird sich wohl wieder einführen lassen).
Ein glockenbegeisterter Dekan äußerte einmal bei Beginn der Verhandlungen zur Beschaffung eines Dorfkirchengeläutes den Wunsch: „Bitte nicht das übliche Tedeum- oder Gloria-Motiv disponieren, das von allen Türmen unseres Kirchenbezirks ertönt!" Vermutlich störte ihn an den neueren Geläuten seines Dekanats weniger die immer wiederkehrende Schlagtonfolge, sondern vielmehr die geringe Einzelcharakteristik, wozu es durch die moderne Beschaffungspraxis gekommen ist. Und das ist etwas, was auch den Beratungsausschuß beunruhigen sollte.
Heutzutage ist über Glocken, Läutedynamik, Statik, Akustik und so weiter soviel erforscht und bekannt, daß man meint, alles im Griff zu haben. Liest man die auf Glockentagungen gehaltenen Vorträge zum Beispiel in den „Beiträgen zur Glokkenkunde" nach, so könnte man meinen, daß künftig nur noch ganz hervorragende neue Geläute entstehen würden. Leider verhalten sich Glockensachverständige in der Praxis aus gut erklärbaren Gründen ganz anders, als es nach dem Erkenntnisstand notwendig wäre. Dieses Verhalten ist unentschuldbar.
Es sollen hier außer der heute überkultivierten Tonreinheit noch andere Dinge angesprochen werden.
Wir wissen alle, daß Glocken in Holzstühlen am besten klingen – und haben uns doch mit Eisenstühlen und Eisenjochen abgefunden! Daß man aus Finanzgründen an Klangqualität und damit künstlerischem Wert nicht unbedingt sparen muß, mag ein Beispiel aus dem Orgelbau zeigen: Während der Orgelbewegung baute man bis in die 50er Jahre Orgeln mit sogenanntem Freiprospekt und offenstehendem Pfeifenwerk. Heute bekommen neue Orgeln wieder Gehäuse aus kostspieligem Massivholz. Dabei betragen die Mehrkosten gegenüber der geschilderten früheren

Bauweise im Einzelfall etliche 10 000,– DM. Aber an dem neuen Standard kann niemand mehr vorbei.
Warum bestehen wir bei Geläuten nicht auf hölzernen Glockenstühlen oder wenigstens Holzjochen? Warum geben Klangargumente nicht den Ausschlag für die Ausführungsart? Man baut doch auch nicht Geigen aus Plastik, weil sie dann billiger wären!
Die Klangkorrektur von Denkmalglocken durch Ausschleifen und damit das Verletzen der Gußhaut sollte generell geächtet werden. Wenn entgegen der Beratung durch den Glockensachverständigen Glockentürme so gebaut werden, daß nur ungünstige Klangentwicklung und Klangabstrahlung zu erwarten ist, so sollten die zuständigen vorgesetzten Stellen solange, bis die Bauten abgeändert sind, verbieten können, daß darin Glocken geläutet werden.
Man sollte unkomplizierte Vorrichtungen schaffen, daß Glocken gelegentlich auch handgeläutet werden können, das heißt die Möglichkeit der schnellen Umrüstung von Maschinen- auf Handbetrieb und umgekehrt.
Es gibt sicher Möglichkeiten, bessere neue Geläute als bisher zu schaffen, sie zu besserer Klangwirkung zu bringen und damit gegen Gleichförmigkeit und Unbeweglichkeit anzugehen. Bessere Lösungen sind jedoch nur durchsetzbar, wenn der Beratungsausschuß neue Maßstäbe setzt und sie vertritt. Vielleicht ist es dafür schon zu spät. Der Markt ist bereits weitgehend gesättigt, und es wurde im Glokkenwesen bereits Terrain aufgegeben, das wohl kaum mehr zurückzugewinnen sein wird. Aber sollen wir deshalb weiterhin wider bessere Erkenntnis in gewohnter Weise weitermachen?

LIMBURGER RICHTLINIEN
Richtlinien für die klangliche Beurteilung neuer Glocken

Die ästhetische Bewertung eines Kunstwerkes nach irgendwelchen Regeln ist immer fragwürdig. Derartige Regeln laufen gewöhnlich auf eine Zerlegung hinaus, die nur das Vordergründige enthüllt und darüber den Zusammenhang und das eigentliche Leben des Werkes zerpflückt. Das Kunstwerk muß als Ganzes und Lebendiges gesehen und beurteilt und mit den Sinnen aufgenommen werden. Deshalb ist unser Urteil auch immer bis zu einem gewissen Grade subjektiv.
In diesem Sinne wollen die folgenden Richtlinien aufgefaßt und interpretiert sein; das analytische Bild gibt deshalb gewöhnlich nur eine Bestätigung und Durchleuchtung des unmittelbaren und lebendigen Gehöreindrucks.

I. Die Glocke

A. *Der Klangaufbau*

Als Normalstimmung wird bei der Klanganalyse die Pariser Stimmung a' = 435 Hertz (= Doppelschwingungen pro Sekunde) festgelegt. Die Abweichungen von der Normaltonhöhe sind in Halbton-Sechzehnteln anzugeben.
Der Klangaufbau einer Glocke gliedert sich in Prinzipalbereich und Mixturbereich. Die gute Glocke erfordert im Prinzipalbereich:

1. den eindeutigen Schlagton. Er ist der Hauptton, auf den alle übrigen Töne sich beziehen;
2. Übereinstimmung von Schlagton und Prime;
3. die reine Unteroktave;
4. die reine Oberoktave;
5. die eindeutige Mollterz, oder in besonderen Fällen die Durterz;
6. die reine Quinte.

Im Mixturbereich:

die Durdezime sowie die reine Duodezime.

Außerdem können noch andere Teiltöne, zum Beispiel None, Undezime, Tredezime und so weiter, auftreten.

Folgende Toleranzen sind annehmbar (in Halbtonsechzehnteln ausgedrückt und bezogen auf den Schlagton):

Prime:	+3
	−6
Unteroktave:	+3
	−10
Dur- oder Mollterz:	+4
	−4*

Quinte: Verminderte Quinten können bei Mollglocken toleriert werden. Ein weiteres merkliches Absinken beeinträchtigt aber Klangentfaltung und Klangcharakter so schwer, daß Zurückweisung erfolgen muß. Die reine Quinte ist in jedem Falle anzustreben. Kleine Sexten sind bei Mollglocken, große bei Durglocken tragbar.

Der Mixturbereich ist von besonderer Bedeutung für die Charakteristik der Klangentfaltung und für die Ansprache der Glocke. Es sind jedoch folgende Gefahrenpunkte zu beachten:

1. *Markante* Teiltöne dürfen nicht enger als im Halbtonabstand beieinander liegen.
2. Im Überlappungsgebiet von Prinzipal- und Mixturbereich können penetrante Teiltöne vorhanden sein, die bei langsamem Abklingen als Pfeiftöne, bei raschem Abklingen als Nebengeräusch in Erscheinung treten oder gar, nach unten oktavierend, Schlagtoncharakter annehmen (illegale Schlagtöne).

Ausgesprochen dissonierende Pfeiftöne können zur Zurückweisung der Glocke zwingen.

Nebenschlagtöne (illegale Schlagtöne) können nur geduldet werden, wenn sie einigermaßen diskret bleiben und keine Dissonanz zum Hauptschlagton oder zu anderen Schlagtönen im Geläute bilden.

* Dieser Abschnitt sollte auf Vorschlag des Beratungsausschusses für das deutsche Glockenwesen vom Jahre 1966 entsprechend dem Fortschritt der Erkenntnisse und des Könnens der Glockengießer folgendermaßen ergänzt werden:
Das Intervall Prime – Unteroktav darf nicht verengt sein. Eine Erweiterung ist tragbar bis zu 8 Halbtonsechzehntel, wenn die Prime über dem Schlagton, jedoch nur bis 4 Halbtonsechzehntel, wenn sie unter dem Schlagton liegt.
Der Verband deutscher Glockengießer hat nur dem ersten Satz dieser Ergänzung zugestimmt.

B. *Das Abklingen:*

Die gute Glocke fordert ein möglichst langes und gut proportioniertes Abklingen der Lauttöner (Terz, Prime und Unteroktave). Beim Läuten soll der Schlagton in Verbindung mit der Prime das Zeitintervall zwischen 2 Anschlägen ohne spürbares Absinken überbrücken. Die Minimalgrenze für die Abklingdauer der Lauttöner ergibt sich aus folgenden Tabellen:

a) *Glocken aus Zinn- oder Silicium-Bronce in mittlerer Rippe*:*

			Unteroktave	*Prime und Terz*
bei Glocken		bis cis'	über 150 Sek.	25 Sek.
bei Glocken	von cis'	bis e'	150–120 Sek.	20 Sek.
bei Glocken	von f'	bis a'	110– 85 Sek.	17 Sek.
bei Glocken	von ais'	bis cis''	80– 65 Sek.	12 Sek.
bei Glocken	von d''	bis f''	60– 50 Sek.	10 Sek.

b) *Glocken aus Kupfer-Zink-Siliziumlegierungen:*

			Unteroktave	*Prime und Terz*
bei Glocken		bis h°	120 Sek.	28 Sek.
bei Glocken	von h°	bis cis'	100 Sek.	25 Sek.
bei Glocken	von cis'	bis e'	95– 80 Sek.	20 Sek.
bei Glocken	von f'	bis a'	75– 60 Sek.	17 Sek.
bei Glocken	von ais'	bis cis''	58– 46 Sek.	12 Sek.
bei Glocken	von d''	bis f''	45– 35 Sek.	10 Sek.

c) *Glocken aus Gußstahl und Eisenhartguß:*

			Unterton	*Prime und Terz*
bei Glocken		bis h°	60 Sek.	22 Sek.
bei Glocken	von h°	bis cis'	50 Sek.	18 Sek.
bei Glocken	von d'	bis fis'	40 Sek.	14 Sek.
bei Glocken	von g'	bis h'	25 Sek.	10 Sek.
bei Glocken	von c''	ab und höher	20 Sek.	8 Sek.

Das Abklingen (Abnahme der Teiltonamplituden) soll möglichst gleichmäßig erfolgen. Schwebungen im Abklingen sind soweit tragbar, als sie den Läuteklang der Glocke nicht unruhig oder gar stoßend erscheinen lassen.

* Nach Vorliegen von statistischen Untersuchungen an einer größeren Anzahl guter Glocken des heutigen Klangideals werden gleichbedeutende Toleranzangaben über die Dämpfungswerte der Mixturtöne angefügt.

C. *Klangentfaltung*:*

Entscheidend für den Wert einer Glocke ist nicht allein ihr Klangaufbau und das Abklingen der Unteroktave, sondern das Vorhandensein guter Proportionen in den Abklingwerten und der Schallstärke (Amplitude) aller wesentlichen Teiltöne, was insgesamt als „Klangentfaltung“ zu bezeichnen ist.

Die Güte der Klangentfaltung ist praktisch zu erkennen an:

a) möglichst langem Abklingen von Prime, Terz und Unteroktave. Eine Glocke, bei der nur die Unteroktave lang nachklingt, kann trotzdem unzulängliche Klangentfaltung haben, wenn andere wichtige Lauttöner matt und nur kurz ansprechen;
b) temperamentvoller Reaktion der Teiltöne auf die Stimmgabel (= gute Resonanz im physikalischen Wortsinn) und
c) geringer Streuung der Teiltöne bei ihrer Erregung.
a, b und c bedeuten physikalisch ein und dasselbe, nämlich möglichst geringe Dämpfung.

Was als gute Proportionen im Sinne der Klangentfaltung zu gelten hat, wird noch aus statistischen Untersuchungen an guten Glocken des heutigen Klangideals zu ermitteln sein.
Wesentlich ist auch die Ansprache der geläuteten Glocke. Die Ansprache ist gut, wenn der Übergang von den Teiltönen des Mixturbereiches in diejenigen des Prinzipalbereiches kontinuierlich und ohne Bruch erfolgt.

Glocken mit unzulänglicher Klangentfaltung sind zurückzuweisen.

D. *Abgrenzung der Rippenbezeichnung:*

Zur Abgrenzung der einzelnen Rippenbezeichnung einer c'-Gocke aus Zinnbronze gelten *folgende Mindestgewichte:*

Schwere Rippe:	mindestens 2600 kg
Mittelschwere Rippe:	mindestens 2100 kg
Leichte Rippe:	mindestens 1700 kg

Das Oktaven-Gewicht hat etwa das 8fache nach unten beziehungsweise $^{1}/_{8}$ nach oben zu betragen.
Glocken, die das Mindestgewicht der leichten Rippe unterschreiten, dürfen nicht als „leichte Rippe“ benannt werden, sondern müssen eine ihrem noch leichteren Gewicht entsprechende Bezeichnung tragen.
Phantasienamen für Glockenrippen sollen im Interesse der Klarheit und Vergleichbarkeit nicht verwendet werden.

E. *Legierungstoleranzen:*

Zinnbronzeglocken müssen ausschließlich aus echter Glockenbronze (78 % Kupfer und 22 % Zinn) gegossen werden, die nicht mehr als 2 % Fremdbestandteile enthalten darf, darunter höchstens 1 % Blei. Der Mindestgehalt an Reinzinn muß 20 % betragen.
Phantasienamen für Legierungen sollen im Interesse der Klarheit nicht verwendet werden.

F. *Klöppel und Aufhängung:*

Die Klangentfaltung und Läutewirkung jeder Glocke ist in hohem Maße auch abhängig von der richtigen Dimensionierung des Klöppels und der Aufhängung der

Glocke. Deshalb kann die endgültige Abnahme erst nach Aufhängung der Glocke auf dem Turm erfolgen.
Die Aufhängung am gekröpften Joch ist, da sie die Klangentfaltung beeinträchtigt, nur in ganz besonderen Ausnahmefällen zulässig.

* Die Klangentfaltung wurde in der Sprache des Glockensachverständigen als „Resonanz" bezeichnet; vergleiche Löbmann: „Eine Glocke ist das wert, was ihre Resonanz wert ist!"

II. Das Geläute

Oberster Grundsatz: Ausschlaggebend ist in erster Linie das Intervallverhältnis der Schlagtöne. Daraus ist zu folgern: Sind die Schlagtöne mißraten, so ist das Geläute verdorben und mögen es die besten Glocken sein. Glocken, deren Schlagtöne auf heterogener Stimmungslinie stehen, sind unbedingt abzulehnen. Dies gilt auch für den Verlauf der Stimmungslinie der Lauttöner. Die Gefahrenzone beginnt bei kleinerem Tonumfang des Geläutes (bis zur Sexte) bei $^3/_{16}$ Halbton. Gegen Dehnungen der Intervalle ist das Ohr weniger empfindlich als gegen Verengungen. Bei Oktavenspannungen und größerem Tonumfang soll die vom Ohr geforderte leichte Alterierung (Überdehnung von 2 bis $^4/_{16}$ Halbton) berücksichtigt werden. Sobald die Tonfolge dem Ohr als unrein erscheint (Differenzen von 4 bis $^6/_{16}$ HT), können die Glocken zurückgewiesen werden, falls nicht eine entsprechende Nachstimmung vorgenommen werden kann. Nacharbeit ist nur soweit zulässig, als hierbei weder Innenharmonie noch Klangentfaltung Einbuße erleiden.
Verstärkungen dissonanter Primen durch lautwerdende Teiltöne von Glocken desselben Geläutes rechtfertigen die Zurückweisung der störenden Glocke.
Alle Glocken eines Geläutes müssen in ihrem Klangvolumen dynamisch ausgewogen sein und in ihrer Klangfarbe zueinander passen. Sticht eine Glocke so heraus, daß sie die Einheit stört, oder wird sie von den anderen Glocken klanglich erdrückt und zugedeckt, so kann sie der Prüfer, auch wenn sie als Einzelglocke brauchbar ist, zurückweisen.
Bei Ergänzung zu historischen Glocken hat besondere Sorgfalt und Rücksichtnahme zu walten. In besonderen Fällen, etwa beim Zuguß zu wertvollen und eigenartigen alten Glocken, kann unter Umständen auch von Sachverständigen vertraglich ein von der heutigen Norm abweichender Klangaufbau gefordert werden.

Schlußbemerkung

Bei der Auswertung der Prüfungsergebnisse gilt es, alle Faktoren sorgfältig gegeneinander abzuwägen. So kann etwa unsicherer Teiltonaufbau (Innenharmonie) allenfalls hingenommen werden, wenn Klangentfaltung und Ansprache der Glocke gut sind; er muß aber unter Umständen zur Zurückweisung der Glocke führen, wenn er sich zusammenfindet mit breiter Streuung und lahmer Reaktion der Teiltöne (unzureichende Abklingdauer). Nicht ganz korrekte Schlagtonlinie kann soweit in Kauf genommen werden, als sie durch gute Klangentfaltung oder sonstige hohe Qualitäten der Einzelglocken ausgewogen wird. Hier entscheidet also letzten Endes immer der künstlerische Gesamteindruck.

Die Lage der Teiltöne wie der Schlagtöne kann gegebenenfalls noch durch Nachstimmen verbessert werden. Die Klangentfaltung ist hingegen nach unseren heutigen Erkenntnissen nach dem Guß kaum mehr wesentlich zu verbessern; es gelingt allenfalls die Ausschaltung von Reibungen und Hemmungen durch Korrektur einzelner Teiltöne.
Aufgabe des Prüfers ist es, nicht nur Kritik zu üben, sondern auch durch zielbewußte Auswertung der Erfahrungen und Beobachtungen einen positiven Beitrag zur Weiterentwicklung zu leisten.

Anhang

Der Schutz alter Glocken und Kunstdenkmäler

Auf die lebendige Erhaltung alter Glocken, die nicht nur klangliche, sondern auch formale Kunstdenkmäler sind, ist besondere Sorgfalt im Sinne der Denkmalpflege zu verwenden. Das Vorhandensein denkmalwerter Glocken erfordert bei Ergänzung des Geläutes erhöhte Aufmerksamkeit. Die Schwierigkeit, solche Glocken mit eigenwilligem Klangaufbau in ein neues Geläute einzubeziehen, kann jedenfalls für sich allein nie genügen, sie zum Einschmelzen freizugeben.
Bei Kirchenbauten, die unter Denkmalschutz stehen, soll die Geläutebeschaffung und -ergänzung nicht ohne Mitwirkung der zuständigen Denkmalbehörde geschehen.

Erläuterungen zu den Limburger Richtlinien

Die Richtlinien für die klangliche Beurteilung neuer Glocken, die „Limburger Richtlinien“ des Beratungsausschusses für das deutsche Glockenwesen, haben sich in den 28 Jahren seit ihrer Veröffentlichung in der Praxis bewährt. Ihre strengen Anforderungen und die Anstrengungen der Glockengießer hatten zur Folge, daß die Kunst des Glockengusses in Deutschland einen seit dem Mittelalter nicht mehr gekannten hohen Stand erreichte. Eine dem Geist der Richtlinien nicht entsprechende Folge war allerdings, daß man fast ausschließlich dem Klangaufbau der Glocken Aufmerksamkeit widmete, während viele wichtige Faktoren, die für das Geläute und seine Klangwirkung von ebenso großer Bedeutung sind, nebensächlich behandelt wurden.
Der Beratungsausschuß für das deutsche Glockenwesen erachtet es deshalb als notwendig, eine Erläuterung und Präzisierung zu den Limburger Richtlinien herauszugeben, um allzu großzügiger oder mißverständlicher Auslegung vorzubeugen. Dabei sollen die Punkte, die schon im Vorwort und in der Schlußbemerkung der Limburger Richtlinien angesprochen waren, aber oft unbeachtet geblieben sind, im Sinne der Autoren einen höheren Stellenwert erhalten.

1. Die Planung und Beurteilung von Geläuten kann sich nicht auf die Glocken allein beschränken. Folgende Punkte sind in die Überlegungen mit einzubeziehen:

- neue, veränderte Bauweisen und neue Baustoffe,
- statische und dynamische Fragen,
- Konstruktion des Glockenstuhls,
- richtige Anordnung der Schalläden,
- Abstimmung des Geläuteumfangs auf die Turmverhältnisse,
- Abstimmung des Geläutes auf Nachbargeläute,
- Klöppelform und Klöppelaufhängung,
- elektrische Läuteanlage,
- Sicherheit beim Zugang zur Glockenstube,
- Umweltprobleme, wie Lautstärke des Geläutes in der Nachbarschaft,
- Nistmöglichkeiten für seltene Vogelarten.

All diese Aspekte müssen bei der Planung berücksichtigt und in eine sinnvolle Beziehung zueinander gestellt werden. Nur die Prüfung im Turm kann über das sinnvolle Zusammenwirken all dieser Faktoren Aufschluß geben und ist daher unerläßlich.

2. Die Klangreinheit im Sinne der Limburger Richtlinien soll auch künftig gefördert werden. Die klangliche und künstlerische Bewertung kann sich jedoch nicht ausschließlich auf die in den Richtlinien genannten Zahlen stützen. Für die Klangwirkung der Glocke ist ihre Klangentfaltung von gleichrangiger Bedeutung (vgl. Limburger Richtlinien, Seite 267, Fußnote).
Es entspricht dem Geist der Limburger Richtlinien und den Absichten ihrer Autoren, daß neue Glocken in unkorrigiertem Zustand diesen Anforderungen entsprechen. Vom Glockengießer für notwendig gehaltene Tonkorrekturen sind vorab mit dem zuständigen Sachverständigen abzusprechen.
Sind im Bereich eines geplanten neuen Geläutes Nachbarglocken hörbar, ist bezüglich der Schlagtöne auf diese Rücksicht zu nehmen.

3. Glocken sind Kulturdenkmale sowohl des Klanges als auch der bildenden Kunst. Ihr Charakter als Denkmal kann beruhen auf: Alter, Schönheit von Klang und Form, Seltenheit von Klang und Form, Herkunft aus berühmter Werkstatt, Wirkung im Ensemble. Durch solche Eigenschaften wird ihr Rang als Kulturdenkmal bestimmt. Die Beurteilung der Denkmalwürdigkeit kann im Zweifelsfalle nicht einem Sachverständigen allein überlassen werden. Es bedarf dazu der Übereinkunft mindestens zweier Sachkenner, wovon einer dem Beratungsausschuß für das deutsche Glockenwesen angehören kann, sowie eines Vertreters der staatlichen Denkmalpflege.
Als Kulturdenkmale sind generell alle Glocken anzusprechen, die die Auslese durch zwei Weltkriege überdauert haben. Ihre Klangkorrektur durch Ausschleifen zur besseren klanglichen Einfügung in ein Geläute würde die Vernichtung eines Klangdokumentes bedeuten und ist unzulässig.
Bei Zugüssen zu historischen Glocken können Abweichungen von den Richtlinien aus klanglichen Gründen notwendig werden. Diese Abweichungen sind vorher vertraglich festzulegen.

4. Der Ellipsoid-Klöppel mit einfacher Gelenkledereinbindung und nicht abgedrehten Klöppelballen hat sich bewährt. Mit ihm läßt sich bisher die beste An-

sprache und Klangentfaltung der Glocken erreichen. Alte schmiedeeiserne Klöppel, vor allem in historischen Glocken, sollten, wo es technisch und klanglich vertretbar ist, erhalten bleiben.

5. Dem gut gestalteten Holzjoch soll aus klanglichen und ästhetischen Gründen der Vorzug vor dem Stahljoch gegeben werden. Bei historischen Glocken sind statt der heute üblichen Rundeisenaufhängungen Flachstahl, in besonderen Fällen geschmiedete Beschläge zu verwenden.

6. Dem Holzglockenstuhl ist aus klanglichen und technischen Gründen der Vorzug vor dem Stahlglockenstuhl zu geben.

7. Durch die Einführung der Rippenprogression konnten in Volumen- und Klangdynamik ausgeglichenere Geläute geschaffen werden. Die Rippenprogression hat sich bewährt und ist zu empfehlen.

8. Der Intonation der Glocke ist größte Aufmerksamkeit zu widmen. Die sorgfältige Einstellung der Läutemaschine und die günstigste Anschlagstelle des Klöppels an der Glocke sind entscheidend für ihre Klangwirkung. Zur Erhaltung einer guten Intonation und für die Betriebssicherheit des Geläutes ist es unerläßlich, eine regelmäßige Wartung durchzuführen. Der Glockengießer als Hauptverantwortlicher für die musikalische Gesamtwirkung sollte in der Regel mit den Wartungsarbeiten beauftragt werden.

9. Die Glockenstube muß akustisch so ausgestaltet sein, daß sie den Geläuteklang vor seinem Austritt ins Freie sammelt und mischt. Sachgerecht angeordnete Schallöffnungen und nach akustischen Prinzipien konstruierte Schalläden fördern eine gute Fernwirkung des Geläutes ebenso wie eine unaufdringliche Klangwirkung in der näheren Umgebung des Glockenturmes.

10. Historische Glockenstühle, Glockenarmaturen und Turmuhren sollten grundsätzlich nicht ausgebaut werden. Ist der Ausbau aus technischen Gründen unumgänglich, müssen sie in geeigneter Weise als Kulturdenkmale einer musealen Nutzung zugeführt oder anderweitig sinnvoll aufbewahrt werden.

Literaturverzeichnis

Beratungsausschuß für das deutsche Glockenwesen: Beiträge zur Glockenkunde 1950–1970, Heidelberg 1970

Biebel, J. H.:
Gezimmerte Glockenstühle. Zeitschrift für Bauwesen, Berlin 1921, S. 93 ff.

Blessing, P. Johannes:
Über Glocken und ihre Musik. Gregoriusblatt, Düsseldorf 1894–1897
Zur Glockenkunde, Gregorianische Rundschau, Graz 1908

Böckeler, H.:
Beiträge zur Glockenkunde. Alb., Jakob, Aachen 1882

Cellini, Benvenuto:
Trattati dell'oreficeria e della scultura. Firenze 1568. Übersetzt und verglichen mit Parallelstellen aus Theophilus' div. art. schedula, von Brinkmann, Leipzig 1867

Drescher, Hans:
Glockenfunde aus Haithabu, Sonderdruck aus Schleswig-Holsteinisches Landesmuseum für Vor- und Frühgeschichte Schleswig, Schloß Gottorp

Ellerhorst, P. Winfred:
Handbuch der Glockenkunde, Martinus-Verlag, Weingarten, 1957

Fehn, Theo:
Kleine Glockenkunde, Speyer 1947

Fonte des Cloches, aus: Encyclopédie méthodique 1766

Griesbacher, Peter:
Glockenmusik, Verlag Coppenrath, Regensburg 1927

Grundmann, Günther:
Alte und neue Glockenzier, Berlin 1952
Glocken läuten über Schlesien, Kulturwerk Schlesien, Würzburg 1963

Hahn, Joh. Gottfr.:
Campanologie, Erfurt 1802

Helmholtz, Hermann von:
Die Lehre von den Tonempfindungen als physiologische Grundlage für die Theorie der Musik, Braunschweig 1873

Hoffmann, F. u. Zölffel:
Beiträge zur Glockenkunde des Hessenlandes, Cassel 1906

Hübner, Kurt:
Der Glockenguß in Apolda, Weimarer Schriften, Heft 40, 1980
Die mittelalterlichen Glockenritzungen, Berlin 1968

Husmann, Heinrich:
Vom Wesen der Konsonanz, Heidelberg 1953

Jursch, Hanna:
Die Glocke in der bildenden Kunst. In: Wissenschaftl. Zeitschrift der Friedrich-Schiller-Universität Jena, Jahrg. 6, 1956/57, Heft 5

Kirchenglocken:
Das Schicksal der deutsch –; Denkschrift über den Glockenverlust im Kriege und die Heimkehr der geretteten Kirchenglocken. Ausschuß für die Rückführung der Glocken. Hannover 1952

Kuhn-Kelly:
Glocken – Ideales. Geschichtliches, Technisches. St. Gallen 1904

Kurt, Joachim:
Aus Erfurts Glockenstuben, Erfurt-Meiningen 1979

Lederle, Jos.:
Die Kirchenglocken, ihre Geschichte, bauliche Entstehung und Behandlung. Karlsruhe 1882

Lipperts, Elsb.:
Glockenläuten als Rechtsbrauch, Herder, Freiburg 1940

Löbmann, Hugo:
Das Glockenideal. Germania, Berlin 1928

Magii Hieronymi Anglarensis:
De tintinnabulis liber posthum. Bei Albertus Henricus de Sallengre, Novus thesaurus antiquitatum romanorum. Amsterdam 1664, Hagiae 1718

Mahrenholz, Chr.:
Glockenkunde, Kassel 1948

Otte, Heinrich:
Glockenkunde, 2. Aufl. Weigel, Leipzig 1858 und 1884

Reindell, Walter:
Die Glocken der Kirche, Leiturgia, Handbuch des Evang. Gottesdienstes, Kassel 1959

Rincker, Hans Gerd:
Rinckers kleine Glockenkunde, Leim 1979

Rolli, Hans:
Kirchengeläute, Ravensburg 1950

Rossi, J. B.:
Cloche, avec inscription dédicatoire, du VIII ou du IX siècle, trouvé à Canino Extrait de la Revue de L'art chrétien. Tome VIII, 1re livraison, 1890

Saint-Saens Camille:
Die Resonanz der Glocken. Harmonie und Melodie. Berlin 1905

Sauermann, Ernst:
Die deutsche Glocke und ihr Schicksal im Kriege. In: „Deutsche Kunst- und Denkmalpflege" 1/1952, H. 1 S. 4f.

Schaeben, Jakob:
Die Glocken des Kölner Domes; neueste Arbeiten an dem Geläute, ebda. 1953

Schmidt Dr., Julius:
Zur Erinnerung an Heinrich Otte. Zur Glockenkunde. Nachgelassenes Bruchstück von Heinrich Otte. Halle a. d. S. 1891

Schouten, J. F.:
Die Tonhöhenempfindung in „Phillips technische Rundschau", Jg. 5, Heft 10, 1940

Theobald, W.:
Technik des Kunsthandwerks im 10. Jahrhundert. VDI-Verlag, Berlin 1933

Thurm, Sigrid:
Deutscher Glockenatlas. Württemberg und Hohenzollern, Bd. 1, München, Berlin 1959
Deutscher Glockenatlas. Bayerisch-Schwaben, Bd. 2, Deutscher Kunstverlag München, Berlin 1967
Deutscher Glockenatlas. Mittelfranken, Bd. 3, Deutscher Kunstverlag München, Berlin 1973
Deutscher Glockenatlas. Baden, Bd. 4, Deutscher Kunstverlag München, Berlin 1986

Trumpf-Lyritzaki, Maria:
Reallexikon für Antike und Christentum, Bd. XI, Sp. 164–196

Walter, Karl:
Glockenkunde, Regensburg/Rom 1913
Kleine Glockenkunde, Verlag Friedrich Pustet, Regensburg 1916

Weißenbäck, Andreas, Josef Pfunder:
Tönendes Erz. Die abendländische Glocke als Toninstrument und die historischen Glocken in Österreich. Graz/Köln 1961

Winckel, Fritz:
Klangwelt unter der Lupe, Berlin 1952

Zimmermann, W.:
Glocken- und Kunstlandschaft. Deutsche Kunst- und Denkmalpflege 1952, Heft 1, S. 23 ff.

»Nur ewigen und ernsten Dingen
Sei ihr metallner Mund geweiht,
Und stündlich mit den schnellen Schwingen
Berühr im Fluge sie die Zeit;
Dem Schicksal leihe sie die Zunge,
Selbst herzlos, ohne Mitgefühl,
Begleite sie mit ihrem Schwunge
Des Lebens wechselvolles Spiel.
Und wie der Klang im Ohr vergehet,
Der mächtig tönend ihr entschallt,
So lehre sie, daß nichts bestehet,
Daß alles Irdische verhallt.

Jetzo mit der Kraft des Stranges
Wiegt die Glock mir aus der Gruft,
Daß sie in das Reich des Klanges
Steige, in die Himmelsluft.
Ziehet, ziehet, hebt!
Sie bewegt sich, schwebt!
Freude dieser Stadt bedeute,
Friede sei ihr erst Geläute!«

Friedrich Schiller